U0505995

国家"211工程"三期重点学科建设项目
"中国—东盟经贸合作与发展研究"资助
国家社会科学基金重大项目阶段性研究成果
广西高校人才小高地"泛北部湾区域经济合作研究创新团队"系列成果
教育部新世纪优秀人才资助计划资助成果

广西大学中国—东盟研究院文库

唐文琳◎著

区域生产贸易链与出口产业发展研究

人民出版社

广西大学中国——东盟研究院文库　编辑委员会

主　编：阳国亮
编　委：（以姓氏笔画为序）
　　　　乌尼日　　李寅生　　张　军　　张晓农
　　　　宋亚菲　　杨克斯　　唐文琳　　唐德海
　　　　阎世平　　商娜红　　黄牡丽　　谢　舜
　　　　曾冬梅　　雷德鹏　　黎　鹏

总　序

阳国亮

　　正当中国与东盟各国形成稳定健康的战略伙伴关系之际,我校以经济学、经济管理、国际贸易等经济学科为基础,整合法学、政治学、公共管理学、文学、新闻学、外语、教育学、艺术等学科力量于2005年经广西壮族自治区政府批准成立了广西大学中国—东盟研究院。与此同时,又将"中国—东盟经贸合作与发展研究"作为"十一五"时期学校"211工程"的重点学科来进行建设。这两项行动所要实现的目标,就是要加强中国与东盟合作研究,发挥广西大学智库的作用,为国家和地方的经济、政治、文化、社会建设服务并逐步形成具有鲜明区域特色的高水平的文科科研团队。几年来,围绕中国与东盟的合作关系及东盟各国的国别研究,研究院的学者和专家们投入了大量的精力并取得了丰硕的成果。为了使学者、专家们的智慧结晶得以在更广的范围展示并服务于社会,发挥其更大的作用,我们决定将其中的一些研究成果结集并以《广西大学中国—东盟研究院文库》的形式出版。同时,这也是我院中国—东盟关系研究和"211工程"建设成果的一种汇报和检阅的形式。

　　中国与东盟各国的关系研究是国际关系中区域国别关系的研究。这一研究无论对于国际经济与政治还是对我国对外开放和现代化建设都非常重要。广西在中国与东盟的关系中处于非常特殊的位置。特别是在广西的社会经济跨越发展中,中国与东盟关系的发展状况会给广西带来极大的影响。因此,中国与东盟及各国的关系是非常值得重视的研究课题。

　　中国与东盟各国的关系具有深厚的历史基础。古代中国与东南亚各国的经贸往来自春秋时期始已有两千多年的历史。由于中国与东南亚经贸关系的繁荣,秦汉时期的番禺(今广州)就已成为"珠玑、犀、玳瑁"等海外产品聚集的"都会"(《史记》卷69《货殖列传》)。自汉代以来,中经三国、两晋、南北朝至隋唐,中国与东南亚各国的商贸迅速发展。大约在开元初,唐朝在广州创设了"市舶使",作为专门负责管理对外贸易的官员;宋元时期鼓励海外贸易的政策促使中国与东南亚各国经贸往来出现了前所未有的繁荣;至明朝,郑和下西洋,加强了中国与东南亚各国的联系,把双方的商贸往来推向了新的高潮;自明代始,大批华人移居东南亚,带去了中国先进的生产工具和生产技术。尽管自明末清初,西方殖民者东来,中国几番海禁,16世纪开始,东南亚各国和地区相继沦为殖民地,至1840年中国也沦为半殖民地半封建社会,使中国与东南亚各国的经贸往来呈现复杂局面,但双方的贸易仍然在发展。二战以后,由于受世界格局的影响以及各国不同条件的制约,中国与东南亚各国的经济关系经历了曲折的历程。直到20世纪70年代,国际形势变化,东南亚各国开始调整其对华政策,中国与东南亚各国的国家关系逐渐实现正常化,经济关系得以迅速恢复和发展。20世纪80年代末期冷战结束至90年代初,国际和区域格局发生重大变化,中国与东南亚各国的关系出现了新的转折,双边经济关系进入全面合作与发展的新阶段。总之,中国与东盟各国合作关系历史由来已久,渊源深厚。

总序发展中国家区域经济合作浪潮的兴起和亚洲的觉醒是东盟得以建立起来的主要背景。20世纪60年代至70年代,发展中国家区域经济一体化第一次浪潮兴起,拉美和非洲国家涌现出中美共同市场、安第斯集团、加勒比共同市场等众多的区域经济一体化组织。20世纪90年代,发展中国家区域经济一体化浪潮再次兴起。在两次浪潮的推动下,发展中国家普遍意识到加强区域经济合作的必要性和紧迫性,只有实现区域经济一体化才能顺应经济全球化的世界趋势并减缓经济全球化带来的负面影响。亚洲各国正是在这一背景下觉醒并形成了亚洲意识。战前,亚洲是欧美的殖民地。战后,亚洲各国尽管已经独立但仍未能摆脱大国对亚洲地区事务的干涉和控制。20世纪50年代至60年代,亚洲各国民族主义的意识增强,已经显示出较强烈的政治自主意愿,要求自主处理地区事务,不受大国支配,努力维护本国的独立和主权。亚洲各国都意识到,要实现这种意愿,弱小国家必须组织起来协同合作,由此"亚洲主义"得以产生,东盟就是在东南亚国家这种意愿的推动下,经过艰难曲折的过程而建立起来的。

东盟是东南亚国家联盟的简称,在国际关系格局中具有重要的战略地位。东盟的战略地位首先是由其所具有的两大地理区位优势决定的:一是两洋的咽喉门户。东南亚处于太平洋与印度洋间的"十字路口",既是通向亚、非、欧三洲及大洋洲之间的必经之航道,又是南美洲与东亚国家之间物资、文化交流的海上门户。其中,每年世界上50%的船只通过马六甲海峡,这使得东南亚成为远东制海权的战略要地。二是欧亚大陆"岛链"重要组成部分。欧亚大陆有一条战略家非常重视的扼制亚欧国家进入太平洋的新月形的"岛链",北起朝鲜半岛,经日本列岛、琉球群岛、我国的台湾岛,连接菲律宾群岛、印度尼西亚群岛。东南亚是这条"岛链"的重要组成部分,是防卫东亚、南亚大陆的战略要地。其次,东盟的经济实力也决定了其战略地位。1999年4月30日,以柬埔寨加入东盟为标志,东盟已成为代表全部东南亚国家的区域经济合作组织。至此,东盟已拥有10个国家、448万平方公里土地、5亿人口、7370亿美元国内生产总值、7200亿美元外贸总额,其经济实力在国际上已是一支重要的战略力量。再次,东盟在国际关系中还具有重要的政治战略地位,东盟所处的亚太地区是世界大国多方力量交汇之处,中国、美国、俄罗斯、日本、印度等大国有着不同的政治、经济和安全利益追求。东盟的构建在亚太地区的国际政治关系中加入了新的因素,对于促进亚太地区国家特别是大国之间的磋商,制衡大国之间的关系,促进大国之间的合作具有极其重要的作用。

在保证了地区安全稳定、推进国家间的合作、增强了国际影响力的同时,东盟也面临一些问题。东盟各国在政治制度等方面存在较大差异,政治多元的状况会严重地影响到合作组织的凝聚力;大多数成员国经济结构相似,各国间的经济利益竞争也会直接影响到东盟纵向的发展进程。长期以来,东盟缺乏代表自身利益的大国核心,不但影响政治经济合作的基础,特别是在发生区域性危机时无法整合内部力量来抵御和克服,在外来不良势力来袭时会呈现群龙无首的状态,对于区域合作组织的抗风险能力的提高极为不利。因此,到区域外寻求稳定的、友好的战略合作伙伴是东盟推进发展要解决的必要而紧迫的问题。中国改革开放以来的发展及其所实行的外交政策,在1992年东亚金融危机中的表现,以及中国加入 WTO,使东盟不断加深了对中国的认识。随着中国与东盟各国的关系的不断改善和发展,进入新世纪后,中国与东盟进入区域经济合作的新阶段。

发展与东盟的战略伙伴关系是中国外交政策的重要组成部分。从地缘上看,东南亚是中国的南大门,是中国通向外部世界的海上通道;从国际政治上看,亚太地区是中、美、日三国的战略均衡区域,而东南亚是亚太地区的"大国",对中、美、日都具有极其重要的战略地位,是中国极为重要的地缘战略区域;从中国的发展战略要求看,东南亚作为中国的重要邻居是中国周边发展环境的一个重要组成部分,推进中国与东盟的关系,还可以有效防止该地区针对中国的军事同盟,是中国稳定周边战略不可缺少的一环;从经济发展的角度看,中国与东盟的合作对促进双方的贸易和投资,促进地区之间的协调发展具有极大的推动作用,同时,这一合作还是以区域经济一体化融入经济全球化的重要步骤。从中国的国际经济战略要求看,加强与东盟的联系直接关系到我国对外贸易世界通道的问题,预计在今后 15 年内,中国制造加工业产值将提高到世界第二位,中国与海外的交流日益增多,东南亚水域尤其是马六甲海峡是中国海上运输的生命线,因此,与东盟的合作具有保护中国与海外联系通道畅通的重要意义。总之,中国与东盟各国山水相连的地理纽带、源远流长的历史交往、共同发展的利益需求,形成了互相合作的坚实基础。经过时代风云变幻的考验,中国与东盟区域合作的关系不断走向成熟。东盟已成为中国外交的重要战略依托,中国也成为与东盟合作关系发展最快、最具活力的国家。

中国—东盟自由贸易区的建立是中国与东盟各国关系发展的里程碑。中国—东盟自由贸易区是一个具有较为严密的制度安排的区域一体化的经济合作形式,这些制度安排、涵盖面广、优惠度高。它涵盖了货物贸易、服务贸易和投资的自由化及知识产权等领域,在贸易与投资等方面实施便利化措施,在农业、信息及通信技术、人力资源开发、投资以及湄公河流域开发等五个方面开展优先合作。同时,中国与东盟的合作还要扩展到金融、旅游、工业、交通、电信、知识产权、中小企业、环境、生物技术、渔业、林业及林产品、矿业、能源及次区域开发等众多的经济领域。中国—东盟自由贸易区的建立既有助于东盟克服自身经济的脆弱性,提高其国际竞争力,又为我国对外经贸提供新的发展空间,对于双边经贸合作向深度和广度发展都具有重要的推动作用。中国—东盟自由贸易区拥有近18亿消费者,人口覆盖全球近30%;GDP近4万亿美元,占世界总额的10%;贸易总量2万亿美元,占世界总额的10%,还拥有全球约40%的外汇;这不仅大大提高了中国和东盟国家的国际地位,而且将对世界经济产生重大影响。

广西在中国—东盟合作关系中具有特殊的地位。广西和云南一样都处于中国与东盟国家的结合部,具有面向东盟开放合作的良好的区位条件。从面向东盟的地理位置看,桂越边界1020公里,海岸线1595公里,与东盟有一片海连接;从背靠国内的区域来看,广西位于西南和华南之间,东邻珠江三角洲和港澳地区,西毗西南经济圈,北靠中南经济腹地。这一独特的地理位置使广西成为我国陆地和海上连接东盟各国的一个"桥头堡",是我国内陆走向东盟的重要交通枢纽。广西与东盟各国在经济结构和出口商品结构上具有互补性。广西从东盟国家进口的商品以木材、矿产品、农副产品等初级产品为主,而出口到东盟国家的主要为建材、轻纺产品、家用电器、生活日用品和成套机械设备等工业制成品。广西与东盟各国的经济技术合作具有很好的前景和很大的空间。广西南宁成为中国—东盟博览会永久承办地,泛北部湾经济合作与中国东盟"一轴两翼"区域经济新格局的构建为广西与东盟各国的合作提供了很好的平台。还有,广西与东南亚各国有很深的历史人文关系,广西的许多民族与东南亚多个民族有亲缘关系,如越南的主体民族越族与广西的京族是同一民族,越南的岱族、侬族与广西壮族是同一民族,泰国的主体民族泰族与广西的壮族有很深的历史文化的渊源关系,这些都是广西与东盟接轨的重要的人文优势。本世纪之初以来,广西成功地承办了自2004年以来每年一届的中国—东盟博览会和商务与投资峰会以及泛北部湾经济合作论坛、中国—东盟自由贸易区论坛、中越青年大联欢等活动,形成了中国—东盟合作"南宁渠道",已经显示了广西在中国—东盟合作中的重要作用。总之,广西在中国—东盟关系发展中占有重要地位。在中国—东盟关系发展中发挥广西的作用,既是双边合作共进的迫切需要,对于推动广西的开放开发,加快广西的发展也具有十分重要的意义。

中国—东盟自由贸易区一建立就取得显著的效果。据统计,2010年

1～8月份,中国对东盟出口同比增幅达40%,对这一地区的出口额占我国出口总值的比重达8.9%。当然,这仅仅是一个良好的开端。要继续深化中国与东盟的合作,使这一合作更为成熟并达到全方位合作的实质性目标,还需要从战略上继续推进,在具体措施上继续努力。无论是总体战略推进还是具体措施的落实都需要理论思考、理论研究作底蕴进行运筹和决策。因此,不断深化中国与东盟及各国关系的研究就显得更加必要了。

加强对东盟及东盟各国的研究是国际区域经济和政治、文化研究学者的一项重要任务。东盟各国及其区域经济一体化的稳定和发展是我国构建良好的周边国际环境和关系的关键。东盟区域经济一体化的发展受到很多因素的制约。东盟各国经济贸易结构的雷同和产品的竞争,在意识形态、宗教历史、文化习俗、发展水平等方面的差异性,合作组织内部缺乏核心力量和危机共同应对机制等因素都会对区域经济一体化的进一步发展带来不利影响。要把握东盟各国及其区域经济一体化的走向,就要加强对东盟各国国别历史、现状、走向的研究,同时也要加强东盟区域经济一体化有利因素和制约因素的走向和趋势的研究。

如何处理我国与东盟各国关系的策略、战略也是需不断思考的重要问题。要从战略上发挥我国在与东盟关系的良性发展中的作用,形成中国—东盟双方共同努力的发展格局;要创新促进双边关系发展的机制体系;要进一步深化和完善作为中国—东盟合作主要平台和机制的中国—东盟自由贸易区,进一步分析中国—东盟自由贸易区的下一步发展趋势和内在要求,从地缘关系、产业特征、经济状况、相互优势等方面充实合作内容,创新合作形式,完善合作机制,拓展合作领域,全面地发挥其积极的作用。所有这些问题都要从战略思想到实施措施上展开全面的研究。

广西在中国—东盟关系发展中如何利用机遇、发挥作用需要从理论和实践的结合上不断深入研究。要在中国—东盟次区域合作中进一步明确广西的战略地位,在对接中国—东盟关系发展中特别是在中国—东盟自由贸易区的建设发展进程中,发挥广西的优势进一步打造好中国—东盟合作的"南宁渠道"。如何使"一轴两翼"的泛北部湾次区域合作的机制创新成为东盟各国的共识和行动,不仅要为中国—东盟关系发展创新形式,拓展领域,也要为广西的开放开发,抓住中国—东盟区域合作的机遇实现自身发展创造条件。如何在中国—东盟区域合作中不断推动北部湾的开放开发,形成热潮滚滚的态势,这些问题都需要不断地深化研究。

综上所述,中国与东盟各国的关系无论从历史现状还是发展趋势都是需要认真研究的重大课题。广西大学作为地处中国与东盟开放合作的前沿区域的"211工程"高校应当以这些研究为己任,应当在这些重大问题的研究上产生丰富的创新成果,为我国与东盟各国关系的发展,为广西在中国—东盟经济合作中发挥作用并使广西跨越发展作出贡献。

在中国与东盟各国关系不断发展的过程中,广西大学中国—东盟研究院的学者、专家们在中国—东盟各项双边关系的研究中进行了不懈地探索。学者、专家们背负着民族、国家的责任,怀揣着对中国—东盟合作发展的热情,积极投入到与中国—东盟各国合作发展相关的各种问题的研究中来。"梅花香自苦寒来,十年一剑宝鞘出。"历经多年的积淀与发展,研究院的组织构架日臻完善,团队建设渐趋成熟,形成了立足本土兼具国际视野的学术队伍。在学术上获得了一些喜人的成果,比较突出的有:取得了"CAFTA进程中我国周边省区产业政策协调与区域分工研究"与"中国—东盟区域经济一体化"两项国家级重大课题;围绕中国与东盟各国关系的历史、现状及其发展从经济、政治、文化、外交等各方面的合作以及广西和北部湾的开放开发等方面开展了大量的研究,形成了一大批研究论文和论著。这些成果为政府及各界了解中国—东盟关系的发展历史,了解东盟各国的文化,把握中国—东盟关系的发展进程提供了极好参考材料,为政府及各界在处理与东盟各国关系中的各项决策中发挥了咨询服务的作用。

这次以《广西大学中国—东盟研究院文库》的形式出版的论著仅仅是学者、专家们的研究成果中的一部分。《文库》的顺利出版,是广西大学中国—东盟研究院的学者们在国家"211工程"建设背景下,通过日夜的不辞辛苦、锲而不舍的研究共同努力所取得的一项重大的成果。《文库》的作者中有一批青年学者,是中国—东盟关系研究的新兴力量,尤为引人注目。青年学者群体是广西大学中国—东盟研究院未来发展的重要战略资源。青年兴则学术兴,青年强则研究强。多年来,广西大学中国—东盟研究院着力于培养优秀拔尖人才和中青年骨干学者,从学习、工作、政策、环境等各方面创造条件,为青年学者的健康成长搭建舞台。同时,众多青年学者们也树立了追求卓越的信念，他们在实践中学会成长，正确对待成长中的困难，不断走向成熟。"多情唯有是春草，年年新绿满芳洲。"学术生涯是一条平凡而又艰难、寂寞而又崎岖的道路，没有鲜花，没有掌声，更多的倒是崇山峻岭、荆棘丛生。但学术又是每一个国家发展建设中不可缺少的，正如水与空气之于人类。整个人类历史文化长河源远流长，其中也包括着一代又一代学者薪火相传的辛勤劳绩。愿研究院的青年学者们，以及所有真正有志献身于学术的人们，都能像春草那样年复一年以自己的新绿铺满大地、装点国家壮丽锦绣的河山。

当前，国际政治经济格局加速调整，亚洲发展孕育着重大机遇。中国同东盟国家的前途命运日益紧密地联系在一起。在新形势下，巩固和加强中国—东盟战略伙伴关系，不断地推进和发展中国—东盟自由贸易区的健康发展是中国与东盟国家的共同要求和共同愿望。广西大学中国—东盟研究院将会继续组织和推进中国与东盟各国关系的研究，从区域经济学的视角出发，采取基础研究与应用研究相结合、专题研究与整体研究相结合的方法，紧密结合当前实际，对中国—东盟自由贸易区建设这一重大战略问题进行全面、深入、系统的思考。在深入研究的基础上提出具有前瞻性、科学性、可行性的对策建议，为政府提供决策咨询，为相关企业提供贸易投资参考。随着研究的深入，我们会陆续将研究成果分批结集出版，以便使《广西大学中国—东盟研究院文库》成为反映我院中国—东盟各国及其关系研究成果的一个重要窗口，同时也希望能为了解东盟、认识东盟、研究东盟、走进东盟的人们提供有益的参考与借鉴。由于时间太紧，本文库错误之处在所难免，敬请各位学者、专家及广大读者不吝赐教，批评指正。

是为序。

（作者系广西大学中国—东盟研究院院长）

2011 年 1 月 11 日

目　录

图表目录

从现实情况来看,我国周边省区在资源禀赋、产业结构和生产能力方面各有所长,并形成了一定的产业分工格局,因而在贸易结构方面具有较强的竞争性;特别是以自然资源禀赋形成的专业化分工比重较大,这些资源在各地区均有出口机会。由于目前我国四省区仍处于"单打"状态,如果构建出一个能将生产和贸易紧密相连的区域生产-贸易链,并对两者的紧密结合关系做出制度上和法律上的规定,使其具有约束性和稳定性,就能使整个链条上的生产贸易活动自然成链,浑然一体,由此形成区域内生产贸易互动、协调、健康发展的局面,同时可以更有利地培育区域内各地在生产和贸易方面的国际竞争力。因此,加强区域出口产业合作,应该有一种包括利益互补机制在内的区域出口产业协调机制来协调各国、各省之间的关系,并努力扫除地方经贸政策上的障碍,这些地区如何在 CAFTA 进程中发挥各自的出口产业比较优势以获取最大效应而不损害国家整体经济运行效率是我们亟待解决的现实难题。

第 **1** 章

导　论

1.1 研究背景与意义

随着中国—东盟自由贸易区的发展,我国广东、广西、海南、云南四省区已成为自贸区的前沿地带。本课题基于对区域内生产贸易链和出口产业决策协调的重要性的分析,从理论创新层面和对现实情况的分析及理论模型的构建基础上提出中国与东盟出口产业决策协调及中国四省区出口产业决策协调的政策建议,这对我国周边省区出口产业的协调发展具有重要意义。

1.1.1 研究背景

一、构建区域生产贸易链的重要性

区域经济一体化过程中,有的地区形成了明显的相对发展优势,有的地区形成强大的贸易能力,而有的地区具有强大的生产能力,相关地区亦将显现出各具特色的生产贸易发展实力与潜力。然而,如果区域内贸易与生产之间还只是处于一种松散的、没有约束的状态,缺少应有的紧密性和保障性,仍然会致使生产和贸易两者的相互支撑没有达到最好的状况,发挥不出各自的最大机能。这非常不利于我们有效推动区域经济整合、培育区域经济竞争力、加快融入世界经济一体化的进程。因此,有必要在区域内构建一个具有制度性质的、稳定的、生产贸易一体化的生产贸易链,使得区域内的贸易与生产更紧密地有机结合起来。我们所说的生产贸易链主要是由区域支持、区域贸易活动和区域生产活动三者相互支撑的,链接着一个价值增值雪球。这个链条清晰地表明贸易活动与生产活动共同达成了价值增值。价值增值雪球既是两者紧密结合的结果,也是两者共同追求的目标,在整个过程中,两者既相对独立,又缺一不可。

广东、广西、海南、云南产业发展的优势产业及支柱产业中,产业发展重点在较多领域融合,市场竞争不可回避。我们认为,四省区今后在出口产业发展方面不仅需要做好国内政策协调,且需要进一步加强与东盟国家的整体合作力度,不仅形成四省区小范围内的生产贸易链,更要形成中国—东盟自由贸易区大范围内的生产贸易链。只有构建出这样一个能将生产和贸易紧密相连的区域生产贸易链,并对两者的紧密结合关系做出制度上和法律上的规定,使其具有约束性和稳定性,才能使整个链条上的生产贸易活动自然成链,浑然一体,由此形成区域内生产贸易互动、协调、健康发展的局面,同时可以更有利地培育区域内各地在生产和贸易方面的国际竞争力。

二、进行出口产业决策协调的重要性

首先,出口产业决策的协调是解决区域内出口产品结构相同的有效途径。因为从现实情况来看,我国四省区经济发展水平参差不齐,与大多数东盟国家接近,工业产业结构非常相似,出口产品结构趋同,导致贸易的竞争性大于互补性。如果放任这种竞争关系演变成恶性竞争,就会对自由贸易区的发展产生不利影响。因此,我们应根据各国各省区出口产业的比较优势来制定出口产业发展决策。只有建立在比较优势基础上的出口产业决策才是符合 CAFTA 进一步发展需要的决策,才能促进中国与东盟双边贸易的健康快速发展。

其次,出口产业决策的制定是中国与东盟制定出口产业政策的前提。在中国—东盟自由贸易区框架下,经济开放性的日益增强使贸易区内一国的出口产业政策会对其他国家产生深刻的影响,这就需要进行出口产业政策的区域协调。而中国与东盟出口产业政策的协调有赖于出口产业决策的协调,只有中国与东盟基于比较优势的原则制定好了各自的出口产业决策,发挥各自的竞争优势,避免出口产品的同质、同构化,才能确定各国应该发展的重点出口产业并利用财政政策、货币政策等进行相应的扶持,制定使自由贸易区成员国福利最大化的出口产业政策。在这种情况下制定的出口产业政策就不会对其他的成员国产生较大的不利影响,并且是符合各国出口产业发展的。

再次,出口产业决策协调是进一步深化 CAFTA 的关键。为了促进经济的快速发展,各国之间以及各国国内省区之间在争夺外资和出口市场上矛盾深刻,不仅中国与东盟之间争夺外资和市场激烈,东盟成员国在需求市场以及外来的援助资源方面竞争也很激烈,多数东盟国家在吸引外资和出口商品方面存在竞争。由于区域内成员国产业结构类似,出口商品相近,这种出口产业结构的相似性容易造成区域内成员国的竞争。如果制定了相关的出口产业决策协调,并有针对性的出台相应的吸引外资政策和贸易政策,就可以在很大程度上解决争夺外资和出口市场的矛盾。由于中国与东盟都在劳动密集型产品的出口上优势较强,那么双方可以在同类产品的差别化上下功夫,并找准市场定位,发挥各自的优势,不会失去自己的市场,不会出现恶性竞争的局面,而且这样不仅产生良性竞争,还有利于促进技术进步和经济增长,从而促进 CAFTA 的进一步深化。

1.1.2　研究意义

一、理论创新层面

目前对于分工理论、产业集群理论、比较优势理论、竞争优势理论、产业链理论、供应链理论、价值链理论以及生产贸易链理论的分析都只局限于单个理论的分析,并未将其与出口产品的优势形成联系起来。对于分工理论,在介绍分工理论的相关内涵、影响因素以及与区域经济增长之间的关系后,主要以杨小凯的分工理论作为代表,通过超边际分析,分析分工对经济增长的作用。分工是发展的基础,而区域分工则是出口贸易中各地区之间合作顺利开展的必要前提。区域分工与市场规模之间是相互作用,相互促进的,通过区域分工可以使市场规模得到扩展,而市场规模的扩展有利于分工的演化与持续,从而能够带动新的区域分工。最为重要的是通过分析分工与出口产品比较优势的形成,拓展了分工理论在出口产品分工上的延伸。对于产业集群理论,通过产业集群的概念和特点的论述,以及对产业集群五个特点的分析,充分说明产业集群作为一种独特的空间企业组合形式对经济增长的作用是非常巨大的。在此基础上将进一步探讨产业集群与区域分工之间的相互作用,我们可以得知产业集群是区域分工的产物,产业集群为专业化分工提供了良好的环境基础,产业集群对分工的演进具有推动作用。本课题创造性的运用数学模型分析了产业集群对竞争优势的提升作用,而对产业链、价值链、供应链以及生产贸易链的相关理论的分析不仅仅局限于其单个理论的分析,更重要的是分析价值链分工与产业链整合基础上的区域出口产品分工合作情况以及生产贸易链与出口产品区域协调发展的相互关系。因为只有将这些理论的分析与出口产品优势形成联系起来才能为区域分工大背景下的出口产品区域生产贸易的决策协调提供理论依据。

二、现实研究价值

从现实情况来看，我国周边省区的经济发展水平参差不齐，与东盟多数国家产业结构非常相似，特别是在出口产品结构方面。因而，这些国家和地区在经济合作中应该找到更多更好的切入点。如果将这一层次的经贸与产业合作深入到地区层面，其合作前景将更加广阔。但是我国周边省区在资源禀赋、产业结构和生产能力方面各有所长，并形成了一定的产业分工格局，因而在贸易结构方面具有较强的竞争性，特别是以自然资源禀赋形成的专业化分工比重较大，这些资源在各地区均有出口机会。在不合理的区域分工格局下，各区域利益主体独立选择自身利益最大化行为，不可避免地放大了整个区域分工贸易格局的不合理性，从而有可能导致区域间矛盾的深化。为此，广东、广西、海南、云南等省区今后在产业发展方面不仅需要做好国内出口产业政策协调，更需要进一步加强与东盟国家的整体合作力度。总的来说，这些地区总体经济实力相关悬殊，其他方面彼此间也存在很大的差距，因而决定了其出口竞争力和外资吸引力相差悬殊。在此背景下，各地区均制定了相应的外向型经济发展战略，以期抓住 CAFTA 发展机遇再创地区经济发展辉煌业绩。

由于目前我国四省区仍处于"单打"状态，如果构建出一个能将生产和贸易紧密相连的区域生产贸易链，并对两者的紧密结合关系作出制度上和法律上的规定，使其具有约束性和稳定性，就能使整个链条上的生产贸易活动自然成链，浑然一体，由此形成区域内生产贸易互动、协调、健康发展的局面，同时可以更有利地培育区域内各地在生产和贸易方面的国际竞争力。因此，加强区域合作，特别是区域出口产业的合作，应该有一种包括利益互补机制在内的区域出口产业协调机制来协调各国、各省之间，包括一些重要城市之间的关系，并努力扫除地方经贸政策上的障碍，这些地区如何在 CAFTA 进程中发挥各自的出口产业比较优势以获取最大效应而不损害国家整体经济运行效率是我们亟待解决的现实难题。

1.2 研究框架和主要内容

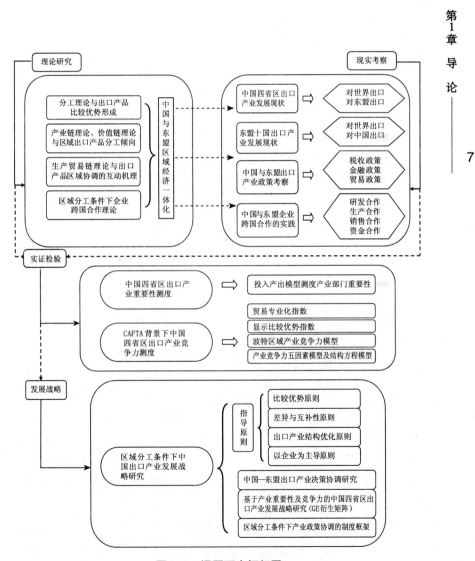

图 1-1 课题研究框架图

1.2.1　研究框架

本课题在现有研究的基础上论述分工理论与出口产品比较优势形成,产业链理论、价值链理论、供应链理论与区域出口产品分工倾向、生产贸易链理论与出口产品区域协调的互动机理以及区域分工条件下企业跨国合作的理论框架,通过在考察中国与东盟出口产业的发展现状、出口产业政策以及中国与东盟企业跨国合作实践的基础上,用基于假设抽取法的投入产出模型来测度中国广东省、广西壮族自治区、海南省和云南省四省区与其经济发展密切相关的重点产业和主导产业,并用贸易专业化指数、显示比较优势指数、波特区域产业竞争力模型及结构方程模型来测度四省区出口产业的竞争力,筛选出四省各具竞争力的优势产业,来为四省区在 CAFTA 框架下制定出口产业政策提供理论模型依据。最后,课题在理论与实证相结合的基础上,提出区域分工条件下中国出口产业发展战略,主要包含基于 CAFTA 大背景下的中国与东盟出口产业决策的协调研究,基于产业重要性及竞争力的中国四省区出口产业发展战略研究,以及区域分工条件下产业政策协调的制度框架研究。本课题的具体研究框架图见图 1-1。

1.2.2　主要研究内容

本课题研究的是通过相关理论的支撑,对中国广东、广西、海南与云南四省区出口产业发展的现状、东盟出口产业发展现状以及中国与东盟企业跨国合作实践的考察,用测度产业重要性的投入产出模型从总产出角度、GDP 角度以及就业角度来阐述中国四省区产业部门的重要性,再结合贸易专业化指数、显示性比较优势指数、波特区域产业竞争力模型及结构方程模型综合分析中国四省区出口产业部门的竞争力。通过二者的结合,提出中国与东盟出口产业决策协调的政策建议、中国四省区出口产业决策协调的政策建议以及保障协调决策顺利施行的相关的协调机制的建立。具体包括以下七个部分:

第一部分:区域分工条件下出口产品区域生产贸易链的理论分析基础。本部分主要是作为课题的一个理论支撑,一共分了三个小节,涉及的相关理论有分工理论、比较优势理论、竞争优势理论、产业链理论、供应链理论、价值链理论以及生产贸易链理论等等。在第一节中,主要介绍了分工理论的相关内涵、影响因素以及与区域经济增长之间的关系。在分工理论中主要是以杨小凯的分工理论作为代表,通过超边际分析,分析分工对经济增长的作用。在这一节的最后部分介绍了分工与出口产品比较优势的形成。在第二节中,主要介绍了产业链、价值链以及供应链的相关理论并且分析了价值链分工与产业链整合基础上的区域出口产品分工合作情况。第三节则主要介绍了生产贸易链的内涵以及与出口产品区域协调发展的相互关系。

第二部分:中国与东盟出口产业发展的现实考察。本部分主要研究的是广东、广西、海南和云南四省区的贸易现状以及各省对其出口产业的相关政策支持。对四省区的出口产业现状的研究主要从各省区对世界出口产业和对东盟出口产业两个方面入手。研究结论表明,近五年来,广东、广西、海南和云南对世界出口贸易额总体呈上升态势。四省区对东盟出口额也逐年增加,除了海南由于经济较落后制约了出口产业的发展,对东盟出口贸易发展比较缓慢外,其他三个省区与东盟的出口贸易不仅发展快,而且贸易方式更加多样化,出口产业更加成熟。随后对四省区的出口产业政策进行了考察,旨在了解政策法规,规范促进出口产业的发展。此外,本部分从东盟十国的角度出发,将东盟十国作为一个整体,从东盟对世界出口产业和东盟对中国出口产业两方面对其出口产业现状进行分析,并对东盟和中国的出口产业竞争力进行比较。研究结论表明中国和东盟经济互补性强,市场空间和增长潜力巨大。尽管遭遇全球金融危机,不少东盟国家的对华贸易仍然保持增势,中国在东盟对外贸易中的地位没有发生变化。这主要得益于近年来中国与东盟经贸合作不断有新发展,得益于中国—东盟自贸区建设。

第三部分:区域分工条件下企业跨国合作的理论与实践。本部分第一节分别从两个方面研究了企业跨国合作的内涵,一方面通过一个模型来分析企业跨国合作时选择区位的影响因素,得出了企业重点考察市场潜力和劳动力成本这两个因素的结论,也为我们以后进行企业跨国合作需要注意的问题提供了一个指导;另一方面研究了企业合作的四种形式,即研发合作、生产合作、营销合作和资金合作,分别描述了目前的合作概况和具体的合作形式。第二节从一个关系图出发,研究了企业跨国合作与生产贸易链之间的互动关系。企业合作能够促进生产贸易链的形成，延伸生产贸易链的发展，而生产贸易链又能强化企业之间的紧密合作。本部分还通过微笑曲线详细阐述了生产贸易链条件下企业合作的各个链条，以及价值在链条中的流动。第三节分别从广东、广西、海南、云南的角度，分析了以上四省区与东盟的各个方面的合作，包括工业、农业、旅游业及港口合作等，分析了目前合作的现状，探讨了以后与东盟合作的发展路径。

第四部分：中国四省区出口产业重要性测度。本章运用投入产出模型来确定广东、广西、海南与云南四省区产业部门的相对重要性。投入产出法的优势在于完全考虑了产业之间的前向和后向关联效应，避免了影响力系数和感应度系数不能相加的问题，能够对产业部门的重要性进行完整排序。除了从部门总产出角度考察四省区产业部门的重要性之外，本章还从国民生产总值以及就业的角度来确定产业部门的重要性，因为与部门总产出相比，政府部门与研究学者同样甚至更加关心哪些部门对GDP和就业的影响更大。由于各省区 2007 年的投入产出表尚未公布，因此我们只能以 2002 年广东、广西、海南、云南四省区投入产出表为基础，采用基于投入产出模型的假设抽取法来确定产业部门的相对重要性，列出了对四个省区最为重要的十大产业。通过实证分析，我们可以发现广西、海南、云南三省区产业结构较为相似，而广东省则呈现出技术领先模式的产业结构。因此，其他三省区应同广东省进行产业结构协调。至于广西、海南、云南的产业结构如何协调则需要进一步分析。

第五部分：CAFTA 背景下中国四省区出口产业竞争力测度。首先，本部分根据年鉴中的进出口数据，对广东、广西、海南、云南四省区各种产业的贸易专业化指数进行比较分析，进而确定各省各产业的出口竞争力的强弱和发展趋势，为出口产业政策协调和制定提供一定的依据。其次，通过比较四省区和东盟在资源密集型产品和劳动密集型产品上的显示比较优势指数，得出四省区相对于东盟在该产业上是否具有出口竞争力的结论。由于统计口径存在差异，中国与东盟的产业比较无法进一步细分，这是本部分分析的最大缺陷。最后，根据波特区域产业竞争力模型详细分析了广东、广西、海南、云南四省区在资源密集型、资本密集型、劳动密集型以及技术密集型出口产业各方面的情况，分别分析了四省区在这四大产业类型上的要素禀赋的比较、产业组织的比较、相关及支持性产业的比较、产业需求状况的比较以及政府及机遇方面的不同。通过分析,明确了四省区出口产业的优势及不足,为四省区在中国—东盟自由贸易区框架下协调出口产业政策提供依据。

第六部分:中国四省区出口产业竞争力的结构方程模型。本部分采用结构方程模型对广东、广西、海南、云南四省区的出口产业竞争力进行比较分析,通过结构方程模型拟合出来的潜变量对观测变量的负载(即路径系数)测算出潜变量的因子得分以及各省出口产业竞争力的综合得分,从而得出四省的出口产业竞争力的排序,为四省区出口产业政策协调提供实证基础。第一节阐述了结构方程模型的基本理论,包括了结构方程模型的基本原理、基本特征以及建模步骤。第二节是出口产业结构方程模型的构建,分为模型准备和模型拟合两大部分。对于出口产业竞争力结构方程模型而言,模型准备涵盖了模型构建的理论基础、出口产业类型的划分、潜变量和观测变量的设计、样本选取和数据的处理以及对数据的信度和效度进行检验。模型拟合阶段使用了结构方程模型统计分析软件Amos18 将构建好的二种出口产业竞争力结构方程模型路径图与经可靠性分析后的数据进行拟合,得出了资源密集型、资本密集型、劳动密集型、技术密集型出口产业竞争力二种路径图的拟合结果,并用拟合结果对每个模型进行了系统性评价。第三节是中国四省区出口产业竞争力的测算,包括了模型的选择,权重的确定,排名的确定以及最后结果的分析。从最后结果的分析中我们可以发现:广东无论是在资源密集型、资本密集型、劳动密集型还是技术密集型出口产业竞争力上都具有绝对的优势;而广西则除了资源密集型之外,其他排名都在第二名,竞争优势较明显;云南相对于海南来说,各出口产业类型竞争优势较强,但比起广东来说差距甚远,相比广西则略逊一筹;海南除了资源密集型竞争优势高于广西之外,其他三大类型出口产业均处于绝对劣势。

第七部分:区域分工条件下中国四省区出口产业发展战略研究。第一节为中国与东盟出口产业决策协调研究,我们既考虑了协调过程中的利弊因素,也分析了二者进行出口产业决策协调的重要性,最后提出了二者出口产业协调发展的指导原则和对策。在指导原则下,中国与东盟出口产业决策的协调既要考虑到动态比较优势的培育,也要发挥产业集群的出口竞争优势效应,带动我国出口产品向高技术含量、高附加值方向迈进,在这个过程中和出口产业的形象和出口产品的国际地位。第二节重点分析基于产业重要性及竞争力下的中国四省区出口产业发展的战略,首先构建了中国四省区出口产业 GE 衍生矩阵模型,然后分析了四省区出口产业 GE 衍生矩阵的结果,包括广东、广西、海南和云南的出口产业政策,最后提出了中国四省区出口产业发展的政策建议,一是区域垂直型分工应逐步转向水平型分工,二是加快产业区际转移,深化区域出口产业分工,三是先进地区在区域出口产业分工中以提高国际分工地位为使命,四是实现产业转移与产业集群的转换,五是大力发展工业园区,强化出口产业优势。第三节是区域分工产业政策协调的制度框架研究,主要内容为一是建立四省区产业政策统一指挥部;二是制定产业政策,签署合作协议,保证四省区产业政策协调的有法可依;三是构建四省区高度协同的争端解决机制;四是发挥政府间的合作、支持和引导作用。

1.3　研究方法与技术路线

1.3.1　研究方法

一个研究主题不但需要相关理论对其进行依托,而且需要特定的研究方法对研究主题进行诠释,使分析更加的有深度。

一、比较分析法。本课题的研究需要对东盟以及中国四个省区不同时期的出口产业发展概况、出口产业政策以及出口产业的比较优势进行分析研究。通过比较不同时期以及不同省区之间的出口产业竞争优势,为中国四省区以及中国与东盟出口产业政策协调提供依据。

二、相关理论的借鉴与运用。在课题的研究过程中,我们将区域分工理论、产业集群理论、产业链理论、价值链理论、生产贸易链理论以及企业跨国合作理论与出口产品竞争优势的形成有机结合起来搭建本研究的基本框架,并通过实证分析研究东盟及中国相关省区出口产品的比较优势,最后将理论与实践有机结合起来,为出口产业政策协调提供理论与现实依据。

三、实证分析与规范分析相结合。本课题将以中国与东盟的经济数据为基础,对中国四省区以及中国与东盟的出口产品比较优势进行定性与定量描述,并运用投入产出模型、贸易专业化指数、显示性比较优势指数、波特区域产业竞争力模型以及结构方程模型对中国四省区出口产业的重要性以及竞争力进行量化论证。

四、运用要素密集分类方法将出口产品分成资源密集型、资本密集型、劳动密集型、技术密集型四大类。本课题在对出口产业竞争力进行研究时,根据四省区这四大类型出口产业的比较优势,同时也根据出口产业对省区经济发展的重要性提出政策建议。

五、静态考察与动态考察相结合。本课题在研究的过程中,采取静态分析和动态预测相结合的方法。静态分析,就是研究中国四省区以及东盟当前的出口产业发展情况、比较优势。动态考察就是以时间的演变为主线分析中国四省区出口产业竞争力的演变过程,以及对其未来的发展趋势、发展潜力做出预测。

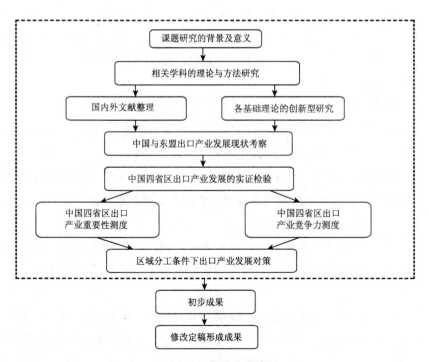

图1-2　课题技术路线图

1.3.2 技术路线

整个研究过程按照"理论研究→现实考察→实证检验→对策研究"的路线展开(图1-2)。

1.4 研究的重点、难点及主要创新点

1.4.1 本课题研究的重点、难点

一、本课题研究的重点

第一,在CAFTA框架下,中国周边四省出口产品存在同构性,如何实现四个省区出口产业的相对分工,并建立区域出口产业政策协调机制是本课题的重点之一。

第二,通过投入产出模型测度中国四省区产业的重要性,并结合四省区产业的重要性以及产业的竞争力来进行出口产品决策,重点是如何将二者有机的结合起来,在不损害各省重要产业发展的前提下,发挥各省的比较优势。

第三,通过结构方程模型对中国四省区出口产业的竞争优势进行分析,利用拟合通过后的模型对四省区出口产业竞争力进行排名,并结合四省区的排名进行产业政策协调是重点之一。

第四,创造性的应用GE衍生矩阵并结合四省区出口产业比较优势的分析为四省区产业政策的决策提供依据是本课题重点之一。

二、本课题研究的难点

第一,由于统计年鉴中统计口径的不一致以及各省统计年鉴中所包含的内容指标不完全一致,导致模型建立过程中的数据收集成为难点之一。

第二,在研究四省区出口产业的发展时,涉及产业类型的划分,课题考虑了生产要素分类法、农轻重工业的分类法、三次产业分类法、国际贸易标准分类等方法,每种方法都有各自的优缺点,课题最后将基于课题研究的需要选择一种产业的划分方法。

第三,如何通过实证研究实现 CAFTA 框架下的中国四省区出口产业政策的协调,以实现区域出口产业的相对合理分工,并建立起相应的保障制度保障政策的实施效果是本课题的难点之一。

1.4.2 本课题的主要创新点

第一,通过用基于假设抽取法的投入产出模型来测度中国四省区与其经济发展密切相关的重点产业和主导产业。投入产出模型的创新之处主要有两点:第一,采用非竞争型投入产出表进行估计,避免了直接利用竞争型投入产出表得到的不合理估计结果;第二,从 GDP 角度及就业角度度量产业部门的重要性,这是因为政府部门与研究学者更加关心哪些部门对 GDP 和就业的影响更大。

第二,运用结构方程模型来测度区域四省区出口产业的竞争力,在波特区域产业竞争力理论基础之上设置评价一国出口产业部门的潜在变量(基础条件,支持因素,需求状况)及对应的观测变量(分行业单位从业人员与全社会就业人数比例,行业固定资产投资额,货运总量,工业用电,地方财政一般预算内支出,年末金融机构贷款余额,年末金融机构存款余额,行业出口额,行业出口总额占全国行业总出口额的比例以及行业出口产值占省 GDP 的比例),并设置结构方程数学模型来评价中国四省区出口产业部门的竞争力。

第三,用分析企业业务单元强弱的 GE 衍生矩阵来分析区域出口产业政策的协调,通过对中国四省区的出口产业按 GE 衍生矩阵示意图分成三类产业组合,然后根据不同的产业组合来确定中国四省区出口产业发展政策。

随着中国—东盟自由贸易区的发展,我国周边四省区已成为自贸区的前沿地带。研究在区域分工条件下周边四省出口产业政策的协调是解决现阶段我国周边各省之间出口产业无序竞争的有效途径。本部分以中国与东盟产业合作、出口产业、出口产业政策以及出口产品竞争为线索,综述前期研究成果的内容,在前期研究成果的基础上进一步研究我国周边四省区出口产业发展的情况,以解决我国四省区目前的"单打"状态,为今后在出口产业发展方面做好国内政策协调以及与东盟国家的整体合作力度奠定前期研究基础。

第 2 章
文献综述

2.1 关于中国与东盟产业合作的研究

2.1.1 关于产业合作的研究

在区域经济一体化的大背景下,关于区域合作的话题已经成为人们研究的热点。尤其是从20世纪80年代区域化的兴起,很多学者从产业的角度对区域经济合作的原因、方式以及合作的成果等方面进行研究。合作的方式主要表现在资金、技术、劳动力等方面,而区域间合作主要是以产业合作的方式展开。关于产业合作的研究最早在亚当·斯密的"绝对成本学说"中就提出国际分工是产业合作的重要前提,从而产生国际贸易。而后,大卫·李嘉图在其"比较成本学说"中也有提到在不同的国家之间可以开展产业合作。还有之后的约翰穆勒的"相互需求理论"以及赫克歇尔·俄林的"资源禀赋理论"等都对不同的国家或地区之间开展的产业合作提供了理论基础。

区域合作经济组织是在区域分工基础上的多层次的产业结构的集合体,所以这种组织之间开展的合作多为产业合作。巴拉萨和波温斯在1987年通过实证分析说明了区域经济组织能够促进产业合作的开展,从而有利于区域贸易的进行。而关于区域经济一体化组织的代表欧盟以及北美自由贸易区的产业合作引起了国内外很多学者的关注。中国社科院每年都会出版《欧洲发展报告》,并且对中国与欧盟直接的产业合作有做专门的章节进行研究。在一些关于欧盟的书籍如古斯诺夫·盖茨的《欧洲联盟对外政策一体化》中也有关于中国与欧盟之间产业合作的研究。汉斯·摩根索在《国家间的政治——为权力与和平而斗争》一书中曾提出,国际产业合作的前提条件是在合作中应实现收益大于成本的原则,一国与他国之间开展合作归根到底取决于合作所带来的经济利益。Simatupang,Sridharan 在 2002 年通过对供应链理论的研究把合作方式分为:横向、纵向、侧向合作。美国学者詹姆斯·多尔蒂、小罗伯特·普法尔茨格拉夫曾提到产业的国际合作是国家获得经济利益的一种途径,合作的核心是合作的动力或收益要超过单边行动的动力或收益。①

我国学者汪斌对产业合作的静态效果做出解释:国际产业合作首先表现为空间上相邻的两个或两个以上的产业结构体的集合。② 关于产业合作的研究更多的角度是基于产业集群的视角,产业集群是近年来产业发展的重要形式之一。在集群内部开展分工的同时更重视产业合作,而合作的最终目的都是为了经济增长。关于集群内的产业合作对经济增长的研究,我国的很多学者在研究的同时结合实际进行了实证分析。王辑慈(2001)从经济学、社会学以及创新学的角度,提出产业集群对区域经济增长具有促进作用。我国著名学者余明江(2005)③指出:集聚经济是产业集群的竞争力的最主要来源,所以产业集群能很好的提高企业的内部竞争力,从而提高经济效率,促进经济发展。周兵和蒲勇健(2003,2004)④通过利用索洛—斯旺增长模型建立了产业集群对经济增长的作用。他们认为,产业集群能够吸引大量的资本和劳动力,产业的集聚促进了大量的无形资本的流入,无形资本再加上地区的有形物质,从而促进了经济的发展。苗瑞卿和王新雨(2003)⑤以法国著名经济学家佩鲁的"增长极"理论以及不平衡经济增长理论为基础证明了产业集群对区域经济发展的意义,并进一步说明了产业集群是如何促进经济的增长的。刘凤英(2004)⑥曾在"产业集群与区域经济增长机制研究"一文中指出经济增长不仅来源于产业集群的内生性质,而且还受动态的外部经济的影响。洪文(2008)⑦建立了内生增长理论与产业集群结合的模型,探讨区域经济增长模式,尤其是强调了产业集群的创新和技术溢出效应对经济增长具有明显的作用。他主张建立知识性集群来增强集群的内部竞争力从而促进的经济的增长。

---

① 詹姆斯·多尔蒂、小罗伯特·普法尔茨格拉夫:《争论中的国际关系理论》,世界知识出版社 2003 年版。

② 罗布森:《国际一体化经济学》,译文出版社 2001 年版。

③ 余明江:《产业集聚的创新力和竞争力研究》,《安徽农业大学学报》2005 年第 5 期。

④ 周兵、蒲勇健:《产业群企业中商誉价值的经济学分析》,《改革与理论》2003 年第 5 期。

⑤ 苗瑞卿、王新雨:《集聚与区域经济发展》,《哈尔滨工业大学学报》2003 年第 3 期。

⑥ 刘凤英:《产业集群与区域经济增长机制》,《山东省农业管理干部学院学报》2004 年第 6 期。

⑦ 洪文:《基于内生型的产业集群增长效应研究》,《经济问题探索》2008 年第 9 期。

2.1.2 关于中国与东盟之间产业合作的研究

一、关于中国与东盟产业合作的原因的研究

中国—东盟自由贸易区为世界上人数最多的自由贸易区,对于中国与东盟产业合作的原因的研究,李大凯、陆亚琴(2008)[1]认为,中国—东盟自由贸易区内各国在资源禀赋、工业化水平以及产业结构方面存在着较大的差异与互补性,这使得贸易区内各成员国可以在平等互惠的前提下基于各的资源禀赋优势形成产业协作局面,促进区域内资源的优化配置,环境状况的改善,从而推动各国及区域内经济社会的发展。通过高度工业化程度的国家和地区的已趋于成熟的资本技术密集型产业以及趋于衰退的劳动密集型产业向欠发达及落后国家和地区的转移,既可以缓解产业输出国和地区的环境资源压力,又可以通过资金与技术的流通提高欠发达和落后地区的资源利用效率和增强生态环境优化治理能力,从而达到自由贸易区内整体生态环境状况得到改善的共赢局面。郑一省、陈思慧(2008)[2]指出,中国与东盟某些国家相比,至少存在高新技术企业创新能力较弱、高新技术产品的进出口长期处于逆差状态等差距。目前中国可以在促进资本市场的建设、发展电子商务、加强网络安全、发展高新技术经济合作园区和人力资源能力建设等方面积极寻求与东盟国家之间进行有效的国际经济交流与合作。

车勇、夏祥国(2006)[3]认为中国与东盟国家间的贸易正逐渐从传统的、基于要素禀赋差异的产业间贸易向以规模经济、产品异质性、需求偏好重叠等为基础的产业内贸易,而且这一趋势正在不断加强。这就表明中国与东盟之间的国际分工中,在传统的垂直型分工的基础上,水平型分工正在进一步的发展,而且水平型分工中的产业内分工增强。

杨宏恩(2009)[4]认为东盟与中国经济合作的原因有两点:一是既然

---

① 李大凯、陆亚琴:《中国—东盟自由贸易区环境贸易与产业合作探析》,《云南财经大学学报》2008 年版。

② 郑一省、陈思慧:《中国与东盟国家"新经济"产业合作展望》,《广西民族大学学报》2008 年第 5 期。

③ 车勇、夏祥国:《中国与东盟国家产业内分工的现状和趋势》,《中国水运》2006 年 4 月。

④ 杨宏恩:《东盟与中国经济合作的动机及其现实收益》,《当代经济研究》2009 年第 7 期。

东盟与中国积极合作的动机是扩大对中国的出口与本地区的外资流入，以实现自身经济的恢复和发展，那么，与中国合作就与签署《东盟宪章》等文件以加强其内部凝聚力的目的是一致的；二是与中国的经济合作是东盟中一些经济较为发达的国家推动的，多数经济较为落后的国家并没有表现出与中国"积极"合作的动机，而《东盟宪章》等文件生效所产生的内部约束力的增加将迫使东盟中经济较为落后的国家被动地加快与中国合作的步伐。通过对二者合作原因的分析，杨宏恩得出《东盟宪章》等文件生效将会有利于东盟与中国的合作的结论，并指出在策略方面，中国应该针对东盟中不同经济发展水平的国家采取有区别的灵活的政策，使所有东盟国家都有与中国合作的积极性，并可利用东盟不同国家与中国合作的利益竞争关系，在东盟国家的博弈进程中实现中国的战略目标。

二、关于中国与东盟产业合作现状的研究

对于中国与东盟产业合作的推动力量，吕洪良（2005）①认为，产业合作是经济合作的基础，产业在整个经济中处于中间环节的位置，上有政府，下有企业。产业合作上靠政府通过制定相应的产业政策进行宏观引导，下游靠企业来执行。产业合作的实质是政府的合作和企业的合作。

关于中国与东盟产业合作现状的研究，我国的广东省社会科学院国际经济课题组在课题《泛珠与东盟的产业合作现状和互补性分析》中指出泛珠江三角地区与东盟之间在农业合作方面十分密切，尤其是云南和广西两省区。广西农科院和越南河内还建立了农业研究基地，为中国与东盟之间打开了农业交流合作的窗口。而且广西与越南、泰国、菲律宾、新加坡以及马来西亚等国家也开始在热带植物以及水稻研发上面多次开展合作交流，南宁已经成为中国同东盟各国之间开展农业合作的中心所在。云南也通过昆明、思茅与泰国、印尼等国家建立长期投资计划，建立经济技术合作项目，其中涉及生物等资源的开发等。而海南具有独特的地理优势，在农产品加工方面早就已经开始与东盟国家进行合作。课题中还提到中国与东盟各国之间在旅游业、制造业、服务业等多方面开始合

作。关伟、任伟(2009)①对我国西南地区的出口产业结构做出分析,指出在中国与东盟成立自贸区的大背景下,西南地区的进出口贸易增长速度猛增。双边应开展产业分工与合作,从而在 CAFTA 进程中达到"共赢"的目的。分析中还指出中国与东盟应该在合作过程中注意发挥各自的优势,充分调动各方的积极性,不断完善自身的设施结构并且发展出更加灵活多样的合作模式。

袁波(2010)②指出中国与东盟国家产业相互投资不断扩大,并通过中国与东盟相互投资合作的实际数据分析了合作的具体情况。东盟对华投资主要来自新加坡、马来西亚、泰国、菲律宾和印度尼西亚五国,投资领域包括房地产业、制造业、交通运输业、宾馆、饭店、住宅、金融、零售、石油化工、旅游、矿产资源开发等行业。同时,中国也积极实施"走出去"战略,鼓励企业对外投资,对东盟的投资也出现了快速增长态势。已有越来越多的中国企业把东盟国家作为主要投资目的地。中国对东盟的投资主要集中在新加坡、印尼、越南、缅甸、泰国、柬埔寨、马来西亚、老挝等国,投资领域分布较广,涉及电力、煤气及水的生产和供应业、制造业、商务服务业、交通运输、仓储业、金融业、采矿业和建筑业等领域。

综上所述,以往对于中国与东盟产业合作的研究主要集中于二者合作的原因,对双方合作的推动力量以及合作的现状研究较少,对于如何在区域分工条件下,双方进行出口产品政策的协调,构建多样化的出口贸易合作方式,扩大区域生产贸易链的研究甚少。本课题旨在阐述区域分工、价值链、生产链、生产贸易链以及跨国企业合作的理论基础上,根据中国与东盟出口产业发展的现状,来研究中国与东盟产业合作的政策协调。

2.2 关于中国与东盟出口产业的研究

出口产业是一国或地区对外经济发展的重要方式,出口产业的发展

---

① 关伟、任伟:《CAFTA 进程中我国西南地区出口产业结构调整对策分析》,《广西大学学报》2009 年第 4 期。

② 袁波:《中国—东盟自贸区的合作现状与前景展望》,《国际经济合作》2010 年第 1 期。

体现出一国或地区融入世界经济的程度。很多关于出口产业的研究大多都是围绕出口产品比较优势来展开，我国很多学者，如吴建伟（1997），赖伟娟（2004）以及赵铁山（2006）都对产业的比较优势进行了研究，邹朋成（2006）通过计算广西贸易竞争力指数，将出口产业划分为初级产品和工业制品两大类①，并分别计算了显性比较优势指数，最终结论是广西在初级出口产品具有明显的比较优势，而工业制品则相对较弱。在对广东省出口产业的研究中，陈雪梅（2001）②计算出了广东出口产业中具有优势的产业以及具有劣势的产业。傅江景（2002）③用比较优势指数对广东出口产业比较优势做了粗略的分析并指出广东的比较优势产业主要集中在劳动密集型产业，而资本和技术密集型产业则具有潜在比较优势，资源密集型产业则不具备比较优势。邓路（2010）④通过采用贸易竞争力指数、显性比较优势指数以及出口商品转化率这三个衡量出口产业竞争力的指标对珠三角地区具有优势的出口产业，指出珠三角地区的出口产业具有较强优势的产业仍然为劳动密集型产业，并且已经向技术含量高的产业集中。Das 和 Song 对东亚国家的出口产业比较优势进行分析，得出东亚各国的比较优势主要是在一个由劳动密集型向技术密集型过渡的阶段。

史智宇（2003）⑤对中国与东盟出口相似度（产品结构和市场结构）进行了研究，认为中国与东盟出口结构趋同态势越来越显著，意味着在出口上越来越强劲的竞争具有长期性。提出中国需要更多地加强与域外东亚国家以及美国、欧盟等发达国家或地区的经贸合作，增强我国传统产业的国际竞争力，并制定产业高级化和国际化战略。张亚斌和许苹（2003）⑥利用显示性比较优势、产业内贸易指数与贸易相似度等相关指标对中国和东盟出口贸易结构进行了定量分析，得出双方贸易的竞争性远超过互

---

① 参考官锡强、罗永乐论文，其论文包括吴健伟、赖伟娟、赵铁山、邹朋成的内容。
② 陈雪梅：《广东产业的国际竞争力分析》，《特区经济》2001年第3期。
③ 傅江景：《广东出口贸易比较与竞争优势分析》，《学术研究》2002年第4期。
④ 邓路：《珠三角出口产业竞争力分析》，《特区经济》2010年第9期。
⑤ 史智宇：《出口相似度与贸易竞争：中国与东盟的比较研究》，《财贸经济》2003年第9期。
⑥ 张亚斌、许苹：《中国与东盟贸易竞争力及贸易相似度的实证分析》，《财经理论与实践》2003年第6期。

补性的结论。蒋瑛和郭砚灵（2005）[1]对双边贸易关系进行了分析，得出双边贸易既有竞争性也有明显的互补性。

2.3　关于中国与东盟出口产业政策协调的研究

2.3.1　关于产业政策的定义及理论依据

关于产业政策，学术界有很多不同的看法，一直没有一个统一的定义。有人认为，产业政策是政府有关产业的一切政策的总和。例如，英国经济学者阿格拉认为，产业政策是与产业有关的一切国家的法令和政策，日本经济学家下河边淳和管家茂在其主编的《现代日本经济事典》[2]中指出："产业政策是国家或政府为了实现某种经济和社会目的，以全产业为直接对象，通过对全产业的保护、扶植、调整和完善，积极或消极参与某个产业或企业的生产、营业、交易活动，以及直接或间接干预商品、服务、金融等的市场形成或市场机制政策的总称。"

由于研究角度不同，对产业政策的解释也多种多样。有学者认为，产业政策就是计划；还有认为产业政策是为了弥补市场机制的缺陷而由国家采取的补救政策；日本经济经济学家小宫隆太郎[3]认为"产业政策即通过某些政策手段，对以制造业为中心的产业（部门）之间的资源分配实行干预的各种政策，以及干预个别产业内部的产业组织，对私营企业的活动水平施加影响的政策的总体"；或者认为产业政策是后进国家振兴民族经济，赶超发达国家时所采取的经济发展战略及相关的一系列政策的总称；美国学者查默斯·约翰逊[4]认为产业政策是政府为了取得在全球的竞争能力而打算在国内发展和限制各种产业的有关活动的总的概括。

---

①　蒋瑛、郭砚灵：《中国—东盟自由贸易区下双边贸易关系分析》，《广东社会科学》2005年第5期。

②　下河边淳、管家茂：《现代日本经济事典（中译本）》，中国社会科学出版社1982年版。

③　小宫隆太郎、奥野正宽、铃村兴太郎：《日本的产业政策》，国际文化出版公司1988年版。

④　查莫斯．约翰逊：《产业政策争论》，美国当代研究所1984年版。

中国的经济学家周叔莲等①认为产业政策是指国家(政府)系统设计的有关产业发展,特别是产业结构演变的政策目标和政策措施的总和。中国学者冯飞认为,产业政策就是指政府为改变产业间资源分配和各种产业中私人企业的某种经营活动而采取的政策。刘吉发②在《产业政策学》一书中指出产业政策是指一国政府为了促进本国的经济发展,根据产业发展规律的客观要求,综合运用经济手段、法律手段以及必要的行政手段,调整产业关系,维护产业运行,促进产业发展,达到对社会资源的最优配置,重新调整产业活动的一种政策导向。

实施产业政策的理论依据主要有:(1)后发优势理论,学者从理论高度肯定了后发优势的存在和实现的可能性,后发国家在认识、技术借鉴、预测等方面都具有的后发优势③。美国经济学者④提出,后起国家在技术成本、劳动力成本等方面都具有优势,只要在国家的保护与扶持下达到规模经济阶段,就可能发展起新的优势产业。所以很多国家根据该理论,进行国家整体区域分工调整,制定各类产业政策刺激经济发展,充分运用"后发优势",加入国际分工的领域;(2)结构转换理论,一个国家的产业结构必须不断实行从低级向高级的不断适时转换,才能实现赶超和保持领先的地位。该理论促使很多国家及地区在经济发展的同时利用产业政策力度加速推进产业结构的调整;(3)弥补市场缺陷论,日本经济学家小宫隆太郎提出,产业政策的实施是为了"弥补市场缺陷",即政府用以弥补或修正市场在配置资源时所固有的局限性或缺陷的基本手段⑤。政府有必要通过制定相应的产业政策,诱导或者直接介入调节或干预社会资源在产业部门之间和产业内部的配置过程,弥补现实经济中市场存在的信息性失灵、垄断性失灵、外部性失灵、公共性失灵等;(4)危机导向论,过去美国的理论界并没有产业政策这一概念,面对日本 20 世纪 60 年代后实行产业政策取得了经济实力的大幅提升,美国感受到了严重的危机

① 周叔莲、裴叔平、陈树勋:《中国产业政策研究》,经济管理出版社 1990 年版。
② 刘吉发、龙蕾:《产业政策学》,经济管理出版社 2004 年版。
③ 谢立中、孙立平:《二十世纪西方现代化理论文选》,上海三联书店 2002 年版。
④ M·列维:《现代化的后来者与幸存者》,知识出版社 1988 年版。
⑤ 小宫隆太郎、奥野正宽、铃村兴太郎:《日本的产业政策(中译本)》,国际文化出版公司 1988 年版。

感,在此导向下,美国开始对一些有较大威胁的产业采取了扶持政策,产业政策在全世界的应用至此越来越广泛;(5)机会导向论,当今世界经济竞争日益激烈,新技术层出不穷的涌现,于是便产生了机会导向论。机会导向论的核心是在面对不断涌现的新产业时,政府应该把握住传统产业与新兴产业之间的关系,以及在新兴产业中选择增长潜力最大的产业,引导其健康稳定发展,拉动地方经济发展。

2.3.2　关于区域产业政策协调的研究

已有研究成果的相关内容或观点包括:(1)提出从海洋及相关产业协调系统构建入手,努力寻求构建中国—东盟自由贸易区的切入点,通过研制区域联合开发的一系列基本政策,达到以非政治化方式来促进该区域产业协作系统由小到大,由浅到深,从分散到集中的全面升级。(2)提出加强农业政策合作,研究如何加速生产要素在世界范围内的流动,加强了国际分工的深度,使得资源配置全球化。(3)认为跨地区的产业要建立合理的推进机制,应加强区内各地区特别是各中心城市的产业发展政策的协调。首先是加强与国家产业政策的协调,各地区应当根据国家的产业政策,在深入分析本地区经济发展条件的基础上,确定有发展潜力的优势产业。其次是发挥优势,加强与其他地区的产业协调,各地在制定产业发展规划时,不仅要看自己发展的可能和需要,还应看到其他地区是否更适合发展这些产业,通过比较,明确优势所在。最后,通过加强地区之间协调,实现合理的地区分工。在此基础上推动优势产业的战略合作,发展跨地区的大企业、企业集团。

以上研究给本课题提供了良好的研究基础,但没有就构建 CAFTA 国际经济政策协调的理论体系进行深层次和系统的研究,还远不能适应中国—东盟自由贸易区建设的需要。本课题在已有成果的基础上就创新 CAFTA 国际宏观经济政策协调体系进行理论研究,不仅有利于丰富和发展国际经济合作理论、宏观国际经济政策协调理论与方法,也必将推动国际经济理论的发展,促使区域间各国市场间的有序竞争和协调发展,有利于资源的市场配置效率最大化,对于国际经济合作的理论研究以及指导国际经济合作实践都具有重大的理论和现实意义。

一、关于区域产业政策协调的必要性研究

就区域产业政策协调的必要性来说，《专业化和分工理论》认为：当一个人提高其专业化水平时，他变得越来越依赖于为其生产和消费提供必需产品的其他专家。既然分工与包涵串联许多单个专家的投入—产出网络相关联，如果串联的链条之一不能运作的话，整个网络就有可能无法运作。因此，当专业化水平和分工水平提高时，分工网络的协调失灵风险成倍增加，协调失灵的总风险是交易数量的指数函数分工水平越高，交易量越大，协调失灵的风险就会成倍增加。多数研究文献认为区域经济协调则会产生"1+1>2"的效果，反之，若区域经济之间摩擦和冲突不断则结果往往是"1+1<2"。

Mc Donald 等（1999）以欧盟的产业政策为证，认为产业政策外部性引起的溢出效应是欧盟产业政策存在的最重要原因。溢出效应的存在说明，各国可以通过产业政策协调来分享合作体系带来的福利。Georg 等（1996）指出，1993 年欧盟成立后，产业政策在加大人力资本等非实物资本投资、发展产业间国际合作、确保公平竞争环境、实现公共部门现代化等方面，与前相比发生明显变化，政策目标是加强欧洲企业的国际竞争力。

二、关于区域产业政策协调的内容的研究

关于政策协调的内容，综合近几年的研究文献，主要有信息交换、危机管理、避免共享目标变量的冲突、合作确定中介目标、部分协调、全面协调六个层次的研究。日本学者深尾京司和细谷佑二（1999）①指出应从经济全球化方面理解，基于单一国家视角的产业政策及其作用，在空间外延上超越国界之后形成"新"的国际产业政策。Gilberto（1998）则从欧盟和成员国两个层面考察国际产业政策内容。他认为，虽然产业政策对欧盟经济发展是一种强有力的手段，但只能在联盟层面上运用，只有这样产业政策才能增强各成员国的产业竞争力，并消除产业政策与单一市场计划之间的矛盾。曹宏苓（2004）提出在中国日益融入地区和全球国际分工的条件下，我国的产业政策重心已发生明显转移。张幼文则提出应及时制定"开放型"产业政策，要从全球视野动态地进行产业结构重组和产业结构优化，在调整过程中以各种方式与国际跨国企业进行合作。

---

① 深尾京司、细谷佑二：《国际产业政策与跨国公司》，《经济研究》（日本）1999 年第 50 期。

三、关于区域产业政策协调的方式、成本、收益的研究

关于政策协调的方式,多数文献认同市场机制协调、计划和行政制度协调以及网络协调三种方式,相关文献还就协调的成本与收益进行了探讨,一般来讲协调的成本包括立法成本、协调成本,而协调带来的收益主要包括因协调而减少政策失误所转化的收益、因协调而导致整个经济体系效率提高而产生的收益和潜在收益,即因区域经济体系效率的提高而推动经济发展所产生的收益。

综上所述,以往对于区域产业政策协调的研究集中于产业政策协调的重要性以及产业政策协调的内容、方式、成本与收益的研究,而对于如何根据成员国各产业部门的重要性及竞争力进行实证分析后制定区域产业政策协调以及此种协调如何反过来促进区域经济一体化的发展研究甚少,并且对于中国在此区域环境大背景下如何制定本国的区域产业政策的研究也不多,已有的文献提出的政策建议实际操作性不是很强。这就引出我们需要研究的课题:在区域分工条件下,中国四省区要在各省产业重要性及竞争力的分析基础上协调出口产业发展政策,形成合理的分工格局,在此基础上构建科学合理的生产—贸易链,获取最大收益。发达地区要在经济分工、产业转移中帮助落后地区加快发展,实现区域协调发展,而这一工作需要构建相应的出口产业政策协调框架来完成,中国也要在国家层面上制定与东盟出口贸易发展战略,以此推进区域经济一体化的深化。

2.3.3 关于出口产业政策协调的研究

一、关于产业政策的研究

OECD(1997)[1]作为国际组织,从成员国和组织实践出发,从总体上揭示了国际产业政策形成的时代背景。OECD 指出:经济全球化,日益激烈的竞争与快速的技术进步不断改变产业运行的环境。越来越多的企业采用国际化经营战略,使原来的国别政策效力逐渐弱化。贸易与投资自由化又加剧了内部市场竞争,加上政府宏观管理观念上的变化,由此引起的产业政策由传统的产业发展政策转型为面向全球的"产业竞争政策",

---

① OECD. *Policies for Industrial Development and Competitiveness*. Overview. Parlis,1997.

而且这种产业政策更加注重提升企业的国际竞争力。OECD（1998）[1]还认为，知识经济是传统产业政策出现转型的又一重要因素。生产、传播和使用信息的产业越来越受到 OECD 成员国的重视，企业也更加注重人力资本等无形资产及相关资产的投资。这就要求产业政策在研究、技术、人力资源、组织效率、市场开发和软件建设等方面进行调整和国际协调，消除这些领域中的障碍，满足企业全球竞争的需要。

政策溢出效应是形成国际产业政策的另一重要原因。Mc Donald 等（1999）[2]以欧盟产业政策存在的最重要原因——溢出效应的存在，说明各国可以通过产业政策协调来分享合作体系带来的福利增进。Johan 等（1999）[3]在分析欧洲共同产业的必要性时指出，如果没有欧洲范围内对各国产业政策的协调，各国产业政策之间可能会互相阻碍，结果弊大于利。虽然一国产业政策对其国内政策发展有益，但却会在欧洲内部市场造成新的市场扭曲。

二、国际产业政策目标和政策内容的研究

OECD（1997）在回顾其成员国实施产业政策的基础上，总结了新国际产业政策的特点及趋向。其中，不直接干预市场、更加注重标准竞争（指技术与环境标准）、更加注重从全产业角度制定产业政策等内容已成为经济发达国家的共识。Georg 等人（1996）[4]指出了欧盟成立前与成立后，产业政策在内容上的变化。他们认为，早在 20 世纪七、八十年代欧共体已开始放弃部门产业政策，转而采用"横向联合战略"。1993 年欧盟成立后，与前相比，这时产业政策在加大人力资本等非事物资本投资、发展产业间国际合作、确保国际公平竞争环境、实现公共部门现代化这四个方面已发生明显变化，政策目标是加强欧洲企业的国际竞争力。Gilberto（1998）则从欧盟和成员国两个层面考察国际产业政策内容，欧洲层次产

① OECD. *Resent development in Industry Policies in OECD countries.* Background Paper,1998.

② Mc Donald. *Frank and Stephen Dearden. European Economic Integration.* Pearson Education, Harlow,1999.

③ Johan Lindegue. *Daniel Roskas. European Inderstrial policy：An Overview and Comparision.* WHV,1999.

④ Georg Erber, Harald hagemann, Stephan Seiter. *Industrial Policy in Europe. European Trade Union Instieute.* Working Paper,1996,p17.

业政策主要用各类基金支持研发活动和援助衰退产业,开始反倾销、设定技术和环境标准等;在成员国层面上,主要涉及设定技术规则和援助衰退产业等。

深尾京司等(1999)①集合日本的实践对国际产业政策主要内容做了较为完整的概括,主要包括:(1)各国基于有利于本国的立场,或基于与本国所属的国际区域多个国际互惠的立场,采取减少和取消进口限制的措施;(2)为完善区域内标准认定、规制和知识产权保障制度,一国与相关国家制定的共同规定和工作机制;(3)作为对外经济协作的一环,所实施的充实国际区域内相关产业基础设施的政策及措施;(4)为保障国际区域内经济安全而进行的一国与相关国家在能源等领域的协调性政策和措施;(5)为推动经济的可持续发展而进行的环境领域的国际合作。

汪斌(2003)②依据当前发达国家实施国际产业政策的状况,将该政策的基本内容归纳为:(1)国家战略产业技术政策在新国际产业政策中处于核心地位;(2)产业技术标准竞争及其国际协调;(3)产业环境标准制定及国际协调;(4)产业预警机制设立与产业安全保护的前置化;(5)放松反垄断法和反垄断法的国际合作。此外,还涉及跨国基础设施建设和保证能源安全的国际战略合作方面的政策协调等。付彩霞(2001)③则从产业政策中产业组织政策已出现转型角度,指出其新内容。她认为,产业组织政策目标不仅要处理好国内市场垄断和竞争关系,更重要的是在全球范围内寻求资源的合理配置。政策目标重心是让本国企业获得世界市场利润的更大份额而不再是仅仅保护本国消费者和其他生产者的利益。

三、国际产业政策实施方式和政策手段的研究

Georg 等(2006)认为,随着自由贸易的发展,原有的产业政策作用空间不可避免地要缩小。因此,他们主张欧洲的产业政策应转型为适应世界经济环境变化的"长期竞争导向性产业政策"并强调产业政策的实施是一种博弈过程。如果参与各方采取非合作的敌对态度,则各方都将蒙

---

① 深尾京司、细谷佑二:《国际产业政策与跨国公司》,《经济研究》(日本)1999年第50期。

② 汪斌:《国际区域产业结构分析导论——一个一般理论及其对中国的应用分析》,上海三联书店2001年版。

③ 付彩霞:《国家战略利益的凸现与产业组织政策的新变化》,《学术研究》2001年第4期。

受损失。黄兆银(2001)①虽然没有直接提出国际产业政策的实施方式，但通过考察产业政策和部分充当产业政策手段的战略性贸易政策，指出在经济全球化条件下，原有以邻为壑的产业政策已不合时宜，需要发展新的国际协调手段和机制，以避免代价高昂而又对全球经济有重大不利影响的竞争性干预，主张以合作型竞争取代你死我活的旧式竞争模式。

Gilberto(1998)研究了欧盟与其成员国之间在产业政策和旨在消除非关税壁垒的单一市场计划上的矛盾。他认为，在理论上消除非贸易壁垒与实施产业政策之间存在根本的矛盾。因此，虽然产业政策对欧盟经济发展而言是一种强有力的手段，但只能在联盟层次上运用，只有这样产业政策才能提高各成员国的产业竞争力，并消除产业政策与单一市场计划之间的矛盾。Flockeon(2001)②反思了国际产业政策实施主体的选择问题，认为需要一个超国家组织来有效地实施国际产业政策，因为如果由单个国家实施，会暴露利益偏移，作用范围有限等先天缺陷。近来的趋势是用区域或全球范围内的"论坛"形式代替固定的多国组织，协调各国间的利益关系，提升总体的竞争力。Patrizio(1998)③对此持同样的观点。在考察欧洲一体化就如何设计和实施国际产业政策时，他主张欧洲的竞争政策、产业发展政策、结构调整政策和创新政策等要互相搭配联合实践，在不同空间范围和层次上开展国际合作，注重用网络化横向手段进行"软管制"。以此逐渐取代目前一体化进程中集中式的强制性的"硬管制"。因此，他认为，有必要超越单一民族国家，在"超国家层次"或"区域层次"制定和实施国际产业政策。但他进一步指出，目前欧盟的产业政策缺乏有效的层次结构，无法将微观社会调节与中、宏观政策等结合起来，提供便利的设施、开展经济合作和合理配置资源。以此，单一民族国家将继续在形成区域性国际产业政策过程中发挥关键作用。

齐东平(2000)④指出开放经济、超越国界的市场机制、国际共同规则的适用性的增强、经济全球化和一体化等因素要求我国制定符合各国国

---

① 黄兆银：《论战略性贸易和产业政策的理论及其意义》，《经济评论》2001年第1期。

② Flockton & Heidi. *European Industrial Policy with Respect to the Steel Industry*. The ECSC Pust. Present and Future, 2001, p72.

③ Patrizio Bianchi M, Industrial Policies and Economic Integration. Routledge, London, 1998.

④ 齐东平：《我国制定国际产业政策的初步设想》，《中国工业经济》2000年第5期。

情的国际产业政策;国际产业政策的内容包括:(1)传统国际产业政策:以国界为空间边际。第一,依据与产业政策相同理论基础制定的国际经济政策,是国际产业政策的组成部分。第二,从促进自由贸易和国际资本流动的角度讲,一国实施的改善投资环境的政策,也构成国际产业政策的组成部分。第三,从微观经济理论的发展上讲,贸易政策理论中的博弈理论,成为国际产业政策理论的基础内容。(2)新的国际产业政策:产业政策的空间边际超出国界。第一,各国基于有利于本国的立场,或基于与本国所属的经济一体化地区多个国家互惠的立场,采取的减少或取消进口限制的措施。第二,促进本国跨国企业发展的战略和政策措施,包括在国内外上市等利用资本市场筹融资上给予企业的支持措施。此外,还包括与相关国家或地区的各种政策协调机制以及定期举办的各种级别的政策协调会议。第三,为改善本国及更大范围内的投资环境,实施的充实基础设施的政策及其措施,以及相关国家所采取的协调性政策和措施。第四,为促进相互投资,一国与相关国家在认证、规制和知识产权方面的共同规定,以及为制定共同标准所建立的工作机制。第五,为推动经济的可持续发展,国家鼓励能源开发和生产的政策以及环保政策,特别地,发展中国家应通过制定与发达国家共同的产业环境标准,促使发达国家跨国企业向发展中国家转移先进技术。

在此基础上,齐东平还提出了我国制定国际产业政策的初步设想,指出国际产业政策的制定要在遵循适应经济全球化发展的需要,充分发挥企业主体的核心作用,传统政策模式与新型政策模式相结合,促进产业发展目标与改善社会福利目标相结合,加强国际产业政策的国际协调五个原则的基础上,我国国际产业政策应包含的主要内容有:第一,动态的政策目标及政策调整机制;第二,改善直接投资环境的措施;第三,国家发展跨国企业的战略措施;第四,确保经济安全措施;第五,保护和改善环境措施;第六,反垄断与反倾销措施;第七,完善各种产业标准和认证标准,以及保护知识产权的规定。

李世泽(2007)[①]指出,产业对接是基于比较优势的产业分工与协作

---

① 李世泽:《一轴两翼:泛珠——东盟产业对接的新平台》,《视野》2007年5月。

的具体表现,是产业价值链及其各环节之间的相互衔接与整合。国际产业对接是国际产业转移的产物,产业转移方可以借此促进产业结构优化升级,实现国际经营战略目标,产业承接方可借此提高产业国际竞争力,促进经济发展。产业对接有利于合作各方发挥比较优势,促进生产要素合理流动,优化资源配置,实现互利共赢。

随着中国—东盟自由贸易区的加快建设和泛珠江三角经济合作的日益深入,泛珠—东盟产业对接显得越来越重要且迫切。泛珠江三角的粤、港、澳、闽和东盟的新加坡、文莱、泰国、马来西亚经济实力较强,泛珠江三角的其他地区和东盟的其他国家经济实力较弱,其中东盟的柬埔寨、老挝和缅甸等国被联合国列入世界上最不发达国家。近年来,泛珠江三角与东盟经贸关系发展迅猛,双方在基础设施建设、加工制造、矿产和海洋资源开发、农业合作等领域的合作卓有成效。泛珠三角与东盟在自然资源优势、人力资源优势、技术优势、产品优势、市场优势、环境优势等各个方面都存在较强的互补性,有着巨大的产业对接潜力。

产业对接是泛珠与东盟经济互动发展的核心内容。破解泛珠与东盟产业对接难题,取得务实成效,达到共赢效果,一直是区域各方孜孜以求的合作目标。一轴两翼横空出世,正当其时,为破解这一难题带来了新契机。一轴两翼既有利于泛珠与东盟综合利用合作优势,实现产业整体对接,又有利于有关各方结合特定优势,各取合作所需,最终有利于构建泛珠—东盟互利互补、互相促进、各具特色的国际产业分工与协作的新格局。一轴两翼将担当起中国—东盟自由贸易区建设的助推器,发挥泛珠—东盟产业对接的战略平台作用。

四、关于地区产业政策的研究

地区产业政策,也叫区域产业政策,产生于 20 世纪 20—30 年代。我国学者对于国外产业政策的研究,多停留在国外产业政策对我国经济发展时期实施正确的产业政策的借鉴作用,多注重不同发展阶段的主导产业的选择、产业政策的倾斜、对国家经济的引导等方面,而极少研究区域产业政策的制定与实施协调。

关于区域产业政策的层次研究,80 年代末、90 年代初我国学者开始重视区域产业政策的作用,但是对区域产业政策的层次划分一直都不是很清楚。有的学者认为,区域产业政策应该分为两个层次,第一层次是经济合作区一级的,指导经济合作区内产业的选择,具有明显的计划性和指导性;第二层次是省、市、自治区一级的,根据不同的经济利益和要求不同,具有行政执行性和落实性[①];学者刘吉发、龙蕾认为地区产业政策即为产业政策的中观层次,可以通过产业关系政策来调整一国范围内同一地区或不同地区各产业之间的关系,从而实现一国产业结构的高度化,并建立国内合理的地区分工关系[②];部分学者认为区域产业政策的实施主体为地方政府,是地方政府根据国家宏观区域政策和产业政策结合本地区实际制定的[③];而另外大部分学者则把区域产业政策笼统的归为经济合作区一级,基于整个国家层面上的整体利益思考,研究这些年来我国实施的总体区域产业政策的经济效果以及未来方向等,甚至有的学者把产业政策和区域政策分开来谈,认为这是两个相互联系又相互区别的概念,二者具有相同的优化生产要素组合的总目标,但是产业政策解决整体结构优化问题,而地区政策解决的是地区结构优化问题。

关于区域产业政策的实施机制分析,有关区域产业政策的实施机制,有的学者认为,可分为三个方面:综合调控机制、动态协调机制和动态反馈机制[④]。也有的学者认为相应区域产业政策分为两个层次,区域产业政策也就包含了两方面的内容,区域产业分工与协调政策和建立区域产业实施机制[⑤]。实施机制应分为:组织协调机制、政策引导机制、行政干预机制、经济的引导四个方面。其中区域产业政策自身内在机制,区域产业结构政策是区域产业政策的目标与核心;区域产业技术政策是动因,基于地区特点制定;区域产业组织政策和产业布局政策是手段和载体。

关于地区产业政策内容的研究,地区产业政策的内容,学者多半倾向从三个角度来研究:国外区域产业政策对我国区域产业政策的启示,不同经济发展时期采取的不同区域产业政策和地区产业政策内部结构内容。

研究国外区域产业政策对我国区域产业政策的启示,多半通过国外

---

① 刘继光:《中国区域产业政策的效力分析》,《中国经济评论》2003 年第 7 期。

② 刘吉发、龙蕾:《产业政策学》,经济管理出版社 2004 年版。

③ 杨静文:《产业政策与地区政策的融合:理论与经验》,《经济管理研究》1997 年第 1 期。

④ 陈璟、牛慧恩:《区域产业政策实施机制及其应用探讨》,《地域研究与开发》1999 年第 4 期。

⑤ 刘继光:《中国区域产业政策的效力分析》,《中国经济评论》2003 年第 7 期。

产业政策经验,根据西欧(英国、德国)、北美(美国、加拿大)、日本等地区的产业发展政策,总结出一些措施有利于发挥地区产业政策的作用,例如:建立专门的区域发展组织结构,采取灵活多样的政策和资金援助方式等①。或者吸收借鉴国外(日本、韩国、德国等)经验,坚持区域经济协调发展,制定有利于产业结构升级的区域产业政策②。

对不同经济发展时期采取的不同区域产业政策的研究,多数学者认为随着国家发展经济阶段、各地自然禀赋的不同,或采取不同的产业政策,分别由非均衡发展时期,过渡到一国经济发展水平共化后期。产业政策也重点扶持国家宏观经济政策和第一层面的区域经济政策,区域经济差异不断扩大。当重点扶持的区域发展壮大之后,国家的扶持重点转移到非重点扶持的区域。

地区产业政策内部结构内容,多数学者认为包括区域产业结构政策、区域产业组织政策、区域产业技术政策、区域产业布局政策③。也有学者强调要着重注视区域主导产业政策,认为主导产业的发展应充分发挥市场机制的作用,主导产业一般都和收入弹性高、具有较大发展潜力的高新技术相关,而政府可以通过政策手段为主导产业的发展创造有利的条件④。

五、地区产业政策的作用研究

大部分学者都不否认区域产业政策对地区经济发展的作用,总结的地区产业政策的作用主要有:实现区域生产力的合理布局,充分发挥区域的比较优势;实现区域资源配置合理化和经济效益的不断提高;实施区域产业政策有利于统筹区域经济协调发展,建立新的地区关系。但是,亦有学者提出,产业政策的作用机制是以完善的市场作为其运行的基础,所以,若不从根本上解决地区经济运行机制问题,地区产业政策也不能够真正发挥作用。

由于产业政策的实施涉及到中央政府与地方政府、地方政府与企业、

---

① 陈文晖、华珊:《论产业政策与地区经济发展》,《学术论坛》2004年第2期。
② 唐明义、杨波:《德国区域经济政策的启示》,《民族经济与社会发展》1998年第2期。
③ 陈璟、牛慧恩:《区域产业政策实施机制及其应用探讨》,《地域研究与开发》1999年第4期。
④ 江世银:《论区域产业政策》,《天津行政学院学报》2002年第3期。

地方政府与中介机构、企业与中介机构、地方政府之间的关系,因此,研究需要从系统工程的视角来审视和研究地区产业结构调整与就业结构协调的相互关系,探寻区域产业的分工与合作问题。

2.4　关于出口产品竞争问题的研究

2.4.1　关于中国与东盟出口产品的现状的研究

李杰,郑瑶(2006)[①]对我国出口产品现状作了分析,指出:(1)出口产业以劳动密集型为主,商品附加值不高,出口产业机构档次较低;(2)高新技术产品出口迅速,成为拉动外贸增长的重要力量,但存在较大隐患;(3)地区之间出口产业结构雷同化现象严重,内部竞争非常激烈。李博、左月华(2008)[②]指出在1996—2006年间,自主创新和本国要素积累对我国出口产业结构演变作用甚微,可以推断入世后我国出口产业结构的升级现象很大程度上是由引进资源和引进技术所造成的,本土产业从结构升级中受益很少。资源密集型产品的大量出口,反而给我国经济的可持续发展埋下了隐患。因此,在我国出口产业结构的持续调整过程中,必须强化本国要素积累和自主创新的作用,合理引导国外投资,增强抵御外部风险的能力。

巫才林(2010)[③]认为东盟各国虽然经济规模、产业结构、收入水平以及所处的经济发展阶段不同,但一般而论,它们工业化的历史不长,工业基础比较薄弱,工业化过程主要是靠吸引和依靠外来投资,而这些投资又主要属于中间技术,集中在制成品的生产上。故其基础技术与高新技术都很薄弱,在产业技术结构方面存在着诸多空缺,亟待补充。相对于东盟来说,中国产业结构层次复杂,既有大量劳动密集型产业,又有迅速发展

[①]　李杰、郑瑶:《我国出口产业结构优化问题探讨》,《经济特区》2006年第1期。

[②]　李博、左月华:《我国出口产业结构演变模式研究:1996—2006年》,《国际贸易问题》2008年第7期。

[③]　巫才林:《技术与市场》,2010年第8期。

的资本、技术密集型产业。在技术结构上,已经形成了较为完整的基础技术部门,在高新技术的某些领域也有了相当雄厚的基础,但中间技术及产品市场化的能力比较薄弱。中国与东盟都处在工业化的发展进程中,在国际分工上处于同一水平。双方都注重推动外向型经济,出口产品多为劳动密集型的制成品,如电子产品、家用电器、纺织品、成衣、鞋类和加工食品等;或是初级产品,如资源、原料和农产品等。这些出口产品的种类及档次都比较接近,这就必然会加剧双方的产品竞争。而中国与东盟的出口市场,大都是面向西方发达国家。东盟出口市场 50% 以上是在美国、日本和欧盟各国。中国的出口市场与东盟类似,对欧盟、美国和日本的出口,也占 50% 左右。中国与东盟外贸对象的同一性,使双方在出口市场方面也存在着激烈的竞争。即使是新兴的电子和信息技术产品,也因双方没有掌握核心技术,整体上均处于产业链的下游。中国与东盟出口的产品共同投入相同的国际市场,势必相互竞争。

关于中国与东盟之间出口产品的互补性的研究有澳大利亚的宋立刚以及香港的许心鹏通过联合国数据库的数据计算了东亚的国家出口相似性指数①得出,中国与东盟之间就出口产品而言是处于一种竞争关系。

2.4.2 关于出口产品竞争力的研究

美国是最早关注出口产品竞争优势的国家,在 20 世纪的 70 年代,美国受到来自日本的制造业崛起的竞争压力,开始从宏观经济层面研究出口产品的竞争力。1978 年,美国开始着手研究美国工业品的国际竞争状况,并且在 1980 年发布《美国竞争力研究》报告。由于受到来自日本的威胁,所以美国对研究的结果表现出极大的担忧。而日本也成立课题组对美国与日本的出口产业竞争力做出了对比研究。在区域经济一体化条件下逐渐发展起来的欧盟也于 1995 年开始成立"竞争力咨询小组"对欧洲的出口产业竞争力进行研究。一直到 20 世纪 80 年代,伴随着全球化的经济发展趋势,设在瑞典的"世界经济论坛"是最早对竞争力进行深入研究的机构。而后 WEF 和 IMD 等机构对此问题的研究得到了世界范围内

---

① 许心鹏、宋立刚:《出口相似性与东亚发展模式》,《世界经济文汇》2002 年第 5 期。

的普遍认可与支持。此后每年都会出版的《世界竞争力年鉴》对发达国家以及主要发展中国家进行了综合评价。根据2002年世界投资报告，其中对出口竞争力的阐述，可以将出口产品竞争优势总结为：是一个国家或地区可贸易的本国产品在向本国开放的外国市场上所具有的开拓、占据其市场、满足消费者需求并获得经济利益的能力①。

南宁市社会科学院课题组(2009)②指出南宁与越南产业合作存在的问题：(1)受经济发展水平的制约产业合作规模不大，层次不高；双方经济发展水平都不高是产业合作的瓶颈；从贸易合作来看，规模还非常小；从贸易合作的领域来看，南宁与越南贸易合作多集中在劳动密集型产品、初级农产品。(2)产业开放合作意识不够，双方的地方城市官方互动交流不多，本地经济外向型发展意识不足。(3)相互仍然缺乏了解，也是制约双方产业合作的一大原因。主要表现为南宁很多企业对越南的情况缺乏相应的了解。如越南的国情、政策信息和投资优惠条件；商机及鼓励发展的领域等。最后为农业及农副产品加工业以及第二、第三产业的合作提出了合作思路和政策建议。

2.4.3 关于中国与东盟出口产品竞争力的研究

章辉(2009)③通过对中国与东盟出口商品的比较优势分析，指出中国的出口商品不再以初级原材料产品为主导，而是在制成品上具有明显的增长优势，尤其是像服装、纺织品和电子产品等一类的劳动密集型制成品。双方的商品贸易逐渐形成竞争和互补关系。范爱军(2002)④通过大量统计资料的分析，探讨了我国20年来出口产业比较优势的变化，指出我国出口产业的比较优势与比较劣势：(1)中国出口产品中初级产品竞争力下降，工业制成品竞争力上升；(2)中国在初级产品出口中的主要竞争对手是"东盟"国家，而在工业制成品中的主要竞争对手则是日本和"四小龙"；(3)中国在10个经济体10类产品对美国出口中总体比较优

① 杨帆：《天津市出口产品国际竞争力研究》，2010年。
② 南宁市社会科学院课题组：《南宁与越南产业合作对策研究》，《中国与东盟》2009年第5期。
③ 章辉：《中国与东盟出口商品比较优势变化分析》，2009年。
④ 范爱军：《中国各类出口产业比较优势实证分析》，《中国工业经济》2002年第2期。

势较强,但有些大类产品仍然缺乏竞争力。

孙笑丹(2003)运用产品相似度指数和市场相似度指数分别测算了1996年和2001年中国与东盟三国(泰国、印度尼西亚和马来西亚)的农产品出口结构相似程度,得出中国与东盟三国在产品和市场上都存在很高的相似度,且有递增的趋势。史智宇(2003)则分析了1971—1997年中国与东盟在美国市场及其纺织品和服装市场上的出口竞争情况,得出中国与东盟主要国家之间的出口相似度很高。荣静和杨川(2006)分析了1994—2003年中国与东盟主要国家出口农产品的相似程度,得出双方在农产品贸易中未发挥各自的比较优势。

2.4.4 关于中国东盟产业互补性的研究

于津平通过联合国国际贸易统计报告,采用比较优势指数对不同行业的中国和东亚其他国家之间的产业互补性做出了分析,分析结果发现我国与印尼、马来西亚以及泰国之间具有较强的互补性。关志雄计算了1999年中国与亚洲地区的贸易专业化指数,得出中国与新加坡存在较强的互补关系,与其他地区有明显的竞争关系的结论。南京大学的孙林测算了中国与东盟关于农产品的比较优势,得出中国与东盟主要国家之间在农产品方面互补性较强。宋海英通过计算中国与泰国之间的相似性指数得出中国与泰国在蔬菜出口产品中处于明显的竞争状态。① 厦门大学的王勤也分析了中国同东盟之间的出口产业的结构相似性,同时利用斯密尔曼等级相关系数对中国与东盟之间的互补性做出了分析。潘青友运用贸易互补性指数指出我国与东盟之间在相对较长的时间内处于较强的竞争状态。同时云南大学的徐颖剑也分析了云南和东盟之间的比较优势指数,得出云南同东盟之间的互补性大于竞争性的结论。秦成逊等人分析了云南的矿冶产业同东盟之间的互补性与竞争性,得出了二者具有较强的竞争性的结论。

贾继锋、李晓青(1997)认为,中国和东盟互补性最初在初级产品中得以体现,随着双方产业结构中制造业产品的比重上升,产业内贸易的互

---

① 王娟:《云南与周边国家战略矿产资源互补性研究》,2008年12月。

补性日益成为主要的发展势头。产业调整中的互补性竞争导致新的产业分工,市场容量的双向扩展又增强了产业的互补。赵春明、李丽红(2002)提出为了减少中国与东盟4国(菲、马、泰、印尼)相互间的竞争和摩擦,中国应该坚持结构调整与贸易、投资、产业合作相结合的原则,在制度和技术创新、培育本国主导产业等方面对自身的产业结构进行适度的调整。公峰涛(2003)比较了中国和东盟在近10年间的贸易产品结构及其变化,发现中国与东盟的贸易产品结构在此期间都实现了一定程度的升级,提出通过扩大产业内贸易、发挥比较优势、优化产业结构等措施改善中国—东盟贸易结构。史智宇(2003)探讨了封闭的产业结构和不合理的产业组织结构是制约中国和东盟产业内贸易发展的因素,并从政府和企业两个层面提出政策建议。周燕(2003)在提高中国和东盟产业结构互补性方面提出各国根据自己的比较优势建立相应的产业结构和主导产业,同时优化各自国内的产业结构,促进产业升级,发挥规模经济优势,发展双方产业内贸易的发展思路。[1]

张娜、李立民(2008)[2]指出中国与东盟产业结构调整需要重点发展资本、技术密集型产业,提升产业结构水平;加强对传统产业的技术改造,提升劳动资源密集型产业的发展质量;拓展服务业产业内贸易,为产业结构调整注入新的力量和服务支撑;加强人力资源开发,为产业结构调整提供专业人才。陈卉娟、谢巧燕(2009)[3]指出,随着中国—东盟自由贸易区发展规划上升为国家战略,广西面临进一步扩大开放和加快发展的重大历史机遇,在广西与东盟的产业关系中,既有合作的空间又有合作的余地。在 CAFTA 进程中,为了更好的协调广西与东盟的产业关系,应以市场和政府政策相结合,促进广西—东盟的产业结构良性竞争,并且在把握总体发展的同时,突出产业结构的深层次调整:对不同的产业要有不同的布局,在广西—东盟建立一个能够支持和鼓励企业走出去发展的服务支

① 张娜、李立民:《基于产业内贸易视角的中国与东盟产业结构调整探讨》,《东南亚纵横》2008 年 4 月。

② 张娜、李立民:《基于产业内贸易视角的中国与东盟产业结构调整探讨》,《东南亚纵横》2008 年 4 月。

③ 陈卉娟、谢巧燕:《浅析 CAFTA 进程中广西—东盟产业的国际分工与合作》,《当代经济》2009 年 8 月。

撑体系。

石峡、李小红、马慧琼（2007）[①]指出中国与东盟需要在互补中合作，来构建产业链协同模式。当中国与东盟的这种产业链协同合作形成后，中国和东盟间的产业就具有了良性互动、循环良好的特征。中国和东盟的产业合作不仅能使双方受益，还能推动自贸区的加速发展，这就是自贸区的产业链协同合作效应。中国—东盟自由贸易区产业链协同的重点领域及其相应的分工形式如下：（1）重型机械设备类、水电设备类、化工设备类、交通设备类产品，中国有比较大的技术优势，进行差异化分工。（2）机电设备及零部件类产品是协同重点。中国的机电产品生产主要以加工、组装为主，属于资本技术密集型产业链中的熟练、技能劳动密集型环节，而新加坡的机电产品的技术开发含量更高一些。因此，两者之间的贸易属于技术差异型的产业内贸易。在机电仪表、精密仪器、电子等零部件的生产上，中国与东盟的一些国家，如泰国、马来西亚等国家各有侧重，更多地体现出分工协作、互补和配套的关系。（3）矿物燃料、生物制药和高技术领域。新加坡在这类产业上占有技术和资金优势，其是亚洲最富有活力的生物医药中心之一。目前生物医药科学环节占新加坡国家制造业出口的比例为18%。（4）在石油、橡胶、水泥、纸浆及纸制品这些天然资源方面以及资源密集型产业上，东盟许多国家，尤其是印尼、缅甸、老挝、越南等国拥有丰富的天然资源。对中国有比较优势，便于在相关成品的制造产业进行材料、半成品及成品的分工。（5）劳动密集型产品。例如纺织原料及制成品方面，需要进一步协调具体的分工环节。此外，皮革及相关制品类产品、非金属制品类产品和金属制品类产品的产业内贸易数值在0.75左右，需要进一步观察其在产业链中的位置，以确定双方合作的形式。

薛芳（2007）[②]使用显示比较优势指数和贸易互补性指数对中国与东盟之间的贸易情况进行了分析，指出中国与东盟在各类产品上的比较优势所在，并测算出中国与东盟国家之间整体的互补性。由于自然禀赋的

① 石峡、李小红、马慧琼：《构建中国—东盟产业链协同合作模式》，《集团经济研究》2007年第27期。

② 薛芳：《中国与东盟国家的贸易互补性研究》，《商场现代化》2007年第3期。

不同,中国与东盟国家在初级产品上的互补性较强,双方在不同产品上各具比较优势;中国与东盟国家在机械运输设备和其他制成品方面存在较强的竞争关系。从整体上看,中国出口与马来西亚和新加坡进口之间的互补性较强;中国出口与泰国进口的贸易互补性在不断增强;中国出口与印度尼西亚和菲律宾的进口贸易互补性在减弱。与此同时,中国进口与东盟主要国家出口产品高度吻合,具有紧密的互补关系。中国出口与东盟五国进口之间的贸易互补性相对小于中国进口与东盟五国出口的贸易互补性。因此,中国与东盟之间自由贸易的发展,将会导致中国对东盟贸易的逆差增大。

对中国与东盟出口产业的现状及比较优势的研究较为广泛,特别是对出口产品比较优势的研究通过运用比较优势指数和贸易互补性指数分析测算了中国与东盟国家之间的互补性。本课题将在现有研究的基础上,利用波特区域产业竞争力模型以及结构方程模型来分析我国周边四省区出口产业的竞争力,为在中国—东盟区域分工条件下,构建出口产品生产决策协调提供依据,并据此提出国家层面上的中国与东盟的出口产业政策的协调。

区域分工条件下的出口产品区域生产贸易链的构建离不开理论的支持，本部分将借鉴杨小凯的分工理论，运用超边际分析方法对分工理论进行分析以及对出口产品的比较优势以及竞争优势作对比分析。通过超边际分析分工对经济增长的作用。分工是发展的基础，而区域分工则是出口贸易中各地区之间合作顺利开展的必要前提，区域分工与市场规模之间也是相互作用，相互促进的，通过区域分工可以使市场规模得到扩展，而市场规模的扩展有利于分工的演化与持续从而能够带动新的区域分工。通过分工理论、比较优势理论、竞争优势理论、产业链理论、供应链理论、价值链理论以及生产贸易链理论的分析为周边省区生产贸易链的构建的实证分析部分打下良好的理论基础。

第 3 章
理论基础

3.1 分工理论与出口产品比较优势形成

在本节主要介绍分工的相关理论以及出口产品比较优势。本节借鉴了杨小凯的分工理论，用超边际分析方法对分工理论对经济增长的作用做出了分析。同时分析了出口产品比较优势的形成与分工的相互作用。

3.1.1 分工理论的内涵

分工自古有之，是人类社会发展到一定阶段的产物。分工这一概念虽然简单但是却有丰富的内涵，对于分工理论的研究丰富且广泛。

一、分工理论的历史发展

在古典经济学家那里分工既是一个单纯的经济因素，同时也是一定的社会经济制度在生产领域中的反映。分工理论是经济学研究的重要组成部分。关于分工思想的研究最早在公元前380年，柏拉图论述了专业化、分工对增进社会福利的意义，并认为市场和货币的基础是分工。1776年亚当·斯密在《国富论》一书中指出"分工是国民财富增进的源泉"，他通过系统地研究专业化和分工对于经济增长和繁荣的含义，使得人们进行经济分析开始聚焦于专业化和分工。他强调指出：人类社会组织的一个显著特点便是分工。斯密是第一个真正把分工问题作为经济学核心的经济学家。在17世纪末威廉·配第（William Petty，1690）也认识到专业化对生产力进步的意义，并通过荷兰人的例子说明了专业化的作用。斯密之后，李嘉图（1817）通过不同方法研究专业化与分工，并强调了外生比较优势与分工的关系。随后将分工思想进一步发展的是阿伦·杨格（Ally Young，1928）。他的主要思想最后被称为"杨格定理"（Young Theorem），主要内容概括为：分工的发展不仅依赖于市场的大小，市场的大小同时也依赖于分工的发展。杨格的思想是对亚当·斯密思想的进一步研究，但是由于受限于当时的数学工具，所以他没有将其思想模型化。20世纪80年代以来，以罗森（Rosen）、贝克（Becker）、杨小凯、博兰（Borland）和黄有先等为代表的一批经济学家，用非线性的"超边际分析"方法,从生产者和消费者完全统一、生产中存在专业化经济、消费者偏好多样化和存在交易费用等四个基本假设出发,重新将古典经济学中关于"分工和专业化"的思想转化为经济数学模型,掀起了一股现代分析工具复活古典经济学的思潮,后来被称为"新兴古典经济学"。[1]

二、地域分工与国际分工

地域分工与国际分工是分工理论中必不可少的两部分,对于分工的深化也是由地域向国际进行演进的。

1. 国际分工理论综述

国际分工理论研究有五大流派,分别从世界、市场、国家、企业、个人的角度来研究国际分工的影响因素及发展。

(1)世界角度的国际分工理论

"世界角度"[2]指国际分工把世界生产体系作为一个整体考察,旨在发现这一体系结构的变化规律。世界体系理论把握了当前国际生产体系结构变化的一些规律,如世界体系三级结构(最上层是主要生产高利润、高技术、高工资的多样产品的中心国,最下层是主要生产低利润、低技术、低工资且种类不多产品的外围国,介于其间的则是相对于中心处于外围位置,兼具被剥削与剥削者角色的半外围国家)的动态变化规律。但这一理论分析的核心概念是"不平等交换"和"剥削",忽视了新国际分工为外围国家带来的重要的发展机遇。

(2)市场角度的国际分工理论

"市场角度"指一个国家的绝对优势、比较优势、资源禀赋、要素禀赋、收入分配状况、经济规模对于该国如何参与国际分工具有一定影响,可以通过"市场机制"得以实现。经济学上,西方的传统国际分工理论是直接通过国际贸易理论来表达的。这主要有亚当·斯密的绝对优势理论、大卫·李嘉图的比较优势理论、约翰·穆勒的相互需求论、赫克歇尔一俄林的要素察赋理论。但这一理论范畴只考察了社会分工,没有重视企业内分工。

---

[1] 李涛:《劳动分工与经济增长——杨小凯的增长模型评价》,《数量经济技术经济研究》1996 年第 8 期。

[2] 张苏:《国际分工理论流派及其综合》,《中央财经大学学报》2008 年第 8 期。

（3）国家角度的国际分工理论

"国家角度"指分析国际分工时以"国家利益"为中心,基本内容是如何利用国家主权影响国家参与国际分工的方式、程度以及策略。李斯特（1789—1846）是这一流派的重要代表。这种理论提出的"国家引导分工"、"国家框架下的分工比国际分工更安全"、"分阶段参与国际贸易/分工的思想"对于促进国内社会福利、保护国家经济安全,具有重要的现实意义。但是,容易忽视资源、要素禀赋的国际差异,不考虑"分工可能受到国家市场规模的限制",将社会分工、企业内分工束缚在国内。

（4）企业角度的国际分工理论

"企业角度"主要考察"企业内分工"、"企业机制"对国际分工的影响。企业内与企业间的联系方式是随着它们的联系媒介和联系要素的变化而变化的。联系媒介是指:企业内以及企业间的联系是通过契约还是信任来实现的。联系要素是指:企业内以及企业间的联系是依赖于显性知识还是隐性知识,抑或二者的结合。主要代表是邓宁,重点分析了跨国企业的三种优势对参与国际分工的影响。这三种优势分别是:所有权特定优势、企业内部化激励优势、区位特定优势。这一理论范式由于片面强调"企业内分工/企业机制",忽视了其他角度对国际分工的影响。

（5）个人分工角度的国际分工理论

个人分工角度的国际分工理论由一个理论框架内在一致的解释了国内分工与国际分工的发展机制:个人技术、偏好、禀赋初始分布个人分工决策:生产效率/交易费用的权衡个人分工决策相互作用形成的均衡结果:交易效率的改进导致自给自足向国内分工、国际分工的演进（伴随着自给自足向部分分工、完全分工的跃迁）。

2. 国际分工的决定因素

作为地域分工一般基础的比较优势是双重意义上的,静态比较优势是当时开展分工的基础,动态比较优势是长远开展分工的基础。对比较优势双重意义如何作为分工基础这个问题十分复杂,本文在此仅仅提出,存而不论。分工的基础是最基本的。在此基础上,决定分工的全部因素构成一个系统。为更好地探讨地域分工问题,本文先从论述国际分工入手,其原理在很大程度上适用于国内分工。

理论一般性地指出:两国之间的国际分工基础是比较优势,实际上优势都是直接针对生产要素而言。对于一个产业的比较优势,乃是各个要素的优劣势的综合。具体衡量一个产业,需要设定一个变量叫"综合优势强度",前提是假定每个产业的比较优势都由资源、劳动、资本、知识这四个要素的优势强度综合构成,按一国的产业分为资源、劳动、资本、知识密集型四类产业来计算,各产业的综合优势强度就是这四个要素的优势强度的加权和。各个要素的优势强度具有十分不相同的内容,总的来说是由要素的数量丰裕程度与质量两方面组成。

两国之间的国际分工由三方面的因素决定:国际分工总体格局,两国之间的分工基础,两国之间经贸关系的外在条件。前面已经阐述了两国之间的分工基础,后面仅阐述另两方面因素。

3. 地域分工的一般基础

国际分工与国内分工是地域分工的两大层次,其分工基础具有共同性。地域分工的一般基础是比较优势。地域间比较优势的客观存在和有效利用是地域分工效益产生的基础。某一地区与其相关地区比较,具有生产某种产品的相对丰裕的生产要素,可以在这种产品的生产上产生成本低、质量高的优势,这种比较优势可促使该地区对生产该产品更有专业性的必要。各地区都本着充分发挥比较优势的原则选择生产品种并进行交换,就会使各地区取得有利的地域分工利益,由此形成合理的地域分工格局,促进区域发展。在一个区域内要素的自由流动与组合,这里的要素包括传统型如资本、劳动力和土地以及高级型如显性知识和隐性知识。只有要素的自由流动与组合才能促使区域内企业组织的演进进而引起产业结构的蜕变。要素的自由流动与组合一方面可以促进资源的优化配置,另一方面,也可以使区域各子系统优势互补,形成良好的地域分工。①

三、国际分工决定因素系统的综合

在两国之间国际分工的三方面决定因素(国际分工总体格局,两国之间的分工基础,两国之间经贸关系的外在条件)当中,后两个因素是客观与主观的统一体,每个因素的客观面是基本的,主观面反映为改善客观状况而进行的努力。从改善分工基础的努力来看,为推进两个成员国之间

---

① 唐文琳课题组:《CAFTA 进程中北部湾(中国)经济区产业政策协调与区域分工》。

的国际分工,就要发挥比较优势、培育竞争优势,以增强其分工基础,包括增加互补性、化解竞争性。在此基础上,分别提升两国在国际市场总体格局中的地位,以便分别在对方市场上减少被第三国产品挤出去的可能性。

我们以图 3-1 来表明上述分析结果:

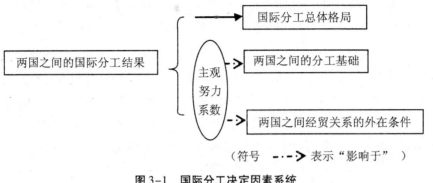

（符号 --·-> 表示"影响于"）

图 3-1　国际分工决定因素系统

四、杨小凯的分工理论

杨小凯是直接继承了亚当·斯密以及阿林·杨格的观点。通过对专业化对分工的影响,运用超边际分析方法对分工进行了理论分析。

1. 专业化与分工

提到杨小凯的分工理论,我们就不得不提他的专业化和分工思想。分工与专业化是一对矛盾的统一体,分工导致了专业化,专业化依赖并发展了分工。杨小凯指出分工是以专业化为基础,但是又不完全等同于专业化。如果所有的人都从事一种工作,一个专业,那么社会将不会存在分工。杨小凯用生产函数来定义专业化经济。假定每个人可以生产两种产品,则生产函数是:

$$Y^p \equiv X + X^s = l_X^a$$

$$Y^p \equiv Y + Y^s = l_Y^a$$

其中 X^p 和 Y^p 是两种产品的产出水平,X、Y 分别为每个人自给的产品数量,X^s 和 Y^s 分别是两种产品在市场上的数量。l_i 是每个人用于生产 i 的劳动时间的份额,定义为这个人生产 i 的专业化水平。a 代表参数(专业化经济程度)。因为专业化所用的时间的限度不会超过一个人的工作时间限度,所以每个人的时间约束为:$l_X + l_Y = 1$。

从而可得出：

$$dX^p/dl_X = al_X^{a-1} > 0, \ d^2X^p/dl_X^2 = a(a-1)l_X^{a-2} > 0$$

$$dY^p/dl_Y = al_Y^{a-1} > 0, \ d^2Y^p/dl_Y^2 = a(a-1)l_Y^{a-2} > 0$$

不难看出每个产品的劳动生产率 dX^p/dl_X 或 dY^p/dl_Y 会随着每个人生产的专业化水平的提高而提高。而且从二阶导数大于0可以看出每种产品的劳动生产率函数是增函数，也会随着 a 的提高而提高。若一个人的生产集 $Y = \{x \in R_+^m \ | f(x) \leq 0\}$ 非凸，则在生产中这个人就会有专业化经济。其中，x 是产品产量的一个 m 维向量。而 $f(x) \leq 0$ 是由所有产品生产函数以及每个人的劳动禀赋约束所给定①。而分工的概念是和专业化既相关又有区别。分工水平是由生产某种商品的人的专业化水平和模式决定的。以杨小凯为代表的经济学家用超边际分析法将分工思想运用到分工的各个领域中，从而形成好多理论。例如外生比较优势和分工经济，内生绝对和比较优势，以及分工的超边际和边际比较静态分析，还有分工与经济增长以及社会福利相关的理论等。下面我们介绍下以杨小凯为代表的新兴古典经济学对于分工的分析框架。

2. 具体分工模型

由于分工的专业化推动了国内以及国际贸易，但是在分工中又面临高效率和产生交易费用的两难问题。只有交易费用足够低，才能使得社会从自给自足的经济中衍生出分工网络。下面我们通过采用杨小凯的生产者—消费者模型，同时加入劳动分工、国际交易费用（如关税以及汇率）的贸易模型，对杨小凯的消费者—生产者模型进行了扩展②。

（1）模型假设

第一，世界上只有两个国家，并且每个国家各自只生产两个产品 X 和 Y。第二，每个国家都有许多消费者—生产者，没有纯生产者或者纯消费者，并且每个消费者—生产者都有自主择业的能力，可以自主决定自己的生产专业化模式。第三，模型中的产品，无论国内或者国外生产的都具有同样的效用。但是进口产品需要支付国际交易费用（如关税、保险费、运

---

① 杨小凯：《经济学——新兴古典与新古典框架》，社会科学文献出版社 2004 年版。
② 曹家和、葛和平：《杨小凯消费者——生产者模型的扩展分析》，《山西财经大学学报》2008 年第 6 期。

输费用等）。第四，每个消费者—生产者都有相同的国际和国内交易费用，并且无论对哪种产品均相同，但是在不同的国家可以不同。第五，每个消费者—生产者的购买的产品支出都必须等于出售产品的收入。

（2）建立模型

在上述所有假设的基础上，一个消费者—生产者模型可以表示如下：

目标函数：$Max\ U = (X + kX^d)(Y + kY^d)$ ……………………（3-1）

生产函数：$X + X^s = l_X^a, Y + Y^s = l_Y^a, a > 1$ …………………（3-2）

时间约束：$l_X^a + l_Y^a = 1$ ……………………………………（3-3）

收支平衡条件：$p_X X^s + p_Y Y^s = p_X X^d + p_Y Y^d + (1 + t)r(p_X{}^* X^d + p_Y{}^* Y^d)$

……………………………………………………………（3-4）

非负条件：$X, X^s, X^d, Y, Y^s, Y^d, l_X, l_Y \geq 0$

其中（3-1）式为个人效用函数，说明每个人都是在时间约束、预算约束以及一定的生产条件下，追求个人的效用最大化。式中的 k 为国内市场交易效率系数，$1 - k$ 为单位商品所需要支付的交易费用。（3-4）式中的 P_X 是 X 商品的国内销售价格，P_Y 是 Y 商品的国内销售价格；X^s 是 X 产品的销售量，同理 Y^s 是 Y 产品的销售量；X^d 是一个消费者–生产者对 X 的购买量，Y^d 是个人对 Y 产品的购买量；t 是国际交易费用系数（包含进口关税以及进口所需支付的运输费用、谈判费用等）；r 为外国货币对中国货币的汇率（直接标价法）；$P_X{}^*$ 是用外国货币表示的 X 产品的国外销售价格；$P_Y{}^*$ 是用外国货币表示的 Y 产品的国外销售价格。

（3）对模型进行超边际分析

由于本文考虑到中国四省区与东盟之间的国际贸易以及中国四省区之间的国内贸易，所以分析时就必须把国际交易费用以及汇率考虑进来。超边际分析是新兴古典经济学的基本方法，是从内生个人选择专业化水平的新视角重整了以新古典经济学为核心的多种互相独立的经济学理论。即对每一角点进行边际分析，然后在角点之间用总效益费用分析，这是处理最优决策的角点解所必须的。本文在杨小凯的模型的基础上再考虑一下四种决策模式：第一种是自给自足的模式，称为模式1；第二种是只有中国四省区之间的国内贸易的专业化分工模式，分为 X/Y 和 Y/X 模式；第三种是四省区之间的国内贸易与中国与东盟之间的国际贸易模式,分为 X/YY^* 和 Y/XX^* 模式;第四种是只有国际贸易,即只有中国与东盟之间的贸易分为 X/Y^*、Y^*/X 以及 Y/X^*、X^*/Y 模式。因为本文着眼于中国与东盟之间的产业分工问题,所以本文的重点是贸易问题,杨小凯是把交易费用对专业化分工模式与自给自足模式之间的关键因素,可以说是本文的特例。

3. 四种模式的具体分析

由于我们考虑的前提是分工,所以自给自足的模式不做详细分析。

(1)只有中国四省区之间的国内贸易的专业化分工模式,即 X/Y 和 Y/X 模式

我们知道在贸易中如果从外国进口的同类产品的本币价格高于本国的价格的话,贸易就不会发生。如果我国与东盟之间的贸易存在这种情况的话就只会发生国内贸易,这种情况满足的条件是:$(1+t)\,rP_Y^{\ *} > P_Y$。此时的贸易只有国内贸易,一种是 X/Y 模式,另一种是 Y/X 模式。

①X/Y 模式

此时的专业化分工模式为厂家只生产 X 产品,然后再卖 X 产品来购买 Y 产品,此时的具体模型为:

目标函数:$Max\ U_X = XkY^d$

约束条件:$X + X_s = l_X^a = 1$;$p_X X^s = p_Y Y^d$

从而得出此模式的最大目标函数解为:$X^s = \dfrac{1}{2}$,$Y^d = \dfrac{P_X}{2P_Y}$,$U_X = \dfrac{kP_X}{4P_Y}$

②Y/X 模式

此时的专业化分工模式具体为:

目标函数:$Max\ U_Y = YkY^d$

约束条件:$Y + Y_s = l_Y^a = 1$;$P_Y Y^s = P_X X^d$

从而得出此模式的最大目标函数解为:$Y^s = \dfrac{1}{2}$,$X^d = \dfrac{P_Y}{2P_X}$,$U_Y = \dfrac{kP_Y}{4P_X}$

从结果可以看出,本国居民对两种产品 x 和 y 的需求取决于两种产品的相对价格。而个人消费的总效用与生产的产品(X 或 Y 产品)和购买的产品(Y 或 X 产品)的相对价格同向变动,并且和市场交易效率也是同向变动的。

(2)中国四省区之间的国内贸易及中国与东盟之间的国际贸易模

式,分为 X/YY^* 和 Y/XX^* 模式

首先是模式一: X/YY^* 模式。此时的贸易模式是国内与国际并存,所以消费者既可以从本国购买产品也可以从国外购买同类产品。在本国市场上有许多生产产品 x 的厂商,他们将除去自己用的以外都拿去市场出售,同时从市场上购买 y 产品, y 产品可以从本国以及国外购买。此时的模型具体如下:

目标函数: $Max\ U_X = XkY^d$

约束条件: $X + X_s = l_X^a = 1$; $P_X X^s = (1 + t)rP_Y^*Y^d + P_Y Y^d$

定义域条件: $Y = 0, Y^s = 0, X^d = 0, X > 0, X^s > 0, Y^d > 0, l_Y^a = 0, l_X^a = 1$

则得出最后结果是: $U_X = (1 - X^s)\dfrac{kP_X}{[(1 + t)rP_Y^* + P_Y]}X^s$

将 u_x 对 x^s 求导并另其等于零得出最优解为:

$$X^s = \frac{1}{2}, Y^d = \frac{P_X}{2[(1 + t)rP_Y^* + P_Y]}$$

$$U_X = \frac{kP_X}{4[(1 + t)rP_Y^* + P_Y]}$$

其次是模式二: Y/XX^* 模式。同理模型如下:

目标函数: $Max\ U_Y = YkX^d$

约束条件: $Y + Y_s = l_Y^a = 1$;

定义域条件: $X = 0, X^s = 0, Y^d = 0, Y > 0, Y^s > 0, X^d > 0, l_Y^a = 1, l_X^a = 0$

由此解出的最优解为: $Y^s = \dfrac{1}{2}, X^d = \dfrac{P_Y}{2[(1 + t)rP_X^* + P_X]}$

$$U_X = \frac{kP_Y}{4[(1 + t)rP_X^* + P_X]}$$

对模式一中的个人收入函数求导数,即对国际交易费用系数以及汇率求一阶导数可得:

$\dfrac{\partial Y^d}{\partial t} < 0, \dfrac{\partial U_X}{\partial t} < 0, \dfrac{\partial Y^d}{\partial r} < 0, \dfrac{\partial U_X}{\partial r} < 0$,所以可以得出:个人收入函数以及效用函数对国际交易费用系数 t 以及汇率都是减函数,则说明,当国际交易费用增加时,人们的收入是相对减少的,同时效用也是下降的;反之,当国际交易费用降低时,如果人们从国外购买产品或者向外国出售产品,

则人们的收入是相对增加的,同时效用也是上升的。

(3)中国同东盟之间实行完全的国际专业化分工并只进行国际贸易

这种模式是说本国只生产一种产品并出口该产品,同时进口另一种产品,这种情况下本国与外国实行的是专业化的国际分工。这种情况可以分为以下两种模式:一种是本国实行 X/Y^* 分工模式,外国实行 Y^*/X 的分工模式;另一种是本国实行 Y/X^* 的分工模式和外国实行 X^*/Y 的分工模式。

本国实行 X/Y^* 分工模式,外国实行 Y^*/X 的分工模式。我们考虑第一点也就是本国生产 X 产品然后出口,从外国进口 Y^* 产品,即 X/Y^* 模式。则目标函数及约束条件如下:

$$Max\ U_X = XKY^d$$

$$X + X^S = l_X^a = 1$$

$$P_X X^s = (1 + t) r P_Y^* Y^d$$

解除最优解为:$U_X = \dfrac{KP_X}{4(1 + t)rP_Y^*}$,$X^s = \dfrac{1}{2}$,$Y_d = \dfrac{p_X}{2(1 + t)rP_Y^*}$

将个人收入函数对交易费用系数以及对汇率求导可得:$\dfrac{\partial Y^d}{\partial t} < 0$,$\dfrac{\partial Y^d}{\partial r} < 0$,可得当国际交易费用以及关税上升时,本国对 Y^d 的需求量是下降的,反之则是上升的。

同理当外国交易费用上升的时候,外国对本国的进口量也会减少,反之则会增加。

综上所述可以得出,如果本国与其他国家进行国际贸易的时候,汇率的变动对国与国之间的贸易具有很明显的作用。分工是贸易以及经济发展的推动力,但同时分工是以付出交易费用为代价的。

3.1.2 区域分工与区域经济增长

建立在消费者—生产者模型上的分工理论,使得发生贸易的双方更具有平等性,这都源于分工的核心——供给和需求。随着分工的深化,经济的发展对分工的依赖也越来越大。经济增长是经济学家永恒的研究课题。古典经济学理论中提到分工水平可以促使经济体的人力资本水平提高,进而促进区域经济的增长[①]。新古典主义经济增长理论则认为规模报酬递增取决于外生变量的影响作用,采用的方法主要是边际分析方法。而新兴古典主义则是通过采用超边际分析方法,论证了分工以及专业化是促进经济增长的根源。下面我们将以杨小凯和博兰的模型(Yang and Borland,1991)为例进行分析。

一、区域分工的相关理论

区域经济的增长是建立在区域分工的基础上的,在国民经济发展过程中,合理的区域分工对经济发展具有促进作用而且还能提高区域的整体竞争力。

1. 区域分工的性质

分工是很广义层次的概念,其中包括部门分工、企业分工、产业分工,以及具有一定生产能力的部门在地区之间的地域分工,也可以称为区域分工。区域分工也称为劳动地域分工或地理分工,是社会分工在经济领域中的表现形式。伴随着经济全球化的深入,以跨国公司为代表的企业分工形式逐渐演变为国际范围内的区域分工。就某个区域而言,区域分工表现为区域生产的专业化,即某个地区专门生产某产品或者某一类产品,或者生产的某一个环节。这也是一种生产力的区域分工表现形式。区域分工需要满足一定的条件才可以顺利开展:首先这种专业化生产的商品必须要在满足当地的需求的条件下还有剩余,只有这样才能进行区际之间的交换。其次,区域分工会是资源有效配置,避免资源浪费,但是节约的劳动量应该大于因区际之间交换而产生的劳动量的增加,专业化生产必须满足这个前提条件。第三,在区域分工中,生产和消费地的商品价格必须具有一定的梯度,如果在运费不变的前提下,这种梯度表现为商品之间的差价越大越有利于分工的开展。随着区域分工的开展,区域分工的规模会逐渐扩大,同时贸易规模也会逐渐扩大,这样就会带动分工的范围,使这种区域分工由一个地区到一个国家再延伸到国际之间。

2. 区域分工的影响因素

影响区域分工的主要因素主要包括外生和内生因素,在不同的发展

---

① 朱炎亮、林源:《分工演进与经济增长的理论模型分析研究》,《开发研究》2010 年第 2 期。

阶段以及不同的区域,这些因素对区域分工的影响的重要程度也不一样。其中外生因素主要是指客观存在的自然以及历史条件,例如自然资源、区位条件、人口、劳动力资源以及文化等。这些都是影响区域分工的外生变量,是区域分工的基本前提。一般在经济发展初期,区域分工主要靠这些外生变量来提升区域的外生比较优势。由于生产力水平比较低下,所以区域分工以及贸易主要是针对初级产品而言。内生因素是指在一定的时期内区域系统本身能够决定的变量,这些内生因素是区域分工在演进时,由其内部的结构相互作用的所决定的。例如区域的专业化分工水平、生产率、贸易依存度、商品化程度、生产集中度、市场化程度、经济结构的多样化程度、人与人之间的相互依赖程度等,此外还包括技术和制度。在分工的初期,主要是受外生因素的影响,随着经济的发展,生产效率的提高以及技术的进步,渐渐的外生因素的影响越来越小,内生因素会影响越来越大,此时的分工模式也会越来越细化,程度也会越来越高[①]。

二、区域分工与经济增长模型

模型中考察的是一个有 m 个消费—生产者和 m 种消费品,当时间 t 时,产品 i 的自给量为 x_{it} ,在时间内,该产品的出售和购买量分别为 x_{it}^s 和 x_{it}^d 。假定交易费用系数为 $1 - K_i$,则 $K_i x_{it}^d$ 为消费后剩余可以出售的产品量,则产品 i 的销售总量为: $x_{it}^d + K_i x_{it}^d$,此时的效用函数为:

$$u_{it} = \prod_{i=1}^m (x_{it} + K_t x_{it}^d)$$

假设系数 K_t 依赖于个人的贸易成员数为 $n_t - 1$ 。若系数 $1 - K_t$ 是随交易双方之间的距离 n_t 的增大而增大,则 K_t 是 n_t 的减函数。即 $K_t = \dfrac{k}{n_t}$, $k \in (0,1)$, k 为交易效率的参数[②]。

则 $t = 0$ 时的个人决策目标函数为: $U = \int_0^\infty u_t e^{-rt} dt$

s. t. $x_{it} + x_{it}^s = (L_{it})^a , a > 0$

$l_{it} > 0$ 时, $L_{it} = \int_0^t l_{i\beta} d\beta ; l_{it} = 0$ 时 $L_{it} = 0$

① 陈秀山、张可云:《区域经济理论》,商务印书馆 2004 年版。

② 杨小凯、黄有光:《专业化与经济组织———一种新型古典微观经济学框架》,经济科学出版社 1999 年版。

$$\sum_{i=1}^{m} l_{it} = 1, l_{it} \in [0,1], l = 1,2,\cdots,m$$

其中目标函数中的 r 为主观贴现率，l_{it} 为 t 时生产 i 的劳动，L_{it} 为劳动积累，a 是代表一个参数，代表通过学习实践使得收益水平增加。则通过构造汉密尔顿(Hamilton)函数，经过一系列的推理可以得出：当时间 t 时的个人效用函数为：

$$u_{it} = u_t = k^{n_t-1} (n_t)^{1-2n_t} (L_{it})^{an_t} \prod_{j \in J} (L_{jt})^a, i = 1,2,\ldots,m$$

得出 n_t 的微分方程为：$\dfrac{dn_t}{dt} = \dfrac{an_t^{3-(2/a)} k^{1/a} e^{(1/n)-(2/a)}}{(2n_t + 1)m - an_t(m - n_t)}$

此式隐藏的边界条件为：$n_t \big|_{t=0} = 1$ 以及 $dn_t/dt \big|_{n=m} = 0$

杨小凯认为若交易效率 k 和专业化程度 a 足够小，则动态均衡表现为自给自足的经济，t 是从 0 到无穷大；若 k 和 a 足够大，则表现为极端的专业化，t 是从 0 到无穷大；若 k 和 a 都不太大或太小则分工会继续进行，直到 n_t 从 0 到 m。

经济的源泉并不是人口的增长或者生产等外生变量的变化，下面我们考察一下分工与经济增长之间的关系。

我们将上述模型中的 u_{it} 对 t 求导，使其满足内点 n_t 的一阶条件(B_t = 0)，可得：$\rho_u \equiv \dfrac{\dot{u}_t}{u_t} = a\left[\dfrac{n_t l_{it}}{L_{it}} + \sum_{j \in J} \dfrac{l_{it}}{L_{jt}} \right] = a\left[\dfrac{2n_t + 1}{a} + \dfrac{m - n}{an^2} \right]n_t = a\alpha n_t^{(a-2)/a} k^{1-a} e^{(1-2n_t)/an_t}/\beta$。

式中 $\alpha = n_t^2(2n + 1) + m - n_t$，$\beta = m(2n_t + 1) - an_t(m - n_t)$。将上述模型再经历一些演算可以推出：如果 m 足够大而 n_t 足够接近 m，那么 $dp_\mu/dt > 0$，即当 n_t 趋于 m 时，有：

$$(a^2 + 4a - 4)m^2 + (3a - 4)m - 1 > 0，则 \lim_{n_t \to m} d\rho_u/dt > 0。$$

意味着：如果分工潜力很大即 m 很大，并且分工水平足够先进(n_t 足够接近 m)，那么经济增长率将不断提高。当 n_t 达到 m 之后，经济增长率将会不断下降。所以说只有当分工达到某个临界水平时，经济增长率才会上升，一旦分工演进到足够的程度，并且还有进一步分工的潜力，则经济增长率以递增的趋势上升。正如命题7.2所说，"分工演进导致人们的真实收入水平增长，如果分工演进到足够高的程度，人均真实收入增长率会上升。如果自给自足,或是分工演进的潜力已经耗尽,则人均真实收入增长率会下降。"①

三、区域分工对区域经济增长的作用机理研究

分工是经济增长的根本动力,在对分工与经济增长的相互作用的研究中主要涉及到新经济增长理论、新经济地理理论以及新贸易理论等等。这些理论的都是强调了分工对经济的作用,并且在分工的持续深化过程中带动了经济的增长。

1. 区域经济增长理论

区域经济增长理论是由新古典区域均衡增长理论和发展经济学的均衡理论组成的。前者的代表是索洛—斯旺增长模型,主要是说通过市场机制的作用实现区域之间的均衡。而后者的代表是罗森斯坦—罗丹的"大推进理论"、纳尔逊的"低水平均衡陷阱论"、赖宾斯坦的"临界最小努力命题"理论等等,主要是说通过政府干预实现产业和部门间的均衡,从而促进区域内和区域间的均衡,随着生产要素的区际流动,也达到经济发展水平的均衡。而后在发展中国家与发达国家以及发达国家内部,经济水平的差异日益扩大,由此产生的经济问题——区域经济非均衡增长理论应运而生。代表理论有佩鲁的"增长极"理论、谬尔达尔的"循环累积因果"理论、弗农的"梯度转移理论"等。这些理论都强调了区域经济增长的不均衡。

区域经济增长的最新理论主要是新经济增长理论和新经济地理理论以及新贸易理论,它们运用规模报酬递增的生产函数以及不完全竞争的假定来说明经济增长问题②。

(1)新经济增长理论

新经济增长理论。又称为内生增长理论,认为内生的技术进步是实现经济增长的决定性因素。而发展经济学的区域均衡理论在对经济增长源泉的认识上强调物质资本的作用,并且把技术进步作为外生变量来分析经济增长。以 Romer. P 和 Young, Alwyn 等人为代表的经济学家则强调

---

① 杨小凯、黄有光:《专业化与经济组织——一种新型古典微观经济学框架》,经济科学出版社1999年版。

② 冯邦彦、李红锦:《区域经济增长理论演变及其最新进展》,《经济论坛》2006年第6期。

知识和人力资本是促进经济增长的主要因素并且提出知识和人力资本具有"外溢效应"。而以杨小凯、诺斯、罗默和卢卡斯为代表的经济学家分别从技术变化、分工演进、人力资本以及制度变迁的角度提出了经济增长模型,使得该理论的研究侧重点发生了转移。这一理论自20世纪80年代产生以来,迅速成为各经济学者追逐的热点,对世界经济增长,尤其对发展中国家经济产生了重要的影响。

(2)新经济地理理论

新经济地理学研究是以报酬递增和不完全竞争理论假设为基础,按照规模报酬不变和完全竞争的假设并运用规范的模型分析方法,提出了一些较复杂的经济模型。主要代表人物是克鲁格曼,他用"核心—外围"的模型,说明了制造业企业的区位选择与市场需求的关系。瓦尔兹认为区域经济增长源于产业部门的地理集中以及由此产生的持续的生产力的提高。维纳布斯通过"投入—产出"模型并假设在由国家组成的世界中,国家之间虽然不存在劳动力的流动,但可以进行贸易,建立了国际专业化模型。新经济地理理论主要从规模经济、外部性、聚集经济的角度出发,分析了区域经济非均衡增长的动力和一般机制,并着重强调了空间距离的作用。

(3)新贸易理论与新区域主义

新贸易理论是由20世纪80年代初以以保罗·克鲁格曼(Paul Krugman)为代表的一批经济学家提出的一系列关于国际贸易以及国际分工的因素,贸易保护主义的效果以及最优贸易政策的理论。新区域主义是以诺曼·D·帕尔默为代表的经济学家随着北美自由贸易区的成立以及欧盟的形成而提出的相对于70年代的旧区域主义而言的理论。前者以新经济地理学为基础,强调了运输成本的作用;而后者主张实行区域经济一体化、对外开放以及自由贸易。

2. 区域分工决定区域经济增长的机制

首先区域分工是经济增长的根本动力。古典经济学的核心是专业化和分工对经济增长和福利的影响,在斯密之前,很多学者的研究都是围绕分工对个人的技巧的提高也就是对人力资本的提高。斯密则是通过系统地研究专业化和分工对经济增长和繁荣的含义,使得分工和专业化成为人们研究的焦点。大卫·李嘉图则强调外生比较优势的重要性。新古典主义分析方法主要是采用边际分析方法,在既定的资源条件下,随相对价格变动调整要素投入比例来达到产出最大化,调整商品消费和收入结构来实现效用最大化。但是这个理论不适合分析长期的经济增长。新兴古典经济学的分工理论是说专业化报酬递增是经济增长的源泉,多样化的消费偏好与迂回生产要求不同专业生产者之间协调,从而分工产生交易成本,从而形成一个两难的决策,并由此对经济的演化产生影响。经济的演化又包括经济增长、产业机构以及空间结构的调整。经济增长是人类永恒的研究热点,而分工促进了专业化生产,进而提高了劳动生产率,进而促进了经济的增长。

其次分工的演化与持续深化促进了经济的持续增长。分工的演化是指分工从低水平向高水平过渡中出现的现象和特征。分工和专业化提高了生产率使得较少的劳动投入可以获得较多的产出从而促进了经济的增长。《全球化的陷阱》中提出只要全世界有 20% 的人工作就能养活整个世界的人。用库兹涅茨曲线来解释的话就是当经济水平在最初阶段时,所有人的分工和专业化水平都比较低下,此时收入也会低;而当经济进入增长阶段后,分工迅速深化,促使人的分工水平提高,此时收入开始分化,贫富差距逐渐出现。而后在随着越来越多的人融入到这个分工体系后,经济发展到一定阶段后,逐渐收入差距又会缩小。而且,经济的持续增长所需要的市场范围扩大,也会要求人们的收入增加。如果分工决定了经济增长,那么分工的持续深化会促使经济的不断增长。而分工的深化主要可以从新产品出现、产品不变的分工细化以及产品复杂化的要求来体现。新产品的出现会使得新的分工产生,新的分工对经济的扩张又产生了激励或者动力。产品越复杂就对各个工序的要求越高,所以促使分工的细化,从而促使较高的生产力水平的产生,也带动了经济的增长[①]。

3.1.3 区域分工与市场规模之间的相互作用

在生产领域中,分工的开展能够促进专业化的程度加深。专业化的分工的细化也促进了更多生产行业的增加,从而增加了产品的生产规模。

---

① 陈宁化:《分工同区域经济增长和空间结构的关系》,西南交通大学硕士学位论文,2008年。

而生产最终将走向市场,更多的自给自足的消费者将会参与到市场中,从而在分工的深化过程中促进了市场规模的扩大。本节主要从理论层面介绍区域分工与市场规模的相互作用。

一、关于市场规模与区域分工的理论研究

市场规模即市场容量,指一个特定市场的供应品的购买人数。市场规模的大小是决定规模经济的重要因素。亚当·斯密在《国富论》中就提到:市场规模的大小决定社会分工的精细程度,而《国富论》的研究核心内容就是国民财富的增长。阿林·杨格的斯密定理中也提到:亚当·斯密提出的"分工受市场范围的限制"中的市场范围包含两方面的意思,既包含交易数量的增加,又包括交易空间的层面。增加交易数量更大程度上是指市场规模的扩大,如果规模太小,就不能鼓励人们进行某种专业化的生产活动。马克思在《共产党宣言》中提到市场规模对工厂手工业的影响是非常显著的,但是这种影响是受到生产技术的影响。马克思的理论认为市场规模作为社会经济中的一种较小的经济规模是社会分工理论中的最基本的研究问题。马克思的理论对斯密的"分工受规模限制"来将是一种突破,因为其准确地论述了经济演变既是分工深化的过程又是市场规模扩大的过程,也就是经济增长的过程。1928 年杨格进一步指出:不仅劳动分工依赖于市场范围,市场范围同时也依赖于劳动分工。他的理论还认为市场规模是不只是取决于人口规模,而且购买力对其作用也是不容忽视的,而购买力的主要影响因素是生产率,而生产率又取决于

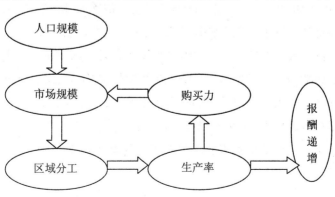

图 3-2 杨格理论

劳动分工的范围,在分工与市场规模的相互作用中两者会不断扩大。他的理论可以用图 3-2 表示如下:

这就是著名的"杨格定理",其基本内涵是说在迂回生产中,分工取决于市场规模的大小,更为广义的是说分工取决于生产规模的大小,这种迂回生产也促进了区域分工的进展。发展经济学家赫希曼在其书《经济发展战略》中,把杨格的思想进行了补充,他把产业间的分工分为两种,即社会间接生产活动以及直接生产活动,与之对应的是社会间接资本和直接生产资本。赫希曼通过建立经济模型,深化了杨格的关于产业间分工以及迂回生产方式导致报酬递增,但是赫希曼的理论体系中对杨格没有解释清楚的关于产业间分工与市场规模相互作用的内在机制[1]。到 20 世纪 80 年代,新型古典经济学开始兴起,以杨小凯为代表的经济学家从内生的角度分析了市场规模与分工之间的关系。专业化的分工有利于迂回生产,从而有利于市场规模的扩大[2]。杨小凯的模型为斯密的观点"不只是分工依赖于市场规模,市场规模也依赖于分工"提供了理论基础,同时更加明确的证明的市场规模将随着分工的进行而逐渐扩大。

二、市场规模与区域分工的相互作用

市场规模和区域分工是相互促进,密不可分的。区域分工的演进可以促进市场规模的扩展,同时市场规模的扩大也有利于专业化分工。

1. 分工的演进与市场规模的扩展

尽管社会分工与企业内部的分工在本质上是有差异的,但是又是相互联系、相互制约的。社会分工的演进促进了市场规模的扩展,这里所提到的市场规模扩展主要包含两种含义:一是消费者数量的增多,二是市场中独立的行业数量的增多。而这两者的增多都是靠区域分工在技术创新的基础上得来的。随着技术的创新,会有越来越多的人通过商品交换进入到区域分工体系中来,从而增加了消费者的数量,由于分工的演化,将会有更多的行业产生,从而使得更多以自给自足的方式生活的消费者逐渐开始生产商品并拿来销售从而扩大了消费者范围以及行业范围。

---

① 汤浒:《交通与市场规模的关系研究》,北京交通大学硕士学位论文,2009 年。
② 杨小凯、黄有光:《专业化与经济组织———一种新型古典微观经济学框架》,经济科学出版社 1999 年版。

商品的交换和生产的深度和广度在不同的社会发展阶段是不同的，使市场规模的扩大也表现出明显的阶段性：首先在工厂手工业以及后来的大工业早期，尽管许多商品的使用价值和价值还没有完全分离开，但是生产和消费已经在简单的经济活动中出现。此时的生产用于交换的产品相对单一，种类不多，但是已经具有一定的市场规模；然后在机器大工业时期，伴随着机器制造业的发展，特别是新能源、新技术加工的发展，重化工业与加工工业逐步从工业内部分离出来，最终导致了工业和农业的分离。这种分离不但促进了产品的使用价值和价值的分离也使得社会的分工体系得到了很大的发展。此时技术、机器加工、电力等在生产过程中的利用促进了生产率的提高，相对以前的生产模式节约了大量资金和劳动，而这些资金也可以用来生产更多的商品，从而实现价值增值。同时资本通过技术创新渗透到多种行业和领域中，从而会激发新行业的产生，拓宽了领域范围，带来分工的扩展；而后伴随着交通、信息技术的发展，使得市场逐渐被人们所依赖，经济的发展也逐渐演变成需要市场的主导。此时国界将会在分工的领域中逐渐模糊开来，使得过去一国范围的分工延伸为多国之间分工，而越来越多的消费者需要从国际市场中获得满足，进而国际化的市场规模得到了进一步的扩大[1]。

2. 市场规模大且市场较为稳定有利于专业化分工

如果产业集群在发展中衍生出新的产品市场，并且这样的市场是相对稳定的，此时这种市场有利于产业集群内部的进一步的专业化分工。因为此时在产业集群的内部已经具有非常完善的市场规模，集群内部的企业也可以从这种规模经营模式中取得竞争优势。如果企业还想继续提高自身的竞争优势的话必须努力提高自身的生产效率以及经营管理效率。而企业只能在生产过程中进一步细化分工，提高分工效率，提高自身的生产工艺和加工产品的标准化程度，提高技术水平，提高劳动生产效率从而节约劳动资本，最终提高自身竞争优势，随之进入下一轮扩大市场规模与专业化分工细化的循环过程中去。

但是，尽管说产业集群开发出足够大的产品市场，集群内部的企业也

---

① 谢富胜、李安：《分工动态与市场规模扩展》，《马克思主义研究》2009年第9期。

从中获得了自身的竞争优势,可是,该市场处于不稳定的状态,例如,用户需求变化较快等问题,那么此时的市场环境是不利于产业集群在规模条件下进一步细化专业分工。因为,市场的不稳定就要求产业集群内部的每个企业必须有能力对变化的市场做出快速的反应。如果集群的产业链较长,则意味着集群的内部协调很复杂,整体反应速度较慢,生产效率不高,成本很难降低,则不利于终端产品生产企业很快的适应市场变化。所以,集群内部的企业在专业化分工上会循序渐进,尽量完善自己的生产能力,在适应市场要求的同时实现自身价值的提升并获得规模效益。

3. 市场规模相对较小,不利于专业化分工

由于企业利润来源于企业内部的竞争优势,这就促使每个企业都要做到尽可能多的生产工作或者掌握更多的技能以便提高自己的经营能力和竞争优势。因为,技术或技能掌握的越多越容易形成差异化。而较小的市场规模是不能满足企业的专业化分工所要实现的规模经济,进而会降低企业细化分工的动力,从而不利于生产效率的提高,也就不利于企业自身的发展①。

3.1.4 区域分工与出口产品比较优势的形成

一、比较优势理论

关于比较优势的研究最早出现在亚当·斯密的《国富论》中,其核心思想是说每个国家、每个地区都有生产其独有的产品的优势,然后运用在中优势进行专业化生产并通过交换各取所需,这种方式有利于资源的充分利用,并能提高劳动生产率,节约成本,最终实现社会利益最大化。这一理论被后来许多的经济学者称为"绝对优势理论"。然而他的理论中也存在不足之处,即如果一国或一地区想从贸易中获利,前提是其生产成本必须低于他国或地区,否则是不会实现利益最大化的。显然斯密没有合理的做出解释,所以也就大大地降低了这一理论的应用价值。

后来大卫·李嘉图在斯密的理论基础上提出新的观点,即比较优势理论。这在其1817年著作的《政治经济学及赋税原理》中有提出。根据

---

① 赫连志巍、方淑芬:《产业集群发展的问题与对策》,《经济问题》2006年第11期。

他的观点,比较优势是指不同的国家或地区应在生产中做一个对比,每个国家或地区不应该生产各种商品,而应生产那些相对获利较多或者不利较小的商品,然后进行交换,开展贸易往来,出口自己相对具有优势的商品,进口自己相对处于劣势的商品。在此基础上进行的贸易有助于实现各国或各地区的利益,从而实现社会利益最大化。李嘉图的"比较优势理论"克服了斯密的"绝对优势理论"的重大缺陷,使得每个国家或地区在专业化生产中能够获得利益,从而有利于国际贸易的顺利开展。他的理论是在斯密理论的基础上的一次延伸和扩展,使得斯密的理论得到了继承和发展。尽管李嘉图的理论得到了一定的实证依据并在国际贸易中起到了很大的指导作用,但是也具有一定的局限性,主要表现在:首先各国及地区之间存在劳动生产率差异是假设的,其并没有提出比较优势的真正来源,而且在商品生产中只涉及一个生产要素—劳动;其次是在商品生产中涉及多种要素,对于这种多要素的情况,获得比较优势的来源就无从解释。

伴随着贸易理论的发展,瑞典经济学家赫克歇尔·俄林提出的"要素份额理论"即(H-O理论)。这个理论的核心观点是说,每个国家在生产商品的过程中都存在要素禀赋的差异,而这种差异具体可表现为:每个国家或地区都具有其相对有优势的生产要素,如土地、劳动力、资本、技术等,所以在从事专业化生产的时候具有独特的优势。这种要素禀赋的差异也是比较优势理论的基础来源。在生产活动中,每个国家或地区生产其具有要素禀赋优势的商品,并进行出口,而进口处于要素禀赋劣势的商品,从而在国际贸易中实现双向获利,有利于贸易的持续开展。但是这种理论同样存在理论缺陷,它无法解释要素禀赋差异不大的国家或地区之间开展的产业内贸易。

大卫·李嘉图的"比较优势理论"以及赫克歇尔·俄林的"要素份额理论"都是一种相对静态的比较优势理论。这种理论的前提假设都是说存在要素禀赋的差异,对与发展中国家尤其是中国以及东盟这些要素禀赋差异不大的国家或地区的贸易不具有很大的指导或借鉴意义。依照这种理论,中国等发展中国家在开展国际贸易之初会获得利益,但是随着贸易的深入,在国际贸易中的优势会逐渐减弱,从而不利于发展中国家的发展。常见的情况就是在专业生产与贸易开展的过程中,容易使发展中国家陷入"比较优势陷阱"。所谓比较优势陷阱是指一国或地区(主要指发展中国家或地区）如果完全按照"比较优势理论"的思想从事生产，出口初级产品和劳动密集型产品，在同以资金和技术密集型产品出口的发达国家之间开展贸易的时候，尽管可以从中获得短期利润，但是在长期贸易中总是处于不利地位，从而陷入"比较优势陷阱"。在生产与贸易中对发达国家的资金和技术密集型产品产生依赖，从而阻碍了发展中国家的技术进步，从而在国际分工中处于不利地位①。

新兴古典经济学杨小凯也对比较优势理论做出了评述，他认为比较优势理论分为两种：历史形成的现有的基于传统资源禀赋的外生比较优势和通过各种手段（网络分工、人力资本投资、技术模仿、专业化经济）推动技术进步与技术积累而基于学习效应的内生比较优势（Endogenous Comparative Advantage）②。他还认为：所谓内生比较优势或绝对优势是指如果每个国家都选择专业化生产某种产品，它可以创造出原来没有的比较优或绝对优势。外生比较优势只能是一种静态的潜在的优势，是构成一国产业（产品）竞争优势的必要条件③。目前，对于发展中国家参与国际贸易实践具有指导意义的还是动态比较优势理论。但关于动态比较优势理论还没有形成统一的认识，对动态比较优势理论的研究是建立在静态比较优势理论的基础上，最初是包含在美国经济学家汉密尔顿·李斯特的保护贸易理论中。二战后，这种思想得到进一步发展，发展主要表现在把静态理论中的要素禀赋理论动态化，从外生的因素过渡到对内生因素的分析即动态比较优势理论。克鲁格曼把规模经济引入到研究中，通过建立垄断竞争模型来解释发达国家之间开展的产业内贸易。贸易不仅满足了消费者的多种需求，同时也提高了单个厂商的生产规模效率，此时就提高了单个厂商在国际上的比较优势。动态优势理论是围绕着技术进步、规模经济、分工以及制度等因素而开展的，由短期的研究延伸到中长期的研究，有效地克服了静态比较优势理论的不足。静态优势理论以及动态优势理论的对比如表3—1所示：

---

① 叶耀明：《中国出口商品比较优势动态转换分析》，同济大学硕士学位论文，2008年。

② 杨小凯：《内生与外生比较利益说》，http://wenku.baidu.com/view/b9b2596648d7c1c708a145d2.html。

③ 杨小凯：《经济学原理》，中国社会科学出版社1998年版。

表 3-1　静态优势理论与动态优势理论对比

	静态比较优势	动态比较优势
角度	静态绝对的角度	动态相对的角度
周期	短期	中长期
因素分析	侧重外生因素(劳动力、资本、市场规模等)	侧重内生(技术进步以及要素禀赋的优势、规模经济等)
竞争体系	部分竞争力(某产业、某部门等)、局部竞争	整体竞争力(国家或地区)、整体竞争

在实际研究中我们要把静态以及动态比较优势理论结合起来运用,在分析一国或地区的比较优势产业或比较优势产品的时候要综合多要素去考虑,尽量避免进入比较优势陷阱。

二、衡量出口产品比较优势的指标

在对出口产品比较优势测算的时候涉及到许多指标,其中包括贸易竞争力指数也称为贸易专业化指数,还有产业内贸易指数、显示性比较优势指数、标准显示性比较优势指数以及市场占有率指数。

1. 贸易竞争力指数(贸易专业化指数)

贸易竞争力指数(Trade Competitiveness)简写为 TC,表示一国进出口贸易的差额占一国进出口贸易总额的比重,也称为贸易专业化系数(TSC),公式为 TC 指数=(出口额-进口额)/(出口额+进口额)。用来反映相对于国际市场上的其他国家所提供的产品而言,一国生产同类产品是否具有竞争优势。这个是相对值的概念,是剔除了通货膨胀等宏观因素的影响,这个指标的范围在-1 到 1 之间。如果某商品指标值大于零,表明是进口专业化,则说明这个商品有非常强的竞争优势,越接近 1 则说明竞争力越强。当指标值为 1 的时候,说明这个地区只出口不进口,当为-1 时则说明该国或该地区是只进口不出口。一般情况下,该指标值都为正数,而且这一公式可应用于不同范围,如果是在整个世界市场上发生的进出口额,就表示某国某一产业(或产品)在世界市场上的分工地位:是出口还是进口专业化,专业化水平如何。如果是对某一地区或对另一国家市场上发生的进出口额,就表示某国某一产业(或产品)在这个范围的市场上的分工地位。由于计算起来相对简单,且和产业内贸易指数相关,所以该指标是衡量比较优势的一个重要指标。

2. 产业内贸易指数

产业内贸易指数也是衡量一国的产业在国际市场中的竞争优势的指标。该指标是 1975 年由格鲁伯尔以及罗伊德提出来的。这个指标的范围是在 0 到 1 之间,某类产品的产业内贸易指数越接近零则说明其产业内贸易程度越低;反之则越高。该指数的计算公式如下:

$T_i = 1 - |X_i - M_i|/(X_i + M_i) = 1 - TC_i$,式中 X_i 和 M_i 分别表示某类产品或某产业的出口额和进口额。从式中可以看出产业内贸易指数与贸易竞争力指数之间是存在关系的。如果某产品或某行业的产业内贸易指数大的话,说明该国家在这类产业中的贸易竞争力较大;反之则越小[1]。

3. 显示性比较优势指数

显示性比较优势指数(Revealed Comparative Advantage),简写为 RCA,是用来衡量出口产品比较优势的最常用的指标。是某国某一产业(或产品)在某地区或另一国市场上的总出口中的比例,与该国这种产业(或产品)在世界市场上商品总出口中的比例之比。RCA 是由美国著名经济学家巴拉萨在 1965 年提出来的,是一个相对指标,在分析这个指标的时候剔除了宏观经济中国家以及世界经济总量波动的因素,用公式表示如下:$RCA = (x_i/x)/(z_i/z)$,其中 x_i 和 z_i 分别表示某国家以及世界上第 i 种产品的出口额;x 和 z 分别表示某国家以及世界上所有出口产品贸易以及服务总额。该指标用于衡量一个国家在国际上的产品竞争优势的动态变化,一般的把 0.8 作为一个界限,如果 RCA 的值小于 0.8,则说明该产业或产品在国际上处于比较劣势地位,国家竞争力较弱;如果 RCA 值介于 0.8 到 1.25 之间,则说明该产业或产品具有中度的国际竞争优势;如果该指标值处于 1.25 到 2.5 之间,则说明该产业或产品处于较强的竞争地位;如果大于等于 2.5 则说明该产业或产品具有极强的比较优势,国际竞争力极强[2]。

4. 标准显示性比较优势指数

---

① 严婧:《我国出口产品比较优势和结构变动的实证分析》,《市场经纬》2007 年第 1 期。

② 桑百川:《我国对外开放进入全面转型期的政策选择》,《国际贸易》2008 年第 1 期。

标准显示性比较优势指数（Normalized Revealed Comparative Advantage）是在巴拉萨的显示性比较优势指数的基础上修改得出的，数学表达式为：$NRCA = \dfrac{\Delta x_{ab}}{x_{tm}}$，$\Delta x_{ab} = x_{ab} - \dfrac{x_{tb}}{x_{tm}} x_{am}$。式中 x_{ab} 表示表示 a 国所有产品的总出口额，x_{am} 表示国际上 a 产品的出口额，x_{tm} 指国际上所有产品的出口总额。$\dfrac{x_{tb}}{x_{tm}}$ 表示 b 国产品的总出口额占世界总出口额的比例，Δx_{ab} 的含义则为 b 国的 a 产品的实际出口额与按照 b 国的总出口占世界总出口的比例乘以世界上 a 产品的出口总额的差值。若 $\Delta x_{ab} > 0$，则说明 a 产品的实际出口大于平均值，该值越高说明该产品的比较优势越大。所以把 Δx_{ab} 与 x_{tm} 对比作标准化后即为 NRCA。若 NRCA 值大于零，则说明该产品比较具有竞争优势，该值越大则比较优势越强。如果该值小于零，则说明此类产品或产业不具有比较优势[1]。

5. 市场占有率指数

首先市场占有率（Market Shares）即市场份额，在很大程度上反应了企业的竞争能力以及盈利能力，是一个企业的销售量占市场中同类产品总销售量的比例。在本文中涉及的是国际市场占有率，是衡量一个国家的贸易竞争力以及在国际上的竞争地位的指标。该指标越大则说明该国家或产业的国际市场竞争力越大，反之则越弱。

综上所述，贸易竞争力指数与显性比较优势指数分别从不同角度来表现了作为两国之间国际分工基础的比较优势。同时，只要圈定考察范围，就能用两个指标共同说明国际分工的结果，显示不同国家在不同范围中的国际分工状况。

各国在国际分工总格局中的地位还可以通过计算贸易竞争力指数与显性比较优势指数的加权综合来体现。方法是：分别用贸易竞争力指数和显性比较优势指数来计算各国四类产业的相关数值，计算出来后，再设定相应的权数进行相加。权数通过因子分析方法来确定，首先对二个指数通过累计贡献率确定出公共因子 $F_1, \cdots, F_m$（其中 $m \leqslant 2$），通过普通最

---

① 　马建全、宋文玲：《中国出口产品比较优势动态变化实证分析：1998—2008 年》，《经济与管理》2010 年第 8 期。

小二乘法得到 F_i 与 NTB_i 和 RCA_i 的相关的模型：$F_i = a_{i1}RCA + a_{i2}NTB$ ，然后构造出综合评价模型：$F = b_1F_1 + \cdots + b_mF_m$ ，由此模型算出每个国家某个密集型产业的综合得分，得分越高则该产业的国际分工中的优势就越强。这样可清楚地看出每个国家的这类产业在国际分工中的强弱排序状态。

体现两国之间经贸关系外在条件的贸易便利度，很难直接计算，但可以从市场结果来间接体现，这就是两国之间的贸易结合度。它的计算公式为：

$$I^{ij} = (X^{ij}/X^i)/(M^j/M^w)$$

其中 I^{ij} 为贸易结合度，X^{ij} 为 I 国对 J 国的出口额，X^i 为 I 国的出口总额，X^{ij}/X^i 表示 I 国对 J 国的出口占 I 国出口总额的比重；M^j 表示 J 国的进口额，M^w 表示世界的进口额，M^j/M^w 表 J 国的进口额占世界进口总额的比重。

需要指出，贸易结合度并不仅仅体现两国之间经贸关系的外在条件，还包括体现着两国之间的分工基础。这只能算是一个可接受的替代数量。

三、区域分工与出口产品比较优势

区域分工是和产业集群在互动过程中相互促进并循环发展的，在进出口贸易中要涉及到区域分工的国际分工理论，当前国际分工总体格局，是从整个世界市场来看，不同经济发展水平的国家在国际市场上各自发挥其各类产业的竞争优势，占领各国商品（或劳务）市场。

1. 区域分工与进出口经贸关系的形成

国际分工最早的总体格局是农业国与工业国的分工，西方发达国家成为工业国，亚非拉国家都处于农业国的地位。之后，总体格局大致沿着如下趋势发展：由于部分发展中家有效地推进工业化，建立了有国际竞争力的产业，在工业内部出现了新的总体国际分工格局，发达国家与开展工业化的发展中国家出现按资本有机构成高低的国际分工，发达国家占据资本有机构成高的产业的竞争优势，发展中国家占据资本有机构成低的产业的竞争优势；生产国际化趋势的加强，由于国际服务业的发展，又出现生产型产业与服务型产业的国际分工，进而出现按技术知识含量高低的国际分工，发达国家占据服务型、技术知识含量高产业的国际竞争优势,一大部分开展工业化的发展中国家占据相反的优势。再之后,预期发展中国家将继续进行产业升级,最终趋势将是产业内分工、水平型分工占据主导地位。如果工业化发展趋势与产业升级长期不成功、不到位的发展中国家,也可以在旅游产业或特色农业上占据国际分工的一席之地。

例如,经济发达国家在高端产品上最有优势,能够占领最大份额的各国市场;次发达国家也许在许多工业制成品上有竞争力,能够广泛占领相应的各国市场;在工业化方面取得初步成就的发展中国家,也许在低端工业制成品方面有竞争优势,拥有很大的国际市场份额;低收入国家在工业制成品方面没有什么竞争优势,只能在有自然资源禀赋基础上依靠初级产品来占领世界市场。这一整体格局,由于各种具体原因,在不同程度上都将普遍发生于每个国家的国别市场上。而且两个国家或地区的出口产品优势的形成主要取决于其国家或地区在相关出口产业所具备的区位条件、物流成本、交易成本、信息交流条件、市场适应性等。

2. 基于分工角度下中国四省区与东盟出口产品比较优势的形成

在中国与东盟之间的自由贸易中,中国—东盟区域经济一体化无疑成为东盟国家寻求经济发展的新途径。20世纪80年代以前日本牵动整个东亚以"雁行模式"发展经济,东盟作为东亚的低成本制造中心,同样也是受益者,在那个时期东盟经济得到迅速发展,但是随着90年代"亚洲金融危机"的爆发,东盟经济受到重创,接着全球金融危机后,美国、日本、欧盟三大经济体经济持续低迷,使东盟国家经济也陷入危机。中国在金融危机后能顶住各方面压力,表现出大国风范。现在,东盟各国急需拓展海外发展空间,建立中国—东盟区域经济一体化,东盟与中国可以寻求更广泛的合作空间,东盟各国可以利用中国经济快速发展的成果,推动自身经济发展。另外,东盟内部市场潜力小,东盟国家对外出口主要面向欧美等国家,而美国、日本和欧盟近年来经济陷入衰退困境,为应对经济衰退,这些国家采取不同程度的贸易保护政策,给东盟各国经济发展带来不利影响。中国在全球金融危机发生以来,无疑是表现最好的,东盟借中国这个经济体,可以使东盟经济出现新的发展点。现在也有越来越多的东盟国家认识到中国市场的巨大潜力,希望打入中国市场。但有一些东盟国家担心中国加入WTO后,会使中国企业的国际竞争力日益增强,中国产品的优势更为突出,对东盟国家产品出口中国产生不利影响。如果建立了中国—东盟区域经济一体化,这种顾虑就会自然消除,中国可以提供各种优惠条件使东盟国家的产品可以很顺利的进入中国市场,有利于东盟经济的稳定。再次,中国—东盟区域经济一体化是发展中国经济、与东盟国家建立政治合作的现实需要。中国贸易出口大国是欧美和日本,东盟国家贸易出口大国也是欧美和日本,但在全球金融危机后,欧、美、日经济一路下滑,三大经济体都采取不同程度的贸易保护政策,使中国与东盟出口贸易受阻。中国—东盟区域经济一体化的建立会使中国与东盟贸易与投资通道更加畅通,有利于中国扩大与东盟的双向贸易和投资,增加中国与东盟国家的贸易出口额和投资额,增强整体竞争能力和抵御风险的能力。另外,中国企业与东盟国家企业优势互补,中国可以利用东盟的资源、人力,降低企业成本,实现规模经济。

3. 中国四省对东盟之间出口产品比较优势保证的外在条件

由于中国—东盟自由贸易区实施区域经济一体化主要着眼于发展,会不断改进其动态比较优势成长的条件。区域内的产业转移比重相对于区域外的产业转移比重将逐步增大,该区域内的成员国将不同程度地取代发达国家的比较优势。中国与东盟国家通过签署《中国—东盟全面经济合作框架协议》、实施"早期收获"方案、签署"货物贸易协议"、"服务贸易协议"、准备签署"投资协议"、制订争端解决机制条款等等,都是为了消除各方之间妨碍比较优势发挥的障碍。而通过双边或多边磋商、或单边努力,改善交通条件,就是谋求物流成本的降低。在中国—东盟自由贸易区建设进程中,成员国之间有关疏通湄公河航道、共建泛亚铁路和跨国高速公路、面向东盟开放的前沿地带加强沿海港口建设,都是出于这一目的。政府代表团与民间代表团开展经济互访,双边或多边协商举办商品交易会、博览会,投资与贸易推介会,驻外使领馆充当商务媒介等等,都是为了加强商流的规模,为企业的商务交易牵线搭桥,降低企业的交易成本。

3.2 产业链理论、价值链理论、供应链理论与区域出口产品分工倾向

随着中国—东盟自由贸易区的迅猛发展和区域经济合作的深入推进，与传统上主要以产品为基本对象的区域产业分工形态相比，未来中国—东盟区域产业分工应该是某个产品生产过程包含的不同工序和区段，被拆散后在空间上分布和展开到不同区域去进行，形成以工序、区段、环节为对象的分工体系，以充分发挥各地区的资源优势和区域优势，从而使得区域产业分工的边界正从产业、产品层次转换为价值链层次。因此，生产价值链作为连接一定区域内各经济主体的重要纽带，其分工完善发育程度将会成为推动一定区域产业分工的重要推动力量。

3.2.1 价值链理论、产业链理论与供应链理论

在区域分工的进程中，区域之间开展的分工合作主要是通过企业展开。而中国与东盟的合作过程中也是通过跨国企业的形式来进行分工协作。而产业链、价值链以及供应链的理论是渗透在企业内部的每个环节。

一、产业链

在自然界能使得生态平衡的主要因素是生生不息的生物链，而如果企业想稳定发展，依靠的则是其内部自上而下的产业链。

1. 产业链的内涵

早在1958年赫希曼在《经济发展战略》中从产业的前向联系和后向联系的视角论述了产业链的内涵。但是由于供应链以及价值链等理论的兴起，产业链的概念相对弱化。据考证，最早提出"产业链"的是我国的学者姚齐源、宋武生。还有我国学者傅国华在研究海南热带农业发展课题中，提到了关于产业链的相关论述。目前对于产业链的研究颇少，对于

其概念还没有达成统一的认识①。马士华等(2000)在总结分析前人研究成果的基础上,给出了一个较为全面的产业链定义:产业链是围绕核心企业,通过对信息流、物流、资金流的控制,从采购原材料开始,制成中间产品以及最终产品,最后由销售网络把产品送到消费者手中,将供应商、制造商、分销商、零售商、直到最终用户连成一个整体的功能网链结构模式。一般认为产业链是指在一种最终产品的生产加工过程中——从最初的矿产资源或原材料一直到最终产品到达消费者手中——所包含的各个环节所构成的一个完整的链条。在一个产业链中,每一个环节都可以是一个相对独立的产业。产业链又可分为广义产业链和狭义产业链。前者是指跨行业、跨区域、跨国界的产业链接方式,例如汽车产业,它的产业链涉及钢材的生产、发动机以及底盘的生产、轮胎以及零部件的生产、电器产品生产、模具生产和装饰材料生产、油漆生产、营销和服务、技术设计等,围绕这个产业可以形成多个跨区域、跨国界的生产组合。后者是指在某一特定区域内围绕某固定产业并且具有优势的资源组合所构成,例如中国浙江温州的服装以及其他小商品加工产业,该产业链是由布料、线料、钮扣生产、裁缝、印染技术、饰品、存储、批发零售市场、运输、服务等构成的在温州地区形成的独特的生产组合②。由于产业链是一个中国化的概念,所以目前国外还鲜有研究。我国的学者从不同的角度和出发点,对其的理解也存在着差别,但是综合我国的众多学者对产业链的研究可以得出关于产业链的一些共同点:产业链中包括很多不同的相关产业,同时包括许多不同的相关企业,在企业之间存在上下游的联系;每条产业链都是围绕着生产某一最终产品而进行交易活动的增值链。

  2. 产业链的分类

  在上述理论基础上,产业链理论将上述内容具体化。任何一个企业都不可能在所有业务上成为世界上最杰出的企业,只有优势互补,才能共同增强竞争实力。因此,国际上一些先驱企业摈弃了过去那种从设计、制造直到销售都自己负责的经营模式,转而在全球范围内与供应商和销售商建立最佳合作伙伴关系,与他们形成一种长期的战略联盟,结成利益共

----

① 刘贵富:《产业链基本理论研究》,吉林大学博士学位论文,2007 年。
② 刘尔思:《关于产业链理论的再探索》,《云南财经大学学报》2006 年 6 月。

同体。在体制上,这个群体组成了一个主体企业的利益共同体;在运行形式上,构成了一条从供应商、制造商、分销商到最终用户的物流和信息流网络。由于这一庞大网络的相邻节点(企业),都是一种供应与需求的关系,因此称之为产业链。产业链大致可以分为以下 4 种类型:(1)内部型。早期的观点认为产业链是制造企业的内部活动,是指把外部采购的原材料和零部件,通过生产和销售等活动,传递给零售商和用户的过程。传统的产业链概念局限于企业的内部操作,注重企业自身资源的利用。(2)物流型。郝礼翰(Houlihan,1988)认为产业链是从供应商开始,经生产者或流通业者,到最终消费者的所有物质流动。这种观点从商品流转的角度对产业链进行了概括,但把产业链仅仅归结为物流是不够全面的。(3)信息型。史迪文斯(Stevens,1989)将产业链定义为由供应商、制造商、分销商和消费者连接在一起组成的系统,其中贯穿着反馈的物流和信息流。这种观点把信息提升到与产品同等重要的地位,并且强调产业链中存在反馈过程,是产业链思想的一大进步。(4)网链型。最近,产业链的概念更加注重围绕核心企业的网链关系,同时强调合作企业的战略伙伴关系问题。哈里森(Harrison)将产业链定义为采购原材料,将它们转换为中间产品和成品,并且将成品销售到用户的功能网链。上述马士华的定义充分体现出产业链是一个涵盖范围广泛的概念,包含所有加盟的节点企业,由物料链、信息链和资金链共同组成。作为一项重大的管理创新,产业链模式可以帮助企业在最短的时间里寻找到最好的合作伙伴,用最低的成本、最快的速度、最好的质量赢得市场,受益的不只一家企业,而是一个企业群体。更为科学的分类是:按照形成机制分为自组织形成的产业链以及他组织形成的产业链,这二者是按照外界作用力大小来划分的;按行业性质分为农业产业链、林业产业链、畜牧业产业链、农工贸产业链、猪肉产业链、蔬菜产业链、中药产业链、化肥产业链、造纸产业链、煤炭产业链、机械制造、汽车、钢铁、电信、服装、高新技术、IT、Internet、教育、体育、旅游产业链、金融以及媒介产业链等;按作用层次范围分为宏观产业链、中观产业链以及微观产业链;按关联结构分为技术推动型产业链、资源带动型产业链、需求拉动型产业链、综合联动型产业链(见图 3-3 至图3-6);按生态属性分为生态和非生态产业链;按龙头企业分为一汽、宝

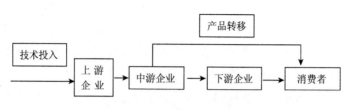

图 3-3　技术推动型产业链

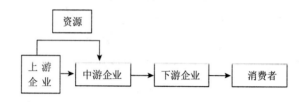

图 3-4　资源带动型产业链

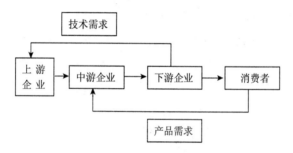

图 3-5　需求拉动型产业链

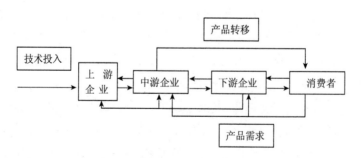

图 3-6　综合联动型产业链

钢、长虹、联想产业链等①。

3. 产业链的特征

产业链是企业各部门依照一定的经济技术要求,形成的一种新型空间组织链。这种组织链在不停的运作中保持着相对稳定的性质是因为它具有以下特征:

(1)产业链的静态特征

产业链的静态特征主要包含结构特征、跨组织特征以及空间特征等。其中结构特征是从结构组成的角度把产业链分为了链、体、链主三个部分。产业链首先作为一条链是说以企业为节点,以企业与企业之间的信息、资金以及物流作为媒介联系起来的;其次产业链是一个完整的经济组织,它内部的企业无论进入需要一定的壁垒,而且企业之间的竞争会转化为整个产业链与其他产业链的竞争;链主是产业链里居于核心地位的企业,又成为"龙头企业",龙头企业要为其他企业提供信息,要管理整条产业链,也是产业链内获得超额利润的企业。

跨组织特征是指产业链需要在不同的领域、不同的组织结构以及不同的文化结构的企业之间进行管理。在这些不同组织的企业之间需要竞争但合作更为重要,所以需要彼此相互信任,共同进步,从而为双方带来经济利益。空间特征是指一条完整的产业链从空间属性来讲是属于某一特定的经济区域,从区域经济的视角来看,某些区域内包含了很多产业链,而这些产业链条之间会存在联系,从而形成链环。我们在制定区域发展战略的时候需要考虑到产业链的完整性,并形成相应的产业集群,以便带来更多的集群效应。

(2)产业链的运动特征

产业链的运动特征主要包括稳定性特征以及学习创新性特征。产业链的稳定性是指产业链中的每个企业都是一个环节,所以企业之间的合作是建立在利益共享以及共担风险的基础上的,所以在产业链内部的企业之间不仅仅是一般的市场交易关系,他们必须承诺能像在单一的公司里那样的工作才能使得整个产业链稳定的运转。所以在产业链内部会建

---

① 刘贵富:《产业链基本理论研究》,吉林大学博士学位论文,2007 年。

立竞争定价机制、利益协调机制以及沟通信任机制。产业链能够在市场中保持一定的稳定性还取决与产业链的开放性,只有开放才能进步,才能做出更好的选择。产业链的学习创新性特征指产业链具有学习功能,通过学习可以使得产业链提高整体的运作效率以提高创新能力,从而在不断的竞争中具有竞争优势,实现可持续发展。

(3)产业链的动力特征

产业链的动力特征主要包括产业链的优区位指向性特征、市场导向性以及政府诱导性特征等。其中市场导向性以及政府诱导性特征属于外源动力特征。其中优区位指向性特征是指在经济活动中,对劳动力、资金、技术、人才、政策、以及地理位置等都会有特殊的区位偏好,在市场经济条件下尤其对于那些资金、技术、劳动密集型产业来讲这些区位条件都是十分重要的并且是动态可变的,所以这些产业链会重新调整他们的区位从而追求更高的利益。产业链的市场导向性是指在现代的经济条件下,市场的需求是多变的,所以作为市场主体的产业链上的各个部门必须具有很强的适应性,从而调整自身的经济结构。产业链的政策诱导特征是指政府制定的一些政策对产业链的发展具有非常重要的作用,政府的政策不仅仅是对产业链的一种约束,更是一种发展上的指引。有了政策的支持会更有利于产业链的发展,使其发展、扩展逐渐形成具有一定规模的产业集群①。

二、价值链

经济全球化使得产业集群化,而正是价值链让原本离散的企业组成一个有机的整体。价值链贯穿企业创造经济价值的整个过程,从研发到生产、销售、服务以及废品的加工以及回收循环利用。包含了所有参与者创造的价值以及利润分配。

1. 价值链的内涵

1985 年迈克尔·波特(Michael E. Porter)提出的"价值链"(Value Chain)认为:单一产品的生产应该是不断增值的链状过程,伴随分工和专业化生产过程,产品的价值链条被分解成不同的子链条,整个产品的生产

---

① 刘贵富、赵英才:《产业链:内涵、特性及其表现形式》,《财经理论与实践》2006 年第 3 期。

（价值增加过程）由不同的单位完成，每个阶段的价值增加量不尽相同，不同的阶段可以在空间上分离，各自寻求适宜的区位而充分发挥区位优势或是资源优势。其中，价值创造过程主要由产品生产的组织、成品营销和售后服务等基本活动与支持性活动（如原材料供应、技术、人力资源和财务等）两部分完成，不同阶段上每一项生产或经营管理活动就是这一价值链上的一个环节。这些活动在产品价值创造过程中是相互联系的，由此构成产品价值创造的行为链条，这一链条就称之为价值链。后来 Peter Hines 把价值链重新定义为：集成物料价值的运输线。他的价值链把消费者对产品的需求作为生产的重点，而波特则是把追求利润作为最后的目标。随着信息技术的发展，逐渐产生了"虚拟价值链"的概念，这时候的价值链把信息的创造和利用加了进来，从而把企业和顾客带到了新的经济领域中。而这种信息所带来的资产不是实物资产，不会在消费过程中用尽，所以被看作虚拟的。而后随着因特网的出现，价值链理论再被时代化，虚拟价值链和实物价值链是两条并行的价值链，而且虚拟价值链可用于实物价值链的各个阶段。虚拟价值链需要在互联网上操作，通过互联网企业可以获得新的市场，而顾客也可以通过互联网提出新的要求，从而促进了供应商的生产效率。到 20 世纪 70 年代，信息时代的到来决定着价值逐渐需要在电子商业中体现出来，此时的价值增值主要靠提供依赖于信息技术的先进性的服务来实现。电子商业使价值链的边界变的模糊，但通过因特网的电子商业带来了巨大的经济效益，也为生产、消费等环节带来了便利。在数字化的今天，更多的企业和供应商通过互联网开辟出新的价值链，在这个虚拟的网络世界中逐渐形成了价值网，从而从行业变成了生产系统，企业可以在里面找到新的合作伙伴，从而创造出新的价值链[①]。

2. 价值链研究中存在的不足

价值链的理论经历了多个发展阶段，在不同的发展阶段具有不同的特点，从最开始的单一企业发展成为多个企业，从实物价值链发展到虚拟的价值链，再到价值网。价值链的理论一直在延伸与扩大，但是理论的核

---

① 迟晓英、宣国良：《价值链研究与发展综述》，《外国经济与管理》2001 年 1 月。

心内容始终是创造价值。但是从目前关于价值链的研究来看,大部分研究都是局限在一些概念上的模型与探讨,缺乏更进一步的量化研究。尽管现在价值链理论已经得到很大范围的接受和应用,但是究其内容体系而言还不是很完善。所以以后在分析价值链方面应该结合具体的一些企业和产业的数据把价值链量化,结合互联网与信息技术对产业链的结构进行改进、优化、分解等从而进一步完善价值链体系。

三、供应链

供应链的概念产生与 20 世纪 50 年代晚期,是围绕核心企业,通过对信息流、物流、资金流的控制,从采购原材料开始,制成中间产品以及最终产品,最后由销售网络把产品送到消费者手中的将供应商、制造商、分销商、零售商、直到最终用户连成一个整体的功能网链结构模式。供应链的概念是从扩大的生产(Extended Production)概念发展来的,它将企业 的生产活动进行了前伸和后延。譬如,日本丰田公司的精益协作方式中就将供应商的活动视为生产活动的有机 组成部分而加以控制和协调。这就是向前延伸。后延是指将生产活动延伸至产品的销售和服务阶段。因此,供应链就是通过计划(Plan)、获得(Obtain)、存储(Store)、分销(Distribute)、服务(Serve)等这样一些活动而在顾客和供应商之间形成的一种衔接(Interface),从而使企业能满足内外部顾客的需求。供应链包括产品到达顾客手中之前所有参与供应、生产、分配 和销售的公司和企业,因此其定义涵盖了销售渠道的概念。供应链对上游的供应者(供应活动)、中间的生产 者(制造活动)和运输商(储存运输活动)、以及下游的消费者(分销活动)同样重视。美国史迪文斯(Stevens)认为:"通过增值过程和分销渠道控制从供应商的供应商,到用户的用户的物料流就是供应链,它开始于供应的源点,结束于消费的终点。"也就是说,供应链是在相互关联的部门或业务伙伴之间所发生的物流、资金流、知识流、信息流和服务流,覆盖从产品(或服务)设计、原材料采购、制造、包装到交付给最终用户的全过程的功能网链。[①]

产业链、价值链以及供应链三者之间是紧密联系又有区别的。三者

---

① 陶雄华:《生产贸易链条件下企业信用评价体系构建》,中南财经政法大学博士学位论文,2008 年 3 月。

的联系主要表现在：首先价值链是帮助人们更好的了解企业内部的价值生成。价值链是依附于企业而存在的，在企业内部价值链可以向外进行延伸与扩展，从而在多家企业之间形成供应链连接并可以同步进行管理，此时企业间的价值链的作用不单局限于价值链条的作用，它为企业自身的供应链管理提供了依据。其次在产业集群的内部，产业链是在企业基础上发展的，在企业之间的供应链为产业链的生成提供了基础。因为供应链的连接可能是多向的，产业链条一般是垂直的或者大范围的即是多环节的，所以产业链条一般是多重供应链条的复合体。

产业链、价值链以及供应链之间也是存在区别的，首先从概念上来讲价值链往往是针对一个企业而言，其目的是分析企业内部的价值生成，研究价值链的形成机制以及如何进行优化，从而提高企业的竞争力。而供应链是针对多个企业而言，是基于物流层面上的，一般供应链的发展伴随着跨地区物流的管理而开展的。供应链作为企业与企业之间的一种连接方式，在相对比较大的企业集团才会涉及。产业链是针对不同的企业之间，甚至不同地区之间的社会分工。产业链更多的是从宏观的层面上，所以含义的范围要大于供应链。

3.2.2　价值链分工、产业链整合以及供应链管理

价值链分工，是指生产分工按照组成一种产品的不同价值环节进行，即把某个产品生产过程包含的不同价值增值环节，被拆散后在空间上分布和展开到不同的区域去进行，形成以价值增值环节为对象的分工体系。价值链分工的核心内涵是在特定产品生产过程中把不同价值增值环节通过空间分散化展开，分别布局到具有比较优势的地区，实行专业化生产，形成跨区或跨国性的生产链条或体系。这里生产的含义不仅限于制造过程，而是广义的增值过程。在制造业领域，这种增值过程包括从研发、制造、销售到售后服务的各个环节；在服务业领域，增值过程更是贯穿于服务提供的全部阶段。就其区域产业分工的联系来说，价值链分工有以下基本特征：第一，传统的区域分工模式是以最终产品表现出来的产业间分工和产业内部分工，其所有生产环节都在一个生产点内。而价值链分工，是不同的生产点或供应商专业化于价值链上某一个特定的价值增值环节的生产；第二，国际价值链分工强调各区域和地方产业网络有其互相依存

的一面,即价值链中各个价值创造环节都是环环相扣的,其包含一组特定的"投入—产出(Input-Output)"结构;第三,价值链分工的各价值环节对生产要素的要求存在着差异,同时由于各价值环节所需生产要素的稀缺性而导致各价值环节的增值能力不同,有些环节创造的附加值很高,而有些环节创造的附加值却比较低。"产业链整合",是指在一定的产业群聚区内,由在某个产业中具有较强国际竞争力(或国际竞争潜力)的企业,整合与其相关的企业结成的一种战略联盟关系链。因此,一个产业链也就是一个由多个相互链接的企业所构成的完整的链条,产业链上的相关企业整合以达到优化的目的尤其重要。

产业链条是一定技术水平条件下产业中上下游之间的关联情况,其演化具体表现为产业节点数量的增减、产业链条长短的伸缩和产业节点上企业分布的聚散。在同一条产业链条内部,会形成许多企业链条,这些企业链条之间会不断竞争,从而推动产业链的演化。产业链条和企业链条相互作用,产业链的竞争,实际上也是指同一产业链中不同"企业链条"的竞争。实际上,不管是产业链条还是企业链条都是在"中间产品市场"和"终端产品市场"组成的市场范围内。产业链研究中的大量企业间关系是发生在"中间产品市场",当然产业链末端企业与消费者之间在"终端产品市场"上的交易情况直接关系到企业在"中间产品市场"的交易情况。因此,产业链研究的是"中间产品"和"终端产品"市场而不是商品市场和要素市场。可见,产业链条和企业链条是一个硬币的两面,彼此不能分开。

产业链的"产业链条性"是指不同节点产业间的融合,主要是"产业节点数"和"产业在节点的集聚度"。社会分工越深入,产业节点数就越多,产业链条就越长。产业链组织形式是企业之间基于上下游产业关联所形成的网状链条,一个个企业就好比产业链中的一个个"环节"。企业能否找到、保持、变更节点位置,完全取决于自身"创新能力"。企业在产业链中节点位置的确定和变化,以及企业创新能力的发展,都和产业链内企业间的"竞争"与"合作"分不开。"企业链条性"的本质是在企业间形成的"竞争"与"合作"的博弈关系。而且,企业的"创新能力"不仅影响自身"节点位置",也影响着"产业节点数"的变化。企业"节点位置"和"产业在节点的集聚度"是相互影响的。"产业在节点的集聚度"关系企业间的竞争状况,从而影响企业是否进入或退出这个"节点位置"的决策。产业链的产业链条性不仅仅是大量企业聚集的产业性质。当我们谈到"产业链条性"时,要注意产业链波动的过程也是企业进行生产创新的过程,是企业这些"环节"不断运动的过程;当我们提到"企业链条性"时,也要注意产业链"企业链条性"的体现和产业链的波动息息相关,产业链的"环节"是在产业链条范围内的运动。

供应链管理简称(SCM)概念的产生20世纪80年代中期,作为一种新兴的管理思想,逐渐得到了众多企业的引用并得到了发展。它的发展是伴随着供应链的发展而展开的,最初供应链是制造企业内部的一个环节,它是把供应商以及生产、销售部门都连接起来,描述了从原材料采购到生产销售整个过程。而后伴随着供应链的发展,由原来一个企业延伸到多家企业,在更广义的范围内进行企业制造、组装、销售等活动。而供应链是一种管理思想和方法,它是通过对供应链中的物流以及信息流进行设计、优化、控制和规划来满足顾客不断变化的需求,同时又能保证供应链中的各个节点企业都能取得相应最为理想的效益①。供应链管理主要涉及四个部分即从原材料供应、生产环节、物流以及市场需求。供应链管理是一个物流、信息流、技术流以及资金流等多种共同实现的过程,完整的一个物流过程就是从前端的供应链中的供应商,到后端的客户。有效的供应链管理有助于各个节点的企业实现自身市场目标,同时供应链本身也得到了扩展与成长。

3.2.3 价值链分工与区域出口产品分工倾向

出口产品分工首先是一个产品的国际分工的概念,而对此概念的关注主要是从20世纪70年代开始,美国的著名学者Finger对美国的"海外组装操作"进行了分析,而后有关学者做了理论模型,考察的了区域性的生产系统如何在多个国家做出分配即分工,并且分析了关税以及政策变动对出口产品国际分工的影响。随着国际贸易的演进和持续,产生了许多关于这种现象的术语,例如外包(Outsouring)、生产非当地化(Delocal-

---

① 周林洋:《供应链管理基础理论介绍》,《金山企业管理》2004年第1期。

ization）、生产零散化（Production Fragmentation）等。随着欧美及日本等发达国家的跨国企业在世界各地投资，建立"世界工厂"以及产品制造基地，国际化的产品分工更加明显。对此很多学者做出了研究，其中我国学者卢锋在 2005 年对出口产品的研究中把产品生产过程中的产品分为四类：初级产品、中间品、生产产品中使用的零部件以及产品生产过程中的服务等。中国作为出口大国，对欧美尤其是美国的产品出口量是非常巨大的。伴随着中国与东盟之间自由贸易区的成立，中国对东盟各国之间的出口量得到了很大的提升，不仅限于初级产品的出口，而具有独特区位优势的广东、广西、海南以及云南在中国与东盟的贸易进程中更是具有出口产品分工优势①。

出口产品的相关产业的价值链区域性分工是指以整体出口产品的各增值环节为分析单位，尽可能根据各增值环节对要素条件（区位优势与资源优势）的不同偏好，将各增值环节安排在拥有其所需要素条件较好的地区中，以充分发挥资源、要素、区位等方面的优势，进行专业化生产，以达到合理利用生产资源，推动生产技术的提高和创新，提高产品质量和管理水平的目的。可见，基于价值链理论的区域产业分工正是基于产品各价值链活动过程对生产要素条件的需求差异之上以及某一区域与此相吻合而形成的区域分工格局。从产品价值链角度来分析区域产业分工与合作，一般来讲，可将其分为研究开发、生产组装以及销售服务三大增值分工环节。同时，在价值链分工的三个主要增值环节中，研究开发这个环节创造的价值最多，占了整个价值链创造价值的大部分，其次是销售环节，而生产制造只占了其中的小部分。由于价值链各环节所要求的生产要素差异很大，而各地区之间的生产要素禀赋（也就是我们所说的区位优势与资源优势）并不一样，就有必要将价值链各个环节放在拥有其所需生产要素的地区中，这就决定了它们有不同的区位偏好从而与不同的区位优势相吻合。在选择产品研发部门区位时，最关心的是看是否接近高素质专业人才供应地、高等级科研机构、信息前沿以及通信信息网络是否畅通等因素。在选择生产加工部门的区位时，主要考虑政策环境、产业配套能力

---

① 夏平：《中国中间产品贸易分析》，对外经济贸易大学博士学位论文，2007 年。

及其基础设施支撑能力、便利的交通运输、原材料零部件供应地和便宜的地价等因素。在选择产品销售总部的区位时，主要考虑是否具有便利的交通运输、完善的销售网络、畅通的通讯信息网络和较大的市场需求这些因素。在这种价值链分工模式下，虽然各个价值增殖环节所带来的收益是不同的，但若放在整个区域系统（如中国—东盟）的大范围来看，一方面由于价值链各环节的上下游关系导致了具有不同要素禀赋的各区位之间专业化分工与协作关系的强化；另一方面，也由于产品制造过程中的不同工序和环节都被配置在最有利于获得竞争优势的区位，从而提高了区域资源配置的整体效率和产品价值链的整体竞争力。可见，一定区域内的价值链分工发展状况对突破区域的资源、环境瓶颈，促进区域经济的和谐发展有着十分密切的联系。为此，为提高一定中国—东盟区域的专业化分工和协作水平，必须把区域内各个省区（细化至县级行政区域）本身的基础状况和优势置身于整个区域的大背景系统下，制定基于价值链分工层面上的区域产业发展规划，以避免在价值链环节上的"同构"现象所造成资源的浪费和效率的降低。而且，要根据产品价值链各增值环节对要素禀赋的内在要求和比较优势原则，把组成产品的价值链各增值环节配置在拥有其所需生产要素丰裕的地区和生产节点，统一开发区域资源、统一组织专业化生产和分工协作关系，连接并形成一个优势互补、联合协作的利益命运共同体。

3.2.4 价值链分工基础上的产业链整合与区域出口产品分工合作

对产业链而言，不仅有资源配置问题，更有资源利用问题。产业链中的资源配置问题是指在一定产业创新能力之下，企业如何通过自己生产或市场交易，完成中间产品向终端产品转化，以实现产业价值的"生产效率"问题。产业链中的资源利用问题是指企业如何加强研发合作、不断进行产业创新，以完成产业价值增值的"技术创新"问题。产业链本身就是企业进行资源配置和资源利用的场所和范围，产业链资源配置和资源利用方式主要体现为企业间不同的竞争与合作关系，这为产业链整合提供了理论支撑。

一、企业间的竞争、合作与产业链整合

产业链提升了竞争与合作两个方面，在不同的范围以及不同的参与者之间,能够大大缩短产品开发周期,降低生产成本,降低交易成本(搜索和维持供应商的成本),减少决策成本和交涉成本(降低了价格变动的影响),提高市场份额和赢利能力。与分散和随机的市场交易相比,产业链整合缓和了协作关系中固有的问题,同时又能避免增加纵向一体化的不灵活性以及管理上的复杂性。因此,产业链成功的关键,在于协调三个方面的关系:企业与用户相互影响;企业与供应商联盟;产业链内部的结构和关系变化。

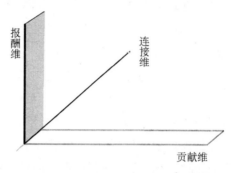

图 3-7　产业链中企业间关系示意图

　　三维空间的三个坐标分别代表三个管理决策领域(图 3-7),这对于管理产业链和促进互利互惠关系来说具有关键性的重要作用。横轴叫做贡献轴或贡献维,表示产业链中的供应商向用户企业增加的价值。纵轴叫做报酬轴或报酬维,表示产业链中的用户企业给予供应商的回报。斜轴叫做连接轴或连接维,表示产业链中的供应商与用户企业相互合作,相互信任,从战略、战术、操作、人际关系、文化等各方面相互支持与协调。

　　二、产业链整合是"产业链条"和"企业链条"的有机组合

　　构建产业链包括接通产业链和延伸产业链两个层面的内涵。接通产业链是指将一定地域空间范围内的断续的产业部门(通常是产业链的断环和孤环形式)借助某种产业合作形式串联起来;延伸产业链则是将一条既已存在的产业链尽可能地向上下游拓深延展。从本质上理解,这也是一种逻辑关系和时空顺序,这对循环经济条件下产业链整合具有重要借鉴意义。

产业链的时空顺序,一是指产业链有时间的次序,上下链环之间有时间先后之分,即从上一链环到下一链环是由于下一产业部门对上一产业部门产品进行了再次的一道追加工序;二是指产业链有空间的分布,产业链上诸产业链环(即各产业部门)总是从空间上落脚到一定地域,即完整产业链条上诸产业部门从空间属性上讲必定分属于某一特定经济区域,特定经济区域可能具有一条完整链条,也极有可能只具有一条完整链条中的大部分链环,甚至一两个链环。产业链整合是将"产业链条和企业链条"有机组合起来,在理顺产业链条衔接关系的情况下,通过企业间链条的关联去实现产业创新和产业价值。产业链整合的过程也是"产业链条性"和"企业链条性"相融合的过程,产业链整合的表现形式就是企业在轨道上的不断运动以及轨道自身的演化过程。

三、产业链整合依赖政府干预

产业链整合的主体是政府和企业。基于产业链条与企业链条的分离,关于产业链的整合也分别是从"产业"和"企业"这两个角度进行的。从产业角度,主要是政府制定各种产业政策;从企业角度,主要是企业如何和上下游企业构建良好关系。产业链整合的客观要求和现实差距依然很大。究其原因在于,产业链条和企业链条之间是一个整体,而理论上对这两种链条的人为分离就导致政府和企业经常在"产业链条整合"和"企业链条整合"之间产生混淆,造成"产业链条"与"企业链条"的错位,从而降低了产业链整合的效率和效果。具体表现在以下方面:我国地方政府出台的优惠产业政策往往围着"部分企业"转,表面上是在调节"产业链条",实际上是在干预"企业链条";仅从产业角度制定的部分产业政策,又由于忽视了企业链条的存在,往往得不到企业的响应;政府调控中的产业链往往局限于当地,其实产业链条作为一种客观存在,实际上没有地域差别,只有企业链条才有国家和地域上的区别。对于我国企业而言,企业间的关系往往限于市场交易式或纵向控制式,企业链条或"链中链"的关系建立还不够。大型企业往往凭借自身实力,倾向于对上下游企业进行直接控股或收购,中小企业限于自身实力往往不能和大型企业良好配套。由于我国政企关系的紧密性,企业往往盯着"产业链条",去寻求政府的产业政策支持而不是通过自身去形成企业链条或"链中链"。①

四、区域出口产品分工合作机制的研究

经济全球化的大背景下,边界已经不再是个不可逾越的界限,世界变成一个大工厂。出口产品合作不仅仅是相关产业自身发展的需要,更是为了适应社会发展的趋势所必须迈出的一步。

1. 区域分工条件下出口产品合作的原因

企业都是以盈利为目的的,开展分工合作的最终目的都是为了实现比自身生产经营更多的经济利益。所以出口产品的分工合作,既有利于有效地配置资源,先进知识和技术的传播,同时也能创造更多的价值。而且基于产业链的生产的多环节性,就要求原材料采集、运输、产品加工、组装以及销售到后期的研发和服务阶段都需要合作,所以不同的出口产品生产部门在竞争的同时也要注重合作,从而实现真正的经济全球化(图 3-8)。

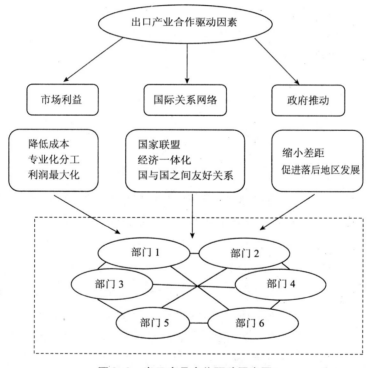

图 3-8　出口产品合作驱动因素图

---

①　唐文琳课题组:《CAFTA 进程中北部湾(中国)经济区产业政策协调与区域分工》。

2. 出口产品合作的主要方式

在经济全球化的大背景下,中国与东盟之间开展进出口贸易,在贸易过程中,中国与东盟在出口产品产业间是竞争与合作并存的。合作已经成为中国与东盟自由贸易区在一体化的进程中核心内容。在中国与东盟之间开展的出口产品合作方式是以市场为纽带,依托于出口产业的产业集群,通过劳动力、资本、信息技术等在出口产业间开展分工合作,通过产业链的上下游之间的协调从而促进区域的经济发展。

(1)加强出口产业链内的企业之间的合作

出口产业链内的企业之间在传统意义上讲可以是独立存在的,所以这些企业在发挥自身优势以及追求自身利润的时候,难免会在企业间展开激烈的竞争。但是一条产业链的顺利开展需要产业链上的每个环节都能够充分发挥自身的效力,所以需要这些生产出口产品的企业之间合作大于竞争。在一条完整的出口产业链条上,企业又不是独立存在的,是依附于整个产业链而存在的,所以此时每个企业与产业链之间是点和线的关系,此时在企业之间合作就成为了出口产业成功发展的关键因素。而且在企业开展生产的时候,由于自身不是拥有全部的优势资源,所以必须要从其他企业获取利于自身生产顺利开展的要素,而且在合作的过程中能够有效的节约成本,避免浪费,在实现自身利益最大化的同时获得产业的整体利润。因为企业合作开展的好坏直接关系到整条出口产业链的发展,所以合作是建立在一定的条件上的,最基本的条件是获得比自身生产获取更多的利润,而且合作的双方是需要建立在充分的信任基础上,只有这样,才能提高产业链内企业间合作的效率,从而促进生产出口产品产业的经济发展。

(2)注重产业间分工与产业内分工的结合

在产品生产过程中会对产业链的每个环节进行合理的分工。在中国与东盟之间开展分工合作的时候,应注重产业间与产业内分工的结合,尤其是跨国产业链间的分工合作。产业内分工逐渐细化的过程中,各国充分发挥自身的优势,开展产业间的合作。在合作生产中应多生产异质的产品以及具有资源、技术互补性的产品。中国与东盟各有其优势产业以及资源,所以在生产过程中应当开展协作,在开展贸易的过程中,我国广东、广西、海南、云南四省可以利用这个时机,充分发挥自身优势,带动经济发展。

（3）出口产品产业间的资金合作

在产业链内部开展的劳动力、资本、信息技术等合作，最主要的还是资金的合作，对于产业链内部的上下游产业之间资金的合作是生产顺利进行的最直接因素。在中国与东盟之间开展合作的同时，获得资金的途径也从国内扩展到了国际。资金方面的合作，能够促使跨国产业链内的合作伙伴之间关系更加亲密，从而促使合作的长期开展的稳定；有利于优势产业与劣势产业之间协调发展，缩小区域间差距，从而实现真正意义的一体化经济。

（4）出口产品产业间的创新能力合作

创新能力的合作是指出口产业之间的合作已经不仅仅局限获取利于自身发展的资源以及扩展市场，而是要提升产业链整体的品质，开展高新技术、制度等方面的合作。想比较于其他合作方式，这是一种更高级的合作方式。此时在产业链内部，注重的是技术的创新，更注重文化之间的合作、制度以及政策方面的合作。这种合作方式是一技术要素作为主要合作对象，在产业链内部的技术扩散，从而突显产业创新性的作用。

3.3 生产贸易链理论与出口产品区域协调的互动机理

我们已经认识到：区域经济一体化过程中，有的地区形成了明显的相对发展优势，有的地区形成强大的贸易能力，而有的地区具有强大的生产能力，相关地区亦将显现出各具特色的生产贸易发展实力与潜力。然而，如果区域内贸易与生产之间还只是处于一种松散的、没有约束的状态，缺少应有的紧密性和保障性，仍然会致使生产和贸易两者的相互支撑没有达到最好的状况，发挥不出各自的最大机能。这非常不利于我们有效推动区域经济整合、培育区域经济竞争力、加快融入世界经济一体化的进程。因此，有必要在区域内构建一个具有制度性质的、稳定的、生产贸易一体化的生产贸易链，使得区域内的贸易与生产更紧密地有机结合起来。

3.3.1 生产贸易链的内涵

纵观商品经济的发展进程,生产和贸易是不可分割的两位一体,是相互支撑的紧密关系。它们既是价值创造过程中的两个紧密联系的前后环节,又是价值实现过程中的两个不可或缺的前后功能。生产创造价值,贸易实现价值,两者共同结合起来,才能实现现实的价值增值。在商品经济的发展初期,这两个环节和两者功能都是由厂商一身二任独自完成的,只是随着社会分工的发展,这两个环节和两者功能才被分开,分别由生产商和贸易商各自进行了。

生产和贸易是分不开的,生产商和贸易商的生产和贸易活动结合起来才能可持续发展。贸易商必须通过具有高科技生产能力的产品来体现自身价值,而生产商也只有通过贸易才能实现生产利润,从而在合作过程中建立起一条以生产—贸易为主的合作链条。该链条由区域支持、区域贸易活动和区域生产活动三者相互支撑,链接着一个价值增值雪球(图3-9)。

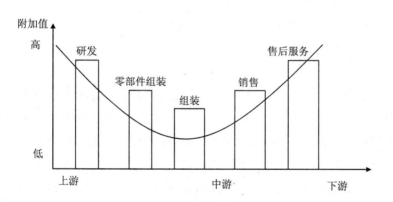

图3-9 价值增值的"微笑曲线"

该图主要是把价值增值的过程分为了上、中、下游三个部分,在中游的适合价值增值较小,所以也被称为价值增值"微笑曲线"①。但是,毋庸

① 夏平:《中国中间产品贸易分析》,对外经济贸易大学博士学位论文,2007年。

置疑的是,生产商和贸易商的生产和贸易活动必须紧密地结合起来,特别是当今,贸易商必须依赖高科技、高附加值产品才能有效地进行贸易,必须依赖高效的生产能力才能发挥出最大的贸易能力,而生产商必须依赖高科技开发与创新能力才能生产出贸易所需要的产品,必须依赖高效的贸易能力才能发挥出最大的生产能力,否则,它们双方的价值增值目标都将会受到极大的阻碍。如,在粤、港、澳地区具有强大的贸易能力却因为缺乏生产能力而没能充分发挥和运用,而除粤、港、澳以外的其他地方,一方面表现出比较薄弱的贸易能力,另一方面却又都具有非常迅猛的现代生产发展能力和潜力,如果将它们都纳入粤、港、澳等地和沿海港口的外贸货源支持体系,建立起生产、贸易 一体化紧密结合的生产贸易体系,将是非常必要的,也是非常可行的。

3.3.2 生产贸易链与区域经济融合

区域经济合作的阶段性推进特征,首先是政府推动,第二个阶段是政府与市场联动,最终走向市场推动。

在这一过程中,我们目前第一阶段的区域经济合作形式仍然是站立在和谐社会框架下政府推动区域协调发展的逻辑上,主要体现在中央政府在资源配置、开发性和基础性项目建设、利益分配上倾向欠发达地区。

在第一阶段中,地方政府间的区域经济合作也是在政府推动的外力下横向转移支付、经济援助等纯行政方式(不排除在政府干预下的企业间行为)开展。这一阶段很有必要,不可或缺。区域经济合作需要政府在基础条件建设、支撑条件建设做出努力,并且是长期性努力。即便是到了市场推动为主的阶段,伴随区域合作的深化,一些需要政府层面解决的基础问题也将由行政力量来解决。但是,这一过程的深入是不可持续的,特别是在市场经济条件下没有调动市场微观主体的积极性,难以取得较好的效果。区域合作应让经济规律起作用。仅仅停留在政府主导式的都市圈"扩容"、停留在概念炒作上的一体化,没有推动市场机制下产业、市场的直接联系与合作,区域分工和资源整合就难以取得突破。

第二阶段,区域协作的关键是在区域经济一体化的前提下,加强彼此的经济联系与协作。合作不拘形式,融合才是最重要的。只有寻求区域内体制、机制的融合,在突破行政区划束缚方面有所创新,把这种合作引入企业层面,这才能将区域合作引向深层次。从目前来看,企业间以项目合作、联合开发、对口支援为主要内容,在市场机制的引领下,以资源要素禀赋、成本比较优势考虑去建设生产基地、加工基地,开始走向生产贸易链关系链。而且从发展趋向上看,这一倾向将成为区域间企业跨行政区域合作的重要形式并最终成为合作的主流。这类项目的安排从一开始就应考虑区域联动效应,发挥政府与市场的双重作用。通过这些项目的组织和建设,积极培植区域合作区和区域合作企业,有利于从根本上打破地方经济的狭隘限制。鼓励各种所有制的企业参与跨区域的经济合作项目,将产业关系链条伸展到不同区域,使区域合作建立在市场经济的内在利益联系之中。

第三阶段,就是市场机制发挥作用,将区域经济合作推向深入,在市场要素的作用下促进区域经济协调发展。

纵向兼并是一种上、下游产业一体化行为,传统的研究认为这种一体化可以节约交易成本和降低交易风险,从而将其他非兼并的下游产业厂商置于竞争劣势,这与我们要研究的生产贸易链非常相似。有关研究认为,企业普遍存在通过兼并获得市场力量协同达到增加企业利润的目的,区域生产贸易链迎合了这一目的。研究表明,生产贸易链企业是否有利可图以及将会产生什么样的均衡行业结构既取决于最初行业中上下游企业的数目,也取决于下游市场结构和下游企业的战略力量。霍光顺和李仕明从上游企业的角度出发,考察在一个连续双寡头的市场结构中,当下游市场需求相互独立、中间产品不完全替代时的纵向兼并竞争效应。发现参与生产贸易链的企业相当于通过纵向兼并降低中间价格,。潘晓军和陈宏民研究了双寡头垄断的上游企业和双寡头垄断的下游企业市场上发生的纵向兼并行为,结论是:①下游企业不仅存在主动兼并动机,而且还存在为降低其他企业纵向兼并对自身的负的外部性而进行的被动兼并动机,这正是生产贸易链形成的关键所在;②不进行纵向市场圈定时的纵向兼并是促进市场竞争的,而当兼并后企业进行纵向市场圈定时,纵向兼并则会弱化市场竞争;③纵向兼并将导致上游企业利润增加;④参与兼并的下游企业效率越高,纵向兼并越可能是促进社会福利的,这为生产贸易链形成奠定了理论基础。由于生产贸易链相当于企业产业链的纵向并购,本文借助古诺寡占模型,分析生产贸易链的影响,得出一些有意义的结论。

这里借鉴 SSR 的研究思路,假定每个产业内所有厂商的生产成本相同,且进行古诺寡占竞争。假设存在一个产业链:m 个厂商构成的上游产业、n 个厂商构成的下游产业和最终消费者三个部分,假定上游产业的厂商具有固定不变的产品单位生产成本 c,最终消费者的反需求曲线为:

$$p = a - bQ$$

其中,p 为产品价格,Q 为下游厂商提供的产品总量,a 和 b 为正的常数。

假设上、下游生产的产品为一对一生产,即上、下游生产的产品数量相同,上、下游之间的产品交易价格为 P。

在产业链模型中,上、下游的每个厂商都基于自身利润最大化进行生产,首先上游产业厂商选择产品交易价格 P,然后下游产业的厂商根据产品交易价格 P 确定利润最大化的产量。

对下游产业的厂商来言,其利润 $\pi_i = (p - P)q^{\text{下}}_i = (a - bQ - P)q^{\text{下}}_i$

每个企业根据利润最大化进行生产,即 $\dfrac{d\pi_i^{\text{下}}}{dq^{\text{下}}} = a - bQ - P - b\dfrac{dQ}{dq_i^{\text{下}}}q^{\text{下}}_i =$

$= 0$,其中 $Q = \sum q_i^{\text{下}}$,所以 $\dfrac{dQ}{dq^{\text{下}}} = 1$,假定所有厂商同质,即 $Q = nq_i^{\text{下}}$,最终得到:

下游产业的均衡价格:$p = P + \dfrac{a - p}{n + 1}$ ……………………………… (3-1)

下游产业的平均产量:$q_i^{\text{下}} = \dfrac{a - P}{b(n + 1)}$ ……………………………… (3-2)

下游产业的均衡利润:$\pi_i^{\text{下}} = \dfrac{(a - P)^2}{b(n + 1)^2}$ ……………………………… (3-3)

对上游产业的厂商而言,其产量为 $Q = nq_i^{\text{下}} = \dfrac{n}{b(n + 1)}(a - P)$,

反需求函数为 $P = a - \dfrac{n + 1}{n}bQ$,求解得到:

上游产业的均衡价格:$P = c + \dfrac{a - c}{m + 1}$ ……………………………… (3-4)

上游产业的平均产量：q_i上$= \dfrac{n(a-P)}{b(n+1)(m+1)}$ …………（3-5）

上游产业的平均利润：$\pi_i^{\text{上}} = \dfrac{n(a-c)^2}{b(n+1)(m+1)^2}$ …………（3-6）

把(3-4)式分别带入(3-1)式、(3-2)式和(3-3)式，就可以得到下游产业厂商的各项数据。

下游产业的均衡价格：$p = c + \dfrac{(m+n+1)(a-c)}{(m+1)(n+1)}$ ………（3-7）

下游产业的平均产量：$q_i^{\text{下}} = \dfrac{m(a-c)}{b(m+1)(n+1)}$ …………（3-8）

下游产业的均衡利润：$\pi_i^{\text{下}} = \dfrac{m^2(a-c)^2}{b(n+1)^2(m+1)}$ …………（3-9）

根据(3-6)式和(3-9)式可知，上、下游产业的均衡利润受到两个产业中厂商数量的影响，均衡利润与本产业内厂商数量成反比，而与另一个产业的厂商数量成正比。以我国煤炭和火电行业为例，两个产业存在上下游的产业关联，由于煤炭行业厂商数量众多，所以竞争较为激烈，行业利润水平相对较低，而火电行业厂商数量较少，所以利润率偏高。在煤炭供应吃紧的情况下，煤炭行业利润有所上升，但是如果煤炭行业不通过大量的兼并活动来提高行业集中度，利润率水平依然会大大低于发电行业。

根据(3-4)式~(3-9)式，可以得到以下结论。

结论 1：在上、下游厂商结构相同条件下，上游企业获得更多的垄断利润。

证明：上、下游厂商结构相同，意味着上、下游厂商数量相同，即 $m = n$，此时的 $\pi_i^{\text{下}} = \dfrac{n^2(a-c)^2}{b(n+1)^4} < \pi_i^{\text{上}} = \dfrac{n(n+1)(a-c)^2}{b(n+1)^4}$，问题得证。

这种情况的合理解释为：由于上游企业的垄断利润只受到下游厂商需求函数的影响，而下游厂商的垄断利润既受到消费者需求函数的影响，又受到上游厂商供应商品价格的影响，所以垄断力量受到很大的削弱。现实经济活动中，上游的产业更容易转嫁风险，而处于下游的企业受到消费者的价格压力和上游企业带来的成本压力，更不容易获得垄断利润。该结论也可以用于对基础性行业自然垄断特性的解释，由于基础性行业处于产业链的顶端,所以这些行业在同等条件下更容易获得垄断利润,如果政府不加以合理管制,对整个国民经济和社会福利将起到负面的影响。近年来,钢铁、石油和煤炭等上游产业的产品价格快速上涨,而下游的彩电、汽车等产业受困于成本增加,且很难通过提价向消费者转移成本增加的压力,导致整个行业利润有所下降,这与该结论模型揭示的情况较为类似。

结论2:纵向兼并导致了下游厂商的成本降低,而产品销售价格同样降低,总体上看,未兼并厂商的盈利能力下降。

证明:比较下游厂商在兼并前后的成本、销售价格和利润情况。

由于 $P = c + \dfrac{a-c}{m+1} > T = c + \dfrac{a-c}{2m}(m > 1)$

所以兼并导致下游产业的成本降低,根据:

$p = c + \dfrac{(m+n+1)(a-c)}{(m+1)(n+1)} > T = c + \dfrac{2m+n-1}{2m(n+1)b}(a-c)$,得知,下

游产业产品的销售价格降低,而 $\phi_i^{\text{下}} = \dfrac{(m-1)^2}{2m^2(n+1)^2 b}(a-c)^2 < \pi_i^{\text{下}} =$

$\dfrac{m^2(a-c)^2}{b(n+1)^2(m+1)}$,所以利润降低。

造成这种现象的原因是由于纵向兼并企业具有成本优势,自然在下游产业中获得先动优势,其按照兼并企业利润最大化的价格低于兼并前的价格水平,而其他未兼并厂商不得不接受这个价格,并且被迫限产,利润自然下降。

本部份的研究给出了不同于传统纵向兼并研究成果的一些结论,即纵向兼并不一定导致兼并企业获利,兼并企业获利与否主要取决于产业链中上、下游产业的厂商结构状况,只有当下游产业通过横行兼并达到一定垄断程度时,企业才有纵向兼并的动机。一般来讲,上游厂商和下游的未兼并厂商都很难从纵向兼并活动中获利,而消费者福利情况由于下游产品销售价格的降低而得到提高。这些研究成果从另一个角度阐述了纵向兼并活动的社会效益问题,对于分析厂商的纵向兼并活动对相关利益主体的影响有借鉴意义,具有一定的学术价值。我国目前一方面在推动产业结构调整和企业整合,另一方面又在考虑制定反垄断的相关法规,而从产业链角度研究企业兼并有利于科学而全面地把握这两个问题,更有

利于进行区域间的产业协调发展,具有特定的现实意义。[①]

3.3.3 生产贸易链与出口产品区域协调的互动关系

生产贸易链由区域支持、区域贸易活动和区域生产活动三者相互支撑,链接着一个价值增值雪球。链条清晰地表明贸易活动与生产活动共同达成了价值增值,价值增值雪球既是两者紧密结合的结果,也是两者共同追求的目标,在整个过程中,两者既相对独立,又缺一不可;其次,链条表明了一个重要的关系,即"区域支持"给贸易活动、生产活动和价值增值等三者提供了一个固定的底座,由此形成了一个牢固的生产贸易链,亦可称之为价值增值链。而"区域支持"之所以能够起到固定整个链条的作用,系其是指包含区域高层协调解决机构、区域产业协作管理组织、区域相互融通的多元一体化文化体系、促使区域贸易活动与生产活动紧密结合的法律法规条文、区域内的全面管理以及法律事务等一系列的内容和配套策略。只有有了这样的一个底座,区域内生产活动和贸易活动才能真正成链并正常运行,两者之间才能真正达成具有制度性的、有约束力的、稳定的关系,从而不仅使得两者能够实现持久的结合与发展,更使两者具有了达到最好的相互支撑状况的保障条件。

一、生产贸易链是产业链、价值链理论在区域产业分工层面上的进一步融合

首先产业链是建立在产业内部分工和供需关系基础上的,以若干个企业为节点、产品为小节点纵横交织而成的网络状态系统。产业链分为两种类型:一种是垂直的供应链,另一种是横向的协作链。垂直关系是产业链的主要结构,一般把垂直分工划分为产业上、中、下游关系,横向协作关系则是产业的服务与配套。它包含四层含义:一是产业链是产业层次的表达。二是产业链是产业关联程度的表达。产业关联性越强,链条越紧密,资源的配置效率也越高。三是产业链是资源加工深度的表达。产业链越长,表明加工可以达到的深度越深。四是产业链是满足需求程度的表达。产业链始于自然资源、止于消费市场,但起点和终点并非固定不

---

① 唐文琳课题组:《CAFTA进程中北部湾(中国)经济区产业政策协调与区域分工》。

变。

也就是说，产业和客户是捆绑在一起的，多层次的开发非常有利于抓住个层次中的核心客户，有力的扩大市场份额。产业相关性越好它的资源利用率就会越高，资源有效利用其实就是等于在降低成本，就等于盈利。所以开发产品务必需要很强的关联性，产业深度与产业链长度成正比，延长产业链代表产品深度开发，附加价值增加。

其次哈佛大学商学院教授迈克尔·波特于 1985 年提出的价值链概念，波特认为，"每一个企业都是在设计、生产、销售、发送和辅助其产品的过程中进行种种活动的集合体。所有这些活动可以用一个价值链来表明。"企业的价值创造是通过一系列活动构成的，这些活动可分为基本活动和辅助活动两类，基本活动包括内部后勤、生产作业、外部后勤、市场和销售、服务等；而辅助活动则包括采购、技术开发、人力资源管理和企业基础设施等。这些互不相同但又相互关联的生产经营活动，构成了一个创造价值的动态过程，即价值链。价值链在经济活动中是无处不在的，上下游关联的企业与企业之间存在行业价值链，企业内部各业务单元的联系构成了企业的价值链，企业内部各业务单元之间也存在着价值链联结。价值链上的每一项价值活动都会对企业最终能够实现多大的价值造成影响。波特的"价值链"理论揭示，企业与企业的竞争，不只是某个环节的竞争，而是整个价值链的竞争，而整个价值链的综合竞争力决定企业的竞争力。用波特的话来说："消费者心目中的价值由一连串企业内部物质与技术上的具体活动与利润所构成，当你和其他企业竞争时，其实是内部多项活动在进行竞争，而不是某一项活动的竞争。"而供应链又是产业链的一种特殊形式存在的，所以说生产贸易链是产业链、价值链理论在区域分工层面上的进一步融合。

二、有效运作区域生产—贸易链的配套策略

我们所设计的生产贸易链要想存在并正常运行，链条的底座"区域支持"所涉及到的一系列内容和配套策略是不可或缺的。

区域高层协调解决机构，尤其重要。如前所述，几年来，区域经济合作取得了许多实质性的进展，达成了许多松散型的联盟。但松散型联盟缺少问责制，不存在承诺与约束，不具备强制力。因此，在我国现存行政区划还存在惯性作用的现实情况下，区域合作急迫需要建立起一个能够有效协调区域内矛盾和冲突的高层组织领导机构。这个机制在保障生产贸易链正常运行方面应该发挥的作用是:统筹规划,制定统一的区域政策,协调利益,管理公共事务,提供公共服务,维护公共秩序,为企业加强经济合作创造公开、公平、公正的市场环境,在投融资、产权交易、人才流动、地方税收等方面提供条件。

在市场经济下,区域内企业间合作最有效的自我协调管理主要依赖民间协调机构进行。因此,建立区域内跨省区的行业协会和商会这样具有产业协作管理性质的组织,也是一个紧迫任务。区域内的跨省区行业协会应该行使内外协调、信息沟通、参政议政、行内监督与管理多种功能和职能。要承担起在区域内各个生产、贸易企业间开展技术合作、制定行业标准、交流沟通信息、避免恶性竞争、仲裁商务纠纷等重要义务。[1]

三、出口产品区域协调发展

协调发展是建立在一种可持续发展的视角,在商品生产过程中,以资源和环境为代表的人类赖以生存的外部条件是我们必不可少的要考虑的因素。在协调的同时要考虑经济的均衡发展,所以对于稀缺资源的优化配置更是发展中需要考虑的重点问题。区域经济的协调发展是指不同的经济区域在在经济发展的过程中相互依存,共同发展的状态。而对于出口产品区域协调发展是指在生产商品的过程中使得生产要素合理的流动,尤其是在生产生活的基础设施的均衡。这是促进出口产品区域协调发展、缩小区域间差距的基本途径。在经济全球化以及经济一体化的进程中,中国东盟之间加强区域经济合作,促进区域经济的协调发展。在中国与东盟之间开展的贸易合作主要是以出口产品生产合作为主,我国四省应采用"走出去,引进来"的合作方式,打破中国与东盟"弱—弱"联合的局面,在协调区域发展的同时实现共同进步。但是由于中国与东盟地区间的经济发展不平衡以及不同地区的法律、制度、文化等方面存在的差异性导致区域协同发展遇到障碍。所以在合作过程中应当开展不同国家的政府间的沟通对话,积极推动区域内合作与互动的开展,得到自由贸易区的各方支持。

---

① 唐文琳课题组:《CAFTA进程中北部湾(中国)经济区产业政策协调与区域分工》。

中国四省区与东盟之间在国际分工的基础上进行各自的国际国内贸易，在贸易过程中，各个地区应在合理分工的基础上充分发挥自身的优势，如广东省的优势产业也是支柱产业：电子信息业、电气机械及专用设备、石油及化学；三大基础产业：建筑材料、纺织服装、食品饮料；三大潜力产业：森工造纸、医药、汽车及摩托车。广西也将机电、电力、冶金、食品、石油、机械、有色金属、制糖、电材、医药等十个行业作为发展重点，云南把烟草、有色冶金、生物资源、旅游、文化产业、水电、药业作为支柱产业，海南将天然气、石油化工、浆纸和汽车制造产业作为支柱产业，同时将培育医药、电子信息、农产品加工、石英砂与玻璃制造等作为新的产业增长点。我们可以发现，四省区产业发展重点在较多领域融合，市场竞争不可回避。我们认为，广东、广西、云南、海南等省区今后在产业发展方面不仅需要做好国内政策协调，需要进一步加强与东盟国家的整体合作力度，理由是目前我国部分省区往往还处在"单打"状态。如果构建出一个能将生产和贸易紧密相连的区域生产—贸易链，并对两者的紧密结合关系做出制度上和法律上的规定，使其具有约束性和稳定性，才能使整个链条上的生产贸易活动自然成链，浑然一体，由此形成区域内生产贸易互动、协调、健康发展的局面，同时可以更有利地培育区域内各地在生产和贸易方面的国际竞争力。

本章小结

本章主要是作为本课题的一个理论支撑，在本章里一共分了三个小节，涉及的相关理论有分工理论、比较优势理论、竞争优势理论、产业链理论、供应链理论、价值链理论以及生产贸易链理论等等。在第一节中，主要介绍了分工理论的相关内涵、影响因素以及与区域经济增长之间的关系。在分工理论中主要是以杨小凯的分工理论作为代表，通过超边际分析，分析分工对经济增长的作用。分工是发展的基础，而区域分工则是出口贸易中各地区之间合作顺利开展的必要前提。区域分工与市场规模之间也是相互作用，相互促进的，通过区域分工可以使市场规模得到扩展，而市场规模的扩展有利于分工的演化与持续从而能够带动新的区域分工。在这一节的最后部分介绍了分工与出口产品比较优势的形成。出口产品比较优势可以通过一些指数来做直观的反应。在本章节的第二节里主要介绍了产业链、价值链以及供应链的相关理论并且分析了价值链分工与产业链整合基础上的区域出口产品分工合作情况。在分析区域出口产品分工合作时主要介绍了分工合作的原因以及方式等内容。第三节则主要介绍了生产贸易链的内涵以及与出口产品区域协调发展的相互关系。

总的来讲本章主要创新之处是借鉴了杨小凯的分工理论运用超边际分析方法对分工理论进行分析以及对出口产品的比较优势以及竞争优势做了对比分析,并在区域分工的大背景下分析了出口产品区域生产贸易的相关理论知识,为本课题的实证分析部分打下良好的理论基础。

如果没有出口贸易，一个国家就无法实现较高的专业化程度，继而各国的劳动力、土地、资本、管理等资源优势不能得到最大限度地运用和发挥。广东、广西、海南和云南作为我国南部、西南部对外贸易的窗口城市，出口产业既有得天独厚的优势，同样也要面临这种优势所带来的影响和冲击。本章研究了广东、广西、海南和云南四个省区的贸易现状以及各省区对其出口产业的相关政策支持。研究结论表明，近五年来，广东、广西、海南和云南对世界出口贸易额总体呈上升态势，广东和广西主要以资本密集型出口产业和劳动密集出口产业为主，海南和云南主要以资本密集型出口产业和资源密集型出口产业为主。出口产业的发展离不开国家政策的指引和扶持，对四省区出口产业进行了量化分析之后，我们对其出口产业政策进行了考察，旨在了解政策法规，规范促进出口产业的发展。

第 4 章
中国与东盟出口产业发展的现实

4.1　中国四省区出口产业发展的现实考察

广东、广西、云南和海南地处中国南部和西南部,自然资源丰富,区位优势明显,是中国对外开放的窗口,中国给予政策鼓励,经济支持,促进四省基础设施的建设,金融体系的完善,出口产业的发展以及优化转型,目的是繁荣四省经济,带动整个西南部以及中部经济的发展。

4.1.1　中国四省区出口产业发展现状

广东、广西、云南和海南四省由于资源禀赋,区位条件以及经济基础的不同,导致这四个省区出口产业发展状况层次不齐。广东是中国的贸易大省,出口产业发展比较成熟,正处于转型阶段。广西和云南借助独特的地理区位优势,近年来与东盟的贸易往来密切,并积极参与区域经济合作,对外贸易成绩显著。海南是国家重点开发的焦点,由于经济实力的限制,出口产业发展较慢,出口贸易前景广阔,亟待开发。

一、广东出口产业发展现状

广东省是中国对外开放最早的省份,一直致力于发展外向型经济,其充分利用中央政府所给予的特殊经济政策,发挥毗邻港澳的区位优势,大力开展对外经济活动,在珠江三角洲经过数十年、数轮产业升级革命和结构调整中,通过承接世界加工制造业的转移,与港、澳联结成"前店后厂"的模式,通过"三来一补"等初等加工制造形式实现了对外贸易的快速增长。广东省的对外贸易不仅对广东经济增长起到明显的拉动作用,也对全国经济增长起到重要的推动作用。

从国内外环境看,广东省的发展面临难得的机遇:总体稳定的国际环境,为广东省的进一步发展提供了相对稳定的外部环境;经济全球化趋势不断增强和世界科技进步日新月异,有利于广东省继续承接国际产业转移,提升产业结构;我国政治社会稳定,经济保持平稳较快发展势头,为广东省的发展提供了至关重要的国内环境;区域合作进一步加强,有利于广东省在粤港澳合作、泛珠三角区域合作、中国—东盟自由贸易区合作的架构下寻求新的发展机会。

1. 广东对世界出口产业发展现状

（1）广东省外贸总体概况

多年来，广东省的出口贸易一直占全国出口总额的四成左右，出口额居全国首位，2007 年我国对外贸易继续呈现良好的增长态势，中国进出口总额首次超过 2 万亿美元，在全国对外贸易整体向好的形势下，广东外贸出口也表现不凡，出口总额为 3692.4 亿美元，占全国四分之一。

而近几年广东对外贸易受人民币升值、加工贸易政策调整以及金融风暴等因素的影响，2008 年广东外贸进出口增长步伐明显放缓。2008 年广东省外贸进出口总值为 6832.6 亿美元，比上年同期（下同）增长 7.8%，低于全国 17.9% 的增长幅度，占全国进出口总值的 26.7%。其中出口 4041 亿美元，增长 9.4%，低于全国出口 17.5% 的增长幅度，占全国出口总值的 28.3%。2008 年广东省实现外贸顺差 1249.4 亿美元。

特别是 2009 年以来，在金融危机的影响下世界经济还处于大幅下滑，国际市场需求严重萎缩的经济形势，外贸发展遇到前所未有的困难。但是广东认真落实中央"稳外需、保增长"各项政策措施，积极帮助外贸企业解决实际困难，应对国际金融危机的各项政策措施取得明显成效，外贸发展出现积极变化。2009 年广东省外贸进出口总值为 6111.2 亿美元，比上年同期（下同）下降 10.8%，低于全国 13.9% 的下降幅度，占全国进出口总值的 27.7%。其中出口 3589.6 亿美元，下降 11.5%，低于全国出口 16% 的下降幅度，占全国出口总值的 29.9%；进口 2521.6 亿美元，下降 9.7%，低于全国进口 11.2% 的下降幅度，占全国进口总值的 25.1%，2009 年广东省实现外贸顺差 1068 亿美元。

2010 年以来，虽然广东外贸形势逐渐平稳向好，与金融危机发生前同期相比增势渐趋明显，2010 年 1～6 月广东省外贸进出口总值为 3452.3 亿美元，比上年同期（下同）增长 33.9%，小于全国 43.1% 的增长幅度，占全国进出口总值的 25.5%。其中出口 1955.7 亿美元，增长 27.5%。2010 年 1～6 月广东省实现外贸顺差 459.1 亿美元。同时各种影响外贸的不确定因素仍然较多,同样影响着外贸的整体发展。①

2007—2009 年出口总额增长速度变缓,由于广州对外贸易依存度大,深受金融危机的影响,出口贸易在 2009 年锐减(图4-1),2010 年前 6 个月的出口显示出较强的回升劲头。

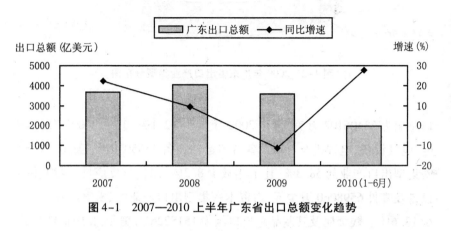

图4-1　2007—2010 上半年广东省出口总额变化趋势

(2)广东省对世界出口产业现状分析

出口成为拉动广东经济增长的最主要的"发动机"之一,广东对外出口不仅拉动了广东的经济,而且对我国出口贸易的发展也有相当大的影响力,同时作为全球最大的电子和日用消费品的生产和出口基地之一,作为出口加工转移重要之地,它为世界对外经济的发展也做出了贡献。

2009 年广东出口产业中资本密集型产业占总出口额的 65%,劳动密集型产业占总出口额的 27%,技术密集型产业和资源密集型产业各占总出口额的 4%(图4-2)。资本密集型产业是出口产业中的拳头产业,它主导着整个出口产业的发展,劳动密集型产业也占据着相当大的比重,但只有资本密集型产业的二分之一,而技术密集型和资源密集型产业则占比重很小。

①以机电产品出口为主导的资本密集型产业

由于 2008 年金融危机的影响,2009 年广东资本密集型出口产业出

①　数据来源:中华人民共和国海关总署、中华人民共和国海关总署广东分署、广州对外合作贸易厅。

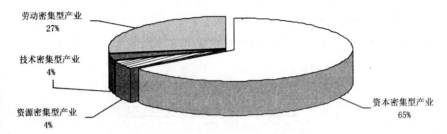

图4-2　2009年广东省出口产业类型分布图

口总额为23406102万美元,比2008年减少12.1%,其中2009年出口机电、电气设备、电视机及音响设备有关运输设备13650592万美元,占资本密集型出口产业的58.3%,比上年减少8.3%,出口核反应堆、锅炉、机械设备及零件6598060万美元,占资本密集型出口产业的28.2%,比上年减少13.6%。贱金属及其制品总出口额为1518226万美元,其中钢铁制品,铝及其制品以及贱金属杂项制品所占资本密集型出口产业比重较大,比上年均有不同程度的下跌,其中铝及其制品下跌比例达到40.7%(表4-1)。

表4-1　广东省2008—2009年资本密集型出口产业主要商品构成

单位:万美元

出口产品类别	2009年	上年同期	同比	占比
无机化学品	54709	78471	-30.282%	0.234%
有机化学品	92215	98781	-6.647%	0.395%
肥料	11547	11614	-0.571%	0.049%
鞣料、染料浸膏、染料、颜料油漆、油墨	52124	66875	-22.057%	0.223%
化妆品及其原料、芳香料制品	73239	74074	-1.127%	0.314%
洗涤用品	34458	35455	-2.812%	0.148%
炸药、烟火制品、易燃材料制品	8199	8386	-2.241%	0.035%
照相及电影用品	17665	26381	-33.040%	0.076%
杂项化学产品	86044	94476	-8.926%	0.369%
珠宝首饰	399118	442492	-9.802%	1.710%

出口产品类别	2009 年	上年同期	同比	占比
钢铁	92611	237157	-60.950%	0.397%
钢铁制品	592021	693326	-14.611%	2.536%
铜及其制品	86537	106450	-18.706%	0.371%
镍及其制品	903	959	-5.745%	0.004%
铝及其制品	257000	433095	-40.660%	1.101%
铅及其制品	1772	1192	48.720%	0.008%
锌及其制品	9538	10530	-9.421%	0.041%
锡及其制品	490	780	-37.132%	0.002%
其他贱金属金属陶瓷及其制品	13717	24583	-44.202%	0.059%
贱金属工具器具利口器餐具及零件	189544	212372	-10.749%	0.812%
贱金属杂项制品	274091	333596	-17.837%	1.174%
核反应堆、锅炉、机械设备及零件	6598060	7640752	-13.646%	28.263%
机电、电气设备、电视机及音响设备有关运输设备	13650592	14879240	-8.257%	58.474%
铁道及电车机车、车辆及零件	36908	236970	-84.425%	0.158%
车辆及零附件	508971	638518	-20.289%	2.180%
船舶及浮动结构体	181844	172625	5.341%	0.779%
艺术品、收藏品及古物	2461	2716	-9.370%	0.011%
特殊交易品及未分类商品	18517	37972	-51.235%	0.079%

数据来源:《广东统计年鉴 2009》。

②以矿产品与纺织原料出口为主导的资源密集型产业

资源密集型出口产业占整个出口产业的比重相当于技术密集型出口产业所占整个出口产业的比重,2009 年其总出口额为1484915 万美元,比2008 年减少 4.2%,其中出口矿物燃料、矿物油及产品 445689 万美元,占资源密集型出口产业的 30%,比上年减少 11.4%。其中纺织原料及其纺织制品总出口额 214739 万美元,总体比 2008 年上涨 3.6%。2009 年棉出口 178764 万美元占资源密集型出口产业的 12%,仅次于出口矿物燃料、矿物油及产品,同比增长4.6%。而占比重较大的玻璃及其制品出口214252万美元,占资源密集型出口产业的14.4%,比上年减少7.7%(表4-2)。

表4-2　广东省2008—2009年资源密集型出口产业主要商品构成

单位:万美元

出口产品类别	2009 年	上年同期	同比	占比
活动物	17207	16951	14.511%	1.159%
肉及食用杂碎	27879	24759	12.604%	1.877%
水产品	76966	28789	167.345%	5.183%
乳品、蛋品、天然蜂蜜、其他食用动物产品	3283	2737	19.981%	0.221%
其他动物产品	4147	3578	15.891%	0.279%
树苗及花草	2521	2371	6.347%	0.170%
蔬菜	26676	24028	11.018%	1.796%
水果及坚果	16436	15674	4.863%	1.107%
咖啡、茶叶及调味香料	8803	8906	-1.166%	0.593%
谷物	46	405	-88.726%	0.003%
制粉工业产品	10686	9623	11.051%	0.720%
植物油籽及果实、种子、药材及饲料	11413	11382	0.277%	0.769%
虫胶、树胶、树脂	2030	2189	-7.270%	0.137%
编结植物材料、其他植物产品	1819	2166	-16.052%	0.122%
动、植物油脂及蜡	8852	10645	-16.843%	0.596%
动物产品制品	91981	131917	-30.274%	6.194%
糖及糖食	27450	23808	15.296%	1.849%
可可及可可制品	3203	2273	40.947%	0.216%
粮食及乳制品、糕饼点心	30848	28505	8.219%	2.077%
蔬菜、水果等植物制品	19562	20476	-4.465%	1.317%
杂项制品	28727	27918	2.897%	1.935%
饮料、酒及醋	47917	43363	10.502%	3.227%

出口产品类别	2009年	上年同期	同比	占比
食品的残渣、动物饲料	3836	3706	3.503%	0.258%
烟草及烟草制品	7149	6784	5.381%	0.481%
盐、硫磺、建筑材料	21056	27467	−23.339%	1.418%
矿砂、矿渣及矿灰	944	481	96.192%	0.064%
矿物燃料、矿物油及产品	445689	503314	−11.449%	30.014%
蛋白类物质、改性淀粉、胶、酶	32626	30033	8.635%	2.197%
蚕丝	14268	13269	7.528%	0.961%
羊毛、动物毛、毛纱线及制品	13757	15641	−12.041%	0.926%
棉花	178764	170868	4.621%	12.039%
其他纺织纤维、纸纱线及机织物	7950	7409	7.301%	0.535%
石材制品	76173	95816	−20.501%	5.130%
玻璃及其制品	214252	232012	−7.655%	14.429%

数据来源:《广东统计年鉴2009》。

虽然广东省有丰富的水资源和土地资源,但是在工业生产所需的原材料和能源方面,广东省在九省中并不占优势。资源密集型出口产业依托国际产业大转移得到了一定的发展,但是近年来由于出口结构的调整,以及对环境资源合理利用的紧迫性,资源密集型出口产业也面临着优化升级。

③以轻工纺等制品为主导的劳动密集型产业

劳动密集型出口产业2009年出口总额9733812万美元,比2008年减少11.5%,其中家具、床上用品、照明装置、发光标志和玩具、游戏、运动用品及零附件共出口3542968万美元,比2008年减少18.8%,占劳动密集型出口产业的30.6%。其中针织或钩编的服装及衣着附件2009年出口1214793万美元,占劳动密集型出口产业的12.5%,比2008年减少12.3%。鞋类及零件2009年出口1042220万美元,占劳动密集型出口产业的10.7%,比2008年减少7.7%(表4-3)。

表 4-3　广东省 2008—2009 年劳动密集型出口产业主要商品构成

单位:万美元

出口产品类别	2009 年	上年同期	同比	占比
塑料及其制品	812458	953801	-14.819%	8.347%
橡胶及其制品	97931	100380	-2.439%	1.006%
生皮及皮革	7808	7579	3.017%	0.080%
皮革制品、旅行用品及手提包	547742	610243	-10.242%	5.627%
毛皮、人造毛皮及制品	31893	29004	9.960%	0.328%
木及木制品、木炭	89591	101072	-11.360%	0.920%
软木及软木制品	173	297	-41.655%	0.002%
草柳编结品	34760	61916	-43.858%	0.357%
木浆及其他纤维素浆、废碎纸板	174	102	69.986%	0.002%
纸及纸板、纸浆、纸制品	230720	249098	-7.378%	2.370%
书籍、印刷品、设计图纸	168045	181330	-7.326%	1.726%
化学纤维长丝	36945	41730	-11.468%	0.380%
化学纤维短丝	32527	36288	-10.365%	0.334%
絮胎、毡尼及无纺物、特种纱线、线绳索缆	42085	40761	3.248%	0.432%
地毯及纺织铺地制品	16722	15205	9.976%	0.172%
特种机织物、纺织装饰品、刺绣品	56813	104960	-45.872%	0.584%
浸渍、涂布、包覆或层压的纺织物	62767	54927	14.272%	0.645%
针织物及钩编织物	235514	247625	-4.891%	2.420%
针织或钩编的服装及衣着附件	1214793	1385878	-12.345%	12.480%
非针织或非钩编的服装及衣着附件	899033	1006593	-10.686%	9.236%
其他纺织制成品、成套物品	157987	137436	14.954%	1.623%
鞋类及零件	1042220	1129424	-7.721%	10.707%
帽类及零件	52892	56073	-5.672%	0.543%
伞、杖、鞭及零件	32915	33637	-2.147%	0.338%
加工羽毛、羽绒及制品、人造花、人发制品	46301	53094	-12.794%	0.476%
陶瓷产品	401372	375303	6.946%	4.123%
钟表及零件	180176	206100	-12.578%	1.851%

出口产品类别	2009年	上年同期	同比	占比
乐器及零附件	42074	51797	-18.772%	0.432%
家具、床上用品、照明装置、发光标志	1471407	1587487	-7.312%	15.116%
玩具、游戏、运动用品及零附件	1511121	1955481	-22.724%	15.524%
杂项制品	176853	179208	-1.314%	1.817%

数据来源:《广东统计年鉴2009》。

劳动密集型出口产业是仅次于资本密集型出口产业的另一个大头出口产业,由于先发优势、政策优势,近20年来广东劳动密集型企业有了长足的发展,对广东及全国的工业化、城市化起到了一定的促进作用,但无论规模、层次还远未达到饱和或消退状态。2009年受益于提高出口退税率等政策措施,加上需求弹性相对较小、竞争优势仍较明显,主要劳动密集型产品出口降幅均明显低于出口总体水平(服装出口除外),为保民生、促就业做出了积极贡献。

④ 以仪器、医疗设备为主导的技术密集型出口产业

技术密集型出口产业所占整个出口产业的比重较小,并且都相对集中在光学、照相电影、计量检验、医疗仪器设备的出口,2009年技术密集型出口产业总额为1270748万美元,比2008年增长2.9%。其中光学、照相电影、计量检验、医疗仪器设备2009年出口1267257万美元,多占比重高达99.7%,比2008年增加2.9%(表4-4)。

表4-4 广东省2008—2009年技术密集型出口产业主要商品构成

单位:万美元

出口产品类别	2009年	上年同期	同比	占比
航空器、航天器及零件	3491	2766	26.208%	0.262%
光学、照相电影、计量检验、医疗仪器设备	1267257	1231664	2.890%	95.143%
药品	61206	41414	47.789%	4.595%

数据来源:《广东统计年鉴2009》。

2. 广东对东盟出口产业发展现状

广东凭借与东盟地区经贸合作密切、交通往来便利、资金技术雄厚、人缘商缘相通等四大优势，在未来与东盟的合作中将获得很大的商机和广阔的市场。自 2002 年中国与东盟启动了自贸区的谈判以来，广东对东盟出口增长态势显著。

（1）广东对东盟出口概况

2007 年广东对东盟进出口额为 559.6 亿美元，同比增长高达 26.7%，其中出口 205 亿美元，同比增长高达 39.8%。继 2007 年广东对东盟进出口值突破五百亿美元后，2008 年再创新高，进出口总额为 626.1 亿美元，同比增长 11.9%，其中出口 246.5 亿美元，同比增长 20.2%。由于金融危机的影响，2009 年广东对东盟进出口总额为 633 亿美元，其中出口 268.29 亿美元，同比增长 8.8%。

表 4-5　广东省 2006—2009 年广东与东盟贸易数据表

单位：亿美元

年份	广东—东盟贸易总额			广东对东盟出口		
	金额	同比增长	占广东进出口比重	金额	同比增长	占广东出口比重
2006	441.5	19.6%	8.4%	146.67	26.7%	4.9%
2007	559.6	26.7%	8.8%	205.0	39.8%	5.6%
2008	626.1	11.9%	9.2%	246.5	20.2%	6.1%
2009	633.0	1.1%	10.4%	268.29	8.8%	7.5%

数据来源：《广东统计年鉴 2010》。

如表 4-5、图 4-3 所示，2006 年至 2009 年，广东对东盟进出口平均增长速度为 14.8%，其中 2009 年增幅较小，仅为 1.1%，而广东对东盟进出口总额占广东进出口总额的比重逐年增长，2009 年所占比重高达 10.4%。2006 年至 2009 年平均增长速度 23.9%，广东对东盟出口占广东出口总额比重逐年增长，2009 年所占比重为 7.5%。

（2）广东对东盟出口产业特点

在广东与东盟进出口贸易中，广东在纺织品、家具、服装、鞋、食品、机

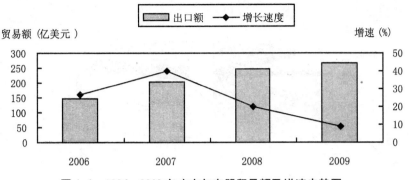

图4-3　2006—2009年广东与东盟贸易额及增速走势图

械电子设备、精密仪器、车辆等产业领域具有比较明显的优势,自中国—东盟自由贸易区建设以来,开拓东盟市场是广东扩大出口的重要战略计划。

①广东对东盟贸易趋势良好

新加坡、马来西亚、泰国、印度尼西亚和菲律宾等是广东对东盟出口的重点国家。2009年新加坡是广东最大的进口国,广东对新加坡出口占广东对东盟出口总额的36%。广东对新加坡出口97.85亿美元,同比增长18.0%。广东对马来西亚出口49.96亿美元,同比增长9.9%亿美元,占广东对东盟出口的19%。广东对印度尼西亚,泰国和菲律宾出口总额在30亿美元左右,平均占比10%其中,广东对泰国出口33.99亿美元,同比减少8.4%;广东对印度尼西亚出口27.15亿美元,同比减少17.2%;广东对菲律宾出口22.34亿美元,同比增长8.9%亿美元(图4-4)。[1]

②各类出口产业均呈现良好发展态势

目前在广东与东盟相互贸易中,产业内贸易、中间性产品和原材料贸易较多,如自动数据处理设备及其部件、服装及衣着附件、纺织纱线、织物及制品、集成电路和初级形状的塑料、二极管及类似半导体器件等,皆为广东与东盟的最主要进出口商品。

2009年广东对东盟出口产品以机电产品为主,传统大宗商品出口多

---

① 数据来源:广东省对外贸易合作厅。

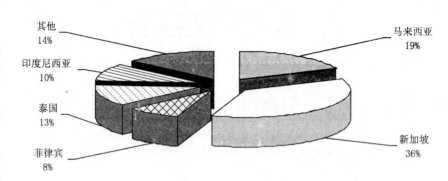

图 4-4　2009 年广东对东盟出口贸易各国份额图

呈快速增长。2009 年,广东省对东盟出口机电产品 172.2 亿美元,增长 12.8%,占同期全省对东盟出口总值的 64.2%。传统大宗商品方面,出口纺织纱线、织物及制品 12.9 亿美元,增长 28.7%;出口家具 11.5 亿美元,激增 1.4 倍;出口服装 11 亿美元,大幅下降 35.6%;出口鞋类 7.4 亿美元,增长 52.4%。

2010 年广东对东盟出口仍以机电产品为主,钢材和家具出口大增。1~6 月,广东对东盟出口机电产品 107.6 亿美元,增长 25.6%,占同期广东对东盟出口总值的 61.1%;自东盟进口机电产品 159.8 亿美元,增长 33.7%,占广东对东盟进口总值的 60.5%。同期,对东盟出口钢材 4.3 亿美元,增长 2 倍,出口家具及其零件 10.3 亿美元,增长 1 倍;进口除机电产品外,主要是农产品、资源性产品和能源性产品(表 4-6)。

中国—东盟自由贸易区已如期全面建成,通过与东盟互补商品贸易的发展,将促进贸易结构的进一步优化。广东加强与东盟的经济合作,不仅有助于各方扩大经济规模,也有助于各方联合抵御和化解经济风险。

表 4-6　2010 年 1~6 月广东对东盟进出口前十大类商品表

商品名称	金额(亿美元)	同比(%)
机电产品*	107.6	25.6
高新技术产品*	60.6	16.5
自动数据处理设备及其部件	14.2	-14

商品名称	金额(亿美元)	同比(%)
家具及其零件	10.3	103.4
纺织纱线、织物及制品	9.2	41
服装及衣着附件	6.4	5.1
鞋类	6.1	60.5
集成电路	5.6	13.1
钢材	4.3	197.4
成品油	4.1	48.6
船舶	3.6	66
农产品	3.2	20.8

数据来源:中华人民共和国海关总署。

二、广西出口产业发展现状

广西地处中国—东盟自由贸易区的中心地带,连接中国国内和东盟两个市场,具有双向沟通中国与东盟的区位优势。从2006年开始规划的广西北部湾经济区地处华南经济圈、西南经济圈和东盟经济圈的结合部,是我国西部大开发地区唯一的沿海区域,也是我国与东盟国家既有海上通道、又有陆地接壤的区域,区位优势明显,战略地位突出。

从国外环境看,全球和区域合作方兴未艾,求和平、谋发展、促合作已经成为不可阻挡的时代潮流,而广西作为中国的边境大省,具有促进与周边国家和谐发展的使命。从国内环境看,国家深入实施西部大开发战略和推进兴边富民行动,鼓励东部产业和外资向中西部地区转移,重大项目布局将充分考虑支持中西部发展,加大力度扶持民族地区、边疆地区发展,支持西南地区经济协作,泛珠江三角区域合作,大湄公河次区域合作,泛北部湾经济合作以及国内其他区域合作,这为广西的出口产业的发展提供了良好的契机。

虽然广西出口产业面临着重大的发展机遇,但是广西出口附加值低,科技含量不高,研发环节薄弱,出口产业目前还主要集中于劳动密集型产业。广西整体科技竞争力较为低下,因而产品结构调整缓慢,国际竞争力低下。

1. 广西对世界出口产业发展现状

广西矿产资源、水电资源、动植物资源以及海洋资源丰富,拥有制糖、汽车、建材、有色金属、电力、石油化工、林浆纸、生物医药和食品等优势产业,其他行业门类齐全,近年来区域合作不断加强,为广西走向世界提供了更多的机遇和平台。

(1)广西外贸总体概况

2007年广西对外贸易进出口总值达92.8亿美元,再创历史新高,比上年(下同)增长39.2%。其中,出口51.1亿美元,增长42.3%。全年累计贸易顺差9.4亿美元,增长82.7%。全年广西外贸进出口规模在全国排名第21位,在西部12个省市排名第三位,仅次于四川(143.8亿美元)和新疆(137.2亿美元)。

尽管受2008年雨雪冰冻灾害、全球经济环境恶化等不利因素影响,2008年广西外贸进出口仍然实现了历史性突破。2008年广西外贸进出口总值首次突破百亿美元大关,为132.8亿美元,比上年(下同)增长43.1%,高于全国17.9%的增长幅度,占全国进出口总值的0.5%。其中,出口73.5亿美元,增长43.8%,高于全国出口17.5%的增长幅度,占全国出口总值的0.5%。全年累计贸易顺差14.2亿美元,增长49.4%。

2009年全国外贸进出口22072.7亿美元,比上年(下同)下降13.9%。同期,广西外贸进出口在上年创历史新高的基础又向前迈进一步,再度刷新记录,实现进出口总值142.1亿美元,增长7.0%,扭转了前11个月持续下降的局面,增速仅次于四川省居全国第2,也是同期全国外贸进出口实现正增长的4个省区之一。其中出口83.7亿美元,增长13.9%。进出口规模超越河南和新疆,在全国排名升至第15位,在西部12省区市中的排名仅次于四川(242.3亿美元),居第2位。

2010年上半年,广西外贸进出口77.4亿美元,增长39.9%,略低于全国进出口43.1%的增幅,占全国进出口总额的0.6%。其中出口42.7亿美元,增长46.6%,略高于全国出口35.2%的增幅,占全国出口总额的0.6%。进出口规模在全国排名第17位,西部排名第2位,居四川(155.9亿美元)之后。[①]

---

① 数据来源:中国人民共和国海关总署、中国人民共和国南宁海关。

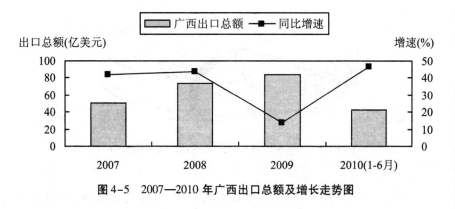

图4-5　2007—2010年广西出口总额及增长走势图

　　综上所述,中国外贸出口在2007年和2008年呈现很好的发展态势,由于金融危机的发生和其持续的影响,全球对外贸易大环境正处于一个等待复苏的时期,中国自2008年开始出口总额逐年下降,广西却逆势而为,自2007年至2009年出口量逐年上升,即使2009年速度放缓,但是2010年上半年增长速度较高,显示出良好的出口增长势头(图4-5)。这与东盟自由贸易区的建立、北部湾经济区的开发是密切相关的。

　　(2)广西对世界出口产业现状分析

　　越南、美国、欧盟、澳大利亚、日本等国家是广西主要的出口目的地。2009年广西出口产业中资本密集型产业占总出口额的46%,劳动密集型产业占总出口额的38%,资源密集型产业和技术密集型产业分别占总出口额的10%和6%。资本密集型产业和劳动密集型产业所占比重较大,可谓是广西出口产业中并驾齐驱的两个产业,而资源密集型产业和技术密集型产业所占比重较小(图4-6),这造成了广西出口产品缺乏竞争力,出口产业竞争优势薄弱的局面。

　　①以机电产品为主导的资本密集型出口产业

　　广西2009年资本密集型出口产业出口总额为353916万美元,比2008年增加了2.2%。其中2009年出口机电产品(包括本目录已具体列名的机电产品)270380万美元,占资本密集型出口产业的76.4%,比上年增长40.4%;出口灯具、照明装置及类似品22391万美元,占资本密集型出口产业的6.3%,比上年增长高达905.9%;另一涨幅比较大的是船舶(艘)产业,2009年出口5867万美元,占资本密集型出口产业的1.7%,比

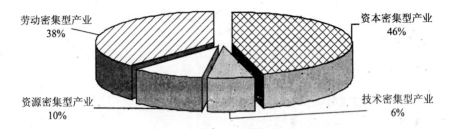

劳动密集型产业 38%

资本密集型产业 46%

资源密集型产业 10%

技术密集型产业 6%

图4-6　2009年广西出口产业中四产业结构分析图

上年增长高达774.0%；同样占比较大的汽车（包括整套散件）及汽车零件2009年出口共计16925万美元，占资本密集型出口产业的4.8%，比上年减少42.1%（表4-7）。

表4-7　广西2008—2009年资本密集型出口产业主要商品构成

单位：万美元

出口产品类别	2009年	上年同期	同比	占比
医药品（吨）	2831	2828	0.120%	0.800%
烟花、爆竹（吨）	6560	5875	11.656%	1.853%
珍珠、宝石及半宝石	72	115	-37.240%	0.020%
钢材（吨）	13115	69683	-81.180%	3.706%
未锻造的铜及铜材（吨）	2356	5252	-55.135%	0.666%
未锻造的铝及铝材（吨）	6217	10666	-41.717%	1.756%
未锻造的锌及锌合金（吨）	0	0		
未锻造的锡及锡合金（吨）	0	0		
未锻造的锰（吨）	0	23194		
手用或机用工具（吨）	3149	1567	100.938%	0.890%
金属加工机床（台）	1007	1270	-20.748%	0.284%
轴承（万套）	1148	168	584.207%	0.324%
汽车（包括整套散件）（辆）	12379	25445	-51.349%	3.498%
汽车零件	4546	3777	20.364%	1.284%
摩托车（辆）	16	200	-91.788%	0.005%

出口产品类别	2009 年	上年同期	同比	占比
船舶(艘)	5867	671	773.976%	1.658%
灯具、照明装置及类似品	22391	2226	905.889%	6.327%
贵金属或包贵金属的首饰	1882	855	120.255%	0.532%
机电产品(包括本目录已具体列名的机电产品)	270380	192628	40.364%	76.397%

数据来源:《广西统计年鉴2009》。

②以水果和水海产品出口为主导的资源密集型产业

广西2009年资源密集型出口产业出口总额为76881万美元,比2008年增加了17.7%。其中2009年出口鲜、干水果及坚果(吨)21420万美元,占资源密集型产业出口产业的27.9%,比上年增长38.7%;出口水海产品(吨)15162万美元,占资源密集型出口产业的19.7%,比上年增长高达1212.7%;蔬菜和药材各占资源密集型出口产业的12.0%,11.5%,出口总额都超过了8000万美元,其中药材2009年出口总额比上年增长高达31.3%。

占比较大的天然硫酸钡(重晶石),松香及树脂酸,水泥,滑石在2009年出口有较大幅度的下滑,其中天然硫酸钡(重晶石)比上年减少高达50.1%(表4-8)。

表4-8 2008—2009年广西资源密集型出口产业主要商品构成

单位:万美元

出口产品类别	2009 年	上年同期	同比	占比
活猪(种猪除外)(万头)	1080	1164	-7.199%	1.405%
活家禽(万只)	173	229	-24.454%	0.225%
猪肉(吨)	42	31	36.774%	0.055%
水海产品(吨)	15162	1155	1212.736%	19.722%
谷物及谷物粉(吨)	48	76	-37.237%	0.062%
蔬菜(吨)	9224	9129	1.038%	11.998%

出口产品类别	2009 年	上年同期	同比	占比
大豆(吨)	1432	1069	33.967%	1.862%
鲜、干水果及坚果(吨)	21420	15440	38.734%	27.861%
食用油籽(吨)	1937	1224	58.275%	2.519%
茶叶(吨)	323	290	11.357%	0.420%
蘑菇罐头(吨)	1368	2431	-43.757%	1.779%
填充用羽毛、羽绒(吨)	34	8	352.000%	0.044%
药材(吨)	8811	6708	31.343%	11.460%
生丝(吨)	526	645	-18.337%	0.685%
黏土及其他耐火矿物(吨)	194	121	60.862%	0.252%
天然硫酸钡(重晶石)(吨)	5281	10581	-50.088%	6.869%
滑石(吨)	2666	4129	-35.432%	3.468%
氧化锌及过氧化锌(吨)	340	1728	-80.340%	0.442%
锌钡白(立德粉)(吨)	499	534	-6.536%	0.649%
松香及树脂酸(吨)	3862	5602	-31.058%	5.024%
水泥	1594	2137	-25.381%	2.074%
平板玻璃 (万平方米)	866	886	-2.191%	1.127%

数据来源:《广西统计年鉴2009》。

③以服装及衣着附件出口为主导的劳动密集型产业

广西 2009 年劳动密集型出口产业出口总额为 292440 万美元,比 2008 年增加了 88.3%。其中出口服装及衣着附件 141044 万美元,占劳动密集型出口产业的 48.2%,比上年增长高达 90.2%;出口纺织纱线、织物及制品 32865 万美元,占劳动密集型出口产业的 11.2%,比上年增长 18.2%;,占比较多的箱包及类似容器,家具及其零件,鞋类,塑料制品相比上年都有很大的增幅,其中箱包及类似容器出口 26686 万美元,占 9.125%,比上年增长高达 1713.270-%(表 4-9)。

表4-9　2008—2009年劳动密集型出口产业主要商品构成

单位:万美元

出口产品类别	2009年	上年同期	同比	占比
家用或装饰用木制品(吨)	1201	1209	-0.621%	0.411%
纸及纸板(未切成形的)(吨)	1953	1108	76.234%	0.668%
纺织纱线、织物及制品	32865	27793	18.248%	11.238%
家用陶瓷器皿（吨）	8312	11171	-25.591%	2.842%
电扇（万台）	1208	755	59.963%	0.413%
原电池（万个）	3980	3821	4.151%	1.361%
蓄电池（万个）	571	691	-17.378%	0.195%
扬声器（万个）	960	1119	-14.235%	0.328%
电容器（吨）	475	150	215.979%	0.162%
电线和电缆（吨）	11250	13059	-13.848%	3.847%
家具及其零件	22391	5322	320.727%	7.657%
箱包及类似容器	26686	1472	1713.270%	9.125%
服装及衣着附件	141044	74151	90.212%	48.230%
鞋类	15738	2236	603.954%	5.382%
塑料制品（吨）	13389	1974	578.429%	4.578%
圣诞用品	3500	69	4987.500%	1.197%
竹编结品（吨）	1496	2073	-27.839%	0.512%
藤编结品（吨）	1838	2674	-31.269%	0.628%
草编结品（吨）	2098	3072	-31.710%	0.717%
手表(万只)	1486	1418	4.810%	0.508%

数据来源:《广西统计年鉴2009》。

④以高技术产品出口为主导的技术密集型产业

技术密集型出口产业所占整个出口产业的比重较小,并且都相对集中于高技术产品(包括本目录已具体列名的机电产品)的出口。2009年技术密集型出口产业总出口额为48213万美元,比上年增长40.6%。其中高技术产品(包括本目录已具体列名的机电产品)出口总额为43495万美元,占比高达90.213%,比上年增长42.9%(表4-10)。

表4-10   2008—2009年广西技术密集型出口产业主要商品构成

单位:万美元

出口产品类别	2009	上年同期	同比	占比
自动数据处理设备及其部件(万台)	4718	3840	22.859%	9.785%
高技术产品(包括本目录已具体列名的机电产品)	43495	30442	42.877%	90.213%

数据来源:《广西统计年鉴2009》。

2. 广西对东盟出口产业发展现状

随着中国—东盟自由贸易区的建立,以及中国—东盟博览会在南宁的落户,并加上北部湾经济区的开发,广西与东盟双方贸易往来范围不断扩大,双向投资互动交流趋势加快,合作空间和内容不断拓展,贸易合作持续快速增长。根据最新的数据显示,根据最近的数据显示东盟已连续11年成为广西第一大贸易伙伴。

自2010年1月1日中国—东盟自由贸易区正式建成后,中国自东盟进口的7000多种产品实现零关税,占全部产品的93%,同时,东盟国家也将调整税率。随着双方关税的进一步降低,互补性产品的市场空间将极大拓展。这将为广西出口产业铸造全新的平台,带来不可估量的出口商机。

(1)广西对东盟出口概况

自2001年以来,东盟一直是广西最大的贸易伙伴,并逐渐成为广西的第一大出口市场和第一大进口市场。2006—2009年广西与东盟进出口额年均增长42%,2009年出口额是2006年出口额的3.7倍(表4-11、图4-7)。

广西与东盟贸易增幅一直位居全国前列,2008年广西与东盟贸易规模跻身全国十强,位居中西部地区首位。2010年1—8月,广西与东盟双边贸易总值35.7亿美元,增长34.8%,占同期广西进出口总值的33.7%。其中对东盟出口23.6亿美元,增长29.3%;自东盟进口12.1亿美元,增长47%。2006—2009年,即使金融危机席卷全球,也未受到较大影响,对东盟出口逐年快速增长,呈现良好态势。

表 4-11 2006—2009 年广西与东盟贸易数据表

单位:万美元

年份	广西-东盟贸易总额			广西对东盟出口		
	金额	同比增长	占广西进出口总额比重	金额	同比增长	占广西出口总额比重
2006	18.27	49.1%	27.4%	9.85	18.5%	27.4%
2007	29.08	59.1%	33.9%	17.34	76.1%	39.5%
2008	39.87	37.1%	30.0%	27.18	56.8%	37.0%
2009	49.48	24.1%	34.8%	36.17	33.1%	46.9%

数据来源:中国海关统计。

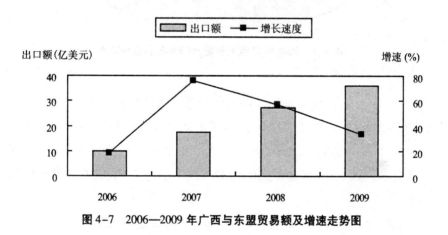

图 4-7 2006—2009 年广西与东盟贸易额及增速走势图

（2）广西对东盟出口产业特点

①越南是广西在东盟国家中最大的贸易伙伴

越南作为连接广西与东盟的第一站,优越的地理优势为它与广西,乃至整个中国的经济贸易增加了更多便利的条件,2009 年广西与越南进出口总额 39.84 亿美元,其中对越南出口总额为 31 亿美元,占广西对东盟出口总额的 85.6%（图 4-8）,越南已连续 11 年成为广西在东盟国家的第一大贸易伙伴。广西与越南毗邻的地理位置也使边境贸易成为广西与东盟贸易往来的主要形式,2009 年边境小额达到 44.24 亿美元。此外,印度尼西亚,马来西亚,新加坡,泰国等中高收入的国家也是广西在东盟的重要贸易伙伴。2009 年,广西与上述四国的出口贸易合计为 4.4 亿美元,占广西对东盟出口贸易总额的 12.2%,其中对马来西亚的出口贸易额同比增长 100.1%,对新加坡的出口贸易额同比增长 48.0%,而对印度尼西亚和泰国的出口贸易额同比降低 20.6% 和 13.9%(见图 4-8)。[①]

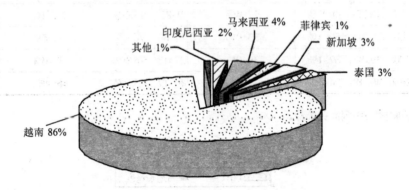

图 4-8　2009 年广西对东盟出口贸易各国份额图

2010 年上半年,东盟继续保持广西第一大贸易伙伴地位,双边贸易总值 26.3 亿美元,增长 41.6%,占同期广西进出口总值的 34%。其中对东盟出口 17.7 亿美元,增长 40.2%,其中对越南出口 150116 万美元,同比增长 36.7%,占广西出口总额的 35.17%,超过对亚洲以外市场出口的总和。[②]

②机电产品和工业原材料是广西与东盟贸易的主要品种

广西对东盟的出口产品主要以劳动密集型产品为主。机电产品,农产品以及纺织制品等是广西对东盟出口的重点产品。与 2008 年相比,2009 年广西对东盟出口机电产品 11.1 亿美元,增长 45.9%;出口服装及衣着附件 8.6 亿美元,增长 1.3 倍;出口农产品 5.4 亿美元,增长 24.9%;出口纺织纱线、织物及制品 2.4 亿美元,增长 2.5%;出口高新技术产品 1.3 亿美元,增长 1.3 倍。上述 5 大类商品合计占同期广西对东盟总出口的 79.6%,由于外部经济的复苏和中国—东盟自由贸易区优惠政策的激

---

① 数据来源:《广西壮族自治区 2010 年统计年鉴》、中华人民共和国南宁海关。
② 数据来源:中华人民共和国商务部驻南宁特派员办事处、中华人民共和国南宁海关。

励,2009年广东对东盟出口重点产品较2008年都有较大幅度的增长。

2010年前5个月广西与东盟贸易规模连创新高,广西对东盟出口产品中,机电产品居出口主导地位。广西机电产品出口持续走强,共出口5.6亿美元,增长92.2%,占同期广西与东盟出口贸易额的47.3%,继续保持出口第一大类商品地位。进口商品中,煤和农产品增长强劲,分别进口3亿和2.1亿美元,分别增长77.6%和41.1%,二者合计占同期广西与东盟进口总额的81.4%。①

由于受历史、环境、技术等因素的影响,以及中国企业"以质取胜"战略取得了新进展,再加上自贸区政策优势作用明显。使中国与东盟双方进出口企业的积极性空前提高,加之国际经济形势进一步好转,带动了进出口规模大幅提高。

三、海南出口产业发展现状

海南省位于中国最南端,是中国第二大岛,是中国最大的经济特区。背靠中国大陆,面向东南亚,地处亚太经济圈中心位置和南海国际海运要道。东南亚各国,即泰国、马来西亚、新加坡、印度尼西亚、菲律宾、文莱、东帝汶、越南 老挝、柬埔寨、缅甸等国家和地区,是海南的近邻,历史上与海南有着密切的交往和联系。他们的地理环境和自然资源条件与海南有很多相似之处。

海南是中国与海域相连最长、海上运输最便捷的省份,中国—东盟自由贸易区建成对海南经济发展具有重大意义。中国—东盟自由贸易区建设启动以来,海南利用自身的优势,采取各种方式发展与东盟的贸易合作关系,取得较好的成效。但要清醒地看到,在发展与东盟的贸易合作中,广西、广东、云南三省区抢先行动,在经贸合作的领域和成效方面都远远地超过了海南。

海南作为全国唯一的省级经济特区,不仅处在改革开放的最前沿,而且处在中国——东盟自由贸易区的地域最前沿,但目前仍属我国"欠发达省份",经济总量小,整体经济实力弱,经济技术水平较低,自主创新能力不足。

---

① 数据来源:广西壮族自治区商务厅东盟合作二处。

1. 海南对世界出口产业发展现状

（1）海南省外贸总体概况

2007年,全省对外贸易进出口总值73.58亿美元（含中石化海南炼油厂）,比上年增长85.1%。其中,出口总值18.38亿美元,增长26.3%。在出口总值中,对香港出口4.23亿美元,减少13.8%;对日本出口1.53亿美元,增长14.3%;对美国出口1.78亿美元,减少16.4%;对欧盟出口1.60亿美元,增长18.2%;对东盟出口5.44亿美元,增长1.9倍。

2008年海南省对外开放取得新突破。洋浦保税港区一期工程顺利封关,成为全国第四个投入运作的保税港区,标志着海南建设开放型经济进入新阶段。加强了与哈萨克斯坦、越南等国家经贸合作,拓展了经济发展空间。2008年全省对外贸易进出口总值105.24亿美元（含中石化海南炼油厂）,比上年增长39.0%,高于全国17.9%的增长幅度,占全国进出口总值的0.4%。其中,出口总值18.63亿美元,增长1.4%,远低于全国出口17.5%的增长幅度,占全国出口总值的0.1%。在出口总值中,对香港出口5.76亿美元,增长36.1%;对欧盟出口2.02亿美元,增长22.6%;对美国出口2.17亿美元,增长21.7%。

2009年对外开放取得新突破。国际旅游岛建设上升为国家战略,标志着海南对外开放进入一个新的更高阶段。全年全省对外贸易进出口总值89.58亿美元（含中石化海南炼油厂）,比上年下降14.9%,高于全国13.9%下降幅度,占全国进出口总值的0.4%。其中,出口总值19.0亿美元,增长2.0%;在出口总值中,对东盟出口5.16亿美元,增长97%;对香港出口5.16亿美元,下降10.3%;对欧盟出口1.40亿美元,下降30.5%;对美国出口1.87亿美元,下降13.8%。

2010年1—6月,海南省进出口总值为44.6亿美元,同比增长6.7%,占全国进出口总值的0.3%。其中出口10.3亿美元,增长33.9%,占全国出口总值的0.1%。①

从2007—2009年,海南省对外贸易均出现逆差,出口总量小,涨幅偏小,但在全国出口受到金融危机影响有所下降的情况下,海南出口总额却

---

① 数据来源:《海南统计年鉴2009》、海南商务之窗、海南人民政府官网。

逐年上升,出口趋势良好。但海南省的出口动力不足,对市场的开拓力有限(图4-9)。

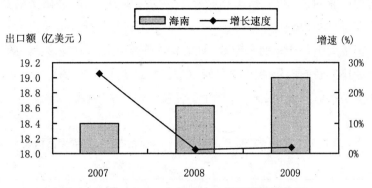

图4-9　2007—2009年海南出口额及增速走势图

(2)海南省对世界出口产业现状分析

2009年海南出口产业中资本密集型产业占总出口额的56%,资本密集型产业占总出口额的28%,劳动密集型产业占总出口额的16%,资本密集型出口产业是劳动密集型出口产业的3.5倍(图4-10)。由于海南经济环境的制约,导致人才缺失,科技研究开发落后,技术密集型出口产业在海南起步晚,发展慢,不具有出口优势。

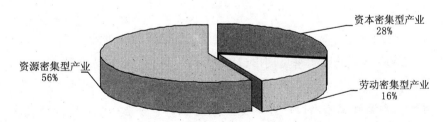

图4-10　海南省出口产业类型分布图

①以贱金属、化工、机电高新技术产品为主导的资本密集型产业

2008年海南资本密集型出口产业出口总额为50234万美元,比上年增长7.9%。其中2008年出口贱金属及其制品17148万美元,比上年增加3.4%,占资本密集型出口产业的34.1%;化学工业及其相关工业品和机电、音响设备及其零件占资本密集型出口产业的比重相当,前者2008

年出口 13694 万美元,比上年增长 15.3%,占资本密集型出口产业的 27.3%,后者 2008 年出口 13950 万美元,比上年增长 13.8%,占资本密集型出口产业的 27.8%,相比其他资本密集型产品,二者涨幅居前;车辆、航天器、船舶及运输设备 2008 年出口 3653 万美元,比上年增长 3.4%,占资本密集型出口产业的 7.3%。而占资本密集型出口产业 2.3% 的光学、医疗等仪器、钟表、乐器出口 1151 万美元,比上年减少高达 30.7%,是资本密集型出口产业中唯一一个出口额减少的产业(表 4-12)。

表 4-12　2007—2008 年海南资本密集型出口产业主要商品构成

单位:万美元

出口产品类别	2008 年	上年同期	同比	占比
化学工业及其相关工业品	13694	11881	15.3%	27.3%
珠宝、贵金属及制品	638	634	0.6%	1.3%
贱金属及其制品	17148	16589	3.4%	34.1%
机电、音响设备及其零件	13950	12257	13.8%	27.8%
车辆、航天器、船舶及运输设备	3653	3533	3.4%	7.3%
光学、医疗等仪器,钟表、乐器	1151	1660	-30.7%	2.3%

数据来源:《海南省统计年鉴 2008》。

②以矿产品,食品烟草等制品为主导的资源密集型产业

2008 年云南资源密集型出口产业出口总额为 102727 万美元,比上年增长 1.7%;其中出口矿产品 58010 万美元,比 2007 年减少 15.2%,其所占资源密集型出口产业的比重高达 56.5%。食品、饮料、酒及醋、烟草及代用品制品出口 33868 万美元,比 2007 年增长 32.1%,占资源密集型出口产业的 33.0%;而占资源密集型出口产业比重较小的动物产品和植物产品在 2008 年出口涨幅较大,动物产品出口 6133 万美元,比上年增长高达 69.0%,而植物产品出口 4715 万美元,比上年增长高达 40.3%(表 4-13)。

表4-13 2007—2008年海南资源密集型出口产业主要商品构成

单位:万美元

出口产品类别	2008年	上年同期	同比	占比
动物产品	6133	3629	69.0%	6.0%
植物产品	4715	3361	40.3%	4.6%
动植物油脂及分解产品、精制实用油脂	1	3	-66.7%	0.001%
食品,饮料、酒及醋,烟草及代用品制品	33868	25645	32.1%	33.0%
矿产品	58010	68404	-15.2%	56.5%

数据来源:《海南统计年鉴2008》。

③以纺织原料及纺织制品为主导的劳动密集型产业

2008年海南劳动密集型出口产业出口总额为29529万美元,比上年增长4.2%。其中出口纺织原料及纺织制品18297万美元,比2007年增长8.9%,占劳动密集型出口产业的62.0%;矿物材料制品、陶瓷品2008年出口2916万美元,比上年增长8.8%,占劳动密集型出口产业的9.9%;占比较小的革、毛皮及制品、箱包2008年出口1759万美元,涨幅高达161.0%;而占比8.4%的塑料及其制品、橡胶及其制品2008年出口2470万美元,比上年下降7.1%。占比7.1%的木及制品、木炭、软木2008年出口2084万美元,比上年下降12.4%(表4-14)。

表4-14 2007—2008年劳动密集型出口产业主要商品构成

单位:万美元

出口产品类别	2008年	上年同期	同比	占比
塑料及其制品,橡胶及其制品	2470	2658	-7.1%	8.4%
革、毛皮及制品,箱包	1759	674	161.0%	6.0%
木及制品,木炭,软木	2084	2378	-12.4%	7.1%
木浆等,废纸,纸纸板及其制品	346	642	-46.1%	1.2%
纺织原料及纺织制品	18297	16799	8.9%	62.0%
鞋帽伞等,羽毛品,人造花	1657	2515	-34.1%	5.6%

出口产品类别	2008 年	上年同期	同比	占比
矿物材料制品,陶瓷品	2916	2680	8.8%	9.9%

数据来源:《海南统计年鉴2008》。

2. 海南对东盟出口产业发展现状

自中国—东盟自由贸易区建成启动后,海南作为东盟自由贸易区的地域最前沿,利用得天独厚的地理,资源,文化优势,加快融入东盟经济圈,构建产业协作体系。

"泛北部湾"经济合作区的开发,海南推动优势产品,品牌产品积极融入;洋浦保税港区的封关运作旨在使海南被建设成为面向东南的航运枢纽、物流中心、出口加工基地和能源、原材料交易中心以及大型船舶修造与装备工业基地。这将使海南经济发展逐渐的一体化、区域化,并形成最具活力的外贸体制和最具海南特色的经济结构。

(1)海南对东盟出口概况

2006 年、2007 年海南对东盟贸易总额逐年以平均 10.5% 的速度增长,2007 年对东盟出口 4.8 亿美元,比 2006 年对东盟出口总额增长高达 300%。2008 年海南对东盟贸易总额为 6.6 亿美元,比上年下降 16.5%,占海南进出口总额的 6.3%,其中对东盟出口 1.8 亿美元,比上年减少 62.5%,占海南出口总额比重的 9.7%,东盟成为海南第八大贸易伙伴。2009 年以来我省利用与东盟的地缘优势,加强政府间合作,大力发展双边贸易,成效显著,海南对东盟贸易总额为 7 亿美元,比上年增长 6.1%,占海南进出口总额的 7.8%,其中海南对东盟出口 1.7 亿美元,继续下跌,比上年减少 5.6%,占海南出口总额的 8.9%,东盟已成为海南第四大贸易伙伴。2010 年上半年海南对东盟进出口额 5.8 亿美元,创历史同期新高,同比增长 1.1 倍,是海南第三大贸易伙伴(表 4-15)。

2006—2007 年,海南对东盟出口增长幅度大。2008 年,成品油进口受国际油价持续上涨影响而大幅萎缩,导致对东盟贸易额下降,2009 年海南开拓市场初显成效,海南对东盟出口贸易回稳,并且下降幅度明显减少,呈现良好态势(图 4-11)。

表 4-15　2006—2009 年海南与东盟贸易数据表

单位:万美元

年份	海南—东盟贸易总额			海南对东盟出口		
	金额	同比增长	占海南进出口总额比重	金额	同比增长	占海南出口总额比重
2006	4.1	57.7%	10.3%	1.2	71.4%	8.2%
2007	7.9	92.7%	10.7%	4.8	300.0%	26.1%
2008	6.6	−16.5%	6.3%	1.8	−62.5%	9.7%
2009	7	6.1%	7.8%	1.7	−5.6%	8.9%

数据来源:中华人民共和国海口海关。

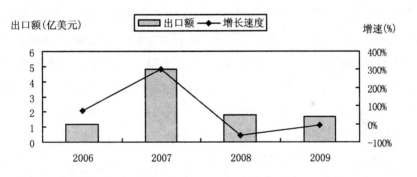

图 4-11　2006—2009 年海南与东盟贸易额及增速走势图

（2）海南对东盟出口产业特点

①海南对东盟出口概况

对东盟的贸易要采取国别差异化战略,对越南等毗邻国家,利用国家制定的扶持边境经济贸易发展政策在洋浦、东方和三亚建设边境贸易城,继续发展边境贸易等,巩固与毗邻国家的睦邻友好关系;对新加坡、印尼、马来西亚、文莱、菲律宾等国家,要突出发展加工贸易,开展现代制造业、工程承包和劳务输出合作。

②2009 年海南出口产业概况

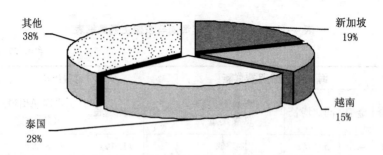

其他
38%

新加坡
19%

越南
15%

泰国
28%

图4-12　海南对东盟出口贸易各国份额图

海南对东盟的出口以资源密集型出口产业和劳动密集型出口产业为主。2009年主要出口商品为农产品、水海产品、天然气、机电产品、肥料、纺织品、服装及衣着附件、高新技术产品、纺织纱线、织物及制品、电线和电缆。其中,农产品出口4亿美元,同比下降10.9%;水海产品出口3.5亿美元,同比下降10.3%;天然气出口3亿美元,同比增长1.9%;机电产品出口1.7亿美元,同比下降27.7%;肥料出口1亿美元,同比增长128.1%;纺织品出口1.5亿美元,同比下降23.4%;服装及衣着附件出口0.98亿美元,同比下降29%;高新技术产品出口0.7亿美元,同比下降15.7%;纺织纱线、织物及制品出口0.5亿美元,同比下降7.1%;电线和电缆出口0.4亿美元,同比增长9.4%。①

四、云南出口产业发展现状

云南与广西、四川、贵州、西藏四省区山水相连,外与大湄公河次区域合作(以下简称GMS)五国中的三国地理接壤,云南与过从陆路通过东南亚直接沟通印度洋沿岸国家的重要省份,良好的地理条件是对外贸易发展的先天优势。GMS和中国—东盟自由贸易区的建立,让云南获得了最大的一次发展良机。尤其是云南与缅甸、老挝两国,民族多为一族两国,城市也多是一城两国,双方之间有着长久的贸易传统。云南省作为该次区域合作中的一个重要地区,多年来与其他GMS参与国进行了多方面的交流与合作,取得了一定的成绩。

---

① 数据来源:中华人民共和国海口海关。

1. 云南对世界出口产业发展现状

云南生物资源、矿产资源、能源资源等资源十分丰富,云南通过与南亚,东南亚等国家不断扩大的相互贸易带动了整个经贸合作的展开。随着云南对外贸易合作的逐渐深入,云南省的对外出口贸易面临着巨大的机遇,同时由于自身生产能力有限、出口结构的不合理、市场开拓能力弱、高新技术、高附加值出口产品占比较小。

（1）云南省外贸总体概况

2007 年外贸进出口总额完成 87.8 亿美元,比上年增长 41.0%。其中出口完成 47.36 亿美元,比上年增长 39.6%。全年对亚洲出口 36.3 亿美元,增长 36.6%;对欧盟出口 4.22 亿美元,增长 25.2%;对东盟出口 21.75 亿美元,增长 32.5%;对非洲出口 0.66 亿美元,增长 66.2%。

2008 年外贸进出口总额完成 95.99 亿美元,比上年增长 9.3%,低于全国进出口总额 17.9% 的增长幅度,占全国进出口总额的 0.4%,在全国各省区市中继续排名第 22 位,在西部各省区市中继续居第 4 位。其中出口完成 49.87 亿美元,比上年增长 5.3%,低于全国出口 17.5% 的增长幅度,占全国出口总额的 0.3%。全年对欧盟进出口 11.3 亿美元,增长 47.2%;对东盟进出口 27.64 亿美元,下降 7.8%;对南亚进出口 8.98 亿美元,增长 60.6%。

2009 年外贸进出口总额完成 80.19 亿美元,比上年下降 16.5%,略高于全国进出口总额 13.90% 的下降幅度,占全国进出口总额的 0.4%。其中出口完成 45.14 亿美元,下降 9.7%,低于全国出口 16.0% 的下降幅度。全年对欧盟进出口 11.26 亿美元,下降 1.5%;对东盟进出口 31.51 亿美元,增长 13.8%;对南亚进出口 5.41 亿美元,下降 40.1%。[①]

国际经济继 2008 年以来持续下行,外部需求锐减、国内宏观调控加大和贸易成本大幅上升等内外多重不利因素对云南省外贸产生了较大冲击,特别是出口贸易是自入世以来同比首次出现负增长。但是,从 2009 年的外贸运行情况来看,还是呈现上升的态势(图 4-13)。2010 年上半年,云南省对东盟贸易增长显著,从而拉动了整个出口贸易的增长。

---

① 数据来源:中华人民共和国海关总署、中华人民共和国昆明海关、云南省商务厅。

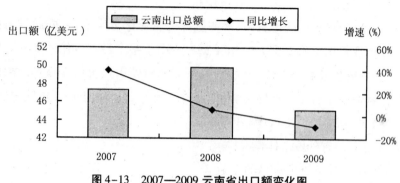

图 4-13　2007—2009 云南省出口额变化图

（2）云南省对世界出口产业现状分析

2009 年云南出口产业中资本密集型产业占总出口额的 75%，资源密集型产业占总出口额的 20%，而劳动密集型产业和技术密集型产业仅占总出口额的 4% 和 1%，资本密集型出口产业是劳动密集型出口产业和技术密集型出口产业的 15 倍之多，是资源密集型出口产业的 3.8 倍，可见资本密集型出口产业是云南省的主导出口产业（图 4-14）。

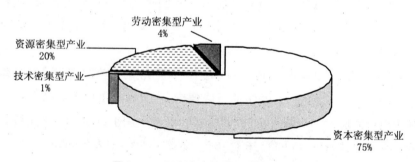

图 4-14　云南省出口产业类型分布图

①以化工产品和机电产品为主导的资本密集型产业

2008 年云南资本密集型出口产业出口总额为 394005 万美元，比上年增长 26.5%，其中 2008 年出口磷化工产品 156098 万美元，比 2007 年增加高达 65.8%，占资本密集型出口产业的 39.6%。出口机电产品 97804 万美元，比上年增长 48.1%，占资本密集型出口产业的 24.8%。磷化工产品和机电产品的总出口额占资本密集型出口产业的 64.4%，可见二者在云南资本密集型出口产业中占据着十分重要的位置。而有色金属,金属制品,机械及设备,电器及电子产品共占资本密集型出口产业的31.2%,其中金属制品比上年增长高达64.3%,而一向有优势的有色金属却因为受出口退税和加工贸易宏观调控政策以及人民币升值影响下跌达49.1%之多(表4-16)。

表4-16 2007—2008年云南资本密集型粗口产业主要商品构成

单位:万美元

出口产品类别	2008年	上年同期	同比	占比
磷化工产品	156098	94126	65.8%	39.6%
机电产品	97804	66045	48.1%	24.8%
金属制品	30774	18729	64.3%	7.80%
机械及设备	25787	20001	28.9%	6.50%
电器及电子产品	23359	12863	81.6%	5.90%
运输工具	10524	8210	28.2%	2.70%
望远镜	2082	2744	-24.1%	0.50%
有色金属	43130	84806	-49.1%	10.9%
药品	3553	2989	18.9%	0.90%
非工业用钻石	894	940	-4.9%	0.20%

数据来源:《云南统计年鉴2008》。

②以农产品为主导的资源密集型产业

2008年云南资源密集型出口产业出口总额为106885万美元,比上年增长24.9%。尽管受到国际经济形势不佳、外部需求大幅缩减、国内劳动力成本大增等多重因素影响加大,但云南省农产品出口依然实现了稳步增长,2008年出口农产品79913万美元,比2007年增长20.2%,占资源密集型出口产业的74.8%,多品种出口继续实现"量增价涨",产品特色优势继续彰显。出口电力14958万美元,比上年增长29.9%,占资源密集型出口产业的14.0%。石蜡,硅,松香占比较小,但是同比涨幅较大,其中硅涨幅高达111.5%(表4-17)。

表 4-17　　2007—2008 年云南资源密集型出口产业主要商品构成

单位:万美元

出口产品类别	2008 年	上年同期	同比	占比
农产品	79913	66492	20.2%	74.8%
电力	14958	11519	29.9%	14.0%
石蜡	5681	4111	38.2%	5.3%
硅	4476	2116	111.5%	4.2%
松香	1857	1327	39.9%	1.7%

③以纺织产品为主导的劳动密集型产业

2008 年云南劳动密集型出口产业出口总额为 20765 万美元,比上年减少 10.2% 。其中 2008 年出口其他纺织品 15420 万美元,比 2007 年增长 2.1% ,占劳动密集型出口产业的 74.3% 。而服装和木及制品出口总额各有不同幅度的下跌,其中木及制品出口总额为 2167 万美元,比上年减少 41.1% ,服装出口总额为 3178 万美元,比上年减少 26.7% (表 4-18)。

表 4-18　　2007—2008 年云南劳动密集型出口产业主要商品构成

单位:万美元

出口产品类别	2008 年	上年同期	同比	占比
其他纺织品	15420	15106	2.1%	74.3%
服装	3178	4335	-26.7%	15.3%
木及制品	2167	3677	-41.1%	10.4%

④以仪器、仪表为主导的技术密集型产业

由于云南出口产品大多聚集在资本密集型产业和资源密集型产业,多年来由于研发实力弱、技术含量低、加工程度低,技术密集型产业一直是云南出口产业中的弱势产业。技术密集型产业中的仪器仪表虽然具有较高的技术含量,但是它所占整个出口产业的比重很低。2008 年仪器仪表出口总额为 6519 万美元,比上年增长 10.5%,占技术密集型出口产业的 100%(表 4-19)。

表 4-19 2007—2008 年云南劳动密集型出口产业主要商品构成

单位:万美元

出口产品类别	2008 年	上年同期	同比	占比
仪器仪表	6519	5899	10.5%	100%

2. 云南对东盟出口产业发展现状

云南是我国通往东盟的要塞,是向东盟开放的窗口。中国—东盟自由贸易区的建立对云南省的未来的经济发展将产生极其深远的影响,对云南省的的经济发展具有特殊的意义。其外向型经济发展水平较低,沿边开放程度也较低,始终经受着贫穷落后对经济发展的严重制约。中国—东盟自由贸易区的建立能极大的提高云南省的战略位置,必将使云南沿边开放成为全国对外开放的真正前沿。把云南建成中国连接东南亚、南亚的国际大通道的着眼的就是战略位置对经济发展的作用力。

(1)云南对东盟出口概况

近年来,东盟市场对云南省外贸的影响越来越大(表 4-20),2006—2009 年,云南省对东盟的进出口总额占全省进出口总额的比重总体保持在 34.2% 左右,云南与东盟进出口额年均增长 20.8%,2009 年出口额是 2006 年出口额的 1.3 倍。[①]

2008 年之前云南与东盟贸易一直处于广西前列,2008 年受国家出口宏观调控政策影响,以出口“两高一资”产品为主的云南进出口锐减,首度被广西赶超。云南与东盟进出口总值 27.6 亿美元,下降 7.4%,进出口总值列全国第 11 位,其中出口 19.5 亿美元,下降 10.6%。2009 年云南省对东盟贸易额累计实现 31.5 亿美元,较去年增长 3.9 亿美元,增幅 13.8%。与东盟国家外贸总值占我省外贸比重由上年的 28.8% 增至 39.3%,提高了 10.5 个百分点。2010 年 1-9 月云南与东盟国家贸易额

① 数据来源:中华人民共和国昆明海关。

为31.7亿美元,同比增长44.8%,占全省外贸比为31.5%与去年全年贸易额持平。出口20.4亿美元,增长42.8%(表4-20)。

表4-20　2006—2009年云南与东盟贸易数据表

单位:万美元

年份	云南—东盟贸易总额			云南对东盟出口		
	金额	同比增长	占云南进出口 总额比重	金额	同比增长	占云南出口 总额比重
2006	21.7	39.1%	34.8%	16.4	50.5%	48.4%
2007	29.8	37.3%	33.9%	21.8	32.9%	46.0%
2008	27.6	-7.4%	28.8%	19.5	-10.6%	39.1%
2009	31.5	14.1%	39.3%	21.0	7.7%	46.5%

数据来源:中国海关统计。

2006—2007年云南省对东盟出口增幅较大,而由于受到金融危机以及国家相关政策的影响,2008—2009年云南对东盟出口额与2007年相比,略有下降,但总体呈现良好态势(图4-15)。

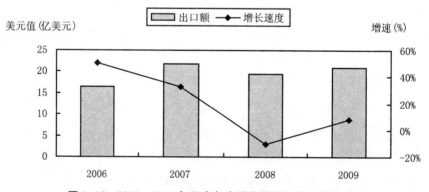

图4-15　2006—2009年云南与东盟贸易额及增速走势图

(2)云南对东盟出口产业特点

① 与东盟国家贸易恢复增长态势

近年来,云南对外贸易市场不断扩大,贸易伙伴超过一百三十个国家和地区。其中,东盟依然是云南最大的贸易市场。缅甸、越南仍是最主要贸易伙伴,2009年滇缅出口贸易额为7.8亿美元,占云南对东盟出口总额的40%;滇越出口贸易总额6.6亿美元,占云南对东盟出口总额的33%(图4-16)。与缅、越贸易已占全省与东盟出口贸易总额的73%,贸易主体地位突出。其次是印度尼西亚、泰国、马来西亚、老挝和新加坡等国,贸易规模在1亿至4亿美元之间。2009年,滇泰贸易2.4亿美元,同比小幅下降6.2%,其中云南与泰国出口总额达2亿美元,占云南对东盟出口总额的10%;滇马贸易2.2亿美元,同比增长92.2%,其中云南与马来西亚出口总额达1.2亿美元,占云南对东盟出口总额的5%;滇印贸易额3.4亿美元,同比增长53.9%,云南对印度尼西亚出口总额达1.4亿美元,占云南对东盟出口总额的8%。[①]

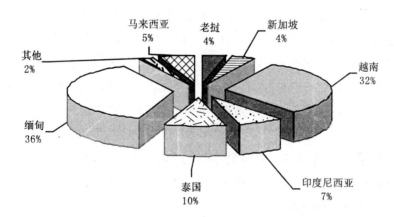

图4-16　云南对东盟出口贸易各国份额图

② 各类出口产业均呈现良好发展态势

2009年,机电产品仍是云南省出口东盟的最大类商品,创汇额5.2亿美元,同比增长8.3%,机械设备类出口快速增长;农产品出口51万吨,贸易额4.2亿美元,同比分别增长18.1%和33.9%,蔬菜及鲜花等特色产品出口创汇效益大增;化肥出口量94万吨,同比增长1.1倍,创汇2.7亿美元,同比增长56%,最大品种磷酸氢二铵出口成倍增长;输往越南为

主的电力出口 40.2 亿千瓦时,创汇 2.1 亿美元,同比分别增长 24% 和 38.3%,是出口东盟最大的单项商品;纺织品与服装出口表现抢眼,创汇 1.8 亿美元,同比增长 41.5%。①

4.1.2 中国四省区出口产业政策考察

一、广东出口产业政策考察

尽管广东外贸一直保持着全国 1/3 的比重地位,有着总量上的优势,但是广东经济在危机中所遭受的重创、在与长三角对比中所表现出来的弱势,均揭示了广东外贸乃至经济发展模式自身的缺陷,近期的两次国际金融危机,也让广东深刻认识到了这种出口导向模式的"软肋"。

《内地港澳更紧密经贸关系安排》(CEPA)的全面实施,泛珠江三角区域合作向深度发展,中国—东盟自由贸易区合作机制逐步形成,都将为广东省外经贸发展创造新的机遇。广东必须努力调整经济结构,加快实现外贸发展方式的转变,才能抓住机遇培养出未来的竞争新优势。然而,转型是一个长期的过程,并非一蹴而就能完成的。在此进程中,短期内要努力保护好现有的市场并积极开拓新的市场,夯实扩大贸易规模,确保市场不会丢失。

近年来,广东政府一方面积极响应国家政策,一方面积极参与国际贸易,构建多种平台,出台各类措施以促进广东对外贸易的产业优化升级,提升对外贸易竞争力。

1. 鼓励优化出口商品结构,实现出口产业合理布局

广东政府各部门出台各种措施,旨在加快出口产品的优化升级,以及出口产业的逐步转型。

为了提高出口商品的技术含量,提高出口附加值,提高引进技术的消化吸收和创新能力,提高出口产品档次、技术含量和附加值,广东省政府于 2004 年颁布《关于推动我省高新技术产业持续快速健康发展的意见》,继续支持 200 家国家级、省级工程技术研究开发中心和 100 家国家级、省级企业技术中心的建设和发展,鼓励有条件的大型企业采取多种形式组

---

① 数据来源:云南省商务厅、昆明海关。

建研究开发院。这为出口产业的转型奠定了基础。

广东省贯彻落实《珠江三角洲地区改革发展规划纲要（2008—2020年）》《推进广东加工贸易转型升级的若干意见》旨在继续实施"科技兴贸"战略，开拓国际市场，鼓励多方合作，大力发展服务加工贸易，支持有条件的服务业企业扩大服务出口。建立国际营销网络和售后服务体系，提高出口的自主性。鼓励广东出口制造业积极转型，优化加工贸易布局。

2007年中国广东检验检疫局出台十项措施，对广东机电产品实施动态管理，转变检验监管模式，扩大出口免验，拓宽出口绿色通道，加大对重点出口机电产品的帮扶力度，进一步促进广东提高出口增长质量和效益。

"十二五"期间，广东省财政将每年新增安排20亿元，共100亿元，重点支持引导发展战略性新兴产业。2008、2009两年间安排75亿元产业转移竞争性扶持资金，旨在鼓励新兴产业的开发，提高企业的创新能力，加快出口商品结构升级。

2. 推进信用担保，促进外贸环境稳定

近年来，世界经济的不稳定影响了我国中小企业对外贸易的发展，作为中国最大的外贸大省，广东中小企业在对外贸易中缺乏资金，化解风险能力较弱，制约了对外贸易的长远发展。

为规范促进投保出口信用险专项资金的管理，配合广东省实施"走出去"战略，支持外贸企业出口，防范收汇风险，促进外经贸企业开拓国际市场，广东省2004年颁布了《广东省促进投保出口信用险专项资金管理办法》，对于投保短期出口信用保险的，按实缴保费的30%（按国家规定汇率折算人民币）予以资助；投保中长期出口信用保险和海外投资保险的，按实缴保费的10%予以资助。

2008年广东省对外贸易经济合作厅与国家开发银行广东省分行战略合作协议签约，双方将在推动广东企业开展境外投资、工程承包、劳务合作、引进国内紧缺资源、技术和设备等领域展开全方位合作，重点支持能源、矿产、农业等国内紧缺领域及家电、建材、轻纺等省内传统优势产业，促进广东企业"走出去"和"引进来"，加快国际化经营。

2009年广东省对外贸易经济合作厅与中国出口信用保险公司广东分公司在广州签署战略合作协议。根据协议，中国信保2010年计划为广东企业出口提供超过 100 亿美元的信用保险,并在 2009 年的基础上新增信保保单项下 100 亿元人民币的融资便利。

广东省政府加强与有关银行、保险机构的沟通,发挥政策性金融机构的作用,积极为企业"走出去"项目和企业提供融资便利,充分发挥政策性保险机构的作用,完善支持企业"走出去"的风险保障机制。

3. 鼓励企业积极参与区域经贸合作

广东为鼓励企业积极参与经贸合作,发展了一批具有国际影响力的专业会展,扩大中国(广州)进出口商品交易会、中国(深圳)国际高新技术成果交易会、中国(珠海)国际航空航天博览会、中国(广州)中小企业博览会、中国(深圳)国际文化产业博览交易会。这些专业会展具有十分重要的影响力,政府也正是利用会展的专业水准和国际影响力来为企业寻求更多的出口贸易机会。

自中国—东盟自由贸易区建成后,为了抢抓中国—东盟自由贸易区建成的历史性机遇,充分利用中国—东盟自由贸易区低税率的优惠政策和中国—东盟博览会的平台,扩大双方进出口贸易规模。广东省发布了《关于深化与东盟战略合作的指导意见》,鼓励广东企业积极扩大具有比较优势的优质特色产品的出口,积极推动泛珠与东盟各国在资源开发利用领域的合作。

4. 给予财政税收优惠,增加企业补贴,促进出口增长

广东省利用财政税收优惠政策,调动企业出口积极性,拉动出口增长,近年来取得了良好的效果。

2009 年省财政安排 2 亿元,专项用于补助一般贸易产品扩大出口,重点用于补助企业开拓新兴国际市场的商品出口退税征退税差。推进加工贸易企业特别是港资企业转型升级,对内销纳税大户以及创立内销品牌的企业予以奖励。加大对吸引重大直接投资项目的政策扶持力度,支持大型企业、跨国企业、高科技企业等到广东省投资。

为了应对金融危机,2009 年广东国税还通过千方百计地加快出口退税的进度,降低纳税人的成本,帮助出口企业解决实际问题来共同努力帮助企业化解当前面临的这场金融危机。广东国税建立的出口退税进度通报制度,及时化解企业出口退税中碰到的问题;出台了《出口退税分类管理办法具体操作办法》,为出口企业提供个性化的出口退税服务。

2009—2010 年,广东省先后安排共 19 亿元财政资金加大对出口贸易的投资,其中 9 亿元财政资金以促进出口结构调整用,外贸扶持资金,将建立激励出口产品技术创新和品牌创新的扶持机制,并将安排出口退税"以奖代补"专项资金,鼓励东西两翼和粤北山区扩大出口;10 亿元财政资金帮助企业"走出去",主要包括开拓国际市场资金、走出去资金、促进东西北出口退税资金、出口信用保险资金等 10 个方面。重点加大力度帮助中小企业开拓国际市场,在这方面的资金将由 2009 年的 4000 万元增加到今年的 9000 万元。

2010 年,广东省提出《关于充分发挥税收职能作用促进经济发展方式加快转变的意见》,对于"走出去"的企业,在与我国签订了税收协定(含与香港、澳门签署的税收安排)的国家或地区经营中遇到税务问题,已经或将会导致不符合税收协定(安排)所规定的征税行为,可以向国家税务总局提出申请,请求总局与缔约对方主管当局通过相互协商解决有关问题。这项《意见》为广东"走出去"企业提供了税务保障。

二、广西出口产业政策考察

我国实施西部大开发战略,广西被列为西部开发的十二个省区之一,在"统筹区域协调发展"、鼓励东部产业转移以及重大项目布局将充分考虑支持中西部发展等一系列政策、措施的出台,使得广西这个拥有西部唯一出海通道的沿海城市,走到了西部经济发展的前沿。

在国家的支持下,广西政府和企业的积极努力下,中国—东盟自由贸易区正式启动,中国—东盟博览会落户南宁,泛北部湾经济区的建设开发,以及泛珠江三角经济区的加入,这些为广西各行业带来了无限商机,为广西"走出去"提供了平台。

1. 国家政策扶持保证,促进广西贸易平稳发展

地处西部的广西享有国务院《关于实施西部大开发若干政策措施的通知》和《关于西部大开发若干政策措施的实施意见》的优惠政策措施,以及少数民族地区优惠政策,边境贸易优惠政策。

三大政策对广西重点发展产业、高新技术改造和创新项目、新产品,给予定期减征或免征企业所得税,对在高新技术开发区、工业园区投资的企业给予更优惠的所得税政策,旨在推动广西产业优化升级,鼓励广西出口产业提高竞争力,努力创造一个良好的外贸环境。

2. 为高新技术出口产业提供良好条件,鼓励外商投资带动高新技术产业发展

广西出口产业主要集中在资源密集型出口产业和资本密集型出口产业,而技术密集型出口产业占比较小,广西政府结合国际国内贸易形势,建立财政科技投入稳定增长机制,特别是提高自主创新能力的投入作为战略性投资,增强财政资金对社会科技投入的引导作用,设立自治区中小企业创新资金和农业科技成果转化资金,充实壮大自治区高新技术风险投资担保专项资金,大力支持中小型民营科技企业、农业龙头企业和高新技术企业的创新活动,旨在形成多元化、多渠道的科技投入机制支持出口产业的转型。

为了鼓励高新技术出口产业的发展,广西给予了多方面的税收优惠政策。广西对高新技术和出口创汇型外商企业的收费降低 10 ~ 20% 征收;在南宁、桂林高新技术产业开发区内举办的高新技术企业,减按 15% 的税率征收所得税;出口产品的产值达到当地年总产值 70% 以上的,经税务机关核定,减按 10% 的税率征收所得税;新办的高新技术企业,经申请批准,从投产年度起,2 年内免征所得税;在南宁、桂林高新技术产业开发区内的高新技术企业生产的出口产品,除国家限制出口或另有规定的产品以外,都免征出口关税。

鼓励外商投资,利用外商资源带动高新技术产业的发展,扩大出口市场。政府对新办的合营期在 10 年以上的中外合资经营的开发区企业头两年免征所得税;政府对在经济技术开发区域范围内外商投资企业的高新技术企业,仍执行特区或经济技术开发区的各项税收政策,并在免税期满后,对纳税确有困难的企业给予适当减免照顾;外商在其他地方举办的产品出口型和先进技术型企业,纳税后归还银行贷款有困难的,广西政府可以在一定期限内由当地财政适当返还。

3. 政府鼓励港口城市、边境城市基础设施建设,积极促进边境贸易发展

广西地处边境,独特的地理位置使广西具有很大的外贸优势,近年来广西政府顺应国家的号召,根据自身情况积极发展与东南亚各国的贸易往来。对外贸易港口的建设事关广西对外贸易的效率,广西政府对港口码头、边境城市的建设给予了重视和政策支持。

为鼓励港口开发,吸引外资合作建设,国家专项批准广西对从事港口码头建设的中外合资企业,经营期15年以上,经申请批准,从获利年度起,企业所得税头5年免征,后5年减半征收;并对在广西建设和经营能源、交通、港口、码头的外资企业,免征地方所得税(包括税法和有关优惠政策规定享受企业所得税"免二减三"期间的外资企业)。对合营期限15年以上的兴建中外合资经营的港口码头项目给予财税,从开始获利年度起,第一年至第五年免征所得税,第六年至第十年减半征收所得税,纳税后由当地财政部门列支全部返还;第十一年至第十五年缴纳的所得税,纳税后由当地财政部门列支返还30～50%。

边境出口产业同样受到政府的政策扶持,广西对边境经济合作区的以出口为主的内联生产性企业也给予了税收支持,减按24%征收企业所得税;但利润解回内地,由投资方所在地加征9%的所得税。

4. 对出口产业税收优惠,给予信贷支持

国家统一实行及专项批准广西实行对外开放优惠政策,对广西出口产业给予巨大政策支持,支持企业产品出口。对除限制出口商品或国家另有规定外的外商、投资企业出口自产产品免征出口关税。

对外商投资举办的产品出口企业,在依照税法规定免征、减征企业所得税期满后,凡当年出口产品值达到当年企业产值70%以上的,可按税法规定的税率减半征收企业所得税,已经按15%的税率缴纳企业所得税的产品出口企业,符合上述条件的,按10%的税率征收企业所得税。

每年广西组织出口企业申报项目并向财政部商务部推荐,获准批复后将资金拨付企业;同时在西部促进资金和广西外贸发展资金中安排出口企业贷款贴息资金,支持出口企业的技改项目。对出口企业技术更新改造项目的中短期贷款(不含流动资产贷款)利息给予的适当资助。

5. 提供招商引资优惠政策,积极鼓励外商投资出口产业

广西经济发展较其他外贸大省落后,外贸基础设施,制度管理不完善,制约了出口贸易的发展,广西政府根据"引进来,走出去"的战略方针,积极吸引外商投资,运用外商先进的管理发展模式来促进自身生产方式的转变,并利用外资支持本地出口产业的发展。

为了鼓励外商在广西举办企业,对经市、乡税务部门核定的产品出口型和先进技术型企业,或者出口产品产值达到当年企业产品产值50%以

上的企业,免征地方所得税。并对产品出口型和先进技术型企业给予一定的税收支持。

广西政府对外商投资提供便利支持,并切实改进对外商投资的服务工作,对在沿海开放城市、沿海经济开发区、国家级旅游城市、边境开放城镇、国家和自治区认定的开发区和贫困县举办的外资企业对使用国产原材料、元器件,产品以外销为主及年出口实绩 500 万美元以上的外商投资企业(设在贫困地区的外商投资企业年出口实绩 200 万美元以上),优先安排进出口配额和许可证,并协助企业参加国家统一组织的出口配额招标。

三、海南出口产业政策考察

海南战略地位十分重要,是中国连接东南亚国家的前沿地区,具有发展外贸经济独特的地理条件。近年来,国家极大关注海南岛的建设,并给予极大的政策支持。海南省为了鼓励出口产业的发展,优化出口商品结构,促进外贸动力向集约型转型,积极为外贸工作创造优良环境,鼓励各种类型的经济实体和个人开展外贸经营活动,大力发展加工贸易,充分发挥金融保险在支持外贸经济中的作用,并采取有效措施保证出口退税政策效应最大化。

1. 给予最大政策扶持,助推海南岛走向国际市场

中央和海南省对海南外贸经济加大了支持力度,通过两级财政转移支付的方式划拨专项资金作为扶植鼓励进出口基金。特别是 2010 年海南国际旅游岛建设纳入国家发展战略,中央给了海南自建省办经济特区以来力度最大、范围最广的政策支持,海南也提出要加大海南省的对外经贸合作,同时,省财政安排 2000 万元外贸发展专项资金,扶持企业开拓国际市场,这在一定程度上增强了外贸企业自我发展和抗击风险的能力。

中国—东盟博览会自 2004 年举办以来,已经成为中国—东盟自由贸易区经贸合作最重要的平台。海南省政府为了鼓励企业利用此平台展开与东盟有关国家贸易往来,政府部门牵头与东盟各国进行会晤,增进了解,加强合作。

2009 年国务院颁布的《关于推进海南国际旅游岛建设发展的若干意见》中提出发挥海南对外开放排头兵的作用,依托博鳌亚洲论坛的品牌优势,全方位开展区域性、国际贸易活动以及高层次的外交外事活动,使海

南成为我国立足亚洲、面向世界的国际经济合作和文化交流的重要平台。

2. 政府给予资金支持,鼓励海南出口企业开拓国际市场

2010 年海南为鼓励企业自主创新,提高企业国际竞争力,对外向型新型工业、高新技术产业的深加工产品的科研开发和生产项目,以及能明显提高产品质量、增加附加值、有出口潜力的技术改造项目给予支持,

为促进出口结构调整,促进服务贸易发展,海南对发展有特色有潜力的出口产品的生产加工基地建设给予支持;对外向型水产养殖、加工等重大项目给予适当支持;对企业建设质量可追溯体系和食品安全保障体系给予支持;对服务贸易如文化进出口、软件外包、旅游产品加工等方面的重大项目给予支持;支持开展对外经济技术合作,鼓励企业积极开展国际市场,对有一定规模、能带动出口并能利用境外资源的我省优势行业企业"走出去"项目的前期费用、资源回运费、厂(场)房租用费等给予支持。海南对支持的出口产业以及投资项目进行补贴支持,对 2010 年 1 月 1 日至 2011 年 6 月 30 日贷款发生的利息进行补贴,一般项目贴息最高不超过 100 万元;以自有资金为主投资的项目,一般采取无偿资助方式,补贴金额最高不超过 100 万元;对于 2007—2009 年每年纳税超过 100 万元,近三年纳税额环比增长 30% 以上的企业,支持资金可不受最高额度限制。

海南省对上年度出口有增量的企业、本省重点出口企业、生产型出口企业在境外展览会、企业管理体系认证、各类产品认证、境外专利申请、国际市场宣传推介、针对国际市场开拓的电子商务建设、境外广告和商标注册、国际市场考察、境外投(议)标、企业培训、境外收购技术和品牌等事项给予市场开拓资金支持。

3. 给予企业金融保险信贷方面的支持,缓解出口企业资金压力

为了改变海南外贸出口企业利用出口信用保险的程度低、对外贸易风险大的现状,并帮助企业开拓新兴市场,控制风险,灵活企业的支付方式,改变以往用信用证进行支付的形式,提升企业竞争力,便利企业融资。海南省组建专门的进出口企业信贷担保机构,积极引导企业用好出口信用保险政策,帮助企业控制出口收汇风险,增强企业出口信心,缓解企业融资压力,提高出口竞争能力,使企业运用出口信用保险工具"保订单、保市场、保出口增长。

在宏观调控和经济全球化程度日益加深的背景下,为推动海南省外贸经济的发展,海南省金融业加大对外贸企业的扶持。各家银行对外贸企业的资金需求采取灵活措施加以支持,对那些确实有市场、有效益、有信誉的外贸企业及时注入资金,对有订单、有货源,但缺少抵押物的出口企业可以通过封闭式的打包贷款给予支持。银行发挥信息优势对进出口企业做好决策咨询工作,为进出口企业提供全方位的结算业务,进一步提高国际结算的安全性和时效性。

4. 税收优惠,完善制度,鼓励出口企业扩大生产

国家鼓励海南岛内的企业生产的产品出口,对凡是当年企业出口产品产值达到当年企业产品产值70%以上的,当年可以减按10%的税率缴纳企业所得税;对企业生产的出口产品免征出口关税,除原油、成品油和国家另有规定的少数产品外,退还已征的产品税或增值税。并鼓励外商投资带动出口产业发展,退还境外投资者用于海南岛内的基础设施建设和农业开发企业、产品出口企业和先进技术企业全部或部分已缴纳的所得税税款。

为了激发海南省进出口企业的积极性,海南全面实行外贸经营权登记制,允许民营企业、股份制企业参与外贸经营活动。

5. 建设保税港区,加快通关速度,降低出口成本,提高出口竞争力

为了大力发展港口产业、现代物流和国际贸易,建设成为面向东南亚的航运枢纽、物流中心和出口加工基地,海南省先后建设了洋浦经济开发区和海口综合保税区,致力于降低出口成本,提高通关速度,提高出口产品的竞争力。

2008年底正式运行的洋浦经济开发区,对进出港区的全部或大部分货物免征关税,出口货物入区即可签发出口退税证明。港区合一后,区内的仓储、转移更加便捷,出口退税提前,手续简化。保税港区内企业生产的供区内销售或者运往境外的产品,免征相应的增值税和消费税。国内货物一入区就可以马上申请退税。实行区内货物自由流动使保税港区真正实现境内关外的区域优势。

海口综合保税区2010年底正式运行后,海南省出口货物可在区内保税仓储集中装箱、整船出口,出口企业可享受,与洋浦保税港区错位发展,并积极推动我省新型出口加工业。综合保税区将全面提升海口市的核心

竞争力,极大地拓展海南对外开放空间,为海南发展提供强有力的政策支持,形成吸引资金和资源的强大优势。

四、云南出口产业政策考察

自1992年参与大湄公河次区域经济合作机制(GMS)以来,云南省铁路、公路、水路等交通运输建设取得了显著成效,加速了该区域经济一体化进程。近年来,云南积极融入东盟贸易区完成对东南亚的开放,2010年又确立了面向西南开放的桥头堡角色,标志着云南对外开放的格局完善。为贯彻落实省政府关于加快实施"走出去"战略的有关要求,积极支持该省外向型经济的发展,加快实施"走出去"战略发展的步伐,根据中央的有关政策规定,云南省积极发挥区域优势,不断推出各项财政税收优惠政策,鼓励进出口贸易,促进云南出口产业的发展。

1. 发挥区域优势,积极打造通往东南亚、南亚的门户

云南地处我国与东南亚、南亚次大陆的结合部,拥有4061公里边境线,是中国唯一能从陆上沟通东南亚和南亚、直达印度洋的省份,具有连接中国、东南亚、南亚三大市场的独特区位优势和良好的自然、经济和社会环境。区位上的优势,为云南发展进出口贸易提供了巨大的便利条件。云南将按照"一、二、三、四"的开放思路,积极参与国际国内区域合作,进一步发挥好桥梁和纽带作用。"一"是打造一个目标,就是把云南打造成为中国通向东南亚、南亚的陆上通道,努力使云南从全国交通末梢变为连接国内国际市场的交通枢纽和重要陆路通道。"二"是建设两个基地,培育产业集聚平台,努力使云南成为承接东部产业转移的基地和面向东南亚、南亚的出口加工基地。"三"是连接三大市场,就是更好地发挥云南连接东亚、东南亚、南亚三大市场的平台作用,积极搭建经济、贸易、科技文化和友好交流的大平台。"四"是形成四条走廊,就是努力推进昆明至河内、昆明至曼谷、昆明至仰光、昆明至加尔各答四条经济走廊建设。

2. 推进出口信用保险政策,为出口企业保驾护航

在云南省各相关方面的大力支持下,中国出口信用保险公司云南分公司推出多项大举措,通过对企业有价值的金融服务,为2010年云南省进出口贸易总额挑战100亿美元提振信心。

(1)银保联手提供融资

实施积极的承保政策是中国出口信用保险云南分公司提出的头条举

措。为此,该公司对企业已经出口但没到收汇期的业务,在有限额的情况下,6月30日前可补申报,最大程度上保障出口企业收汇安全。

该公司还将积极支持云南出口企业在出口信用保险保障下,将自身雄厚的资金实力和较便利的融资优势,与国外具备一定实力的买家共享,通过灵活结算方式,帮助买家拓展下游市场稳固双方长远合作,将资金和融资优势转化为出口的竞争优势。

该公司与在滇近20家银行密切合作,通过保单融资、项目资金贷款、向企业提供担保,以及用好国务院出台的"大型成套设备保险融资专项安排"政策,促进融资,力争帮助云南企业融资超过10亿元人民币。

(2)重点鼓励企业缅越泰出口贸易

缅甸、越南、泰国三个国家是云南企业"走出去"的重要市场,信用保险将加大企业对上述三国出口贸易的扶持。例如对缅甸的一般贸易出口接受本土银行(缅甸外贸银行与缅甸投资商业银行)开立的不可撤销信用证和信用期限在180天内的信用证业务。同时,对与海外买家交易历史长、出口商品属重点支持范围的企业,可接受信用期限不超过90天的赊销交易方式;而越南除传统的信用证业务外,将对中国信保评定为资信度好的地方企业采用赊销方式交易;泰国在帮助企业分担商业风险的同时,将承保贸易双方不可控制的政治风险。

中国信保云南分公司将大力推进机电产品出口业务。主要措施有积极推动特定合同保险;积极开展出运前的国外买方违约保险,为银行开展"订单融资"提供条件;运用短期险项下银行保单和中长期项下再融资保单,为银行买断企业应收账款提供条件等。

(3)重点扶持农特产品

鉴于反倾销加之特大旱灾给云南农业生产带来巨大损失,本地农产品出口企业面临异常艰难的环境。中国信保云南分公司将加大对农产品企业的出口限额满足率,继续支持云南菌类、咖啡、豆类、辣椒、坚果等特色农产品的出口,积极协调银行帮助农产品企业办理保单融资,完善企业涉外合同条款,及时跟进企业风险理赔服务,降低中国信保责任范围内的企业损失。

(4)推出贸易公司,代理中小企业出口

针对中小型企业没有进出口权或者不熟悉外贸业务的情况,该公司将推出贸易公司代理生产企业出口的承保模式：由贸易企业统一为代理业务投保，通过中国信保了解买方资信、规避风险、便利融资等金融服务，使贸易公司与生产企业共同发展，从而降低费率和企业成本。

云南省积极引导和支持该省企业运用出口信用保险政策，逐年安排保费扶持专项资金，通过保费扶持政策直接为该省100多户出口企业降低了经营成本。引导企业利用资信调查服务为企业节约市场开拓费用，并撬动了银行融资，解决企业融资难的问题，帮助企业规避了经营风险，及时向企业支付赔款及追款，切实增强了企业开展出口贸易及对外投资与经济合作的信心。

3. 加大支持力度，推动出口型中小企业发展

为应对国际金融危机对中小企业的影响，进一步坚定中小企业发展信心，帮助企业克服困难，稳定生产，稳定就业，云南省政府新闻办发布《云南省人民政府关于加快中小企业发展的若干意见》，其中，特别提出，要加大对出口型中小企业的支持力度，具体措施主要包括：（1）加快出口退税进度，各级国税部门对符合条件的企业，在3个工作日内完成退税，并力求提前。研究开展"边审边退"、"先退后审"退税方式的试点。（2）降低出口收汇风险，鼓励出口企业投保出口信用保险，对企业实际缴纳的保费，由省财政从对外开放专项资金中每年安排不低于1000万元给予补助，并安排一定资金，支持有实力的中小企业建设集原材料供应、生产加工和出口为一体的特色产品出口基地，开展技术改造，提高国际市场竞争力；继续对中小企业开拓国际市场给予支持，对中小外经贸企业融资担保费用给予扶持。（3）进一步优化通关环境，海关、质检、检验检疫等部门要加强协作，提高效率，加快通关速度，降低通关成本，推进贸易便利化。

云南省出台了鼓励高新技术产品出口的两项重要政策，并颁布实施《云南省高新技术产品出口目录》。这两项政策是：（1）对2001年出口的高新技术产品（包括列入了国家目录及云南省目录内的产品）给予奖励性贴息；（2）列入该《目录》内的产品，在原有退税率基础上，再参照国家对高新技术产品出口退税的有关政策，由云南省财政出资，以2001年云南省国税部门已退税额为基数计算应贴差额数，对出口退税不到17%的产品，给予退税差额的补贴。

为充分发挥云南省面向东南亚、南亚的区位优势，推动该省农副土特

产品出口形成批量、做大做强，云南省政府出台了支持扩大农产品出口、服务新农村建设、开拓国际大市场的六条重要举措，给予出口型生产企业贴息支持，对创建国际品牌、注册品牌商标的企业给予一次性金额50万元的支持，继续保持对农产品出口信用保险保费的支持，全力支持云南省有特色的农副产品进入国际市场。

4. 积极开拓海外市场，鼓励企业海外投资

早在2003年，云南省就开始着手鼓励和推动优势企业到东盟地区投资，参与区域经济合作。云南省政府鼓励信誉好、有能力、有条件的各类企业，继续加强与越南、老挝、缅甸的经济贸易合作，积极推进和扩大与其他东南亚、南亚国家的合作。

对于"走出去"开展国际经营的企业，云南省政府将加大资金支持，严格执行出口退税政策，简化项目审批、企业人员出境手续和外汇管理手续。同时，对开展境外合作的云南省企业，有限度地赋予进出口经营权，优先安排进出口配额或许可证。同时云南省政府将为到东盟自由贸易区国家投资的企业，提供政策引导和咨询服务，对合作项目进行联络、跟踪、反馈，促进经济技术合作。同时为企业培训国际经营人才，及时研究、协调解决经济技术合作中遇到的重大问题，为"走出去"的企业提供各种服务。

5. 营造和谐便捷的贸易环境，推动出口贸易发展

2007年，在云南省委、省政府的高度重视下，在口岸各有关部门的通力合作与积极探索和努力下，该省面向东南亚、南亚的沿边一线各主要口岸通过深化改革，大力提升服务水平，使云南省口岸进出的通关服务时效出现了大提速，从而形成了一个方便、快捷、高效和进出口成本逐年降低的"一站式"服务体系已基本形成。

近几年，随着云南开放度的进一步扩大与加快，对加快口岸的把关服务提出新的更高要求。紧密围绕着方便大进大出，服务中国—东盟自由贸易区建设这一目标，三个主要把关服务部门在严格执法的情况下，把服务好地区经济建设，支持云南发挥好国际大通道作用放在首位，千方百计地为实现"大通关"目标搞好服务。

与此同时，在区域经济加速发展的今天，昆明海关还建立了"零距离关企协调沟通制度"、建立了关地联动等服务制度。在昆明国际机场与广

州机场间双方海关共同试行了"属地报关、口岸验放"的通关监管模式。这种极大方便各方的做法,现已推行到了云南省所有的国家一类口岸。

目前,在国家的大力支援和帮助下,云南省已经形成了集陆路、水港、公路、铁路、航空口岸为一体,全方位多功能,立体交叉又互补的对外开放格局,方便快速的通关成为了经济良好发展的重要支撑。

4.2 东盟十国出口产业发展的现实考察

区域经济一体化已成为世界经济发展的重要特征之一,作为当今国际社会区域经济一体化的一种重要表现形式,自由贸易区呈现出蓬勃发展之势。目前最引人注目的中国—东盟自由贸易区(ASEAN Free Trade Area,简称 AFTA)于1992年提出,现包括原东盟6国(印尼、马来西亚、菲律宾、新加坡、泰国、文莱)和4个新成员国(越南、老挝、缅甸、柬埔寨),共10个国家,旨在通过双边制度性安排,推进中国与东盟诸国间的的贸易自由化和投资自由化,同时加强经济技术等领域的合作。

在经济全球化发展的大背景下,地缘相邻、人文相近、利益相关的区域合作成为区域内各成员参与全球化、提升竞争力、实现共同发展的现实选择。由于自然资源禀赋的先天差异以及后天经济的发展状况不同,AFTA各国在贸易上有各自不同的优势。东盟出口产品主要集中在初级产品和劳动密集型商品。目前各国正利用中国—东盟自由贸易区这个平台积极转变出口产品结构,着力优化出口产品质量,提高出口产品竞争力和利润空间。

4.2.1 东盟对世界贸易现状

一、东盟贸易整体概况

2005—2008 年,东盟进出口贸易总额和出口总额逐年增加,2005 年东盟进出口总额为 12248.9 亿美元,2006 年东盟进出口总额为 14048.1 亿美元,同比增长 14.7%,其中出口 7507.1 亿美元,同比增长 15.8%。2007 年东盟进出口总额为 16107.9 亿美元,同比增长 14.7%,其中出口

8598 亿美元,同比增长 14.5%。2008 年东盟进出口总额为 17104.2 亿美元,同比增长 6.2%,其中出口 8792.5 亿美元,同比增长 2.3%。2008 年东盟出口总额比 2005 年东盟出口总额增长 39.6%。2005—2008 年,东盟对外贸易逐年稳步增长,虽然出口贸易额增幅逐年缩减,尤其在 2008 年受到金融危机的影响,缩减幅度较大,但是整体还是呈现良好上升趋势(图 4-17)。①

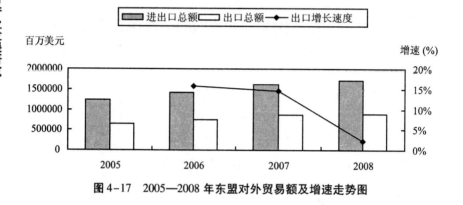

图 4-17　2005—2008 年东盟对外贸易额及增速走势图

二、东盟主要贸易伙伴和主要出口产品

1. 东盟主要贸易伙伴分析

2008 年,东盟盟内对外贸易占东盟对外贸易的比重较大,东盟盟内进出口总额为 4581.1 亿美元,占东盟贸易进出口总额的 26.8%,其中出口 2425 亿美元,占东盟出口总额的 27.6%。

欧盟是东盟盟外贸易最大的出口地,2008 年东盟对欧盟进出口总额 2023.6,占东盟进出口总额的 11.8%,其中出口 1128.9 亿美元,占东盟出口总额的 12.8%。东盟对外出口市场中,日本和美国分别位居第二和第三,二者占东盟出口总额的比重相当,2008 年东盟对日本出口 1048.6 亿美元,占东盟出口总额的 11.9%,对美国出口 1011.3 亿美元,占东盟出口总额的 11.5%(表 4-21)。自中国—东盟自由贸易区建立以后,东盟把中国既视为十分重要的战略伙伴,也纳入了重点开拓的市场之一。2008

① 数据来源:国研网。

年东盟对中国的进出口贸易额1926.7亿美元,占东盟进出口总额的11.3%,其中出口855.6亿美元,占东盟出口总额的9.7%。韩国,澳大利亚和印度也是东盟贸易往来比较密切的国家,东盟对这三国的出口占东盟出口总额的11.2%。

表4-21 2008年东盟与主要伙伴国的贸易情况

伙伴国/地区	价值(百万美元)		各伙伴国(地区)占东盟出口贸易总额的比例(%)	各伙伴国(地区)占东盟进出口贸易总额的比例(%)
	出口	进出口总额		
东盟	242,497.50	458,113.90	27.6	26.8
日本	104,861.60	211,915.50	11.9	12.4
欧盟25国	112,886.80	202,358.30	12.8	11.8
中国	85,557.70	192,672.00	9.7	11.3
美国	101,128.50	181,039.00	11.5	10.6
韩国	34,938.60	75,480.20	4	4.4
澳大利亚	33,681.30	51,589.20	3.8	3
印度	30,085.80	47,465.10	3.4	2.8
加拿大	5,416.90	10,545.50	0.6	0.6
俄罗斯	2,706.70	9,619.90	0.3	0.6
新西兰	4,161.30	7,424.60	0.5	0.4
巴基斯坦	4,386.30	4,843.50	0.5	0.3
伙伴国/地区合计	762,309.10	1,453,066.80	86.7	85
其他	116,942.80	257,354.90	13.3	15
东盟贸易总计	879,251.90	1,710,421.70	100	100

数据来源:国研网。

2. 东盟各国出口分析

2008年东盟进出口贸易总体呈增长趋势,进出口总额为17104.22亿美元,比上年增长6.2%;出口总额为8792.52亿美元,比上年增长20.3%。其中仅新加坡和菲律宾进出口额和出口额出现下降,其他各国均有不同幅度的增长(表4-22)。

新加坡是世界硬盘驱动器的主要供应国,重要的区域石油交易中心、定价中心、混兑中心,世界上吞吐量最大的集装箱码头,跨国企业重要的亚太区域物流与后勤管理中心,高新技术产业是其出口主导产业。2008年,新加坡的对外贸易总量为4721.65亿美元,其中出口2414.05亿美元,占东盟出口总额的比重最大,高达27%。由于对欧美国家需求的高度依赖,金融危机对新加坡冲击较大,出口同比减少19.3%。

表4-22 2007—2008年东盟贸易情况

单位:亿美元

国家	2007年		2008年		出口增长率(%)	进出口增长率(%)
	出口	进出口	出口	进出口		
文莱	76.53	97.50	87.54	118.60	14.4	21.6
柬埔寨	39.06	75.81	43.59	87.76	11.6	15.8
印度尼西亚	1141.01	1885.74	1370.20	2662.18	20.1	41.2
老挝	3.82	10.93	8.28	26.31	116.7	140.7
马来西亚	1762.06	3231.16	1944.96	3387.95	10.4	4.9
缅甸	59.33	87.23	66.21	104.15	11.6	19.4
菲律宾	504.66	1059.80	490.25	1056.71	-2.9	-0.3
新加坡	2992.97	5624.52	2414.05	4721.65	-19.3	-16.1
泰国	1535.71	2935.37	1749.67	3525.34	13.9	20.1
越南	482.89	1099.83	617.78	1413.57	27.9	28.5
东南亚国家联盟	8598.04	16107.88	8792.52	17104.22	20.3	6.2

数据来源:国研网。

马来西亚的经济发展水平在东盟中仅次于新加坡,被公认为"新兴的工业化国家",马来西亚不仅是源自其国内的原产品如橡胶、棕油和木材等的制成品的最大输出国之一,也是电子电器产品如视听产品、电脑、半导体和室内空调机的主要输出国(制造业占总出口约70%)。2008年马来西亚进出口总额为3387.95亿美元,比上年增长4.9%,出口1944.96亿美元,同比增长10.4%,占东盟出口总额22%,出库总额仅次于新加坡。

泰国和印度尼西亚出口总额占东盟出口总额的比重分别为 20%、16%(图 4-18),泰国 2008 年进出口总额为 3525.34 亿美元,其中出口 749.67 亿美元,同比增长 13.9%。印度尼西亚是东盟最大的经济体,非石油天然气出口额占全年出口总值的 78%。电子电器产品、机械设备、木材及木制品、纸及纸箱和成衣等制造业产品出口不断增加。特别是由于国际电子电器产品市场需求扩大,电子电器和机械设备的出口增长超过了传统出口产品成衣、木材及木制品。2008 年印度尼西亚进出口总额 2662.18 亿美元,同比增长 41.2%,出口 1370.20 亿美元,同比增长 20.1%。

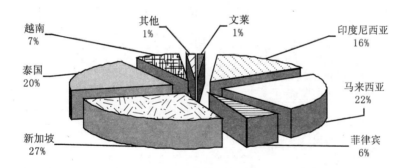

图 4-18　2008 年东盟各国出口总额分析图

3. 东盟出口产业类型分析

东盟进出口主要集中在资本密集型产业,资源密集型产业和技术密集型产业。

东盟前十大行业中,资本密集型产业占比最大,其中电器器材、零部件、音响设备、电视器材、交通工具(但不包括铁路轨道、电车轨道和铁道车辆)、零部件及辅助设备、有机化工药品、天然或养殖珍珠、珠宝和宝石、贵金属、镀金饰品,人造珠宝和硬币 2008 年出口总额为 2473.7 亿美元。电器器材、零部件、音响设备、电视器材 2008 年出口 1754.9 亿美元,占东盟出口总额的 23.4%(表 4-23)。

表4-23　2008年东盟前十大行业贸易情况

单位:百万美元

海关代码	行业		价值		出口占东盟出口总额的比例(%)	进出口总额占东盟进出口总额的比例(%)
	行业说明		出口	进出口总额		
85	电器器材、零部件,音响设备,电视器材		1 75493.3	3 41563.0	23.4	24.3
27	矿物燃料,矿物油及其分馏产物,矿物蜡		1 50380.1	2 96898.8	20	21.1
84	核反应堆,锅炉,电器机械及其零部件		1 21640.0	2 40100.5	16.2	17.1
87	交通工具(但不包括铁路轨道、电车轨道和铁道车辆),零部件及辅助设备		2 6386.1	5 3215.0	3.5	3.8
72	钢铁		1 0,254.5	4 9085.1	1.4	3.5
39	塑料及塑料制品		2 4321.8	4 7186.9	3.2	3.4
29	有机化工药品		2 0100.6	3 7652.2	2.7	2.7
15	动植物脂肪和油脂及其制品,加工过的动植物脂肪、动植物蜡		3 3718.3	3 7356.1	4.5	2.7
40	橡胶和橡胶制品		2 8375.8	3 5491.6	3.8	2.5
90	光学、摄影、摄像,测量、检验、医学、外科用器械和辅助设备及零部件		1 5094.1	3 2674.3	2	2.3
71	天然或养殖珍珠、珠宝和宝石,贵金属、镀金饰品,人造珠宝和硬币		1 5138.2	3 2548.3	2	2.3

数据来源:国研网。

　　资源密集型产业占比排名第二,其中矿物燃料、矿物油及其分馏产物、矿物蜡、动植物脂肪和油脂及其制品、加工过的动植物脂肪、动植物蜡出口总额为1841亿美元。矿物燃料,矿物油及其分馏产物,矿物蜡出口1503.8亿美元,占东盟出口总额的20%。

技术密集型产业占比排名第三,其中核反应堆、锅炉、电器机械及其零部件、光学、摄影、摄像,测量、检验、医学、外科用器械和辅助设备及零部件出口总额为1367.3亿美元。核反应堆、锅炉、电器机械及其零部件出口1216.4亿美元,占东盟出口总额的16.2%。

劳动密集型产业占比较小,其中塑料及塑料制品、橡胶和橡胶制品出口总额为527亿美元。塑料及塑料制品出口243.2亿美元,占东盟出口总额的3.2%,橡胶和橡胶制品出口283.8亿美元,占东盟出口总额的3.8%。

4.2.2 东盟对中国贸易现状

一、东盟对中国贸易概况

一直以来,由于地缘的优势,资源的互补性,东盟与中国的对外贸易比较频繁,自中国—东盟贸易区建立后,中国与东盟之间的贸易合作进入了一个新的阶段。东盟对中国的进出口贸易从2006年的1608.4亿美元增长至2009年的2130.1亿美元,增长幅度达19.2%。2007年东盟对中

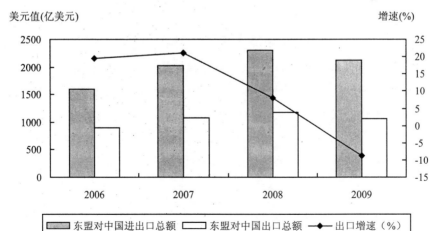

图4-19 2006—2009年东盟对中国贸易额及增速走势图

数据来源:中华人民商务部亚洲司。

国进出口总额为 2025.1 亿美元,同比增长 25.9%,其中出口 1083.7 亿美元,同比增长 21.0%。2008 年东盟对中国进出口总额为 2311.2 亿美元,同比增长 14.1%,其中出口 1169.7 亿美元,同比增长 7.9%。2009 年东盟对中国进出口总额为 2130.1 亿美元,同比减少 7.8%,其中出口 1067.1 亿美元,同比减少 8.8%。如图 4-19 所示,2006—2008 年东盟对中国进出口总额,出口总额逐年上升,由于金融危机的影响,2009 年东盟对中国的进出口额和出口额较上年略有下降。

二、东盟对中国出口现状分析

1. 东盟各国对中国进出口概况

东盟是一个颇具多样化特色的联合体,国家间经济差异在贸易上的表现十分突出。在中国与东盟"10+1"的整体贸易中,"新马争先共占半壁、泰菲印居中三足鼎立、越缅柬文老继后崛起"的"2-3-5"梯队式发展格局仍然保持着。东盟五国(新加坡、印度尼西亚、马来西亚、菲律宾和泰国)占据了东盟国家的绝大部分份额。

2009 年马来西亚对中国进出口贸易额为 519.6 亿美元,其中出口 323.3 亿美元,同比增长 0.70%,占东盟对中国出口总额的 31%。新加坡对中国进出口贸易额为 478.6 亿美元,其中出口 178 亿美元,同比减少 11.60%,占东盟对中国出口总额的 17%。泰国对中国进出口贸易额为 382 亿美元,其中出口 250 亿美元,同比减少 2.9%,占东盟对中国出口总额的 23%。印度尼西亚对中国进出口贸易额为 283.8 亿美元,其中出口 136.6 亿美元,同比减少 4.60%,占东盟对中国出口总额的 13%。越南和东盟其他国家对中国进出口总额占比较小,出口总额仅占东盟对中国出口总额的 5%(表 4-24,图 4-20)。

表 4-24　2009 年东盟各国对中国进出口贸易额

单位:亿美元

国家	进出口		出口	
	金额	同比	金额	同比
东盟	2130.11	-7.80%	1067.14	-8.80%
文莱	4.23	93.50%	2.82	217.50%

国家	进出口		出口	
	金额	同比	金额	同比
缅甸	29.07	10.70%	6.46	-0.20%
柬埔寨	9.44	-16.70%	0.37	-5.20%
印度尼西亚	283.84	-10.00%	136.64	-4.60%
老挝	7.44	79.00%	3.67	149.20%
马来西亚	519.63	-2.80%	323.31	0.70%
菲律宾	205.31	-28.20%	119.47	-38.70%
新加坡	478.63	-8.70%	177.97	-11.60%
泰国	382.04	-7.40%	248.97	-2.90%
越南	210.48	8.10%	47.47	9.30%

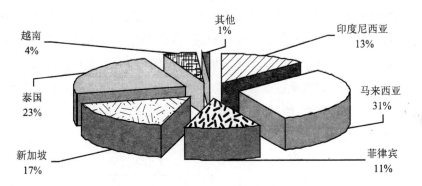

图4-20　东盟各国对中国出口份额图

2. 东盟对中国出口产业现状

东盟对中国的出口产业主要集中在资本密集型产业和劳动密集型产业以及资源密集型产业。2009 年东盟对中国出口产业中资本密集型出口产业总出口额为 660.57 亿美元,占东盟对中国出口总额的 46%;劳动密集型出口产业总出口额为 145.42 亿美元,占东盟对中国出口总额的 15%;资源密集型出口产业总出口额为 246.53 亿美元,占东盟对中国出口总额的 37%;技术密集型出口产业总出口额为 15.1 亿美元,仅占东盟对中国出口总额的 2%(图4-21)。

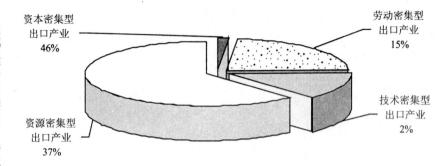

资本密集型
出口产业
46%

劳动密集型
出口产业
15%

技术密集型
出口产业
2%

资源密集型
出口产业
37%

图4-21　2009年东盟对中国出口产业分析图

（1）资本密集型出口产业现状

2009年泰国对中国的资本密集型出口产业总额为161.15亿美元,占东盟对中国资本密集型出口产业总额的比重最大,占比35%。新加坡对中国的资本密集型出口产业总值为118.85亿美元,占东盟对中国资本密集型出口产业总额的比重仅次于新加坡,占比25%。而菲律宾对中国的资本密集型出口产业总值略少于新加坡,为104.21 亿美元,占比22%。马来西亚和印度尼西亚占东盟对中国资本密集型出口产业总额的比重分别为9%和7%,越南,缅甸等其他国家对中国的资本密集型出口产业总额为10.58亿美元,占比仅2%（图4-22）。

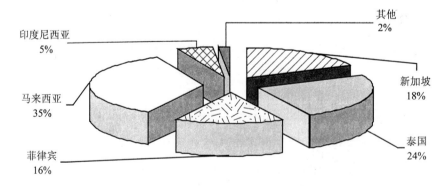

印度尼西亚
5%

其他
2%

马来西亚
35%

新加坡
18%

菲律宾
16%

泰国
24%

图4-22　2009年东盟各国对中国资本密集型出口产业份额图

数据来源:《2010年中国—东盟商务统计年鉴》。

东盟对中国资本密集型出口产业是以机电设备等为主导的出口产业。2009 年机器、机械器具、电气设备及其零件、录音机及放声机、电视图像、声音的录制和重放设备及其零件、附件出口总额 564. 82 亿美元,同比增长 60. 1% ,占东盟对中国出口总额的比重高达 52. 9% ;化工制品占比较大,出口总额为 51. 19 亿美元,同比减少 35. 6% ;贱金属及其制品在 2009 年增幅高达 139% ,占东盟对中国出口总额的 3%(表 4-25)。

表 4-25　2008—2009 年东盟资本密集型出口产业主要商品构成

单位:亿美元

出口商品类别	2009 年出口总额	同比增长	占东盟出口额比重
第 6 类 化学工业及其相关工业的产品	51. 185	-35.64%	4.79%
第 14 类 天然或养殖珍珠、宝石或半宝石、贵金属、包贵金属及其制品,仿首饰,硬币	2. 383	27.16%	0.22%
第 15 类 贱金属及其制品	32. 071	139.02%	3.00%
第 16 类 机器、机械器具、电气设备及其零件;录音机及放声机、电视图像、声音的录制和重放设备及其零件、附件	564. 815	60.09%	52.91%
第 17 类 车辆、航空器、船舶及有关运输设备	8. 924	-96.24%	0.84%
第 19 类 武器、弹药及其零件、附件	0	-100.00%	0　%
第 21 类 艺术品、收藏品及古物	0. 003	-96.50%	0.0003%
第 22 类 特殊交易品及未分类商品	1. 190	36304.35%	0.11%

数据来源:《2010 年中国—东盟商务统计年鉴》。

(2)资源密集型出口产业现状

2009 年印度尼西亚对中国的资源密集型出口产业总值为 79. 27 亿美元,占东盟对中国资本密集型出口产业总量的比重最大,占比 41% 。占比仅次于印度尼西亚的新加坡对中国的资源密集型出口产业总额为

33.67亿美元,占东盟对中国资本密集型出口产业总额的18%。泰国对中国的资源密集型出口产业总值为31.32亿美元,占东盟对中国资本密集型出口产业总量的17%。越南对中国的资源密集型出口产业总值为27.70亿美元,占东盟对中国资本密集型出口产业总量的15%。菲律宾仅占4%(图4-23)。

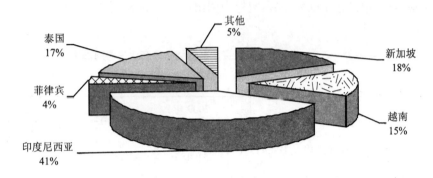

图4-23　2009年东盟对中国资源密集型出口产业各国份额图

数据来源:《2010年中国—东盟商务统计年鉴》。

东盟对中国资源密集型出口产业是以矿产品为主导的出口产业,2009年矿产品出口总额为158.62亿美元,同比增长53.3%,占东盟出口总额的14.9%。动植物制品出口总额为47.99亿美元,同比增长高达93.5%,占东盟出口总额的4.5%。植物产品,食品烟草类制品和石料,石膏类似制品,陶瓷玻璃制品总共占东盟出口总额的3.5%,其中植物产品出口26.12亿美元,同比增长46.8%(表4-26)。

表4-26　2008—2009年东盟资源密集型出口产业主要商品构成

单位:亿美元

出口商品类别	2009年出口总额	同比增长	占东盟出口额比重
第1类 活动物,动物产品	3.109	-99.41%	0.29%
第2类 植物产品	26.128	46.77%	2.45%
第3类 动、植物油、脂及其分解产品,精制的食品油脂,动、植物蜡	47.987	93.53%	4.50%

出口商品类别	2009 年 出口总额	同比增长	占东盟 出口额比重
第 4 类 食品,饮料,酒及醋,烟草、烟草及烟草代用品的制品	7.667	-81.06%	0.72%
第 5 类 矿产品	158.622	53.32%	14.86%
第 13 类 石料、石膏、水泥、石棉、云母及类似材料的制品,陶瓷产品;玻璃及其制品	3.014	32.75%	0.28%

数据来源:《2010 年中国—东盟商务统计年鉴》。

(3)劳动密集型出口产业现状

2009 年泰国对中国的劳动密集型出口产业总额为 53.33 亿美元,占东盟对中国劳动密集型出口产业总额的比重最大,占比 37%。马来西亚对中国的劳动密集型出口产业总值为 28.84 亿美元,占中国对中国劳动密集型出口产业总额的 20%,排名第二。印度尼西亚对中国的劳动密集型出口产业总值为 23.81 亿美元,占东盟对中国劳动密集型出口产业总额的 16%。新加坡对中国的劳动密集型出口产业总值为 20.34 亿美元,占东盟对中国劳动密集型出口产业总额的 14%。越南等国占东盟对中国劳动密集型出口产业总额的 13%,其中越南对中国的劳动密集型出口产业总额为 10.15 亿美元(图 4-24)。

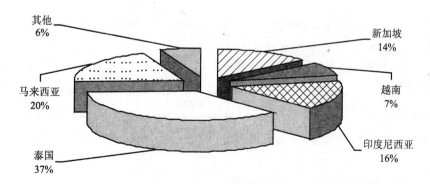

图 4-24　2009 年东盟对中国劳动密集型出口产业各国份额图

东盟对中国劳动密集型出口产业是以塑料及其制品和橡胶及其制品为主导的出口产业,2009 年塑料及其制品和橡胶及其制品出口总额为102.60 亿美元,同比增长 46.1%,占东盟出口总额的 10.3%。木及木制品;木炭;软木及软木制品;稻草、秸秆、针茅或其他编结材料制品;纺织原料及纺织制品出口总额 11.65 亿美元,同比增长 30.9%,占东盟出口总额的 1.2%篮筐及柳条编结品出口总额为 12.71 亿美元,同比增长 28.4%,占东盟出口总额的 1.3%。而出口增幅高达 115.92% 的杂项制品出口3.64 亿美元,占东盟出口总额的 0.36%(表 4-27)。

表 4-27　2008—2009 年劳动密集型出口产业主要商品构成

单位:亿美元

出口商品类别	2009 年出口总额	同比增长	占东盟出口额比重
第 7 类 塑料及其制品,橡胶及其制品	102.596	46.05%	10.28%
第 8 类 生皮、皮革、毛皮及其制品;鞍具及挽具,旅行用品、手提包及类似品,动物肠线(蚕胶丝除外)制品	2.718	−87.46%	0.27%
第 9 类 木及木制品,木炭;软木及软木制品,稻草、秸秆、针茅或其他编结材料制品;篮筐及柳条编结品	12.713	28.38%	1.27%
第 10 类 木浆及其其他纤维状纤维素浆,纸及纸板的废碎品,纸、纸板及其制品	9.764	−23.47%	0.98%
第 11 类 纺织原料及纺织制品	11.652	30.93%	1.17%
第 12 类 鞋、帽、伞、杖、鞭及其零件,已加工的羽毛及其制品,人造花;人发制品	2.345	−15.42%	0.23%
第 20 类 杂项制品	3.636	115.92%	0.36%

数据来源:《2010 年中国—东盟商务统计年鉴》。

(4)技术密集型出口产业现状

2009 年马来西亚对中国的技术密集型出口产业总额为 12.40 亿美元,占东盟对中国技术密集型出口产业总额的 37%。泰国对中国的技术密集型出口产业总额为 7.71 亿美元,占东盟对中国技术密集型出口产业总额的 23% ,仅次于马来西亚。印度尼西亚和新加坡对中国的技术密集型出口产业总额分别为 4.75 亿美元和 4.78 亿美元,均占东盟对中国技术密集型出口产业总额的 14% ,菲律宾,越南,缅甸和老挝等国家技术密集型出口总额为 4.37 亿美元,占东盟对中国技术密集型出口产业总额的 26% (图 4-25)。

图 4-25 2009 年东盟对中国技术密集型出口产业各国份额图

东盟对中国技术密集型出口产业是以光学、照相、电影、计量、检验、医疗或外科用器材及设备、精密仪器及设备、钟表、乐器、上述物品的零件、附件为主导的出口产业,2009 年出口总额为 15.15 亿美元,同比增长高达 143.1% ,占东盟出口总额的 1.5% (表 4-28)。

表 4-28 2008—2009 年技术密集型出口产业主要商品构成

单位:亿美元

出口商品类别	2009 年出口总额	同比增长	占东盟出口额比重
第 18 类 光学、照相、电影、计量、检验、医疗或外科用器材及设备,精密仪器及设备,钟表,乐器,上述物品的零件、附件	15.145	143.12%	1.52%

数据来源:《2010 年中国—东盟商务统计年鉴》。

4.3 生产贸易链条件下中国与东盟出口产品生产实力与贸易实力的分析与比较

中国和东盟的经济存在一定的互补性,双边贸易发展迅速,但总体上看,由于中国与东盟大多数国家都拥有较为丰富的劳动力资源和自然资源,双方在经济发展水平、产业结构和在国际分工中的地位基本处于同一层次。目前双方的贸易还处于低水平状态,多数产品仍为初级产品,科技含量低,在产品出口上存在着竞争。

4.3.1 中国对东盟贸易概况

近年来东盟对中国之间的进出口贸易有了显著的发展,中国与东盟各成员国具有各自的比较优势,双方在自然资源、产业结构和生产能力上的差异,导致在产业间和产业内都形成了互补性的贸易特征。中国与东盟绝大多数国家在自然资源方面各有所长,形成了出口商品在结构上的互补。自然资源是形成产业间互补的主要原因,东盟相对不发达的国家,如越南、缅甸、老挝、柬埔寨倾向于自然资源的出口,而中国的自然资源正逐渐减少,有些资源由于地域关系也不是中国所长,刚好可以通过进口,缓解资源压力;而新加坡等新兴工业国家,可以和我们交流技术,互补不足。目前,中国在劳动密集型产业上仍具有一定的优势,中国商品物美价廉,深受东盟经济发展水平相对较高的马来西亚、印度尼西亚、菲律宾和泰国等国的欢迎。单就产业结构而言,新加坡更希望与中国开展服务业方面的合作,打开中国的市场;印度尼西亚等处于工业初级阶段的东盟国家,更希望来自中国的投资;柬埔寨等欠发达东盟国家,更需要与中国合作进行资源开发,需要中国的先进技术。这种产业间的互补,为双边贸易和相互投资提速提供了条件。因此,在本章中,我们将以单个东盟成员国为分析对象,剖析双边经贸发展现状、趋势与对策,为拟定推动中国与东盟经贸发展的对策提供支持。

在分析一国商品对外贸易的竞争力时,通常要用到比较优势指数这一指标。所谓比较优势指数(Comparative Advantage Index，CAI)又称作净出口比率(Net Export Ratio，NER)，是行业结构国际竞争力分析的一种有力工具，总体上能够反映出计算对象的比较竞争优势状况。其计算公式为：

$$\text{比较优势指数} = \frac{\text{某种商品出口额} - \text{该商品进口额}}{\text{某种商品出口额} + \text{该商品进口额}}$$

比较优势指数取值范围为(-1,1)，当其值接近于 0 时，说明比较优势接近于平均水平；当其值大于 0 时，说明比较优势大，愈接近于 1，竞争力也就愈强；相反，则说明比较优势小，竞争力也就较小。有两种极端情况：如果其值等于-1，则意味着该国该种产品只有进口而没有出口，如果其值等于 1，则意味着该国该种产品只有出口而没有进口。

下面我们用比较优势理论方法分析东盟与中国的商品贸易竞争力状况，这里我们分析其主要对外贸易产品的竞争力状况(按 HS 编码的行业为分析对象)，在 CAFTA 框架下，为了更好的比较中国和东盟出口产品的相互贸易竞争力，在计算中国对东盟的出口产品比较优势中，所用的进出口额数据是中国对东盟的贸易数据，而在计算东盟对中国的出口产品比较优势中，所用的进出口额数据是东盟对中国的贸易数据。

4.3.2 中国与东盟出口产品比较优势分析

东盟是一个人口近五亿、经济规模庞大的区域性国家集团。而东盟国家由于地理位置临近、双边政治关系友好、经济互补性较强，使中国与东盟双方在进出口贸易、相互投资、承包劳务等领域的合作密切。对中国与东盟的出口产品比较优势的发展变化情况进行分析，旨在为双方未来加强经贸合作，积极拓展双边贸易指明一条清晰的方向。

一、中国与东盟资源密集型出口产业比较优势分析

中国和东盟在资源禀赋上有很大差异，中国是个资源相对贫乏的国家，而东盟自然资源相当丰富。资源禀赋上的差异使得中国与东盟具有贸易互补性。东盟中相对比较落后的国家，如越南、缅甸、老挝、柬埔寨等主要向中国出口自然资源和初级产品，而相对比较发达的印度尼西亚、马来西亚、新加坡等对中国资源密集型产品的出口总量较大。

2009 年在中国对东盟的出口产品中，资源密集型出口产业比较优势

指数为-0.28,在东盟市场的外贸竞争力小。其中具有比较优势的产品类别有:第1类(活动物、动物产品)、第2类(植物产品)、第4类(食品;饮料、酒及醋;烟草、烟草及烟草代用品的制品)、第13类(石料、石膏、水泥、石棉、云母及类似材料的制品;陶瓷产品;玻璃及其制品)。第13类产品比较优势指数为0.71,在东盟市场具有很强的竞争力,第1类和第4类产品在东盟市场具有较强竞争力,但矿产品比较优势指数为-0.4,不具有竞争优势,第3类产品比较优势指数为-0.99,处于绝对劣势地位。

相反,2009年在东盟对中国出口产品中,资源密集型出口产业比较优势指数为0.28,在中国市场具有一定的外贸竞争力。其中第3类(动、植物油、脂及其分解产品;精制的食品油脂;动、植物蜡)对外贸易优势指数为0.99,印度尼西亚和马来西亚是第3类产品的主要输出国,具有绝对优势。印度尼西亚,马来西亚,新加坡和越南是矿产品的主要输出国,第5类(矿产品)比较优势指数为0.4,表明具有较大的竞争力。而第1类、第4类,特别是第13类比较优势指数为负,在中国市场竞争力小(表4-29)。

表4-29　2009年中国与东盟资源密集型出口产品比较优势指数表

进出口产品类别	中国对东盟出口比较优势指数	东盟对中国出口比较优势指数
资源密集型出口产业	-0.28	0.28
第1类 活动物,动物产品	0.36	-0.36
第2类 植物产品	0.05	-0.05
第3类 动、植物油、脂及其分解产品、精制的食品油脂、动、植物蜡	-0.99	0.99
第4类 食品、饮料、酒及醋,烟草、烟草及烟草代用品的制品	0.37	-0.37
第5类 矿产品	-0.40	0.40
第13类 石料、石膏、水泥、石棉、云母及类似材料的制品、陶瓷产品、玻璃及其制品	0.71	-0.71

数据来源:《2010年中国—东盟商务统计年鉴》。

二、中国与东盟资本密集型出口产业比较优势分析

资本密集型出口产业是中国和东盟的主导产业,二者由于资本密集型出口产业结构有差别,并且有各自不同的优势,所以可以进行互补贸易。2009年中国与东盟的资本密集型出口产业出口总额相当,中国资本密集型出口产业保持微弱的竞争优势。

2009年,在中国对东盟的出口产品中,资本密集型出口产业比较优势指数为0.03,在东盟市场的外贸竞争力十分小。其中具有比较优势的产品类别有:第14类(天然或养殖珍珠、宝石或半宝石、贵金属、包贵金属及其制品;仿首饰;硬币)、第15类(贱金属及其制品)、第17类(车辆、航空器、船舶及有关运输设备)、第19类(武器、弹药及其零件、附件)、第21类(艺术品、收藏品及古物)。第19类比较优势指数为1,在东盟市场占有绝对的出口优势。第14类、第15类、第17类和第21类比较优势指数均在0.7以上,可见这四类产品在东盟市场上具有很强的贸易竞争力。第6类和第16类比较优势指数都小于-0.7,说明这两类出口产品在东盟市场竞争力小。

2009年在东盟对中国出口产品中,资本密集型出口产业比较优势指数为-0.03,在中国市场的竞争力略低于中国的资本密集型出口产品在东盟市场的竞争力。第6类(化学工业及其相关工业的产品)比较优势指数为0.94,在中国市场上具有非常强的竞争力,新加坡是最大的输出国,其次是泰国和马来西亚。第16类比较优势指数为0.74,在中国市场上也具有很强的贸易竞争力,马来西亚和泰国是最大的输出国。而马来西亚和新加坡是第22类(特殊交易品及未分类商品)的最大输出国,在中国市场具有较大的贸易竞争力。而在第14类、第15类、第17类、第19类以及第21类比较优势指数均小于-0.7,此五类在中国市场的竞争力小(表4-30)。

三、中国与东盟劳动密集型出口产业比较优势分析

中国和东盟的劳动密集型出口产业都是各自的主要出口产业,中国最近几年经济高速发展,劳动工资水平普遍大幅度提高,使得过去一些竞争力很强的劳动密集型产品逐渐失去竞争力,有的产业如服装和鞋类,已经开始向东盟国家转移。

表4-30　中国与东盟资本密集型出口产品比较优势指数表

进出口产品类别	中国对东盟出口比较优势指数	东盟对中国出口比较优势指数
资本密集型出口产业	0.03	−0.03
第6类 化学工业及其相关工业的产品	−0.94	0.94
第14类 天然或养殖珍珠、宝石或半宝石、贵金属、包贵金属及其制品、仿首饰,硬币	0.94	−0.94
第15类 贱金属及其制品	0.87	−0.87
第16类 机器、机械器具、电气设备及其零件、录音机及放声机、电视图像、声音的录制和重放设备及其零件、附件	−0.74	0.74
第17类 车辆、航空器、船舶及有关运输设备	0.81	−0.81
第19类 武器、弹药及其零件、附件	1.00	−1.00
第21类 艺术品、收藏品及古物	0.76	−0.76
第22类 特殊交易品及未分类商品	−0.19	0.19

数据来源:《2010年中国—东盟商务统计年鉴》。

2009年,在中国对东盟出口产品中,劳动密集型出口产业比较优势指数为2.41,在东盟市场具有较大的贸易竞争力。其中具有比较优势的产品类别为:第8类生皮、皮革、毛皮及其制品;鞍具及挽具;旅行用品、手提包及类似品;动物肠线(蚕具;旅行用品、手提包及类似品;动物肠线(蚕胶丝除外)制品)、第11类(纺织原料及纺织制品)、第12类(鞋、帽、伞、杖、鞭及其零件;已加工的羽毛及其制品;人造花;人发制品)、第20类(杂项制品)。第11类比较优势指数为0.91,第20类比较优势指数为0.83,第12类比较优势指数为0.75,这三类出口产品在东盟的市场竞争力大。而第7类、第9类和第10类比较优势指数皆为负,贸易竞争力较小。

2009年在东盟对中国出口产品中,劳动密集型出口产业比较优势指数为−0.41,在中国市场贸易竞争力较小。第7类(塑料及其制品;橡胶及其制品)比较优势指数为0.59,在中国市场上具有较大竞争力,马来西亚,泰国,新加坡,越南,菲律宾等对第 7 类出口总量较大,占据了一定的市场份额。第 9 类(木及木制品;木炭;软木及软木制品;稻草、秸秆、针茅或其他编结材料制品;篮筐及柳条编结品)比较优势指数为 0.36,泰国是最大的输出国,其次,印度尼西亚、马来西亚、缅甸、越南等出口总额较大。而第 8 类、第 11 类、第 12 类和第 20 类比较优势指数均为负,其中第 11 类、第 12 类和第 20 类都小于-0.7,说明此三类产品在中国市场贸易竞争力小(表 4-31)。

表 4-31 2009 年中国与东盟劳动密集型出口产品比较优势指数表

进出口产品类别	中国对东盟出口比较优势指数	东盟对中国出口比较优势指数
劳动密集型出口产业	0.41	-0.41
第 7 类 塑料及其制品;橡胶及其制品	-0.59	0.59
第 8 类 生皮、皮革、毛皮及其制品;鞍具及挽具;旅行用品、手提包及类似品;动物肠线(蚕胶丝除外)制品	0.42	-0.42
第 9 类 木及木制品;木炭;软木及软木制品;稻草、秸秆、针茅或其他编结材料制品;篮筐及柳条编结品	-0.36	0.36
第 10 类 木浆及其其他纤维状纤维素浆;纸及纸板的废碎品;纸、纸板及其制品	-0.13	0.13
第 11 类 纺织原料及纺织制品	0.91	-0.91
第 12 类 鞋、帽、伞、杖、鞭及其零件;已加工的羽毛及其制品;人造花;人发制品	0.75	-0.75
第 20 类 杂项制品	0.83	-0.83

数据来源:《2010 年中国—东盟商务统计年鉴》。

四、中国与东盟技术密集型出口产业比较优势分析

中国的技术密集型出口产业是出口产业中最需要整体提升的产业,它不仅占整个出口产

业的比重最小,而且发展的也不够成熟,贸易竞争力较弱。东盟国家中新加坡,泰国,马来西亚的技术密集型出口产业比较发达,尤其是新加坡的高新技术产业处于国际领先水平。

2009年中国对东盟技术密集型出口产业即第18类(光学、照相、电影、计量、检验、医疗或外科用器材及设备、精密仪器及设备;钟表;乐器;上述物品的零件、附件)比较优势指数为0.64,在东盟市场的贸易竞争力较大。东盟对中国技术密集型出口产业即第18类(光学、照相、电影、计量、检验、医疗或外科用器材及设备、精密仪器及设备;钟表;乐器;上述物品的零件、附件)比较优势指数为-0.64,在中国市场贸易竞争力小(表4-32)。

表4-32 2009年中国与东盟技术密集型出口产品比较优势指数表

进出口产品类别	中国对东盟出口比较优势指数	东盟对中国出口比较优势指数
技术密集型出口产业	0.64	-0.64
第18类 光学、照相、电影、计量、检验、医疗或外科用器材及设备、精密仪器及设备;钟表;乐器;上述物品的零件、附件	0.64	-0.64

数据来源:《2010年中国—东盟商务统计年鉴》。

本章小结

众所周知,如果没有出口贸易,一个国家就无法实现较高的专业化程度,继而各国的劳动力、土地、资本、管理等资源优势不能得到最大限度地运用和发挥。广东、广西、海南和云南作为我国南部、西南部对外贸易的窗口城市,出口产业既有得天独厚的优势,同样也要面临这种优势所带来的影响和冲击。

本章第一节主要研究的是广东、广西、海南和云南四个省区的贸易现状以及各省对其出口产业的相关政策支持。对四省区的出口产业现状的研究主要从各省对世界出口产业和对东盟出口产业两个方面入手。研究结论表明,近五年来,广东、广西、海南和云南对世界出口贸易额总体呈上升态势,即使2008年金融危机对出口产业有消极影响,但是由于四省区出口产业恢复能力较强,2010年出现良好的发展势头。广东和广西主要以资本密集型出口产业和劳动密集出口产业为主,海南和云南主要以资本密集型出口产业和资源密集型出口产业为主。四省区通过区域经济合作积极发展对外贸易,成果显著,尤其自中国—东盟自由贸易区启建以来,四省区与东盟的贸易合作不断深化,近五年来,四省区对东盟出口额逐年增加,除了海南由于经济较落后制约了出口产业的发展,对东盟出口贸易发展比较缓慢外,其他三省区与东盟的出口贸易不仅发展快,而且贸易方式更加多样化,出口产业更加成熟。

出口产业的发展离不开国家政策的指引和扶持,对四省区出口产业进行了量化分析之后,我们对四省的出口产业政策进行了考察,旨在了解政策法规,规范促进出口产业的发展。

本章第二节从东盟十国的角度出发,将东盟十国作为一个整体,从东盟对世界出口产业和东盟对中国出口产业两方面对其出口产业现状进行分析,并对东盟和中国的出口产业竞争力进行比较。研究结论表明中国和东盟经济互补性强,市场空间和增长潜力巨大,尽管遭遇全球金融危机,不少东盟国家的对华贸易仍然保持增势,中国在东盟对外贸易中的地位没有发生变化。这主要得益于近年来中国与东盟经贸合作不断有新发展,得益于中国—东盟自由贸易区的建设。

综合国内外研究,发现对于企业合作及其与区域经济发展之间关系的研究已经积累了相当丰富的经验。本章分别从两个方面研究了企业跨国合作的内涵:一方面通过模型来分析企业跨国合作时选择区位的影响因素,得出了企业重点考察市场潜力和劳动力成本这两个因素的结论,也为我们以后进行企业跨国合作需要注意的问题提供了指导;另一方面研究了企业合作的四种形式,即研发合作、生产合作、营销合作和资金合作,分别描述了目前的合作概况和具体的合作形式。在此基础上通过研究企业跨国合作与生产贸易链之间的互动关系,得出以下结论:企业合作能够促进生产贸易链的形成,延伸生产贸易链的发展,而生产贸易链又能强化企业之间的紧密合作。最后从广东、广西、海南、云南的角度,分析了四省区与东盟在工业、农业、旅游业及港口等方面的合作,为四省区出口产业政策协调提供基础。

第 5 章
区域分工条件下企业跨国合作的理论与实践

改革开放以来,我国区域经济快速发展,取得了一定的成就。但是,区域经济发展差距过大已经成为事实,如果不加以调整,势必影响全球经济的健康发展,最终导致整个经济体系出现严重的问题。我国虽然经济总量和经济发展水平低于发达地区,但我国占有很大的国土面积和人口,是全球经济发展的资源基础和重要市场,在世界总体发展中占有重要地位。我国部分地区发展相对滞后,与发达国家区域性差距持续扩大,已成为实现全面建设小康社会的制约因素。统筹区域经济发展战略有利于形成与发达国家区域互补互动的发展局面,促进经济的发展。通过与其他国家企业建立合作关系,可以实现优势互补,共同发展,使我国与其他国家形成各具特色的经济和社会发展体系。

区域经济合作是不可阻挡的潮流,"长三角"、"泛珠三角"、"环渤海"、"泛北部湾"等区域合作概念提出即得到相关地区的积极响应。与此同时,区域经济合作发展的动机、地域分布及组织形式出现了一系列变化,主张区域之间在合作的基础上建立互补性竞争关系已经成为一种主流声音。可是,我们现在面临的问题是,区域经济合作的支撑条件建设滞后,在开放的市场条件下,特别是在区域生产贸易链形成愈加紧密的情况下,如何推进跨行政边界区域合作尤其是企业间合作就成为亟待解决的现实问题。

作为区域性经济的微观"细胞",企业在区域经济中扮演非常重要的角色。随着社会主义市场经济体制不断完善,企业在区域经济发展中的地位愈来愈重要。有时候一个企业往往与其他企业开展多种形式的合作,使企业之间形成错综复杂的合作网络。在合作过程中,企业之间在资金、技术、人才、企业管理经验等方面不断交流,促进了区域生产要素的跨区域流动,对区域经济空间格局演化产生重要影响。

企业之间的跨国合作极大地推动了区域生产要素的跨区域流动,使区域生产要素呈现"蛙跳式"扩散模式。一般来讲,经济发展水平高的地区,其企业实力也比较雄厚,在企业合作过程中往往向外输出生产要素,比如资金、技术等。经济发展水平低的地区，其企业实力大多也相对薄弱，在合作过程中往往受到外来资金、技术的输入。对于生产要素输出地来说，由于企业的跨区域合作推动了区域生产要素的跨区域流动，这在一定程度上削弱了生产要素输出企业对当地企业的辐射带动作用使企业对外辐射产生了空间上的跃迁。对于生产要素输入的企业来说，可以借助外来资源壮大企业规模，提升企业技术水平，引进先进的企业管理经验，促进企业的快速发展。企业跨区域合作所引致的区域至关重要要素"蛙跳式"扩张，为落后地区跨越式超常规发展提供了机遇和可能。

在企业跨区域合作过程中，生产要素通过"蛙跳式"扩散，不仅能够对直接接受生产要素输入的企业产生重要作用而且由于技术、信息、企业管理模式等具有很大的外溢性，即正的外部性，还可以使毗邻企业从中受益，这也就是企业合作的涓滴效应。涓滴效应往往是生产要素蛙跳式扩散的后续影响，对于促进接受生产要素转移地区的经济快速发展具有重要意义。由于技术、信息、管理模式的外部性，使其对毗邻企业产生了生分的示范带动作用，使区内毗邻企业在没有付出任何代价的基础上就可以获得很大收益，在很大程度上可以促进毗邻企业的快速发展。而且，涓滴效应可以向外层扩散，不断扩大影响范围，拉动相关区域性的快速发展。对于生产要素输出地来说，由于生产要素的跃迁性输出，对输出地毗邻企业的涓滴效应可能会相应减弱。①

企业合作所产生的生产要素蛙跳式扩散以及后续的涓滴效应，可以推进区域性经济发展的不断网络化。在工业化时代，企业之间的联系相对比较单一，在市场竞争中，企业往往仅注重个体利益的追求。当然，在工业化中后期，也有不少企业认识到企业之间相互联合兼并的一体化战略可以在一定程度上垄断市场，获取超额利润。但是，这是建立在以损害经济效率为代价的基础上的，因此在很多国家都受到限制。于是，企业开始寻求介于市场交易和一体化之间的合作，使企业结成密切联系的网络。在这种合作网络中，企业之间的命运息息相关，任何一个企业的兴盛衰败都会对合作网络内的其他企业产生重要影响，企业更加注重合作过程中

---

① 陶雄华：《生产贸易链条件下企业信用评价体系构建》，中南财经政法大学博士学位论文，2008 年 3 月。

的整体利益分成。企业合作的网络化,使企业可以在更广阔的范围内配置资源和开拓市场,在很大程度上推动了企业之间的专业化分工,发挥了企业的比较优势。比如在同一个区域内的企业之间开展合作,可以有效整合企业既有资源,避免过度的内部竞争,形成优势互补的专业化分工格局。不同区域的企业开展合作,则可以使企业在更广阔的范围内配置资源和开拓市场,发挥不同企业的比较优势,取得联合效益。

5.1　企业跨国合作的内涵

在世界经济一体化的前提下,企业的跨国合作使传统的国内生产、对外交换为特征的贸易导向型国际分工向国际化生产、跨国经营为特征的投资导向型国际分工转移。由于企业之间跨国合作的复杂性,公司之间相互持股,使企业与产品的"国籍"日益模糊化,淡化了原有的"国家属性",推动了世界经济的发展。跨国公司拥有巨额的资本、庞大的生产规模、先进的科学技术、现代化的管理手段、全球的经营战略以及覆盖全球的营销体系。因此,公司之间的跨国合作越来越成为世界经济活动的主要方式。

5.1.1　企业投资区位

跨国公司在选择投资区域时,会考虑哪几方面的因素呢? 在这些因素里,哪些是跨国公司考虑的首要因素呢? 我们以广西地区为例,采用回归分析的方法来揭示这个问题。

一、变量设计

将影响跨国公司选择投资区域的影响因素归结于以下七个方面:该地区的生产总值、劳动力成本、劳动力素质、集聚经济、交通便利程度、市场潜力和价格水平。

1. 该地区生产总值因素。可用该地区每年国内生产总值来衡量,记为 Gdp;

2. 劳动力成本因素。这一变量可用各地区职工平均工资来衡量,记为 Wag；

3. 劳动力素质因素。这一变量可用各地区普通高校毕业生数来衡量，记为 Gra；

4. 集聚经济因素。这一变量可用各地区每万平方公里的企业数来衡量，记为 Co；

5. 交通便利程度因素。这一变量可用省份运输线路长度(包括铁路，公路和航运线路长度)来衡量，记为 Tra；

6. 市场潜力因素。这一变量可用地区城镇居民家庭平均每人全年消费性支出来衡量，记为 Mar；

7. 价格指数因素。这一变量可用地区居民消费价格指数衡量，记为 Pri。

因变量跨国公司的投资规模可用该地区每年实际利用外资额中的外商直接投资额来衡量，记为 Inv。[①]

二、数据来源

数据来源于《广西统计年鉴》，时期为 2000—2009 年。

三、建立模型

我们将对比分析影响跨国公司在广西地区投资时考虑的各主要变量，通过比较模型的回归系数及显著性，找出影响跨国公司选择投资区域时考虑的关键变量，揭示影响跨国公司选择投资区域的核心因素。

回归方程为：

$$Inv = \beta_0 + \beta_1 Gdp + \beta_2 Wag + \beta_3 Gra + \beta_4 Con + \beta_5 Tra + \beta_6 Mar + \beta_7 Pri + \varepsilon$$

其中 Inv 代表跨国公司在广西地区的投资额，β_0、β_1、β_2、β_3、β_4、β_5、β_6、β_7 为回归系数，ε 为误差项。

通过对上述模型的检验可以发现，必须首先对各变量数据进行取对数处理，使其服从正态分布。经对数处理后的模型一为：

$$\ln Inv = \beta_0 + \beta_1 \ln Gdp + \beta_2 \ln Wag + \beta_3 \ln Gra + \beta_4 \ln Co + \beta_5 \ln Tra + \beta_6 \ln Mar + \beta_7 \ln Pri + \varepsilon$$

四、分析结果

---

① 吴先明、杜丽虹：《跨国公司在中国沿海地区投资区位变化的实证分析》，《经济管理》2007 年第 23 期。

基于对广西数据的分析,运用 Eviews 软件对经对数处理后的回归模型进行多元线性回归分析,采用向后剔除法的各检验模型结果如表5-1所示。

表 5-1 广西地区数据回归分析结果一

因变量: INV				
方法:最小二乘法				
日期:11/04/10 时间:17:01				
样本量:2000 2009				
观测值:10				
	系数	标准误差	t 统计量	显著性水平
C	−10389578	7253742.	−1. 432306	0. 2884
LOG(MAR)	1817107.	946318. 9	1. 920185	0. 1948
LOG(WAG)	−405840. 4	1035738.	−0. 391837	0. 7330
LOG(PRI)	−115290. 7	1061172.	−0. 108645	0. 9234
LOG(CO)	71753. 07	687851. 6	0. 104315	0. 9264
LOG(GRA)	109830. 3	669610. 4	0. 164021	0. 8848
LOG(TRA)	213460. 2	353217. 4	0. 604331	0. 6070
LOG(GDP)	−582797. 2	1201595.	−0. 485020	0. 6756
可决系数 R^2	0. 968439	因变量均值		373584. 3
调整后的可决系数 R^2	0. 857975	因变量标准差		170837. 6
回归标准差	64382. 26	赤池信息量准则(AIC)		24. 97363
残差平方和	8. 29E+09	施瓦茨准则		25. 21569
对数似然估计值	−116. 8681	汉南-奎因准则		24. 70808
F 统计值	8. 767002	杜宾-瓦森		2. 919202
F 统计值的显著性水平	0. 106175			

从表5-1可以看出,经济检验相关系数都符合经济规律。模型通过

了 F 检验，R^2 及调整后的 R^2 都明显大于 0.7。根据剔除法可以排除显著性水平不足的 Co。这样就得出了新的模型表二，并根据显著性水平，依次排除 Gra，Pri，Tra，Gdp 等因素。这样最后得出表 5-2 能够更为准确地反映最具影响力的自变量因素。

表 5-2　广西地区数据回归分析结果二

因变量：INV				
方法：最小二乘法				
日期：11/04/10　　时间：17:05				
样本量：2000　2009				
观测值：10				
	系数	标准误差	t 统计量	显著性水平
C	−7865844.	752089.4	−10.45866	0.0000
LOG(MAR)	1545208.	186075.2	8.304211	0.0001
LOG(WAG)	−558847.3	102229.8	−5.466577	0.0009
可决系数 R^2	0.954026	因变量均值		373584.3
调整后的可决系数 R^2	0.940890	因变量标准差		170837.6
S. E. of regression	41534.97	赤池信息量准则（AIC）		24.34978
残差平方和	1.21E+10	施瓦茨准则		24.44056
对数似然估计值	−118.7489	汉南-奎因准则		24.25020
F 统计值	72.62925	杜宾—瓦森		2.615413
F 统计值的显著性水平	0.000021			

模型通过了 F 检验，R^2 及调整后的 R^2 都接近 1，拟合度良好。显著性水平都小于 0.05，表明 Mar 和 Wag 在广西地区的模型中，这两个因素均具有重要影响。

五、结论及启示

从上述的分析我们可以看出，跨国公司在中国选择投资区域时，倾向于选择市场潜力大和劳动力成本低的区域。与单纯的当地经济的发展水平相比，跨国公司更看重市场潜力。这表明，跨国公司正在提升中国在其全球版图中的地位，不仅要把中国作为廉价劳动力的制造基地，而且将中国作为最富潜力的未来市场，并从提升全球竞争力和全球创新的角度挖掘和利用中国高素质的人力资源。

5.1.2 企业合作方式

企业合作的方式多种多样，既具有形式上的多样性，也具有一定的历史阶段性。随着企业经营自主权不断扩大，使企业对区域生产要素，包括资金、技术、人才的支配能力不断增强。为了更好利用企业外资源，绕开各种显性或隐性区域贸易壁垒限制，增强应对激烈市场竞争的能力，企业之间不断在研发、生产、销售和资金方面开展合作。

一、研发合作

随着生产自动化程度的不断提高，劳动力成本在制造成本中的比重越来越低，研发技术的复杂程度和投入开始不断提高。不断增长的研发费用成为制约企业，尤其是高新技术企业降低成本的瓶颈。随着科学技术的迅速发展和全球市场竞争的不断加剧，开发具有市场潜力并将其转化为市场能够接受的新产品或新技术所花费的人力成本和资本成本迅速提高，而产品生命周期的日益缩短更增加了研发投入成本。企业之间，特别是高新技术企业之间不断围绕产品开发与技术创新开展合作，共同承担研发费用。研发技术合作日益成为高新技术产业之间合作的重要内容。

研发合作是企业之间的联合研发行为，双方可以利用相对有利的资源，共同投入，成果共享。具体形式可以包括研究网络、技术联盟和技术合资等不同形式。随着竞争的不断激烈，科技的迅速发展，围绕新产品开发和技术创新活动的研发合作成为了近几年来企业合作的主要内容。

新产品研发是企业生存和发展的基础，是获得长期稳定利润的重要条件，同时也是实现可持续发展的重要因素。单个企业研发投入少、创新能力弱仍是困扰我国企业深层次发展的关键问题。在日趋激烈和国际化的市场竞争中，想要生存并且获得长远的发展，我国企业就必须把创新和开发科技含量高的新产品提到战略地位，切实提高自身的研发能力。而开展合作研发，是提升我国企业研发实力的可行路径。

1. 国际研发技术合作概况

统计表明,在过去的 20 年间,全球出现的全新技术很少,但是技术与技术之间大量交叉、融合的创新却很多①。这种交叉、融合的趋势表明技术创新往往要依靠多部门、多学科的合作参与,单独一个企业很难具备开发具有市场潜力产品所需全部技术的资源和能力,无论这个企业的研发能力有多强,实力有多雄厚。同时,新产品生命周期的缩短和研发技术活动的复杂程度的提高也增加了企业自主研发的风险和成本。特别是在技术竞争已经和正在转向竞争前技术的背景下,企业一般只能也只考虑在核心技术上保持领先,企业之间技术上竞争与合作的相互渗透以及在合作基础上的竞争已经成为企业发展的主旋律。企业越来越趋向于利用其外部的研发资源,通过研发合作网络来提高企业研发活动的有效性。企业通过合作可以有效降低研发风险,缩短产品开发周期,保证企业在第一时间抢占市场,形成速度经济效益,并最终打造企业在某一专门领域中的竞争优势,企业研发合作网络也因此在全球范围内得到迅速发展②。

由于行业内各企业间市场竞争激烈,技术研发彼此长期封闭,或是造成一些重大课题攻关投入出于平衡考虑而出现平摊的现象,或是造成某些企业在某项技术难题上已经取得了突破,然而其他企业仍在继续攻关。在激烈的市场竞争中,企业如果单独进行研发活动,那么势必存在重复投入的现象,这样不仅降低了研发投入的使用效率,同时也造成了一定的资源浪费。从总量上来看企业的研发投入是过量的,但是平均到单个的企业投入却低于社会的期望水平。研发的大量重复投入分散了有限的研发资源,降低了研发资源的利用效率。企业在研发方面应加强合作,共享资源技术,增强整体研发能力。

为了更好的应对研发技术领域出现的新趋势,许多企业开始寻求获取外部技术以增强自己在研发技术领域的竞争力。大多数企业所需的技术接近或超过一半来源于企业外部或通过与其他企业进行研究开发合作而获得。技术资源外向过去被认为是企业无奈的选择,而今天,基于合作的技术资源外向已经成为企业提高研发技术能力的重要方式之一。但是

① 李纪珍:《研究开发合作的原因与组织》,《科研管理》2000 年第 1 期。
② 沈群红:《国际研发合作对我国的影响》,《国际经济合作》1999 年第 11 期。

单纯的技术资源外向(如技术引进,技术购买)也有很大的局限性,它可能使企业完全依赖于外部技术资源而丧失自主研究开发能力。基于研究开发合作的技术资源外向与单纯的技术资源外向不同,它不仅仅是从外面得到资源,而且还将企业自有的部分技术资源外向,通过与外部技术源的合作迅速学习到技术诀窍,形成自有的技术体系;同时,企业还与自己密切接触的供应商、客户等进行合作,听取他们的合理建议,不断改进。基于研究开发的企业合作不断增加。[①]

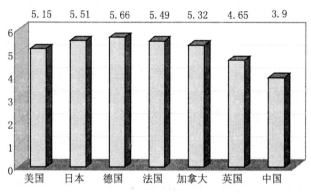

图 5-1　企业间技术合作状况得分

2. 研发技术合作的形式

随着企业研发活动日益复杂化和竞争日益激烈化,企业研发合作的形式也变得丰富多彩。企业根据自身知识需要、彼此共享知识的专门化程度、合作伙伴信誉、彼此文化的相似程度、企业之间的比较优势、所从事研发技术活动的风险水平以及技术的生命周期等多种因素来构建不同的合作网络与知识共享体系。一般而言,企业之间的研发合作可以采取以下几种基本组织方式。

(1)研究网络

网络是介于市场和企业内部管理之间的组织形式,许多技术关联性较强并且在空间上相对集中的企业往往形成密切的合作关系,结成复杂的研发网络。由于这些企业技术相似,并且在空间上毗邻,因此他们之间的交流方日益频繁。为了随时跟踪相关技术的发展并捕捉自己急需的技术知识,这些交流已经超出了一般的市场交易关系,相互之间形成了比较固定的长期合作关系,这种错综复杂的关系就构成了企业之间的研发网络。相对于普通的市场交易,研发网络能够使纳入这个网络的企业很快以较小的成本获得自己急需的技术或研发信息。随着企业跨国合作的普及,我国境内的外资企业不断增多,以及外资企业生产、研发活动的不断本地化,我国空间上与之毗邻的相关企业开始逐步纳入到它们的研发网络中去。这些企业通过与国外著名公司合作获得技术帮助,使自己的技术水平得到很大提高。

（2）技术联盟

技术联盟在企业研发合作中有着重要意义。企业通过与其他公司共享技术资源,一起参与研发活动以有效实现技术创新的共同目标。通过联盟这种资源双向流动、组织松散的形式,合作双方可以共享彼此的研发资源,获得自己所需要的知识,形成自己的核心技术,使合作各方利益都得到保证与发展。虽然中国企业的技术发展水平较低,直接进入世界顶尖企业之间的技术联盟存在较大困难,但中国企业可以通过合资企业这一中介,利用知识与技术的溢出效应来获得合资企业的部分技术。随着我国外资企业研发活动的不断本地化以及我国企业研发水平的不断提高,我国少数优秀企业将逐渐具有参与国际著名企业之间的技术联盟的实力。

研究开发活动同其他生产活动一样,存在最小有效规模的限制。如果企业的研发投入不能达到技术开发的初始规模,则无法有效开展技术创新活动。随着现代科技的飞速发展,科学技术日益向高度化和大规模迈进,巨额投入成为企业研究开发活动的重要特征。如开发一种新药需要约5亿美元,开发新一代记忆芯片需要至少十亿美元,而研制一种新型车的费用通常高达20多亿美元。在航空领域这种创新阈值就更高了,如开发500座的A330型飞机,需要投入80到100亿美元。技术创新的门槛也越来越高了,仅凭单个企业或研究机构的力量已经无法实现,即使是大型跨国企业对现代高科技发展日趋增大的创新阈值也无能为力。此外,技术创新日益依赖众多学科积累发展的结合,尤其是技术边界的相互渗透,技术创新往往涉及多种尖端技术综合开发和组合运用,技术创新的复杂性也使单个企业"望而却步"①。这就要求不同技术领域的公司通过合作区开发新产品。通过与其他企业建立技术联盟，可以聚合各联盟伙伴的研发资源，帮助企业超越创新投入的初始规模、突破技术创新阈值。

（3）技术合资

处在落后状态的企业掌握核心技术的一条有效途经就是技术引进，而实现技术引进的有效方式就是中外合资与合作，技术合资就是几个企业共同出资建立一个新的技术研发企业。将重点放在生产与品牌的合资只能发挥落后企业的劳动力成本优势，对于企业的短期发展十分有益。但是。落后企业很难获得技术上的优势。只有将重点放在技术消化吸收与技术骨干培训的技术合资，才会使合资企业真正拥有自己的核心技术，从而在市场竞争中拥有核心竞争力。因为在以知识为基础的经济环境中，企业获得核心竞争力的关键不再是对普通资产的控制，而是对核心技术的控制。中国部分国有企业通过与国外公司的合资有效提升了自己的技术能力，这在家用电器企业中表现尤为明显。

此外，随着世界产业结构的不断升级调整，为我国接受国外企业的产业转移提供了前所未有的机遇，国外某些行业的研发机构也开始向我国转移，为我国某些企业与之建立技术合资企业提供了可能。

除了上述几种研发合作方式之外，在市场竞争中，国际上不少大企业为了获取垄断技术经常采用技术并购的方式，即通过兼并小企业，获取小企业的技术或者将小企业的技术"扼杀"在摇篮之中，从而使大企业长久的占领已有市场。这是研发合作的极端形式，虽然这样能够为企业带来超额利润，但是却会损害消费者的利益，在很多国家是受到一定限制的。

3. 研发合作与区域经济发展

技术研发是企业经营中的重要内容，拥有核心技术更是企业在激烈市场竞争中保持优势的关键。面对这种竞争格局，中国企业学习和引进国外先进技术的愿望会更加迫切，这种迫切的愿望有助于中国企业通过技术合作来提高核心竞争力。企业之间进行技术合作，对于合作企业乃至区域经济发展影响是深远的。并且技术研发活动外溢效应十分明显，

---

① 沈群红：《国际研发合作对我国的影响》，《国际经济合作》1999年第11期。

企业之间进行研发技术合作,可以有效的使技术外溢内部化。同时,技术相对落后的企业通过与具有先进技术的企业进行合作,一方面可以缩短技术研发进程,实现技术研发上的跨越式发展,另一方面又可以借助外部企业雄厚的技术研发资源优势,低成本的加入区域创新体系网络。此外,与国外企业进行合作,还可以使国内企业的技术研发尽快与国际接轨,有利于企业产品进入国际市场。当然,企业之间的研发合作也可能对区域经济的长远发展带来不利影响。比如造成落后地区对外技术的过度依赖,并且落后地区和发达地区开展研发合作的过程中,可能会在很大程度上强化当地高能耗污染性产业的研发技术和生产能力。这虽在短期能够促进落后地区区域经济的快速发展,但对于落后地区的长远发展和产业优化升级却十分不利。

二、生产合作

当代世界的加工制造在企业生产增值中的比重呈现持续下降的趋势,并且随着市场不确定性的不断增加,以及顾客需求日趋个性化和多样化,致使加工制造业面临越来越多的挑战。市场竞争加剧要求企业做出越来越精确及时的回应,但是随着企业规模的不断扩大和机械化,管理层级臃肿。信息链的冗长,导致企业对于外界环境的变化反应很慢,而相对灵活的中小规模企业实力较弱,很难与大企业的竞争中获得相对稳定的需求市场。因此单个企业很难同时实现有机生产和规模经营,于是,不同规模的企业往往在生产过程中开展合作,通过转包生产、贴牌生产等合作形式实现优势互补。[①]

生产合作是指两个或两个以上国家的企业之间,为了完成某些产品的生产,以合作经营的方式,在生产过程中,充分发挥合作各方的有利条件,利用自己在某些方面的优势来承担不同的生产任务,共同生产某项产品。生产合作是契约式合营在生产领域的具体表现。

1. 国际生产合作概况

随着国际分工的深入发展和世界经济一体化进程的加快,生产合作正在逐渐成为企业之间开展合作的重点。为了完成某项产品生产,不同

---

① 贾若祥等:《企业合作与区域发展》,科学出版社 2006 年版,第98页。

规模的企业承担能够发挥自己专业优势的生产任务,它们之间进行密切合作,大大提高了企业生产效率。除此之外,企业在生产过程中还往往和原材料采购、营销、售后服务、研发设计等企业进行密切合作,不断拓展企业合作链条。目前,企业生产合作呈现横向延伸和纵向扩展的两大趋势。

2. 生产合作的形式

在跨国企业的合作过程中,产生了很多合作形式,并且在企业不同生产环节,其合作形式也不尽相同。在这里将生产合作具体分为转包生产,贴牌生产和劳务合作几种形式。

(1)转包生产

转包生产就是通过层层承包将大企业所需要的中间产品移交给众多的中小企业生产制造,以此形成的大企业与中小企业之间相互联系、相互合作的一种制度①。在生产过程中,很多工业企业,小至家用电器制造业,大至汽车、飞机制造业,所用到的技术不仅包括机械制造技术,而且还包括电子技术、信息技术等相关技术。其产品所使用的材料也涉及金属、合金、塑料、橡胶、玻璃、复合材料等多种材料。任何企业不可能独立生产所有的零部件和配套装置,最经济、最简单的做法是企业掌握最主要的生产工艺生产关键设备及零部件,其他零部件及配套装置则转包给专业制造企业生产,转包生产已经成为现代工业生产中的一种重要生产合作方式。

目前,市场竞争日趋激烈,企业要使自己的产品在市场中占领一席之地,就要不断加强生产管理和成本管理,是产品具有价格竞争优势。转包生产既发挥了大企业的品牌优势和技术优势,又发挥了中小企业生产灵活的优势和专业化程度高的优势,两者合作成为加工制造企业在市场竞争中提高产品竞争力的重要手段之一。

(2)OEM 生产

OEM(Original Equipment Manufacture),即通常所说的定牌生产或贴牌生产。具体说,OEM 生产就是具有完善市场销售网络和良好信誉的品牌企业,出于降低成本,增加产量的需要,通过订购委托其他同类产品厂

____

① 何斌:《日本转包制对我国中小企业的启示》,《中小企业信息》2000 年第 3 期。

家生产,并直接贴上自己品牌商标的生产模式。早在计划经济时代,我国企业就开始采用此方式与其他企业合作。随着我国对外开放不断向纵深发展,OEM 成为我国产品进入国际市场的主要方式之一①。之所以有很多企业采用 OEM 生产方式,是因为品牌企业(委托方)可以在短期内通过 OEM 的方式迅速形成新产品产出能力,降低企业自身投资扩产风险。而中小企业(被委托方)也可以在 OEM 过程中发挥其生产灵活、成本低廉的优势,从而更容易开拓产品市场。

OEM 运作模式最早是在欧美国家建立起来的,但是作为一种世界范围内的普遍现象,是电子产业大发展起来以后才逐步形成的。OEM 是市场细分的一种必然结果。中国家电业自 20 世纪 90 年代开始采取 OEM 方式组织生产后,成效显著,目前全国约有 80% 以上的家电企业不同程度的开展 OEM 合作。特别是在 2001 年和 2002 年全国家电商品科技经济情报中心联合有关单位在广州举办了两届家用电器 OEM 合作洽谈会后,家电中的定牌生产合作又上了一个新的台阶。作为商业时代的一种"共存双赢"发展模式,它改变了原有的市场游戏规则,使企业由原来的对立型竞争转变为合作型竞争。

(3)对外劳务合作

我国劳动力资源丰富、成本低廉,劳动力成本约为美国的十分之一。于是国内的一些生产企业通过对国外相应企业输送劳动工人,建立劳务合作关系,在缓解本企业就业压力的同时,也为企业赢得一定收入。这些劳务工人在国内和国外经过短期的培训后成为国外公司的工人,虽然其劳动收入比国内企业工人的收入要高,但是相对于其公司所在国家的工人收入来说,他们的收入水平仍然是比较低的。目前,我国的纺织企业和建筑行业中的不少企业存在这样的劳务合作,其主要合作对象主要是日本、韩国等亚洲国家。

国外的加工生产企业一般需要具有一定技能的技术工人,因此,劳务合作较多的省份主要集中在我国的沿海地区相对比较发达的省份,这些省份工业基础较好,具有相对熟练并具有一定技能和文化知识的劳动工

---

① 徐源:《OEM 是馅饼还是陷阱》,《新企业》2002 年第 1 期。

人,与国际上发达国家的劳动工人相比较,他们的工资水平较低,具有一定的国际竞争力。从我国对外劳务合作金额看呈现逐年递增的趋势,并且主要集中在亚洲地区,特别是和我国毗邻的日本、韩国以及中国香港、澳门和台湾等东亚和东南亚地区。与欧洲、北美洲、非洲、拉丁美洲等国家的劳务合作相对较少。由此可见劳务合作在当前时期与地理的毗邻具有密切关系,空间距离越近,人们的生活习惯也就越接近,越有利于开展劳务合作。

3. 生产合作和区域发展

制造业是我国国民经济的主导部门,改革开放以来得到迅速的全面发展。在 20 世纪中国成为世界的“制造工厂”,中国加工制造企业的优势得到进一步发挥,企业之间在生产方面的合作也日益频繁,并对企业和区域经济发展产生了重要影响。

(1)促进中小企业发展

20 世纪 90 年代后期以来,许多工业产品生产能力相对过剩,普遍出现买方市场的经济背景下,市场竞争日趋激烈,企业发展的压力不断增大,特别是中小企业的发展空间更是受到很大的限制,特别是我国加入WTO 以后,中小企业不仅面临国内大企业的竞争,还要应对国外企业的竞争,通过企业之间的生产合作,特别是企业之间的转包生产、贴牌生产的等生产合作,中小企业仍然可以凭借自身管理灵活、生产成本低的优势获得发展,成为拉动区域经济发展的重要力量之一。同时企业之间的转包生产和贴牌生产,还可以帮助中国企业产品顺利进入国际市场。在改革开放的初期,我国东南沿海地区的很多中小企业就是靠为国外企业做转包生产而迅速发展起来,后来,有些企业又为国外的企业做贴牌生产。到目前为止,靠为国外企业做贴牌生产的企业仍然很多。

(2)有利于区域技术水平的提高

落后地区的企业通过转包生产或 OEM 生产的方式与发达地区企业甚至国外企业进行生产合作,可以在合作的过程中学习先进地区企业的生产制造技术和工艺。随着合作的不断深入,落后地区的企业甚至可以参与到发达地区企业产品的研发与设计中去,从而使落后地区企业的生产技术水平获得很大提高。同时,在转包生产过程中,下包企业可以发挥自己的专业优势,集中力量发展自己的专门技术,使自己的技术不断与大企业和国际标准接轨。在转包生产和贴牌生产的过程中,委托方往往对为自己做转包生产和贴牌生产的企业产品有着严格的质量控制标准,以维护自己品牌的市场信誉。因此在转包生产和贴牌生产过程中,转包生产和贴牌生产企业不得不加强产品质量控制标准,再加上委托方对自己必要的技术指导和帮助,使从事贴牌生产企业的技术水平在较短时间内有快速提高。有时候甚至在为别人做贴牌生产的过程开创出自己的品牌并进行市场销售,让其他企业为自己做转包生产和贴牌生产。

(3)有利于大中小企业协调发展

企业之间进行转包生产或 OEM 生产合作,可以发挥大企业和中小企业各自的优势,形成大中小企业协调发展的良好格局。中小企业一般规模小,组织结构简单,运行机制灵活,管理成本和生产成本低。可以高效率生产出多样化产品,在生产那些需求量不大但是需求变化很快的产品时比大企业更有优势。其次,对于大企业来说,实行转包生产和贴牌生产可以避免新建或扩建工厂所需要的大量资金和设备投入。发包企业只要通过改变转包或贴牌生产企业的数量就可以应付市场需求的变化,从而提高生产供货的灵活性,降低了闲置生产能力的机会成本。另外,对于中小企业来说,通过接受大企业的转包和贴牌生产任务。可以进入单靠自己的能力无法进入的特定市场。此外,发包商以机械设备形式的投入资金使承包商既可以获得资金支持又可以获得技术指导,通过企业之间的生产合作,大中小企业之间可以形成相互合作的生产体系。

(4)有利于发挥落后地区劳动力资源优势

落后地区有丰富的劳动力资源,但是劳动力素质低,不能满足高新技术企业对人才的需求。但是,这些劳动力经过短期培训后,可以胜任对知识水平要求相对较低的生产组装工作。由于劳动力价格比较低廉,有利于组装型企业降低生产成本。面对激烈的市场竞争,降低生产成本可以明显提高其产品市场竞争力。因此,一些企业根据劳动力成本最低的原则,跨区域甚至在全球范围内开拓发包业务,将企业生产中技术成熟、对工人技能要求较低的组装加工部分转包给落后地区的企业,有的甚至直接委托落后地区生产技术相对成熟的企业在自己做贴牌生产。此外,还有一些企业与国外一些相关企业建立长期的劳务合作关系,为这些企业输送廉价熟练工人。劳务合作不仅降低了发达地区企业的生产成本,也从一定程度上缓解了劳务输出地区的就业压力,并为劳务输出地区培训了大量技术工人,为以后的产业发展奠定了良好基础。发达地区的企业通过转包生产、OEM 生产等形式可以将低附加值的生产环节转移到落后地区的企业,这即为落后地区的企业提供了发展的空间,又能够降低发达地区企业的成本,充分发挥两者的优势,获得联合效益。

三、销售合作

随着人们需求的日益多样化以及相对过剩经济时代的到来,市场竞争也日趋激烈,在这样的市场环境下,企业如果仍然固守原有的营销观念和营销方式将难以生存和发展。合作营销作为一种新的营销方式,近年来越来越受到企业界的重视并被逐步推广开来,取得了良好的市场效果。合作营销是以合作竞争作为基本指导思想,认为企业营销是一个与消费者、竞争者、供应者、中间商及其他营销机构进行有效合作的利益共享过程。合作营销既突破了传统营销观念的约束,又把握住了现代市场竞争的特点,被西方舆论界视为是"对传统营销理论的一次革命"[1]。企业之间通过营销过程中的合作,形成了相对固定的合作伙伴关系,并结成集生产商、供应商、销售商于一体的综合合作网络,对区域经济发展产生了重要影响。

1. 国际营销合作概况

经济全球化和竞争形势的变化使企业开展营销合作成为必然。经济全球化是世界各国在全球范围内的经济融合,表现为资本、人力、劳务、商品、信息、技术、知识等生产要素在全球范围内的流动和整合,且范围不断扩大。经济全球化由市场一体化和生产一体化两个主要部分组成,随着国际市场一体化程度的不断提高,经济全球化为许多国家的企业提供了更大的销售市场空间。在经济全球化背景下,国际间各种显性关税壁垒明显减少,但各种技术标准和质量标准等隐性壁垒相应增加,使得企业在开展国际营销活动的时候,往往要经过合作的方式才能够更好地满足各种技术和质量标准等隐性壁垒的要求。

目前国际市场包括 160 多个国家,拥有 50 多亿人口,20 多万亿美元

---

① 方家平:《合作营销:营销观念的革命》,《经济师》2001 年第 2 期。

的国民生产总值,无论是近期的有效需求还是长远的潜在需求都是巨大的,这使得传统的局限于规模有限的地域市场或特定行业的销售活动出现了新变化[①]。一方面,企业间可通过营销合作分享巨大的全球市场带来的好处;另一方面,在经济全球化的背景下,企业间可通过营销合作,使资本进一步集中,企业规模日益增大,实现规模效益。目前,大企业间的竞争尤其是跨国公司间的竞争成为国际市场竞争的主要类型,大企业实力雄厚,要想在营销竞争中击败对手并非容易的事情,往往造成两败俱伤。因此,经济全球化时代的竞争将是在合作基础上的竞争,合作已经逐渐成为目前国际上企业营销的基本战略。

2. 合作营销的形式

合作营销的方式多种多样,从不同的角度看有不同的分类标准。本书从生产链的角度,将合作营销分为纵向合作营销和横向合作营销两种主要形式。

(1)纵向合作营销

纵向合作营销是指生产企业、供应企业、批发企业和零售企业联合对生产企业的产品开展销售活动的行为,它是企业通过向上和向下整合自己的价值链而获得整体收益的一种合作行动。企业通过向上和向下整合延伸自己的价值链,不仅可以使生产企业更好地获得产品的市场需求信息,使生产企业及时调整生产设计方案,而且可以使生产企业充分利用合作企业既有的营销网络,更好地开拓和占领市场。同时,企业之间通过纵向的营销合作,还可以减少市场交易过程中的不确定性和波动性。具体来说,纵向合作营销可分为特许经营和销售代理制两种主要形式。

①特许经营

特许经营是生产企业将自己的产品制作技术、无形资产、管理方式、经营诀窍以及教育培训方式等传授给销售商,准许销售商按照双方协议规定从事供方企业同类活动的一种制度,特许经营被称为是继百货商品和超市以后的第三次商业零售业中的革命[②]。在从事特许经营的企业

---

① 何振:《我国企业开展合作营销的思路》,《企业经济》2002 年第 4 期。
② 姚莉:《中小商业企业快速发展的经营新形势——特许经营制》,《商业研究》2003 年第 2 期。

中,有些既是生产商,又是销售商,但是他们之间的合作是以销售合作为主要内容。特许经营的供方称为授权人或特许人,需方称为接收人或受许人,其核心是基于契约的特许权转让,并在此基础上形成超越一般市场关系的密切往来。特许经营开展的基础是特许人将自己成功的经营模式及独特的商品、商标进行组合并转让给受许人。对于特许人而言,选择特许经营可以很快扩大自己的品牌市场,并且还可以获得特许收益。对受许人而言,选择特许经营可以节省自己从头做起的探索成本和降低经营风险,依靠特许人的知名品牌可以很快开拓市场。这种合作方式对目前我国中小企业而言不失为一种较为适宜的经营方式。

②销售代理

在市场经济中,代理制是一种常见的营销方式,是典型的生产企业与销售企业进行纵向合作的模式。销售代理制是指销售商通过合同契约形式与制造商订立代理协议,收取一定的代理费用,取得销售权,从而形成长期稳定合作关系的商品流通形式。尽管世界各国的销售代理制度差别很大,但是他们之间仍然存在一些共同的东西。首先,销售代理公司和生产制造企业都是独立的法人,他们之间不具有相互隶属关系。其次,销售代理公司和生产制造企业之间具有密切的销售合作关系,这种关系是靠具有法律效力的经济合同来维持并超越了一般的市场交易关系,因为生产企业和代理企业之间要经常相互反馈有用信息,以便于共同改进和提高。对于销售代理公司来说,在销售代理产品时要严格执行制造商的商品限价,一般只能在限价内上下浮动而不能随意超过。还有,生产制造企业要向代理公司支付一定数额的代理费用。一般情况下,代理公司按照销售额或者采购额的固定比例提取一定费用,对所代理销售或采购的商品一般不具有法律上的所有权,不用承担市场风险,只是承担在销售过程中发生的费用,大大降低了市场风险。

(2)横向合作营销

横向合作营销是指两个或两个以上的独立营销企业进行平行合作、统一资源、共同规划、共同开发新的市场营销机制。具体来说,横向合作营销有捆绑式销售和共享销售渠道这两种主要方式。

①捆绑式销售

捆绑一起式销售是指两个或几个产品(服务)上存在正相关关系或

互补的企业一起采取营销措施对其产品同时进行营销。进行捆绑式销售的两个或者多个产品必须相互关联,并具有正相关关系,即一种产品销售量的增加,可以带动另一种产品销售量的增加。毫无关联的两种产品和两种存在负相关关系的产品是无法进行捆绑式销售的。此外,进行捆绑式销售的两个或多个产品的生产企业处于平等地位,都是独立法人,相互之间没有从属关系。捆绑式销售不同于赠品促销,赠品促销是有一个品牌产品作为主体,另一个或更多的产品处于附属的被动地位。而捆绑销售则不同,它是两个或多个品牌产品处于平等地位,在市场销售过程中相互推广,把整个市场做大,达到"双赢"的目的,获取联合效益。

②共享销售渠道

企业有时候经常通过共享销售渠道的方式进行合作。在很多时候,共享销售合作是为了获取对方技术、资金或其他方面的帮助。如乐凯和柯达的合作就是乐凯以市场换技术,而柯达以技术换市场的合作。乐凯胶卷在 20 世纪 80 年代末开始生产民用彩色胶卷,并很快成为知名品牌,虽然在供家庭使用方面与柯达、富士没有太大区别,而且还有价格优势,但是在专业摄影方面和放大尺寸时,胶片的粗"颗粒"问题就比较突出。而柯达虽然有技术上的优势,但是在开拓中国市场的时候,在营销网络建设和市场熟悉程度方面不具有优势。乐凯要改变自身劣势,只有从提高胶片质量着手。因此,引进国际知名厂商的生产技术就显得至关重要。柯达要扩大中国的市场,就要不断健全和完善自己的营销网络,而借用乐凯已有的健全营销网络和熟悉国内市场的优势则可以为自己节省大量资金和时间。乐凯和柯达各有自己的优势,也各有自己的不足,两者有一定的互补性,经过近十年马拉松式的合作谈判,双方终于 2003 年确立了为期 20 年的战略合作伙伴关系。根据合作协议,柯达将向乐凯提供广泛的技术支持,范围包括民用彩色胶卷、彩色相纸和数码彩色相纸等,乐凯则和柯达一块分享自己的营销渠道。

3. 营销合作和区域经济发展

营销是企业经营中的重要环节之一,而且可以拉动生产、研发等环节的发展。企业之间开展营销合作,不仅可以促进企业的发展,而且能够拉动相关产业的发展,从而对于企业所在地的区域经济发展产生重要影响。

(1)开拓新市场,培育新的经济增长点

在全球化背景下,特别是随着信息经济和知识经济的到来,国际经济一体化和区域集团化进程促进了资本要素的全球性和区域性流动,资本和劳动力等生产要素的空间流动增强。但是,我国各地区之间市场分割仍比较明显,企业的某项产品进入新的区域市场,不仅要进行巨额投资营建自己的销售机构。还要面对不熟悉市场和各种壁垒的限制,生产制造企业通过与销售企业进行合作,采取销售代理、捆绑式销售等不同的合作形式,可以发挥销售企业的营销优势,很快使自己的产品进入新市场。有的大型企业特别注重自己市场营销网络建设,自己拥有健全的营销网络,别的同类公司与其进行营销合作,可以利用其健全的销售网络推销自己的产品。如乐凯除了青海、西藏、海南以及中国台湾等少数几个省份外,几乎在全国各省市区都有自己的营销网点,柯达公司通过与乐凯进行合作营销,可以很快借助乐凯几乎覆盖全国的营销网点快速开拓市场。乐凯也在销售合作中进一步健全自己的营销网络,促进其营销网点的进一步发展。

(2)实现区域生产要素互补

营销合作不仅能为企业开拓新市场提供便利,更重要的是能够拉动企业在其他方面的合作,实现区域生产要素互补与整合,从而促进营销合作区域经济快速发展。一些外资企业进入中国,由于不熟悉中国的市场和政策,而且在中国也没有自己的营销网络,单独开拓市场往往面临一定困难,但是他们可以与国内相关企业进行销售合作,充分利用中国企业及其已有的销售网络了解地方市场行情和相关国家优惠政策,弥补其营销方面的劣势。于此同时,国内企业可以获得国外企业资金或技术上的支持,为区域经济发展注入新的动力,在发挥国内企业营销优势的同时,也弥补了国内企业资金技术方面的优势,通过营销合作可以实现了不同区域生产要素的互补,取得联合效益。

(3)区域市场丢失

营销合作对于区域经济的发展并不是有百利而无一害。在进行营销合作的过程中,中国企业在合作初期往往可以获得技术或资金上的支持,但是,当外国企业的产品逐步占领中国市场并且熟悉中国的市场行情后,外国企业凭借其雄厚的实力、成熟的营销方式和手段,往往对于中国的企业造成很大的冲击,使中国企业在市场营销方面往往处于劣势地位,产品市场往往不断萎缩,有的甚至逐渐退出市场。如果在营销合作过程中本地企业缺乏必要的主动地位,经销合作将会对本地企业的营销网络及长远发展造成很大的压力。与国外强势企业进行销售合作,中国的企业在合作初期可以得到技术资金的支持,甚至还可以共享强势企业在国外的营销网络,在合作初期对于企业有很大帮助。

(4)对于营造区域品牌造成一定压力

随着我国社会主义市场经济体制的不断完善,品牌已经成为企业的重要资源,从某种意义上说,我国企业已经进入品牌竞争时代。在品牌价值评价中,品牌价值与销售收入的比例最能够反映品牌的市场影响强度。根据有关部门对世界最有价值品牌排名研究,他们品牌价值与销售收入的平均比例为1∶1。但是,这种比例在不同的行业中有不同的情况,越是快速消费品,其比例越高;越是规模性行业或者产品单价高的品牌,其比例越低。企业之间进行营销合作,如果企业实力相差很大,弱势企业虽然在合作初期可以受到资金或者技术上的支持,对区域经济发展有暂时的帮助,但是当强势企业熟悉了当地的区域市场后,往往开始在营销方面占据主导地位,如果两者是生产相互竞争性产品的企业,则会对弱势企业造成很大的排挤,严重影响当地区域品牌培育和进一步巩固。①

四、资金合作

经济发展是一个不均衡、连续的动态过程,经济增长总是最先发生在那些具有相对比较优势的地方,然后逐步扩散到其他地方。正是由于经济发展的非均衡性,导致不同区域对资金的需求必然不同,因此可能出现区域之间资金供求的不平衡,这就为跨地区金融合作提供了现实的经济基础和现实需求。②

与其他几种合作相比,资金合作这种形式更加密切。在与国外企业进行资金合作的过程中,不仅可以获得国外的资金方面的支持,而且看学习国外先进的企业管理经验,共享国外企业的营销渠道,极大地推动了我国区域经济的发展,并且为我国企业产品开拓国际市场提供了契机。此

---

① 贾若祥等:《企业合作与区域发展》,科学出版社 2006 年版,第 126-129 页。
② 中国人民银行南昌中心支行那个课题组:《区域金融合作相关问题研究》,《南方金融》2006 年第 12 期。

外,企业进行资金合作,不仅仅是为了获得资金上的支持,而是希望通过资金合作的方式来获得对方技术上的帮助,提高企业的技术水平。我国部分企业通过与国外公司建立合资公司,不但获得了国外公司在资金方面的支持,更重要的是在资金合作的过程中获得了国外公司的技术帮助,使合资公司形成了新的技术能力,这在家用电器等行业表现的尤为明显。如熊猫集团在与摩托罗拉、夏普、爱立信和 LG 等著名企业的合资中,发展了网络知识,有效的提高了公司的知识水平和市场价值。

1. 国际资金合作概况

随着国际竞争的不断加剧,许多公司采用资金合作的方式进入新市场、获取知识、分散风险和分享资源,其中合资企业就是企业进行资金合作的一种重要形式。合资企业被普遍认为是国外直接投资的主要方式,根据 Makino 统计,日本在亚洲制造业的投资 70% 都是采用合资企业的方式。尽管企业间的资金合作比较普通,但是由于要协调各出企业之间的发展目标,避免在合资企业内部形成新的竞争者,这要付出一定的成本,从而使参与资金合作的企业具有一定的不稳定性。有的学者通过对国际上的合资联盟进行实证研究,发现在被调查的 49 个联盟中,有 24 个被认为是失败的,资金合作的不稳定接近 50%。麦肯锡公司和库柏·里布兰公司的独立研究指出,70% 的合资企业没有达到预期的目标甚至被解散,合资企业的平均寿命还不到协议合作实践的一半[①]。Bleek 和 Ernst 认为,即使是成功的资金合作,随着企业的不断发展,这种合作也往往会随着企业之间地位关系和产业导向的不断变化而可能终止。当然,也有一些企业之间的资金合作能够维持较长时间,并且通过资金合作是双方的竞争能力都有所加强。

2. 资金合作的形式

随着现代企业制度的建立,企业之间的资金合作主要通过股权的不同安排来实现,股份持有成为企业之间进行资金合作的一种重要形式,通过企业之间的股份持有,即资本结合,企业间的合作关系会更加紧密。从合作形式上看,资金合作分为成立新实体和不成立新实体两种基本形式。

---

① 赵鹰:《中外合资经营企业的现状与发展空间》,《上海企业》2003 年第 3 期。

企业之间通过等股权合资或者不等股权合资,可以成立新的实体,即合资企业。此外,企业也可以不成立新的实体,而只是通过股权参与的形式进行资金合作。

(1)成立新实体

成立新的实体就是合资双方共同出资成立新的合资企业,双方在此基础上风险共担、利益共享。合资企业一般呈现两种主要形式:等股权合资和不等股权合资,在更多的时候,企业之间采取不等股权合资的形式。

①等股权合资

等股权合资就是出资成立合资企业的双方共同拥有合资公司同等数量的股权,以寻求在合资过程中的平等地位。在企业进行合资合作的过程中,很多企业出于自身发展的考虑,或者受国家政策的限制,往往要在股权上保持一定的优势,以期获得对合资企业的控制权,因此等股权合资的例子非常少。但是从理论上讲,等股权合资可以有效平衡双方的权利,防止强势企业对弱势企业的控制,有利于合资企业长期稳定发展,是合资企业中一种比较理想的模式。

②不等股权合资

在大部分情况下,受企业所在国家有关政策以及企业自身发展的影响,很多合资公司都是以不等股权合资的形态出现。在不等股权合资的企业中,又可以分为中方控股和外方控股两种形式。控股权背后是对企业资源的支配权,进而主导企业的产品、管理、市场和未来,甚至企业的存亡。当企业发展到一定规模,竞争深化到一定阶段时,控股权显得尤为重要和迫切。合作公司间的竞争最后就是控股权之争,谁掌握了控股权,谁就掌握了资源与市场,掌握了企业发展的未来。因此,很多外资企业目前都在我国政策的许可下努力增加自己在合资企业中的控股权。

③不成立新实体

企业在进行资金合作的时候,有时不成立新的实体,而是通过股权参与的方式与其他企业建立合作伙伴关系。通过企业之间的股权参与,合作企业之间相互(或者单方)持有对方股权,从而使双方的利益紧密联系在一起。通过这种资金合作方式,企业可以在保持自身利益的同时,实行优势互补。如柯达公司为了更好的开拓中国胶片市场,积极向乐凯提供技术支持,乐凯集团则将乐凯胶片20%的股权转让给柯达子公司,并且柯达承诺获得20%的股权后不吸纳市场流通股。柯达通过参股的形式，可以更好地利用乐凯在中国的营销渠道。乐凯则通过掌握控股权，在合作过程中不仅获得了技术帮助，还保住了自己的品牌。

3. 资金合作和区域经济发展

在企业不同的合作方式中，资金合作是企业之间最紧密的合作形式。企业之间一旦进行资金合作，两者之间的利益就息息相关，合作企业将会更加关注对方的发展，合作也将会更加紧密。这些企业往往在一个区域形成合作网络，或者形成跨区域合作网络，对企业及区域发展经济发展产生深刻影响。我国从1979年开始改革开放到现在有30年的时间，外国公司在经历了等待与观望到大规模登陆中国也有10多年的时间，合资企业作为企业资金合作的一种主要形式风靡了整个跨国公司的对外直接投资[①]，对我国的区域经济发展产生了重要影响。然而合资企业终究只是跨国公司进行战略扩张的一种中介工具，它既可以为区域经济发展带来资金、技术和先进的管理经验，促进区域经济的快速发展，有时候也会对区域内的企业产生一定的冲击，给区域经济的长远发展带来一些负面影响。

（1）融集发展资金

20世纪80年代以来，以企业合资形式大量流入中国的外资，成为推动中国现代化建设发展的重要动力，成为中国在现代化"起飞"阶段的刺激因素，弥补了我国现代化建设中的资金缺口。外资的大规模流入，必然有一部分投资转化成为国内采购，从而会增加外汇市场的供给，在进口增长仍然存在一定外汇压力的条件下，有利于稳定汇率和增加外汇储备。以资金合作形式流入的外资，增加了区域企业的资金投入，弥补了企业的资金不足，有助于盘活存量资产。我国东南沿海很多区域，合资企业对于促进区域经济的快速发展起到了很大作用。从空间分布看，外商直接投资主要分布在我国东部沿海地区。对于资金输入地来说，外商直接投资为当地经济发展注入了大量资金，缓解了当地经济发展的资金压力，培育和发展了很多合资企业，对当地经济发展起到了很大的促进作用，扩大了

---

① 王伟光：《中国合资企业现存问题与对策》，《中国流通经济》2000年第3期。

资金市场外围,获得了很大的市场收益,对于当地经济发展也有促进作用。

(2)拓展市场范围

企业之间进行资金合作,不仅能够为区域经济融集发展资金,而且可以为区域企业产品开拓营销渠道。特别是通过与国外名牌企业建立合资企业的形式拓展市场,成为我国某些地区企业进入国际市场的主要方式之一。在于国外企业进行资金合作,尤其是成立合资企业的时候,中国企业的产品往往可以借助国外企业完善的营销网络开拓国家市场。同时,通过建立合资企业,可以借助外资改造现有企业,提高其产品的质量和档次,增强了其产品在国际、国内市场的竞争力,促进了出口。目前,我国不少劳动密集型企业,通过与国外企业建立合资企业,合资双方实现了优势互补,并极大促进了我国企业所在地区经济的快速发展。

(3)引进先进技术和管理方式

企业之间进行资金合作,不仅能够引进国外资金,而且还可以引进国外的先进技术和管理经验。成立合资企业以后,合资企业的先进技术和管理经验具有扩散效应,会对附近企业产生示范带动作用,促进附近或相关企业技术水平的提高和经营管理机制的转换。与外国企业合作建立合资企业,在很大程度上不仅仅是为了引进企业发展急需的资金,更重要的是由于企业的经营管理机制比较落后,难以有效整合企业内的既有资源和企业外可以利用的资源。另外,国内企业的产品质量控制明显落后于国际上的同类企业,也在一定程度上制约了我国企业产品顺利进入国际市场。通过建立合资企业,我国企业可以直接借鉴和吸收国外先进的管理经验,推行人事、分配、用工制度改革、建立现代企业制度,从而大大提高了企业的经营管理效率,增强企业在国际市场上的竞争力。

(4)提供就业岗位,促进区域人才结构升级

随着合资企业生产和管理的不断本地化,合资企业不仅要在国内采购相当比例的原材料,还要直接在国内招聘一定数量的员工,可以在一定程度上缓解合资企业所在地的就业压力。从统计资料上来看,1995—2004年期间,国有单位的从业人员数目呈现逐渐下降的趋势,而外商及港澳台投资单位的从业人员却呈现出稳步上升的趋势。尽管合资企业的从业人员在全部从业人员中的比例仍然很低,但是对于合资企业所在地

来说,其所提供的就业岗位对于缓解当地就业压力仍然起到了十分积极的作用。

5.2 企业跨国合作与生产贸易链之间的互动关系

在区域经济一体化过程中,有的地区形成了明显的相对发展优势,有的地区形成强大的贸易能力,而有的地区具有强大的生产能力,相关地区亦将显现出各具特色的生产贸易发展实力与潜力。然而,如果区域内贸易与生产之间还只是处于一种松散的、没有约束的状态,缺少应有的紧密性和保障性,仍然会致使生产和贸易两者的相互支撑没有达到最好的状况,发挥不出各自的最大机能。这非常不利于我们有效推动区域经济整合、培育区域经济竞争力、加快融入世界经济一体化的进程。因此,有必要在区域内构建一个具有制度性质的、稳定的、生产贸易一体化的生产贸易链,使得区域内的贸易与生产更紧密地有机结合起来。而企业合作在区域经济协调发展中的地位愈来愈重要,通过构建生产贸易链是推进区域间企业合作的重要手段。

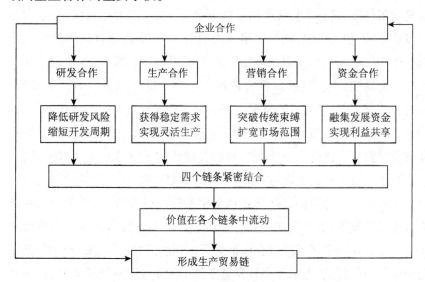

图5-2 企业合作与生产贸易链优化互动关系机理

5.2.1 企业合作促进了生产贸易链的形成

在整个商品经济社会中,生产和贸易在其中扮演了重要的角色。可以说,整个市场都是由这两大部分延伸而来。生产创造价值,贸易实现价值,二者是紧密联系起来的两个环节,共同实现整个价值链的增值。在商品经济社会的发展初期,生产和贸易是由一个厂商单独完成,后来随着社会分工的出现,生产和贸易才被分开,由单独的生产商和贸易商来完成。但是毫无疑问,这两部分仍然紧密的联系在一起。贸易商的基础在于高质量的商品,只有产品有保证,贸易才得以正常运行,才能发挥出最大的机能;而生产商必须依靠强大的贸易能力才能使产品走向市场,实现自己的价值。如果这些企业之间互相开展合作,建立起生产贸易一体化紧密结合的贸易体系,那么就可以发挥出各自的优势,促进生产贸易链的形成,使各自的机能都发挥到最大,自然带来了价值增值。

由于在生产贸易链条件下,企业之间的合作都是跨区域活动。不同区域不同企业各自的情况不同。发达地区的大型企业由于其经营规模大、资产质量高、经营效益好,其融资相对容易。但是,落后地区的企业由于其所处的经济发展环境相对偏弱,尽管其经营效益好、资产质量高,但由于其规模有限、资信评级相对较低,获得融资难度较大。特别是在生产贸易链条件下,具有贸易优势的终端企业往往效益最好,且这类企业大多在发达地区;相对来说,依赖价格低廉的劳动力、靠近原材料出产地从而具有生产优势的企业大多在落后地区,尽管其资信评级较低,但由于其处于生产贸易链条上,其还款能力依赖生产贸易链终端企业的产品结算。在这种情况下,如果与生产贸易链终端企业开展资金方面的合作,那么终端企业将会及时结算,上游企业的还款是有保证的,同样也能够使上游企业获得融资。也许终端企业所在地的金融机构了解这一生产贸易链条,愿意给予上游生产企业融资,但由于行政区划限制,这一可能性被大大降低。上游生产企业更多是从所在地金融机构取得融资,如果企业之间没有合作的情况下,上游生产企业往往由于经济实力较弱而难以获得金融支持。如果在一个区域经济合作框架下,企业之间进行研发、资金等方面的合作,这样就能够考虑生产贸易链条件下的企业融资地位差异,这一问题就容易得到解决。[①]

5.2.2 企业合作延伸了生产贸易链的形成

随着全球产业结构的不断的优化升级,一些发达地区和新型工业化国家也加速了对外转移低端产业的脚步。由于中国具备劳动力资源丰富且成本低廉以及相当规模的制造业基础等承接国际产业转移的有利条件,由此促使着国际产业以加工贸易链为主要形式不断向中国延伸,从而为我国加工贸易发展提供了更广阔的空间。[②]

生产贸易链是一个整体,环环相扣。我国的区域发展极为不平衡,很多地区具有自己特有的优势,反映在生产贸易链上就是在生产、加工、营销等方面的链节。在进行跨国企业之间的合作以前,生产贸易链局限在国内有限的资源内,生产贸易链也相对较为短,增值率较低。进行跨国企业的合作可以延伸生产贸易链,利用国内不具有的一些资源,把生产贸易链延伸到国外一些有资源优势的地区。这样就在无形中不断对生产贸易链产生了价值增值。加工贸易企业通过深加工结转、外发加工,以及原材料和零部件从国内的供给,从单一的企业向多企业的联合生产深加工的方向转变。这一过程包括研发合作、生产合作、营销合作、资金合作等各个环节。对于国家来说,在地区内加工贸易的环节越多,形成的产业链就越长,继而带来的国内增值率就越高,对于国民经济的发展就越有利。

5.2.3 生产贸易链中企业跨国合作的分工

在企业合作与生产贸易链的关系中,我们可以借助"微笑曲线"来分析(图5-3)。

在产业链中,附加值更多体现在两端,设计和销售,处于中间环节的制造附加值最低。微笑曲线中间是制造、组装;左边是研发,属于全球性的竞争;右边是营销,主要是当地性的竞争。当前制造产生的利润低,全球制造也已供过于求,但是研发与营销的附加价值高,因此产业未来应朝

---

① 陶雄华:《生产贸易链条件下企业信用评价体系构建》,中南财经政法大学博士学位论文,2008年3月。

② 张锐:《延伸中国企业加工贸易产业链的思考》,《重庆社会科学》2006年第6期。

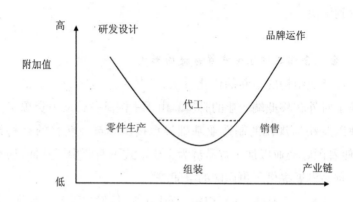

图5-3　企业合作与生产贸易链微笑曲线图

微笑曲线的两端发展,也就是在左边加强研发创造智慧财产权,在右边加强客户导向的营销与服务。

价值最丰厚的地区集中在"微笑曲线"的两端——研发和市场,曲线左端是有技术的知识型企业,随着研发和科技方面的投入,必然能够造成产品增值收益的上升;在曲线右端的是做品牌营销的企业,随着品牌在市场上的推出、销售渠道的建立,产品增值收益也会大幅上升;而弧底的企业则是一些加工组装企业,技术含量很低、产品增值空间小,没有研发能力就只能做代理或代工,利润微薄、市场竞争力弱,即使生产处好的产品,产品周期过了也就只能作废品处理。而且处于这部分的企业可复制性强,没有核心技术,竞争激烈,容易被其他的企业所取代。而目前,我国大部分参与生产贸易的企业处于这个位置。

企业之间进行跨国合作成为了贸易链形成的基础。正是因为企业之间相互开展合作才形成了生产贸易的许多链条。但是在我国,许多企业在与跨国公司的合作中只是承接了"微笑曲线"弧底,即加工环节。这样我国的企业就处于一种很不利的地位,没有核心的技术以及不可替代性,导致在贸易链中的地位变得可有可无。而国外的许多企业由于控制了"微笑曲线"的两端,取得了很大的收益。这样企业之间的跨国合作反而不利于我国企业的长期发展。

5.3 中国与东盟企业跨国合作的实践

北部湾是我国西南地区最便捷的出海口,是继珠江三角洲、长江三角洲、环渤海经济圈之后的第四个重要沿海经济区域。随着中国与东盟经贸关系发展和中国—东盟自由贸易区建设进程的推进。北部湾地区正在形成一个跨省区,跨国界的经济圈——泛北部湾经济圈。企业合作是区域经济发展的重要推动力,是区域经济合作的重要纽带。要实现区域经济在更大范围、更广领域、更高层次的合作,就必须加强不同区域企业更紧密的合作。

泛北部湾港口群目前具有良好的合作基础。首先是政治秩序比较稳定,"和平与发展"成为主流意识形态,泛北部湾各方高层交往频繁,政治互信进一步增强,中国—东盟关系不断发展,经济联系日益紧密,在应对公共安全、维护地区稳定和促进区域合作等方面达成了广泛共识,合作领域日趋广泛,合作机制日臻完善。

5.3.1 广东与东盟的合作

广东——位于中国大陆的南部。东邻福建,北接江西、湖南,西连广西,西南与海南隔海相望,是华南地区、东南亚经济圈的中心地带。且广东毗邻港澳,改革开放经验丰富,经济技术实力雄厚,制造业、服务业及交通运输业发达,是华南乃至中南和西南地区的运输枢纽,形成了强大的对外贸易经济技术基础和商品集散市场。广东与东盟各国在吸引外资,产业结构上存在一定的竞争,但是双方也具有自己的独特优势,在经济水平上也存在一定的差距,因此可以积极开展合作,实行优势互补,共同实现双赢。

广东是凭借自己沿海省区,毗邻港澳等得天独厚的优势,抓住东南亚国家劳动密集型产业转移的机遇,大力发展外向型工业,走出了一条以外源经济为引导的发展道路。随着中国和东盟降低关税的进程不断推进,广东和东盟的关税和贸易壁垒大大减少,便利了广东和东盟的贸易往来。

广东和东盟的贸易取得了非常大的进展,东盟已超越日本成为广东第四大贸易伙伴。

一、特征分析

东盟国家大多以农业和旅游业为基础产业,工业发展水平较低。其中新加坡的工业较为发达,是世界级的大港口、世界物流中心和信息中心。工业化程度高,主要行业是制造业和建筑业。文莱的工业以石油和天然气为主,占外汇收入的90%以上。印尼的工业GDP占到47.6%。以上三个国家的工业水平在东盟国家中式比较靠前的。而泰国、菲律宾、马来西亚的目前的工业水平居中,还有很大的发展潜力。老挝、越南、缅甸、柬埔寨的工业相对落后,基础较为薄弱。

广东的工业发展迅速,从产业结构上看,广东拥有一批有竞争优势的大规模企业,已经成为我国第一工业大省;从进出口来看,广东与东盟国家经济往来密切,进出口贸易频繁,已经成为我国第一出口大省。

二、工业合作发展现状

改革开放以来,广东同东盟的工业合作往来不断。而东盟各国的经济发展水平不同,因此广东要根据各国经济结构的差异来拓宽合作领域。

新加坡已经是发达国家,产业以知识密集型为主,具有高科技发达等优势。广东和新加坡的工业发展阶段不同,各自优势也不一样,具有一定的经济互补性。可以把广东的市场和要素优势和新加坡的国际化优势结合起来,实现优势互补,促进广东的产业升级。

广东作为我国的第一经济大省,拥有大量的能源密集型产业,并且广东现在正处于快速发展时期,对能源的需求也正在迅速增长,但是广东的人均能源资源占有量仅为全国的1/20,远远达不到经济发展的要求。广东的能源80%需要外部供给,其中原煤需要100%的外部供给;越南、菲律宾等国家的矿产资源丰富,印尼是东盟最大的石油产出国,文莱和马来西亚是天然气等能源的重要输出国。这些国家的自然资源丰富,可以与广东进行能源资源合作,满足广东的市场需求,缓解能源压力。广东的工业很大程度上依赖原油和煤炭的供应,如果能与东盟的能源大国建立长期的稳定合作关系,那么广东工业就能更稳定的发展。

5.3.2　广西与东盟的合作

广西南临北部湾,西南与越南毗邻,是中国唯一与东盟既有陆地接壤又有海上通道的省区,具有沿海、沿边、沿江的区位优势。同时处在华南经济圈、西南经济圈与东盟经济圈的结合部,是西南乃至西北地区最便捷的出海通道,也是联结粤港澳与西部地区的重要通道。广西作为连接中国西南、华南、中南以及东盟大市场的枢纽,战略地位突出,开放条件优越,已经成为沿海经济发展的新一极。

一、农业合作

农业合作居中国—东盟自由贸易区十大合作领域之首,同时也是最早受惠的领域。自由贸易区的建成,为中国与东盟各国农业合作打开了一扇机遇之门,更加便利了各方的农产品贸易交流与投资。并且随着区域一体化进程的加速,中国与东盟已经开展了全方位的农业合作与交流,中国—东盟农业"早期收获计划"的实施,使大部分农产品实行了零关税。中国已经与柬埔寨、印尼、老挝、缅甸、菲律宾、泰国、越南和马来西亚8 个国家签订了双边农业合作协定或谅解备忘录。

自由贸易区的启动对广西农业的影响很大。广西处于中国与东盟两大市场板块的结合部分,是中国面向东南亚的前沿。广西的区位优势十分明显。而在中国与东盟"10＋1"的框架下,如何进行农业产业结构优化,实现与东盟合作的双赢模式,已经迫在眉睫。

1. 特征分析

东盟的绝大部分国家都属于亚热带气候,农业人口占全国人口的比重高,是传统的农业国。农业是柬埔寨、老挝、缅甸、越南的支柱性产业,但是经济发展水平较低,以传统农业为主,农业资源丰富,发展空间较大;马来西亚、泰国、印尼等国在东盟属于中等收入国家,农业较为发达;而新加坡,文莱等国家,由于受地理资源的限制,农业占 GDP 比重较小,新加坡甚至还不到 0.1％。

广西是一个农业省区,GDP 的 26％来自于农业,农村人口占全自治区人口的 82％。广西农业现代化的水平较低,但是很多地方采取了农业机械化,应用了农业科学等技术,在传统的农业基础上形成了初具规模的现代农业体系,这样广西的农业既不是完全意义上的传统农业,也不是完全意义上的现代农业,而处于传统农业向现代农业转变的过渡阶段。而且广西各个地市的农业发展水平也不同,经济水平较高的地区农业现代化水平也较高,经济水平较低的地区则现代化进程慢一些。很多地方仍然采取传统的农业方式进行操作,有的甚至占到主导地位。① 广西农业面临的问题重重。

广西与东盟其他国家的气候相近,导致农产品品种相似,存在较大的竞争性;但是同时也在资源、市场和生产加工技术上存在较大的互补性。广西具备面向东盟的农业跨国经营的比较优势。与东盟国家相比,广西糖料、蔬菜、木薯、药材、肉类等劳动和土地密集型农产品优势明显。越南、老挝、柬埔寨、缅甸、菲律宾等东盟国家拥有大量可耕地,农业资源较为丰富,但农业优质种子、资金、生产技术、农业机械和人才十分欠缺,农产品加工规模、深度和水平普遍较低,亟待引进外来投资者合作开发丰富的农业资源。这些国家在地理、气候方面与广西相近,很适合发展甘蔗、木薯、桑蚕等产业,广西有实力的企业可到这些国家购租宜农土地,进行种养业开发合作。在农业产业结构上,广西的农业比重较大,种植业略多,比重高于缅甸和柬埔寨,低于泰国、越南、马来西亚和印尼。林业在广西农业中的比重不大,虽然高于泰国和越南,但却比缅甸、印尼和马来西亚低。畜牧业的比重总体高于东盟国家。广西的稻谷和水果比重和产值低于泰国和越南,而广西蔬菜的比重达到 20.78%,远远大于泰国和越南的 3.7% 和 8.3%。所以,广西与东盟国家的农业产业结构是错位发展的,体现了农业合作的取长补短,相互促进与共同发展的潜力。

2. 良好的合作基础

多年来,广西与东盟国家在农业方面的合作已经形成了良好的基础,积累了丰富的经验,取得了优良的成效。2008 年,广西自东盟进口农产品 3 亿美元,出口农产品 4.3 亿美元。中国已经与柬埔寨、印尼、老挝、缅甸、菲律宾、泰国、越南和马来西亚 8 个国家签订了双边农业合作协定或谅解备忘录。广西崇左市下属的多个县市与越南签订了剑麻、甘蔗等合作种植协议,由中方提供种苗、化肥、技术等,越方提供劳动力和土地,发

---

① 翁乾麟、覃海珊:《现代农业理论与广西农业的发展》,《学术论坛》2009 年第 12 期。

展跨国农业;崇左市还与泰国的糖业公司合作建立的东亚糖业集团,为广西的糖业结构优化做出了贡献;广西的杂交水稻在越南已经大面积的推广种植,并且同时在越南和缅甸进行的杂交玉米等十四个品种有望进入越南的国家品种目录;广西农垦企业集团积极拓展对东盟的农业跨国经营,在越南、菲律宾、柬埔寨、老挝、印尼实施了木薯种植与加工项目,与印尼、越南合作建设甘蔗种植基地和并购糖厂的项目已基本完成;新加坡威尔玛公司选择与广西防城港共同投资组建防城港大海粮油工业有限公司,合作相当成功。

3. 加强广西与东盟农业合作的举措

广西是我国最靠近东盟的省区之一,与东盟国家在气候、资源、经济结构上具有较大的类似性和互补性,而且,经过近几年的发展,广西与东盟的农业对接已有了一定的基础,可谓天时、地利、人和,目前正处于农业合作的极佳状态。推进广西与东盟农业合作包括多方面,当前应抓好如下几方面:

(1)加强政府在合作中的宏观调控

政府在农业合作中主要起舵手的作用,其决策将会影响合作的方向。当前还是要发挥政府的规范作用,加强政府的管理职能,加大干预力度,使当前一般的贸易合作升级为政府间农业合作,把农业合作上升到产业合作的高度。

(2)发展农业企业

除了广西农垦企业集团等少数企业外,广西的农业企业实力偏弱,规模欠缺,资金匮乏,农业生产技术还不够先进,远远达不到发展现代化农业的需要。并且我们对东盟的市场缺乏调研和分析,信息渠道不畅通,跨国经营经验不足,国际营销水平不高。农业的龙头企业是面向东盟的农业跨国经营的主体,应当先选择一批有带头示范作用的大型农业企业予以重点发展扶持,使这些企业承担起农业跨国经营过程中农产品科技开发、加工、流通、贮藏、保鲜、运输、销售和市场推广等任务。支持龙头企业到东盟国家设立分支机构,创办农产品生产企业,或将东盟国家的优质农产品作为原料,在广西进行加工和深加工,提高附加值后,销往欧美市场。通过广西与东盟双方的合作,把各自的农产品生产加工、营销和技术优势整合起来,形成"龙头企业+基地+农户",产供销一条龙、贸工农一体化的生产经营模式。支持龙头企业进行原料基地建设,鼓励龙头企业申报国家绿色食品、有机食品认证及新技术新产品国家专利,鼓励龙头企业做大做强。

(3)加强农业基础设施建设

农业基础设施建设滞后仍是当前制约广西发展现代农业的主要因素之一,主要表现在广西现有的实际耕地面积中,大部分是中低产田。农田基础设施水平十分低下,生产经营方式落后,资源利用效率低下。生态环境污染问题严重,在有些地方由于施肥过多导致土地肥力下降,这就更加刺激了农民多施肥,形成恶性循环。针对这些问题,我们应当加大农业基础设施的投入力度,增大建设经费,对农业基础设施及农村基本生产条件进行改造,减少中低产田的面积。还要注重技术创新,尽快推广应用盐碱土改良、中低产田改造及高标准农田建设、中小型泵站技术改造等技术。广西研究推广的可再生能源技术与管理模式,可以通过适当的技术改进,广泛应用于东盟各国。促进广西与东盟农村再生能源合作,为双方的农业合作提供更加广阔的空间。

(4)提高劳动力素质培养科技管理人才

农业的生产进步离不开农民。目前,广西农村劳动力素质水平整体较低,因此有必要加强职前教育和技术培训,扩大新型农民科技培训工程和科普惠农兴村计划规模,组织实施新农村实用人才培训工程,努力把广大农户培养成有较强市场意识、有较高生产技能、有一定管理能力的现代农业经营者。要实现面向东盟的广西农业跨国经营的可持续发展,就要集中引进熟知国际贸易制度和东盟商业运作规则的高层次经营人才,特别是精通农业先进技术和农产品生产管理的专业人才。摸清跨国经营人才需求情况,建立跨国经营人才信息库,对跨国经营人才培养和使用进行跟踪和动态管理。建立健全农业跨国经营人才培养的激励机制和评估机制,责权分明,风险共担,规范利益分配体系,加快农业跨国经营人才资源开发的市场化、国际化进程。

二、港口合作

泛北部湾无疑是世界港口的富集区,区域内东盟国家共有各类港口100多个,其中印尼40多个,马来西亚33个,越南43个,菲律宾24个,以北部湾和南海连成的海域为中心呈马蹄型分布,其中越南的胡志明港、海防港、锦普港,马来西亚的巴生港、民都鲁港、柔佛港、槟城港,印尼的丹戎普瑞克港,菲律宾的马尼拉港、新加坡港等,都是年吞吐量超过千万吨的大港,新加坡港更是世界四大港口之一。

泛北部湾中国区域港口涉及广西、广东、海南以及香港等地,包括广西的防城港、钦州港、北海港;广东的广州港、深圳港、珠海港、湛江港;海南的海口港、洋浦港、八所港等;香港是区域内最重要的港口,跻身世界前三名。

如此众多的海港,加上大量内河港,作为泛北部湾地区经济通道的重要节点、产业基地和产品配送中心,对亚太经济发展起着极其重要的支撑作用。但同时,数量繁多的港口之间,存在着多层面的竞争,为争当所在地区的航运中心或经济枢纽,这种竞争甚至呈现白热化状态。

1. 特征分析

广西港口资源很丰富,开发的潜力很大,是中国唯一与东盟既有陆地接壤又有海上通道的省份。境内拥有1500多公里陆地海岸线和防城港、钦州港、北海港三个沿海港口。到2007年底,广西港口生产性泊位达到810个,其中万吨级以上泊位达到40多个,近三年年均增长率都达到30%。广西沿海港口已与世界主要国家的港口有贸易往来,开辟了至港澳、东盟国家和中国沿海主要港口的集装箱航线航班。

在全国24个主要港口中,防城港名列其中。同时北海、钦州港也位列全国25个地区性重要港口。从地理位置上来说,钦北防港口群是最靠近东盟的港口,是我国内陆腹地进入中南半岛东盟国家最便捷的出海门户,从理论上分析,应该成为东盟进出口贸易的首选港口,但实际情况却不是这样。同样位列全国24个主要港口的广东湛江港,自1956年开港以来,经过50多年的建设发展,已成为全国沿海25个主要港口之一,是西南沿海港口群的龙头港和唯一亿吨大港,也是我国中西部和华南地区货物进出口的主通道和中国南方能源、原材料等大宗散货的主要流通中心,并且凭借着连接泛珠江三角地区和东盟自由贸易区的物流平台优势吸引着大西南的货源,这使广西地区吸纳西南地区的进出海货源不足10%。海口港是海南省对外贸易的重要口岸,交通枢纽和客货集散中心,在我国沿海港口发展战略中被交通部列为沿海主要港口和海南省国际集装箱干线港口,地理位置十分优越,现与日本、东盟等二十多个国家和地区有贸易运输往来。

中国东盟2010年建设自由贸易区、泛珠江三角合作、西部大开发及北部湾（广西）经济开发区设立的背景，为在广西港口群的发展奠定了一定的基础，使南宁及钦北防港口地区挑起了环北部湾经济的大梁。但是广西的港口群面临着湛江港的经济优势和海口港的政策优势，缺少自己的特色，竞争处于劣势。

从建设上来说，广西港口群的基础设施薄弱，结构性矛盾突出；综合运输枢纽作用有待加强；服务功能单一，信息化水平低；港口岸线资源利用不充分等问题依然存在，对相关资源的整合已势在必行。为了提高港口能力，广西计划增加钦北防万吨以上的泊位，年吞吐量尽量达到亿吨。尽管广西重视港口的建设，这样的速度也只是缩短与湛江港的差距。从港口的服务水平上来看，广西港口群的现代航运服务发展水平很低。虽然装卸和堆存的费用较低，可是其他的费用名目繁杂，手续繁琐，管理较为混乱，服务水平远不如湛江港和海口港。这些方面的缺陷阻碍了货主将广西港选为首选港口。并且广西港的配套服务业还很不成熟，上游产业几乎为零，中游企业数量稀缺，下游企业规模不大，管理混乱。

铁路运输与港口运输不配套。向内地铁路运输的能力不足。具体体现在车皮数量不足，集疏能力差，特别是港口生产旺季，因铁路运输不畅，使港口大批货物压港严重。三港的货物主要依靠南防铁路运输，而柳州是各省到广西重要的中转站，由于柳州至防城港并无铁路直接到达，需要通过南宁中转，增加了铁路运输的时间和费用，加之防城通关效率较低且通关费用偏高，西南的货源往往由柳州直接运至湛江，造成了大量货源的分流。

海运与海事服务贸易水平偏低。虽然装卸和堆存费用低廉，但通关效率低下及通关的费用居高不下，使港口服务业缺少规模和规范。种种原因使防城港在吸引货源的能力上远不如湛江港。提高服务水平，为在港城落户的货主、货运代理、船东、船舶代理、商品批发零售等提供商务服务，不仅可以提升港区的功能，还可以带动海事金融、海事会展、数据信息服务、离岸金融、航运保险、航务代理、海事咨询等相关行业的集聚发展。

临港工业薄弱。目前，广西港口仍以传统的装卸、储存、转运为主，功能单一、雷同，不具备对货物进行深度加工的能力。但广西正加快对广西港口群临港工业群的建设。三港临港工业群的建立与完善,才能长久吸引货源。

湛江港口腹地拥有 20 余家钢铁生产商和 10 多家石油炼化企业,在重化工业方面已经产生了规模效益,为湛江港吞吐量快速增长提供了广阔的货源。而广西在"十一五"期间虽然已经做出将重化工业规划为广西沿海城市的主导产业的战略部署,但现阶段仅有刚刚在钦州港启动中国石油广西石化千万吨炼油项目,临港产业布局远未形成,港口加工能力与湛江港差距很远。

在软硬件上,广西港口都不占优势,在临港产业、衍生产业及腹地的经济水平都不竞争对手的情况下,广西港口要想尽快形成自己的竞争优势,就要有所创新,把过于依赖临港工业的发展策略转移到发展创新和规范管理上,尽快形成新的产业布局。

2. 广西参与中国东盟港口合作的发展路径

目前,在国内外发展的较好的港口,多是具有良好的区位优势,交通条件十分便利,并且具有雄厚的工业基础,有发展良好的产业集群。这样可以增强其腹地的经济发展,带动周围的第三产业,能够吸引国内外客商的注意,成为他们运输货物的首选,这样就形成了区域经济的良性循环。

而广西港,目前没有形成一定规模的产业集群,港口的硬件设施与其竞争对手相比也相差甚远,但是从广西目前对港口的重视程度和投资力度来说,硬件设施的落后暂时对港口的发展不构成威胁。造成广西港口发展障碍的是管理水平和管理理念的落后,以及配套的海运,金融等服务方面的欠缺,导致了很多客户的流失。加上广西海事方面的人才欠缺,因此,为了使广西港口群实现赶超式发展,在自身软硬件水平无法吸引投资或客源时,加大政策支持的力度,形成以下的目标产业格局,以提高地区吸引力。

港口的建设与地区产业结构的优化是相互促进的,港口经济的发展能够优化地区的产业结构,同时港区的完善需要合适的产业结构作为支撑。通过对广西港口群的现状与目标产业格局的对比分析可知,广西港口群是在工业基础薄弱及航运服务水平较低的前提下发展,为实现"十一五"规划的战略目标,使广西北部湾经济开发区真正成为中国经济的第四个增长极,在临港重化工业布局尚未完成,没有形成规模生产能力前,必须突破单纯依靠临港工业发展的策略,发展地区经济。为实现广西港口群的发展目标,其建设的路径可分为三个阶段进行:第一阶段在沿海工业布局尚未完成之前,加强与东盟国家的合作,大力发展过境贸易的商业型港口;第二阶段逐步完善临港产业集群,从商业型港口过渡为具备运输、贸易、工业、旅游功能的综合型的港口;最后阶段实现区港经济一体化,即利用港口功能的辐射,带动广西区内城市的发展。

(1)建立畅通出海通道

目前水运航道已经初具规模,以防北钦为主的环北部湾港口群已经与世界上100多个国家200多个港口有了贸易运输合作,并且已经开通了往东南亚的国际货运航班。广西运输船舶突破200万载重吨,航线遍布珠三角地区、港澳地区和华南沿海,成为广西及西南地区煤炭及制品、石油、矿建材料、水泥、非金属矿石、轻工医药产品等大宗物资输往东盟地区的主要力量。

目前广西已与越南、马来西亚、新加坡、印度尼西亚、菲律宾等东盟国家共同开展了港口信息和政策交流合作,同时与越南就共同推动"两路两铁三港"合作达成共识。其中"三港"是广西北部湾防城港、钦州、北海三港和越南海防、岘港、胡志明三港间的交流合作,双方开通港口间航线,共建港口、码头、仓储物流等基础设施,使之成为泛北部湾经济合作启动的标志性工程。

广西大力兴建出海公路,试图形成以出海出边高速公路为主骨架,二级公路为干线,城乡联网、水陆联运的交通运输网络格局。把广西建设成为连接多区域的国际大通道、交流大桥梁和合作大平台,成为中国—东盟以及中国西南部通边达海的交通枢纽。

(2)建立商业性港口

广西港口应当制定一些优惠的港口政策,发展过境贸易,吸引东盟的国家的船舶货物过境,以赚取其中的运费、堆栈费、加工费等。在此过程中提高港口的硬件设施水平,服务水平,以此来吸引船舶停靠。要配合逐步增大的转运货物量就要建立配套的仓储设施。

从政策上来说可以在港区设置保税仓库。在东盟中国自由贸易区建立的背景下,广西港口群应积极争取国家的政策支持,设立保税区,并充分发挥保税区的国际贸易、出口加工、保税仓储和物流分拨的基本功能。

在软件上,挑选东盟国家中实力雄厚的航运企业,他们为广西港口带来的客户的同时,多年的运营经验为港口带来先进的管理经验与技术,规范港口运作的标准,提高港口服务的水平,并通过他们培养一批航运业的技术及管理人员,逐步提高广西港口的整体技术及管理水平。

商业型港口的主要作用在于利用港口运输功能促进贸易和转口贸易,功能单一,对拉动地区经济作用有限。但以此为机会,在广西港口工业布局尚未完成的阶段内,繁荣港口群经济,为将广西港口群过渡成综合型港口创造有利条件。①

(3)积极将广西沿海港口群建设成为自由港并整体上市

在中国—东盟 2010 年建设自由贸易区的背景下,大量东盟国家贸易货物在遵守有关卫生、移民等项的法律规章下,可以免征关税进出该港,在港口区内加工、贮藏、买卖、装卸和重新包装等,为建立自由港奠定好基础。在自由贸易区的前提下,广西沿海港口群如何与同属于自由贸易区的湛江、海口、海防等港口形成差异,构建对北部湾外部货源的吸引力,自由港不失为一条捷径。通过自由港的建立,发展过境贸易,吸引我国船舶或货物过境,从中获取运费、欧诺堆栈费、加工费等,能够吸引投资人和船舶停靠。另外,针对广西沿海港口群各自为政,影响整体竞争力的问题,建议按照现代企业制度的要求,不断完善法人治理结构,规范运作,政府逐渐从具体的运作参与中退出;通过力争广西沿海港口群整体上市,提高广西港口群的业务整合能力和整体品牌竞争力,获得资本市场的支持,为港口的发展奠定坚实的基础;突出广西沿海港口群的品牌,在品牌建设投入上加大防城港主力投入,同时增强北海、钦州港集装箱给港口定位,并以广西沿海港口群的统一名义参与一系列国际港口航运组织,尽快实现与世界若干著名港口发展友好合作关系,进一步提高国际竞争力。

5.3.3　海南与东盟的合作

海南是中国与东盟大多国家隔海相望、海域相连最长、海上运输最便捷的省份,中国—东盟自由贸易区建成对海南经济发展具有重大意义。

---

① 杜远阳:《广西积极参与中国东盟港口合作的实践与思考》,《消费导刊(理论版)》2008年第 4 期。

中国—东盟自由贸易区建设启动以来,海南利用自身的优势,采取各种方式发展与东盟的贸易合作关系,取得较好的成效。但要清醒地看到,在发展与东盟的贸易合作中,广西、广东、云南三省区抢先行动,在经贸合作的领域和成效方面都远远地超过了海南。

东盟许多国家把旅游业作为支柱产业来发展,拥有一批资力雄厚,管理严格,理念先进的大型旅游企业集团。中国经过近 30 年的改革开放,旅游业也获得了巨大的发展,目前已是世界第四大入境旅游接待国,亚洲最大出境旅游客源国,各项旅游经济指标均排名前列,并形成了国旅、青旅、中旅及包括康辉等后起之秀在内的几大旅游业巨头。中国—东盟开展旅游合作,可以说是局部的强强合作,双方合作具有坚实的基础。

一、特征分析

东盟独特的秀丽风光和人文景观每年都吸引了大批游客前往,是世界旅游中心之一,旅游业已经成为了东盟的支柱型产业。东盟旅游业的特点是国际化和开放程度较高,国际交通航线繁多,旅游进出境签证便捷。东盟十国均有自己极具特色的旅游资源,新加坡是著名的花园城市和购物天堂,并且对外开放程度高,服务业十分发达,很有竞争力。而柬埔寨的吴哥窟、越南的下龙湾、泰国的芭堤雅等又是充满了异域风情,千岛之国印尼又被称为“赤道上的翡翠”,其中的巴厘岛更是著名的旅游胜地。

而海南作为一个岛屿型旅游目的地,拥有沙滩、阳光、温泉、火山、森林、多样性的动植物资源、良好的生态气候环境、独特的人文等,旅游资源十分丰富,是既有蓝色又有绿色的旅游胜地,它的高度综合性生态系统在世界罕见。并且海南是中国最大的经济特区,对外开放享有多种优惠政策。建设国际旅游岛,海南将成为外国游客进入中国旅游、中国公民前往东盟各国旅游或东盟各国进入内地旅游的国际旅游集散地。

二、开展旅游合作内容

近年来,海南旅游资源得到了初步的开发,具有了一定的规模,为加强与东盟国家旅游业的合作提供了良好的条件。要更好的满足和适应两区域旅游经济的合作发展的需要,发挥自己的优势克服自己的劣势,在借鉴别国旅游发展的经验的基础上,结合海南自身的实际情况,我们可以采取一些相应的措施,推动旅游经济合作能迈上一个新的台阶。

1. 推动政府主导作用

旅游业是行业相关度很高、综合性很强的产业,涉及交通、餐饮、住宿、娱乐、购物等直接为旅客提供服务的行业,还涉及通讯、银行、保险、水电、医疗等为游客提供辅助服务的行业,并且需要这些行业相互配合、协调发展。光靠旅游行业自身来协调,很难取得预期的效果。因此,应由政府来主导、协调。首先,政府要做好规划加大对旅游业的投资力度,加快基础设施的建设,改善旅游生态环境,建设一批旅游饭店,使旅游景点有路可通。其次,给予更多的优惠政策,为旅游业各部门的协调发展创造条件。第三,政府做好调查研究工作,制定海南与东盟两区域旅游资源的开发,发展规划,合理利用资金、人才等有利因素。第四,政府还要加强对旅游行业本身的管理,加强对旅游市场的整顿,提高旅游服务意识和服务质量,树立海南旅游整体新形象。要使海南与东盟国家的旅游经济合作迅速、持续的发展,促进经济的发展,就必须加强海南政府的主导、协调作用,做好发展旅游业合作的长远的、整体的规划。

2. 充分利用旅游资源,推动相关产业发展

与其他省份相比,海南的拥有得天独厚的地理位置。2008 年海南启动了国际旅游岛的建设,在这一背景下海南加快了旅游的发展与建设。并且为了方便国外的游客进入海南,还推行了"落地签证"、"免签证"等优惠政策。在旅游业竞争激烈的今天,只有不断的推出新线路新计划,才能在竞争中取胜。海南的海外游客中,多数属于观光游客,来进行商务活动,会议的少。观光客是最不稳定的客源市场,受经济、社会、政治等的影响较大;与此相比商务、会议等客源较为稳定。随着中国—东盟自由贸易区的建立,各国的经济、政治等交往密切,因此我们可以开发商务与观光相结合的旅游线路。此外,我们还可以利用旅游带动相关产业的发展,比如海南的水果品种繁多,分布广泛,深受消费者喜爱。随着旅游人数的增加,水果的销量也会大大增加。加上海南特有的黎族锦绣、珊瑚等,可以对这些产品进行深加工,都会获得丰厚的经济效益。

5.3.4 云南与东盟的合作

云南与越南、老挝、缅甸陆地相连,与东盟在经济、旅游、文化交流方面有较大的互惠性、互补性,已经成为中国与东盟各国交流合作的前沿和

重要地带。云南的自然生态和民族风情等旅游资源对东盟各国有很大的吸引力,双方发展旅游贸易潜力巨大,且在湄公河开发等次区域合作方面有广阔的空间。

一、特征分析

东盟中的中南半岛国家,农业资源十分丰富。这里的雨量充沛,日照时间长,气候条件很优越。农业在这些国家占有举足轻重的地位,世界著名的三大谷仓——泰国、越南、缅甸就位于这里。其中泰国不仅是大米的重要产国,还是全球最大的天然胶产胶国,全国约10%的人口从事橡胶业,2009年泰国的橡胶种植面积达到250万公顷,大部分出口。越南的咖啡产量居世界前列。缅甸的稻米种植面积2000万英亩,09年出口大米多达100万吨。

中南半岛的林业资源也非常丰富。其中柬埔寨的国土大部分被森林覆盖,森林面积达到国土面积的70%,木材种类多样,森林类型主要有干旱林(包括常绿林、针叶林、落叶林、混交林和次生林)和湿地林(包括水淹林、水淹次生林和红树林)。老挝的森林面积多达1100万公顷,木材蓄积量16亿立方米,并有许多珍贵的木材。缅甸的植物种类繁多,柚木储量占世界储量的80%。印尼、泰国、越南等也有丰富的林业资源,包括许多珍贵的药用植物。

东盟的许多国家都有较长的海岸线,海域广阔,渔业有较大的潜力;并且中南半岛上有大面积的山区、丘陵和草场,可以大力发展养殖业。

云南与东盟国家的农业资源有较大的互补性。云南的生物品种多样,还有优良的农业种植资源,良好的自然生态和农产品产地环境。云南的竹类资源很丰富,占全国种数的75%;药材、花卉、香料的种类都是全国首位;云南一直都是优质烟叶的生产基地,还蕴藏着中国乃至世界最丰富的菌类植物,野生菌成为了继烤烟之后又一农产品明星。在全球2000多种食用菌中,云南省就有600多种,占世界食用菌种类的30%,可供大宗出口的就有几十种。云南的思茅地区处于北回归线附近,地理条件优越,这里的小颗粒咖啡近几年来被国际上称为质量最好的咖啡之一。除此之外,云南的药材种类十分齐全,是名副其实的南药天然宝库。①

中南半岛国家的农业自然条件优越,人均农业资源远远高于我国,但是云南的农业资源深度和广度的开发,农业长期规划以及农副产品加工方面与他们相比有较大的优势。

二、合作市场前景

东盟的中南半岛国家气候多属于热带,像苹果、梨、桃子、葡萄等温带水果不适宜在东盟多数国家种植,云南气候多样,温带、热带、亚热带水果应有尽有,正好可以大力推行温带水果外汇。云南的气候条件决定了云南水果的应市时间很长,云南的昆明素有春城之称,气候条件温暖,各种水果早熟时间比其他地区早,晚熟时间比其他地区晚。金沙江、南盘江河谷的柑橘、红河,澜沧江河谷的香蕉、芒果,蒙自、会泽、东川的石榴,昭通的苹果都形成了区域性成产。除了水果,蔬菜也是农产品交易的一个大项。蔬菜的种植对温差的要求很高,泰国气候温度太高,不利于蔬菜生产,泰国的蔬菜大部分要依靠进口,中泰两国互相免了蔬菜进口关税,这对中国来说受益将无疑是很大的。在金融机构的支持下,云南省蔬菜协会已经着手建立外运蔬菜生产基地。滇泰蔬菜贸易规模的不断扩大也是中国东盟自由贸易区建设不断推进的结果。随着昆明到曼谷的昆曼大通道已于去年贯通,加上一系列口岸便利化措施,使昆明运蔬菜到泰国只要两天时间,比过去缩短了一半,货品的损耗率也从 35% 直降至 5%。并且在蔬菜运往泰国的同时,云南方面可以利用回程购买泰国海鲜,这样可以把海鲜的运输成本由每吨一万元降低至每吨五千元。

云南的草场辽阔,畜牧业发展大有潜力可挖。云南形成了一批产业聚集度高、具有较强竞争力的畜牧业优势产区。以昆明、大理、红河为中心的奶牛生产区,奶牛饲养量、奶产量分别占全省的 91% 和 89%。以昆明、曲靖、玉溪、红河、大理等地为中心的家禽生产区,禽肉、禽蛋产量分别占全省的 61% 和 76%;生猪、肉牛、肉羊优势产区逐步形成,共发展各类养殖小区近 300 个。全省上规模的畜产品加工企业达 200 多个,去年全省共加工肉类 34.6 万吨,奶类 29.8 万吨,畜产品加工值达 89.7 亿元。

---

① 刘稚:《云南与东盟国家农业合作的前景与思路》,《东南亚》2004 年第 1 期。

而云南的水产品市场需求为 40 万吨,但自产量只有 20 万吨,要从东盟及其他地区进口。这点正好可以与东盟国家形成互补。泰国、缅甸、越南的水产品大量出口到我国,形成了全方位的合作。

云南地处中国与东盟的结合处,地理位置决定了云南是中国与东盟贸易的桥头堡。随着澜沧江—湄公河航运运输条件改善,昆—曼公路和泛亚公路的修建,以及正在建设的石林至锁龙寺、锁龙寺至蒙自的公路将使云南至东盟的大通道更为畅通,提速云南对外开放进程。这样企业向外运输产品的成本将会大大降低,农业出口通道的优势将会进一步显现。

本章小结

本章第一节分别从两个方面研究了企业跨国合作的内涵。一方面通过一个模型来分析企业跨国合作时选择区位的影响因素,得出了企业重点考察市场潜力和劳动力成本这两个因素的结论,也为我们以后进行企业跨国合作需要注意的问题提供了指导;另一方面研究了企业合作的四种形式,即研发合作、生产合作、营销合作和资金合作,分别描述了目前的合作概况和具体的合作形式。

第二节从一个关系图出发,研究了企业跨国合作与生产贸易链之间的互动关系。企业合作能够促进生产贸易链的形成,延伸生产贸易链的发展,而生产贸易链又能强化企业之间的紧密合作,并通过微笑曲线详细阐述了生产贸易链条件下企业合作的各个链条,以及价值在链条中的流动。

第三节分别从广东、广西、海南、云南的角度,分析了以上四省区与东盟的各个方面的合作,包括工业、农业、旅游业及港口合作等,分析了目前合作的现状,探讨了以后与东盟合作的发展路径。

本部分运用基于投入产出模型的假设抽取法来确定广东、广西、海南与云南四省区产业部门的相对重要性。投入产出法的优势在于完全考虑了产业之间的前向和后向关联效应，回避了影响力系数和感应度系数不能相加的问题，能够对产业部门的重要性进行完整排序。本章除了从部门总产出角度考察四省区产业部门的重要性之外，还从国民生产总值以及就业的角度来确定产业部门的重要性。与部门总产出相比，政府部门与研究学者同样甚至更加关心哪些部门对GDP和就业的影响更大。通过实证分析，我们发现广西、海南、云南三省区产业结构较为雷同，而广东省则呈现出技术领先模式的产业结构。因此，其他三省区应同广东省进行产业结构协调。至于广西、海南、云南的产业结构如何协调则需要进一步分析。

第 *6* 章
中国四省区产业部门重要性度量

6.1　引言

经济系统是一个复杂的整体,各产业部门间存在着既广泛又密切的技术经济联系,因而某一个产业在生产过程中的任何变化,都会通过产业关联波及其他产业部门。由此,一个产业部门的重要性可用它对其他产业部门产生的波及程度来度量。从产业之间供给与需求联系的角度看,一个产业对其相关产业产生的波及主要有后向关联效应和前向关联效应。后向关联效应是对直接或间接地向本产业供给生产要素的产业产生的影响,产生的是需求拉动作用;前向关联效应是对直接或间接地需求本产业产品或服务的产业产生的影响,产生的是供给推动作用。

在投入产出分析方法中,一般用 $e'(I-A)^{-1}$ 度量后向关联效应(Rasmussen, 1956),即某一部门增加一单位最终使用时对国民经济各部门总产出的拉动效应,用 $(I-R)^{-1}e$ 度量前向关联效应(Jones, 1976)[①],即某一部门初始投入增加一单位时对国民经济各部门总产出的推动效应。其中 A 为直接消耗系数矩阵, R 为直接分配系数矩阵, e 为元素均为 1 的列向量,一般用 $B=(I-A)^{-1}$ 表示完全消耗系数矩阵,用 $G=(I-R)^{-1}$ 表示完全分配系数矩阵。在经验分析中,通常将上述指标进行标准化处理, $e'B/(e'Be/n)$ 称为"影响力系数",而 $Ge/(e'Ge/n)$ 称为"感应度系数"。

当某一部门影响力系数大于(小于)1 时,表明该部门对其他部门所产生的拉动作用高于(低于)社会平均水平,对社会生产的辐射能力较强(弱)。当某一部门感应度系数大于(小于)1 时,表明该部门对其他部门所产生的推动作用高于(低于)社会平均水平,对经济发展的制约能力较

---

① 一些学者用 $(I-A)^{-1}i$ 衡量前向关联效应,表示当每个部门的最终使用同时改变 1 单位时对该部门总产出的影响。这一度量方法的问题有二:第一是部门的总产出或需求不太可能同时改变相同的数量;第二是采用这种方法度量的是其余部门对该部门的后向关联效应之和,而不是该部门对其余部门的前向关联效应。因此,一般用 Ghosh(1958)提出的供给驱动模型来度量前向关联效应,这一模型也被称为列昂惕夫价格模型。

强(弱)。因此,以社会平均值 1.0 为界,按"影响力系数—感应度系数"将产业部门分为四个部分,分别为强辐射强制约部门、强辐射弱制约部门、弱辐射弱制约部门和弱辐射强制约部门,一般将强辐射弱制约部门称为重要或支柱产业部门。

与弱辐射强制约部门相比,强辐射弱制约部门的前向和后向关联程度均较强,说这些部门要相对重要一些没有问题。但是,与强辐射弱制约部门或弱辐射弱制约部门相比,强辐射强制约部门就不一定更为重要。例如,根据 2002 年中国投入产出表,租赁和商务服务业的影响力系数和感应度系数分别为 1.088 和 1.155,属于强辐射强制约部门;石油和天然气开采业的影响力系数和感应度系数分别为 0.692 和 2.154,属于弱辐射强制约部门。石油和天然气开采业的前向关联效应很大,这一产业对国民经济的制约作用很大,而租赁和商务服务业的后向和前向关联效应刚超过平均水平,其辐射或制约作用不是很大。因此,我们不能够说就关联总效应而言,租赁和商务服务业要比石油和天然气开采业更为重要。一些学者提出,可取产业部门影响力系数和感应度系数之和(或平均)作为度量产业相对重要性的指标。例如,王国军和刘水杏(2004)在估计房地产业对相关产业的带动效应时,就将后向关联效应与前向关联效应之和作为房地产对相关产业的总带动效应。这一做法存在的问题是,影响力系数和感应度系数度量的是最终需求或初始投入两种不同因素对国民经济总产出的影响,得到的需求拉动效应与供给推动效应不可以直接相加。

本文采用基于投入产出模型的假设抽取法(Hypothetical Extraction Method,简记为 HEM)来确定中国四省区产业部门的相对重要性,为的是确定四省的重要产业及主导产业,以便在 CAFTA 框架下协调四省出口产业政策的过程中充分考虑四省产业部门对其经济发展的重要性的条件。假设抽取法是由 Schultz(1977)最先提出的,其思想是假设将一些部门从一个经济系统中抽掉,以检验其对国民经济总产出的影响,比较抽取前后经济系统中各部门产出的变化即可确认这些产业部门的重要性。它的优势在于完全考虑了产业之间的前向和后向关联效应,避免了影响力系数和感应度系数不能相加的问题,能够对产业部门的重要性进行完整排序。此外,本文也从国民生产总值以及就业的角度来确定产业部门的重要性,因为与部门总产出相比,政府部门与研究学者同样甚至更加关心哪些部门对 GDP 和就业的影响更大。

6.2 研究思路

根据对进口商品处理方法的不同,投入产出表可以分为两种:竞争型投入产出表和非竞争型投入产出表。如果用竞争型表,则是将进口产品等同于国内产品。然而,进口产品生产的各种消耗都发生在国外,不会产生对国内各部门的波及作用,这等于是夸大了各部门的重要性。因此,在估计各部门的重要性之前,需要将竞争型投入产出表拆分成非竞争型投入产出表。假设国内产品用 d 表示,进口产品用 m 表示,中间产品 拆分成国内中间产品 和进口中间产品 ,最终产品拆分成国内最终产品和进口最终产品 。由此得到非竞争型投入产出表(表6-1)。

表6-1 非竞争型投入产出简化表

			中间使用		最终使用				总产出或进口
		部门	$1\cdots n$		消费	资本形成	出口	合计	
中间投入	国内产品	$1\cdots n$	x_{ij}^d		c_i^d	in_i^d	ex_i^d	y_i^d	x_i
	进口产品	$1\cdots n$	x_{ij}^m		c_i^m	in_i^m		y_i^m	m_i
初始投入	增加值		v_j						
总投入			x_j						

假设某一部门的产品在供其他部门使用、消费或投资时,无论国内生产还是进口,都可以按照相同的比例拆分,即:

$$\frac{x_{ij}^d}{x_{ij}^m} = \frac{c_i^d}{c_i^m} = \frac{in_i^d}{in_i^m} = \frac{\sum_j x_{ij}^d + c_i^d + in_i^d}{\sum_j x_{ij}^m + c_i^m + in_i^m} = \frac{x_i^d - ex_i^d}{m_i} \quad\cdots\cdots\cdots\cdots\cdots\cdots \text{(6-1)}$$

在这里我们不考虑转口贸易,即出口产品都是本国生产的。根据上式可将各部门的中间产品流量 x_{ij}、消费 c_i 及投资 in_i 进行拆分。令 A^d 为国内产品直接消耗系数矩阵，A^m 为进口产品直接消耗系数矩阵，非竞争投入产出模型可写为：

$$A^d x + c^d + in^d + ex^d = x \quad \cdots\cdots\cdots\cdots\cdots\cdots\cdots\cdots\cdots\cdots\cdots (6-2)$$

$$A^m x + c^m + in^m = m \quad \cdots\cdots\cdots\cdots\cdots\cdots\cdots\cdots\cdots\cdots\cdots\cdots (6-3)$$

其中 x 为部门总产出列向量，c^d 和 c^m 国内产品与国外产品消费的列向量，in^d 和 in^m 国内产品与国外产品投资的列向量，ex^d 为国内产品出口，m 为进口产品列向量。

式(6-2)和(6-3)分别是国内产品与进口产品的平衡等式。根据式(2)得：

$$x = (I - A^d)^{-1}(c^d + in^d + ex^d) = B^d(c^d + in^d + ex^d) \quad \cdots\cdots\cdots (6-4)$$

其中 B^d 为国内产品的列昂惕夫逆矩阵，其元素 b^d_{ij} 表示 j 部门 1 单位国内最终产品对 i 部门的完全消耗。

将式(6-4)带入式(6-3)得：

$$m = B^m(c^d + in^d + ex^d) + (c^m + in^m) \quad \cdots\cdots\cdots\cdots\cdots\cdots (6-5)$$

其中 $B^m = A^m B^d$ 是进口产品完全消耗系数矩阵，其元素 b^m_{ij} 表示 j 部门 1 单位国内最终产品对 i 部门进口产品的完全消耗。

下面我们采用假设抽取法分析将某一部门从国内经济系统中抽掉后造成的影响。首先，该部门与其他部门的中间投入数量会变为 0，即 A^d 对应行和列的元素均变为 0，设为 A^d_H；其次，对该部门产品的国内消费、投资和出口也变为 0，即 c^d、in^d、ex^d 对应列元素变为 0，分别设为 c^d_H、in^d_H、ex^d_H。另外，进口也会发生变化。首先，其他部门对该部门的中间使用而由进口满足，因此 A^m 相应行应加上 A^d 减去的数值，而且由于抽掉的部门不会使用进口的中间产品，因此 A^m 相应列元素也变为 0，改变后的进口产品直接消耗矩阵设为 A^m_H。其次，国内对该部门产品的消费和投资部分现在由进口来满足，即 c^m、in^m 对应列加上这一部分，分别设为 c^m_H、in^m_H。新的非竞争投入产出模型可写为：

$$A^d_H x_H + c^d_H + in^d_H + ex^d_H = x_H \quad \cdots\cdots\cdots\cdots\cdots\cdots\cdots\cdots (6-6)$$

$$A^m_H x_H + c^m_H + in^m_H = m_H \quad \cdots\cdots\cdots\cdots\cdots\cdots\cdots\cdots\cdots\cdots (6-7)$$

国内产品总产出与进口产品总需求变为：

$$x_H = (I - A^d_H)^{-1}(c^d_H + in^d_H + ex^d_H) = B^d_H(c^d_H + in^d_H + ex^d_H) \quad \cdots\cdots (6-8)$$

$$m_H = A_H^m B_H^d (c_H^d + in_H^d + ex_H^d) + y_H^m = B_H^m (c_H^d + in_H^d + ex_H^d) + y_H^m \quad \cdots\cdots\cdots\cdots (6-9)$$

其中 B_H^d 与 B_H^m 为将某一部门从经济系统中抽掉后的国内产品与进口产品的完全消耗系数矩阵。根据式(4)和(8),将一个产业部门从经济系统中抽掉对所有部门总产出的影响为:

$$\Delta x = x - x_H = B^d (c^d + in^d + ex^d) - B_H^d (c_H^d + in_H^d + ex_H^d) \quad \cdots (6-10)$$

如果要从 GDP 角度衡量产业部门的重要性,则要估计将一个部门从经济系统抽取后 GDP 的变动幅度。根据国民经济核算恒等式得:

$$GDP = e'(c^d + c^m + in^d + in^m + ex^d - m)$$

$$= e'(I - B^m)(c^d + c^m + in^d) \quad \cdots\cdots\cdots\cdots\cdots (6-11)$$

同理,

$$GDP_H = e'(I - B_H^m)(c_H^d + in_H^d + ex_H^d) \quad \cdots\cdots\cdots\cdots (6-12)$$

因此,ΔGDP 可由式(6-11)和(6-12)估计,一般用 $\Delta GDP / GDP$ 度量该产业部门的重要性。下面我们从增加值角度得到关于 ΔGDP 一个更为简单的计算公式。

根据式(6-11)和(6-12)得:

$$\Delta GDP = e'(I - A^d - A^m)x - e'(I - A_H^d - A_H^m)x_H$$

$$= e'(I - A^d - A^m)(x - x_H) - e'(A^d + A^m - A_H^d - A_H^m)x_H \quad \cdots\cdots (6-13)$$

$A^d + A^m$ 等于直接消耗系数矩阵 A,$A_H^d + A_H^m$ 除了抽掉部门对应列的元素全为 0 外,其他元素与矩阵 A 相同,因此可令 $\Omega = A^d + A^m - A_H^d - A_H^m$,该矩阵除了抽掉部门对应的一列元素与 A 相同外,其他元素为 0。由于 x_H 中抽掉部门的总产出也为 0,因此 $e'\Omega x_H = 0$,也就是说式(6-13)右边第二项等于 0,因此

$$\Delta GDP = e'(I - A)\Delta x = r\Delta x \quad \cdots\cdots\cdots\cdots\cdots\cdots (6-14)$$

其中 r 为各部门增加值率构成的行向量,各部门增加值率等于各部门增加值与该部门总产出的比率,因此可用 $r\Delta x / rx$ 从 GDP 角度度量该产业部门的重要性,本文称之为"重要性系数"。

类似地,如果要从就业角度衡量产业部门的重要性,需要引入劳动者报酬系数的概念。一个部门的劳动者报酬系数等于该部门劳动者报酬占该部门总产出的比例。可定义劳动者报酬系数行向量 l,劳动者收入为 $LI = lx$。当一个产业部门从经济系统中抽掉后,$\Delta LI = l\Delta x$。假设劳动者

平均工资保持不变,劳动力数量的变动幅度等于劳动者收入的变动幅度,因此可用 $l\Delta x/lx$ 从就业角度度量该产业部门的重要性。

6.3 实证分析

由于各省 2007 年的投入产出表尚未公布,因此本文只能以 2002 年广东、广西、海南、云南四省区投入产出表为基础来做实证分析。从以下的实证分析可知,从总产出角度测度的各产业部门重要性与从 GDP 角度和就业角度测度的各产业部门重要性的结果基本一致。由此可知,实证分析结果具有很高的可靠性,可据此为四省区出口产业决策协调的制定提供依据。

6.3.1 总产出角度的各产业部门重要性度量

从表 6-2 可知,从总产出角度看,广东省最重要的十大产业为通信设备、计算机及其他电子设备制造业、建筑业、电气、机械及器材制造业、化学工业、电力、热力的生产和供应业、服装皮革羽绒及其制品业、交通运输及仓储业、批发和零售贸易业、农业、金属制品业。可以看出,从总产出角度来说,广东省的重要产业部门主要集中在资本密集型产业部门,技术密集型和劳动密集型产业部门也有所涉及。究其原因可知,广东省在全国经济发展水平领先,总体呈现出技术领先模式的产业结构,也是国内承接国外发达国家产业转移的重要基地。而广东省最不重要的十大产业为煤炭开采业和洗选业、废品废料、金属矿采选业、邮政业、科学研究事业、燃气生产和供应业、非金属矿采选业、水的生产和供应业、旅游业以及文化、体育和娱乐业。可以看出,从总产出角度来说,广东省的最不重要部门主要集中于资源密集型产业,这也和广东省的实际情况相符。因此,广东省在今后的发展过程中,应大力发展该省的重要产业部门且具有竞争力的出口产业部门,促进出口产业结构优化。

表6-2 总产出角度各部门重要性

部门名称	广东	广西	海南	云南
农业	9	2	1	3
煤炭开采和洗选业	42	37	41	24
石油和天然气开采业	32	42	39	42
金属矿采选业	40	20	21	20
非金属矿采选业	36	28	35	21
食品制造及烟草加工业	11	3	6	2
纺织业	17	26	29	32
服装皮革羽绒及其制品业	6	25	23	34
木材加工及家具制造业	26	17	14	27
造纸印刷及文教用品制造业	13	11	24	19
石油加工、炼焦及核燃料加工业	27	29	28	36
化学工业	4	5	7	7
非金属矿物制品业	15	6	17	10
金属冶炼及压延加工业	24	9	26	4
金属制品业	10	18	18	18
通用、专用设备制造业	12	7	30	15
交通运输设备制造业	18	13	9	22
电气、机械及器材制造业	3	23	27	23
通信设备、计算机及其他电子设备制造业	1	30	36	37
仪器仪表及文化办公用机械制造业	20	33	22	31
其他制造业	30	19	40	40
废品废料	41	41	42	35
电力、热力的生产和供应业	5	16	20	9
燃气生产和供应业	37	40	37	41
水的生产和供应业	35	34	31	29
建筑业	2	1	2	1
交通运输及仓储业	7	10	5	8

部门名称	广东	广西	海南	云南
邮政业	39	39	32	39
信息传输、计算机服务和软件业	16	22	10	14
批发和零售贸易业	8	4	3	5
住宿和餐饮业	14	8	4	13
金融保险业	19	24	12	16
房地产业	23	21	8	17
租赁和商务服务业	22	36	25	38
旅游业	34	27	38	28
科学研究事业	38	38	33	33
综合技术服务业	31	31	34	25
其他社会服务业	28	32	19	26
教育事业	29	14	13	11
卫生、社会保障和社会福利事业	25	15	15	12
文化、体育和娱乐业	33	35	16	30
公共管理和社会组织	21	12	11	6

　　从总产出角度看,广西壮族自治区最重要的十大产业为建筑业、农业、食品制造及烟草加工业、批发和零售贸易业、化学工业、非金属矿物制品业、通用、专用设备制造业、住宿和餐饮业、金属冶炼及压延加工业、交通运输及仓储业。可以看出,从总产出角度来说,广西的重要产业部门主要集中在劳动密集型、资本密集型产业部门,这和广西的经济发展水平相适应,广西由于劳动力丰富,劳动密集型产业发展较快。而广西最不重要的十大产业为石油和天然气开采业,废品废料,燃气生产和供应业,邮政业,科学研究事业,煤炭开采和洗选业,租赁和商务服务业,文化、体育和娱乐业,水的生产和供应业,仪器仪表及文化办公用机械制造业。可以看出,从总产出角度来说,广西的最不重要部门主要集中于资源密集型产业,和广东类似。因此,广西在今后的发展过程中,应大力发展出口产品具有竞争力且对国民经济又具有重要性的产业部门。

从总产出角度看,海南省最重要的十大产业为农业、建筑业、批发和零售贸易业、住宿和餐饮业、交通运输及仓储业、食品制造及烟草加工业、化学工业、房地产业、交通运输设备制造业、信息传输、计算机服务和软件业。可以看出,从总产出角度来说,海南省的重要产业部门主要集中在服务业,劳动密集型产业部门、资源密集型产业部门也有所涉及。这和海南省近年大力发展旅游城市的建设相关,海南国际旅游岛的建设带动了其服务业的快速发展。而海南省最不重要的十大产业为废品废料、煤炭开采和洗选业、其他制造业、石油和天然气开采业、旅游业、燃气生产和供应业、通信设备、计算机及其他电子设备制造业、非金属矿采选业、综合技术服务业、科学研究事业。可以看出,海南省的资本密集型及资源密集型的产业部门从总产出角度来说对海南最不重要。因此,海南省在今后的发展过程中,应继续加强其国际旅游岛的建设,带动其他服务业的发展,促进海南经济发展的起飞。

从总产出角度看,云南省最重要的十大产业为建筑业、食品制造及烟草加工业、农业、金属冶炼及压延加工业、批发和零售贸易业、公共管理和社会组织、化学工业、交通运输及仓储业、电力、热力的生产和供应业、非金属矿物制品业。可以看出,从总产出角度来说,云南省的重要产业部门主要集中在资本密集型和劳动密集型产业,这和云南经济发展水平相适应。而云南省最不重要的十大产业为石油和天然气开采业、燃气生产和供应业、其他制造业、邮政业、租赁和商务服务业、通信设备、计算机及其他电子设备制造业、石油加工、炼焦及核燃料加工业、废品废料、服装皮革羽绒及其制品业、科学研究事业。可以看出,云南省的最不重要产业部门比较分散,并没有集中于哪一类产业类型。

6.3.2 GDP 角度的各产业部门重要性度量

从表6-3可知,从GDP角度看,广东省最重要的十大产业为建筑业,通信设备、计算机及其他电子设备制造业、批发和零售贸易业、电气、机械及器材制造业、农业、化学工业、交通运输及仓储业、电力、热力的生产和供应业、服装皮革羽绒及其制品业、食品制造及烟草加工业。可以看出,从GDP角度来说,广东省的十大重要产业部门和从总产出角度的重要产业部门有九大产业重合,也是主要集中在资本密集型产业部门,技术密型和劳动密集型产业部门也有所涉及。而广东省最不重要的十大产业为煤炭开采业和洗选业、金属矿采选业、废品废料、燃气生产和供应业、科学研究事业、邮政业、非金属矿采选业、旅游业、水的生产和供应业、文化、体育和娱乐业。可以看出，从GDP角度来说，广东省的最不重要产业部门和从总产出角度的最不重要产业部门全部一样，主要集中于资源密集型产业。

表6-3　GDP角度各部门重要性

部门名称	广东	广西	海南	云南
农业	5	1	1	2
煤炭开采和洗选业	42	36	41	26
石油和天然气开采业	30	42	39	42
金属矿采选业	41	19	21	19
非金属矿采选业	36	28	35	21
食品制造及烟草加工业	10	4	6	1
纺织业	21	25	32	36
服装皮革羽绒及其制品业	9	26	24	37
木材加工及家具制造业	29	18	18	27
造纸印刷及文教用品制造业	17	12	25	18
石油加工、炼焦及核燃料加工业	27	32	28	38
化学工业	6	5	9	7
非金属矿物制品业	18	7	19	14
金属冶炼及压延加工业	28	11	30	6
金属制品业	13	23	20	20
通用、专用设备制造业	16	10	33	17
交通运输设备制造业	22	15	11	24
电气、机械及器材制造业	4	24	26	25
通信设备、计算机及其他电子设备制造业	2	31	38	39
仪器仪表及文化办公用机械制造业	25	34	22	33
其他制造业	32	22	40	40
废品废料	40	41	42	29

部门名称	广东	广西	海南	云南
电力、热力的生产和供应业	8	14	17	9
燃气生产和供应业	39	40	37	41
水的生产和供应业	34	33	29	30
建筑业	1	2	3	3
交通运输及仓储业	7	6	5	8
邮政业	37	38	27	35
信息传输、计算机服务和软件业	15	20	8	16
批发和零售贸易业	3	3	2	4
住宿和餐饮业	12	8	4	11
金融保险业	14	21	10	13
房地产业	11	17	7	15
租赁和商务服务业	19	35	23	32
旅游业	35	29	36	28
科学研究事业	38	39	31	34
综合技术服务业	31	30	34	22
其他社会服务业	23	27	15	23
教育事业	24	13	13	10
卫生、社会保障和社会福利事业	26	16	16	12
文化、体育和娱乐业	33	37	14	31
公共管理和社会组织	20	9	12	5

从GDP角度看,广西最重要的十大产业为农业、建筑业、批发和零售贸易业、食品制造及烟草加工业、化学工业、交通运输及仓储业、非金属矿物制品业、住宿和餐饮业、公共管理和社会组织、通用、专用设备制造业。可以看出,从GDP角度来说,广西的重要产业部门和从总产出角度的重要产业部门有九大产业重合,主要集中在劳动密集型、资本密集型产业部门。而广西壮族自治区最不重要的十大产业为石油和天然气开采业,废品废料,燃气生产和供应业,科学研究事业,邮政业,文化、体育和娱乐业,煤炭开采和洗选业,租赁和商务服务业,仪器仪表及文化办公用机械制造

业,水的生产和供应业。可以看出,从 GDP 角度来说,广西的最不重要产业部门和从总产出角度的最不重要产业部门全部一样,主要集中于资源密集型产业。

从 GDP 角度看,海南省最重要的十大产业为农业,批发和零售贸易业、建筑业、住宿和餐饮业、交通运输及仓储业、食品制造及烟草加工业、房地产业、信息传输、计算机服务和软件业、化学工业、金融保险业。可以看出,从 GDP 角度来说,海南省的重要产业部门和从总产出角度的重要产业部门有九大产业重合,主要集中在服务业,劳动密集型产业部门、资源密集型产业部门也有所涉及。而海南省最不重要的十大产业为废品废料,煤炭开采和洗选业、其他制造业、石油和天然气开采业、通信设备、计算机及其他电子设备制造业、燃气生产和供应业、旅游业、非金属矿采选业、综合技术服务业、通用、专用设备制造业。可以看出,从 GDP 角度来说,海南省的最不重要产业部门和从总产出角度的最不重要产业部门也是九大产业重合,可见,海南省的资本密集型及资源密集型的产业部门从 GDP 角度来说不是很重要。

从 GDP 角度看,云南省最重要的十大产业为食品制造及烟草加工业、农业、建筑业、批发和零售贸易业、公共管理和社会组织、金属冶炼及压延加工业、化学工业、交通运输及仓储业、电力、热力的生产和供应业、教育事业。可以看出,从 GDP 角度来说,云南省的重要产业部门和从总产出角度的重要产业部门有九大产业重合,主要集中在资本密集型和劳动密集型产业。而云南省最不重要的十大产业为石油和天然气开采业、燃气生产和供应业、其他制造业、通信设备、计算机及其他电子设备制造业、石油加工、炼焦及核燃料加工业、服装皮革羽绒及其制品业、纺织业、邮政业、科学研究事业、仪器仪表及文化办公用机械制造业。可以看出,从 GDP 角度来说,云南省的最不重要产业部门和从总产出角度的最不重要产业部门八大产业重合,云南省的最不重要产业部门比较分散,并没有集中于哪一类产业类型。

6.3.3 就业角度的各产业部门重要性度量

从表6-4可知,从就业角度看,广东省最重要的十大产业为农业、建筑业、通信设备、计算机及其他电子设备制造业、电气、机械及器材制造业、批发和零售贸易业、服装皮革羽绒及其制品业、食品制造及烟草加工业、化学工业、公共管理和社会组织、交通运输及仓储业。可以看出,从就业角度来说,广东省的十大重要产业部门和从总产出角度的重要产业部门有九大产业重合,只是重要顺序有所变化,也是主要集中在资本密集型产业部门,技术密集型和劳动密集型产业部门也有所涉及。而广东省最不重要的十大产业为废品废料、煤炭开采业和洗选业、金属矿采选业、燃气生产和供应业、科学研究事业、非金属矿采选业、石油和天然气开采业、旅游业、水的生产和供应业、邮政业。可以看出,从就业角度来说,广东省的最不重要产业部门和从总产出角度的最不重要产业部门也是九大产业重合,主要集中于资源密集型产业。

表6-4 就业角度各部门重要性

部门名称	广东	广西	海南	云南
农业	1	5	1	1
煤炭开采和洗选业	41	39	41	25
石油和天然气开采业	36	41	39	41
金属矿采选业	40	21	20	17
非金属矿采选业	37	26	33	19
食品制造及烟草加工业	7	4	6	3
纺织业	18	29	31	33
服装皮革羽绒及其制品业	6	27	25	35
木材加工及家具制造业	27	19	18	27
造纸印刷及文教用品制造业	14	15	24	21
石油加工、炼焦及核燃料加工业	32	34	34	37
化学工业	8	7	8	9
非金属矿物制品业	19	6	19	13
金属冶炼及压延加工业	28	13	29	8
金属制品业	13	22	21	20
通用、专用设备制造业	15	8	32	16
交通运输设备制造业	26	16	16	24
电气、机械及器材制造业	4	24	26	26

部门名称	广东	广西	海南	云南
通信设备、计算机及其他电子设备制造业	3	31	38	38
仪器仪表及文化办公用机械制造业	23	33	23	36
其他制造业	29	23	40	39
废品废料	42	42	42	42
电力、热力的生产和供应业	12	10	17	12
燃气生产和供应业	39	40	36	40
水的生产和供应业	34	30	28	30
建筑业	2	1	2	2
交通运输及仓储业	10	3	5	7
邮政业	33	36	35	31
信息传输、计算机服务和软件业	20	12	11	15
批发和零售贸易业	5	2	3	5
住宿和餐饮业	11	9	4	10
金融保险业	17	18	10	14
房地产业	25	11	12	23
租赁和商务服务业	24	37	22	34
旅游业	35	25	37	28
科学研究事业	38	38	27	32
综合技术服务业	30	28	30	18
其他社会服务业	22	32	14	22
教育事业	16	17	9	6
卫生、社会保障和社会福利事业	21	20	15	11
文化、体育和娱乐业	31	35	13	29
公共管理和社会组织	9	14	7	4

从就业角度看,广西省最重要的十大产业为建筑业、批发和零售贸易业、交通运输及仓储业、食品制造及烟草加工业、农业、非金属矿物制品业、化学工业、通用、专用设备制造业、住宿和餐饮业、电力、热力的生产和供应业。可以看出,从就业角度来说,广西省的重要产业部门和从总产出角度的重要产业部门有九大产业重合,只是重要顺序有所变化,也是主要

集中在劳动密集型、资本密集型产业部门。而广西省最不重要的十大产业为废品废料、石油和天然气开采业、燃气生产和供应业、煤炭开采和洗选业、科学研究事业、租赁和商务服务业、邮政业、文化、体育和娱乐业、石油加工、炼焦及核燃料加工业、仪器仪表及文化办公用机械制造业。可以看出，从就业角度来说，广西省的最不重要产业部门和从总产出角度的最不重要产业部门也是九大产业重合，主要集中于资源密集型产。

从就业角度看，海南省最重要的十大产业为农业、建筑业、批发和零售贸易业、住宿和餐饮业、交通运输及仓储业、食品制造及烟草加工业、公共管理和社会组织、化学工业、教育事业、金融保险业。可以看出，从就业角度来说，海南省的重要产业部门和从总产出角度的重要产业部门有八大产业重合，主要集中在服务业，劳动密集型产业部门、资源密集型产业部门也有所涉及。而海南省最不重要的十大产业为废品废料、煤炭开采和洗选业、其他制造业、石油和天然气开采业、通信设备、计算机及其他电子设备制造业、旅游业、燃气生产和供应业、邮政业、石油加工、炼焦及核燃料加工业、非金属矿采选业。可以看出，从 GDP 角度来说，海南省的最不重要产业部门和从总产出角度的最不重要产业部门是八大产业重合，可见，海南省的资本密集型及资源密集型的产业部门从就业角度来说不是很重要。

从就业角度看，云南省最重要的十大产业为农业，建筑业，食品制造及烟草加工业，公共管理和社会组织，批发和零售贸易业，教育事业，交通运输及仓储业，金属冶炼及压延加工业，化学工业，住宿和餐饮业。可以看出，从就业角度来说，云南省的重要产业部门和从总产出角度的重要产业部门有九大产业重合，只是重要顺序有所变化，主要集中在资本密集型和劳动密集型产业。而云南省最不重要的十大产业为废品废料，石油和天然气开采业，燃气生产和供应业，其他制造业，通信设备、计算机及其他电子设备制造业，石油加工、炼焦及核燃料加工业，仪器仪表及文化办公用机械制造业，服装皮革羽绒及其制品业，租赁和商务服务业，纺织业。可以看出，从就业角度来说，云南省的最不重要产业部门和从总产出角度的最不重要产业部门八大产业重合，云南省的最不重要产业部门比较分散，并没有集中于哪一类产业类型。

6.3.4 四省区各产业部门重要性比较

表6-5、表6-6和表6-7列出了广东、广西、海南、云南从总产出、GDP以及就业角度排名前十的重要性产业,以对四省区各产业部门的重要性作一个综合比较。

表6-5 总产出角度四省区十大重要性产业

排名	总产出角度			
	广东	广西	海南	云南
1	通信设备、计算机及其他电子设备制造业	建筑业	农业	建筑业
2	建筑业	农业	建筑业	食品制造及烟草加工业
3	电气、机械及器材制造业	食品制造及烟草加工业	批发和零售贸易业	农业
4	化学工业	批发和零售贸易业	住宿和餐饮业	金属冶炼及压延加工业
5	电力、热力的生产和供应业	化学工业	交通运输及仓储业	批发和零售贸易业
6	服装皮革羽绒及其制品业	非金属矿物制品业	食品制造及烟草加工业	公共管理和社会组织
7	交通运输及仓储业	通用、专用设备制造业	化学工业	化学工业
8	批发和零售贸易业	住宿和餐饮业	房地产业	交通运输及仓储业
9	农业	金属冶炼及压延加工业	交通运输设备制造业	电力、热力的生产和供应业
10	金属制品业	交通运输及仓储业	信息传输、计算机服务和软件业	非金属矿物制品业

表 6-6　GDP 角度四省区十大重要性产业

排名	总产出角度			
	广东	广西	海南	云南
1	建筑业	农业	农业	食品制造及烟草加工业
2	通信设备、计算机及其他电子设备制造业	建筑业	批发和零售贸易业	农业
3	批发和零售贸易业	批发和零售贸易业	建筑业	建筑业
4	电气、机械及器材制造业	食品制造及烟草加工业	住宿和餐饮业	批发和零售贸易业
5	农业	化学工业	交通运输及仓储业	公共管理和社会组织
6	化学工业	交通运输及仓储业	食品制造及烟草加工业	金属冶炼及压延加工业
7	交通运输及仓储业	非金属矿物制品业	房地产业	化学工业
8	电力、热力的生产和供应业	住宿和餐饮业	信息传输、计算机服务和软件业	交通运输及仓储业
9	服装皮革羽绒及其制品业	公共管理和社会组织	化学工业	电力、热力的生产和供应业
10	食品制造及烟草加工业	通用、专用设备制造业	金融保险业	教育事业

表 6-7　就业角度四省区十大重要性产业

排名	总产出角度			
	广东	广西	海南	云南
1	农业	建筑业	农业	农业
2	建筑业	批发和零售贸易业	建筑业	建筑业
3	通信设备、计算机及其他电子设备制造业	交通运输及仓储业	批发和零售贸易业	食品制造及烟草加工业
4	电气、机械及器材制造业	食品制造及烟草加工业	住宿和餐饮业	公共管理和社会组织

排名	总产出角度			
	广东	广西	海南	云南
5	批发和零售贸易业	农业	交通运输及仓储业	批发和零售贸易业
6	服装皮革羽绒及其制品业	非金属矿物制品业	食品制造及烟草加工业	教育事业
7	食品制造及烟草加工业	化学工业	公共管理和社会组织	交通运输及仓储业
8	化学工业	通用、专用设备制造业	化学工业	金属冶炼及压延加工业
9	公共管理和社会组织	住宿和餐饮业	教育事业	化学工业
10	交通运输及仓储业	电力、热力的生产和供应业	金融保险业	住宿和餐饮业

通过基于投入产出模型的假设抽取法来确定四省区产业部门的相对重要性的结果显示,广西、海南、云南三省区产业结构较为雷同,而广东省则呈现出技术领先模式的产业结构。因此,其他三省区应同广东省进行产业结构协调。至于广西、海南、云南的产业结构如何协调则需要进一步分析。

本章小结

本章运用基于投入产出模型的假设抽取法来确定广东、广西、海南与云南四省区产业部门的相对重要性。投入产出法的优势在于完全考虑了产业之间的前向和后向关联效应,避免了影响力系数和感应度系数不能相加的问题,能够对产业部门的重要性进行完整排序。除了从部门总产出角度考察四省区产业部门的重要性之外,本章还从国民生产总值以及就业的角度来确定产业部门的重要性,因为与部门总产出相比,政府部门与研究学者同样甚至更加关心哪些部门对 GDP 和就业的影响更大。

由于各省 2007 年的投入产出表尚未公布,因此我们只能以 2002 年广东、广西、海南、云南四省区投入产出表为基础,采用基于投入产出模型的假设抽取法来确定产业部门的相对重要性,列出了对四个省份最为重要的十大产业。

　　通过实证分析,我们可以发现广西、海南、云南三省区产业结构较为雷同,而广东省则呈现出技术领先模式的产业结构。因此,其他三省区应同广东省进行产业结构协调。至于广西、海南、云南的产业结构如何协调则需要进一步分析。

区域出口产业政策协调离不开对各省出口产业竞争力的分析,本章对广东、广西、海南、云南四省区各种产业的贸易专业化指数进行比较分析,对四省区和东盟在资源密集型产品和劳动密集型产品上的显示比较优势指数进行比较,用波特区域产业竞争力模型分析四省区在资源密集型、资本密集型、劳动密集型以及技术密集型出口产业各方面的情况,进而确定各省区各产业的出口竞争力的强弱和发展趋势,为四省区在中国—东盟自由贸易区框架下协调出口产业政策提供依据。

第 7 章
中国四省区出口产业竞争力测度

7.1　贸易专业化指数

贸易专业化指数(简称 TSC),表示一国的某类产品净出口与进出口之和的比率。该指标具有能够快速反映产品在某一时点或连续某一阶段竞争力的变化的特点。

公式可以表达为: $TSC = (X_{ij} - M_{ij})/(X_{ij} + M_{ij})$

式中: X_{ij} 代表 i 国在 j 类产品的出口值; M_{ij} 代表 i 国在 j 类产品的进口值。如果 $TSC \geq 0.8$,则说明 i 国在 j 类产品具有很强竞争力; $0.5 \leq TSC < 0.8$,则说明 i 国在 j 类产品具有较强竞争力; $0 \leq TSC < 0.5$,则说明该产品具有强竞争力; $TSC = 0$,则说明该产品具有一般竞争力;若 $-0.5 \leq TSC < 0$,说明该产品具有低竞争力; $-0.8 < TSC < -0.5$,说明该产品具有较低竞争力; $TSC \leq -0.8$,说明该产品具有很低的竞争力。

根据贸易专业化指数的定义,对中国四省区的出口概况进行以下分析:

表 7-1　四省区贸易专业化指数的总体趋势

年份 省份	2007 年	2008 年	2009 年	平均数	排序
广东	0.164693	0.184476	0.174794	0.174654	1
广西	0.103609	0.110207	0.175101	0.129639	2
海南	-0.22351	-0.29902	-0.46385	-0.32879	4
云南	0.084493	0.038753	0.12164	0.081629	3

数据来源:根据历年《中国统计年鉴》、《广东统计年鉴》、《广西统计年鉴》、《海南统计年鉴》、《云南统计年鉴》数据计算。

从贸易专业化指数的总体趋势来看,广东一直处于领先位置,近三年的平均指数为 0.17,其次是广西和云南,这说明广东的出口产品具有强竞争力,而海南的指数却一直为负值,充分反映了该省的产品出口处于劣势。

按照国际贸易标准分类,把进出口产业分为资源密集型、资本密集型、劳动密集型、技术密集型。下面对具体产业部门来展开比较。

表7-2 2008年四省区四大产业详细分类的贸易专业化指数

	商品类别	广东	广西	海南	云南
资源密集型	总计	−0.29	−0.71	−0.69	−0.50
	活动物;动物产品	−0.35	1.00	1.00	−
	植物产品	−0.60	−0.62	−1.00	0.49
	动、植物油脂及蜡	0.88	−	−	1.00
	食品、烟草及制品	0.39	1.00	−	−
	矿产品	−0.60	−0.98	−0.80	−0.97
	电力	−	−	−	1.00
	石材制品、陶瓷产品、玻璃及其制品	0.65	1.00	−	−
资本密集型	总计	0.12	0.47	−0.58	0.66
	化工产品	−0.36	−	1.00	0.85
	珠宝首饰、硬币	0.23	0.84	−	1.00
	贱金属及其制品	−0.07	0.80	−0.30	0.98
	车辆、航空器、船舶及有关运输设备	0.47	0.93	−1.00	1.00
	艺术品、收藏品及古物	0.89	−	−	−
	特殊交易品及未分类商品	−0.63	−	−	−
	机电、电气设备、电视机及音响设备	0.17	0.28	1.00	0.37
劳动密集型	总计	0.00	0.86	0.75	0.09
	塑料、橡胶及其制品	−0.33	−0.22	−	−1.00
	皮革、毛皮及其制品、旅行用品、手提包	0.42	−0.57	−	−
	木及木制品、草柳编结品	0.21	1.00	−	−0.77
	木浆、纸、纸板及制品	0.00	0.05	−	−
	纺织原料及纺织制品	0.61	0.97	0.72	1.00
	鞋帽伞杖、加工羽毛、人造花、人发制品	0.96	1.00	−	−
	钟表及乐器	0.48	1.00	−	−
	杂项制品	0.93	1.00	1.00	−
	炸药、烟火制品、易燃材料制品	0.97	1.00	−	−
	鞣料、染料浸膏、染料、颜料、油漆、油墨	−0.28	−	−	−

商品类别		广东	广西	海南	云南
技术密集型	总计	0.19	0.07	−1.00	1.00
	药品	0.35	0.76	−1.00	1.00
	核反应堆、锅炉、机械设备及零件	0.38	−	−	−
	航空器、航天器及零件	−0.98	−	−	−
	光学、照相电影、计量检验、医疗仪器设备	−0.31	−	−	1.00
	自动数据处理设备及其部件	−	0.65	−	−
	高技术产品	−	−0.01	−	1.00

表7-3 2009年四省区四大产业详细分类的贸易专业化指数

商品类别		广东	广西	海南	云南
资源密集型	总计	−0.21	−0.67	0.81	−0.20
	活动物;动物产品	0.02	1.00	1.00	−
	植物产品	−0.63	−0.55	1.00	0.44
	动、植物油脂及蜡	−0.86	−	−	−
	食品、烟草及制品	0.31	1.00	−	−
	矿产品	−0.56	−0.98	0.47	−1.00
	电力	−	−	−	1.00
	石材制品、陶瓷产品、玻璃及其制品	0.67	1.00	−	−
资本密集型	总计	0.09	0.50	−0.86	0.34
	化工产品	−0.36	−	1.00	0.69
	珠宝首饰、硬币	0.15	0.95	−	−
	贱金属及其制品	−0.20	0.30	1.00	1.00
	车辆、航空器、船舶及有关运输设备	0.29	0.89	−1.00	−
	艺术品、收藏品及古物	0.93	−	−	−
	特殊交易品及未分类商品	−0.80	−	−	−
	机电、电气设备、电视机及音响设备	0.16	0.50	−0.86	0.00

商品类别		广东	广西	海南	云南
劳动密集型	总计	0.00	0.94	1.00	0.23
	塑料、橡胶及其制品	−0.35	0.57	−	−
	皮革、毛皮及其制品、旅行用品、手提包	0.43	0.76	−	−
	木及木制品、草柳编结品	0.14	1.00	−	−1.00
	木浆、纸、纸板及制品	0.07	0.16	−	−
	纺织原料及纺织制品	0.63	0.98	1.00	1.00
	鞋帽伞杖、加工羽毛、人造花、人发制品	0.97	1.00	−	−
	钟表及乐器	0.49	1.00	−	−
	杂项制品	0.93	1.00	−	−
	炸药、烟火制品、易燃材料制品	0.97	1.00	−	−
	鞣料、染料浸膏、染料、颜料、油漆、油墨	−0.33	−	−	−
技术密集型	总计	0.20	0.26	−0.94	
	药品	−0.18	0.89	1.00	
	核反应堆、锅炉、机械设备及零件	0.38	−	−	−
	航空器、航天器及零件	−0.97	−	−	−
	光学、照相电影、计量检验、医疗仪器设备	−0.22	−	−	−
	自动数据处理设备及其部件	−	0.79	−	−
	高技术产品	−	0.20	−0.93	−

数据来源:根据历年《广东统计年鉴》、《广西统计年鉴》、《海南统计年鉴》、《云南统计年鉴》数据计算。

从表7-2和表7-3中可以看出以下几点:

(1)我国四省区在资源密集型的产品出口中的贸易专业化指数基本都为负数,表明具有低竞争力,其中主要导致我国四省该指数较低的出口产品为矿产品,其TSC<−0.5,甚至有的省区接近−1,说明四省在矿产品的出口中处于劣势地位;另外,虽然总体上我国四省区在资源密集型产品出口中竞争力低,但是在食品、烟草及制品中的TSC>0,部分省区接近于1,说明我国在食品、烟草及其制品的出口中处于优势地位。

(2)与资源密集型产品的出口情况相反,我国四省区劳动密集型出口产品的贸易专业化指数均为正数,而且广西、海南两省指数接近于1,表现出具有很强的竞争力。尤其是纺织原料及纺织制品2008年与2009年四省区的TSC都很高,在鞋帽伞杖等人造制品中,我国广东、广西两省的TSC>0.5,且接近于1,也表现出很强的竞争力。总体而言,我国四省区在劳动密集型产品的出口中处于优势地位。

(3)在资本密集型与技术密集型出口产品的贸易化指数中,广西与云南两省表现均比广东与海南两省具有更强的竞争力。首先,2008年与2009年两年里海南在这两种类型产品的出口中,TSC<0,表现出具有较低竞争力;另外,虽然广东在这两种类型产品的出口中,TSC>0,表现出强竞争力,但是远远低于广西与云南两省区,后面两省区的TSC>0.5,表现出具有很强的竞争力,说明在资本密集型与技术密集型产品的出口中,广西与云南两省区比广东的竞争力要强,海南省在这两种产品的出口中,处于相对劣势的地位。

(4)另外,对比2008年和2009年的数据,海南在资源密集型产品的出口情况有显著改善,指数由-0.69变为0.81,这主要得益于植物产品和矿产品产业的出口竞争力增强。而云南的资源密集型产业也显示出业绩上升的势头。对于资本密集型、劳动密集型产品,广东和广西两省的指数保持稳定,而云南的技术密集型产品出口减少。

7.2 显示比较优势指数

显示比较优势指数(简称RCA),是指一个国家在某种产品上的出口的比例与世界在该种产品上的出口的比例之间的关系。

公式可以表达为: $RCA = (X_{ij}/X_{it})/(X_{wj}/X_{wt})$

式中: X_{ij} 为 i 国就 j 类产品的出口值; X_{it} 为 i 国所有产品的出口值; X_{wj} 为该类产品的世界出口总额; X_{wt} 为所有产品的世界出口总额。如果 $RCA \geqslant 2.5$,则说明 i 国在 j 类产品具有很强的竞争能力; $1.25 \leqslant RCA < 2.5$,则说明 i 国在 j 类产品具有较强的竞争能力; $0.8 \leqslant RCA < 1.25$,则说明具有一般的竞争力; $RCA < 0.8$,说明具有较低的竞争力。

由于本文是将中国四省区和东盟进行出口竞争力的比较,所以在计算该指数时,用四省和东盟的某类产品的出口总额作为 X_{wj} 来计算,用四省区和东盟的所有产品出口总额作为 X_{wt} 来计算。

表7-4　东盟各类出口产品金额　　　　单位:美元

分类	2008 年	2009 年
农业原材料	23673961500.00	15620744535.06
食品	94965089740.00	63621107542.83
燃料	161946232360.00	65543859012.95
制成品	610194258000.00	306653160727.10
矿石和金属	23540296120.00	16986884935.06
产品总额	990111429494.00	813588773468.00

数据来源:World databank 的报告(以美元计价)。

根据 SITC 分类,农业原材料、食品、燃料、矿石和金属属于资源密集型产品,制成品属于劳动密集型产品,这样东盟十国的出口产品分为资源密集型和劳动密集型两大类。

表7-5　东盟与中国四省区的显示比较优势指数

产品分类	年份	东盟	广东	广西	海南	云南
资源密集型	2008 年	0.98	1.33	3.43	19.91	6.45
	2009 年	1.30	0.30	0.65	3.98	2.32
劳动密集型	2008 年	0.88	3.80	3.60	2.02	0.56
	2009 年	1.07	0.85	1.14	0.48	0.23

2008 年,从 RCA 的绝对值看,我国具有很强竞争力(即 RCA≥2.5)出口省份与相应出口产品类型为广西、海南、云南的资源密集型产品,广东与广西的劳动密集型产品。而东盟在这两类产品的出口中,RCA 分别为 0.98 和 0.88,说明其仅仅具有一般竞争力。除了云南省在劳动密集型产品中表现出竞争力稍微弱于东盟,其他三省区均表现出比东盟更具有

竞争力,尤其是海南省,在资源密集型产品的出口中,RCA 为 19.91,远远高于 2.5,表现出很强的竞争力。

2009 年,我国具有很强竞争力(即 RCA ≥2.5)出口省份与相应出口产品类型仅仅为海南的资源密集型产品。我国四省区在劳动密集型与资源密集型产品的出口中,RCA 都大幅下降,不再表现出具有很强的竞争力,相反,东盟在这两种产品的出口中,RCA 虽然不是很高,但是比 2008 年有所上升。这一升一降,表明 2009 年在劳动密集型与资源密集型产品的出口中,东盟的表现大大优于我国四省区(图 7-1、图 7-2)。

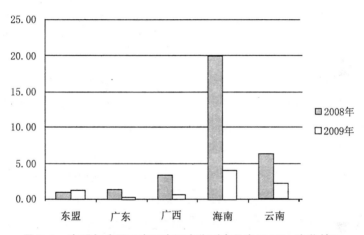

图 7-1　东盟与我国四省区资源密集型产品出口 RCA 变化情况

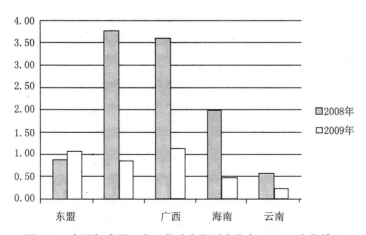

图 7-2　东盟与我国四省区劳动密集型产品出口 RCA 变化情况

7.3 波特区域产业竞争力模型

钻石模型是由美国哈佛商学院著名的战略管理专家迈克尔·波特提出的,波特提出的钻石模型主要是分析一个国家的某种产业为什么在国际上具有竞争力,并且还总结了决定一个国家某种产业的竞争力大小的四个因素,分别为:

一、要素禀赋。包括人力资源、天然资源、知识资源、资本资源和基础设施。

二、需求条件。主要指本国的市场需求。波特理论十分强调国内需求在刺激和提高国家竞争优势中的作用。一般来说,企业对最接近的顾客的需求反应最敏感。因此,国内需求的特点对塑造本国产业的特色起着尤为重要的作用。

三、相关、支持产业的表现则是指与这些产业相关的上游产业的竞争力。关联行业和辅助行业在高级生产要素方面投资的好处将逐步扩溢到本行业中来,从而有助于该行业占据国际竞争的有利地位。

四、企业的战略、结构和竞争对手的表现。他针对此点提出两个观点:第一,不同意识形态的国家有着不同的"管理意识形态",这些"管理意识形态"帮助或妨碍一国竞争优势的形成。例如在德国和日本企业里,工程师背景的人在最高管理层占据着重要位置,而在美国企业中,财务管理背景的人在最高管理层中占据着支配地位,波特将此归结为德国和日本企业重视加工制造和产品设计。而美国缺乏对改进加工制造过程和改进技术的重视。他同时认为,财务管理在企业中的支配地位导致了企业对短期回报的过分追求。这些不同的管理意识导致了美国企业竞争力的相对丧失。第二,波特认为一个行业中存在的国内竞争与该行业保持国际竞争优势二者之间存在密切的联系。激烈的国内竞争引导企业努力寻求提高生产与经营效率的途径,反过来促使它们成为更好的国际竞争企业,这一切都有助于产生具有世界竞争力的企业。

波特认为,这四个要素具有双向作用,形成钻石体系。

这四个要素还存在两大变数:政府与机遇。机遇是无法控制的,政府政策的影响是无法预测的(图7-3)。

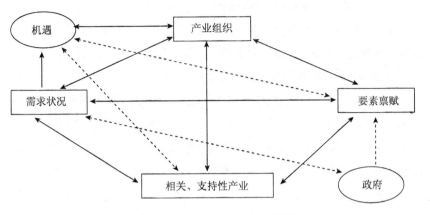

图7-3　波特区域产业竞争力模型

如同之前的新贸易理论学者们一样,波特认为现有的国际贸易理论存在一定的缺陷,即问题的关键是应当揭示为何一个国家在某个特定行业能够获得国际性的成功,并进而取得垄断性的行业地位。譬如,为何日本在汽车工业经营中能够如此出色?为何瑞士在精密仪器设备、化学药品生产和出口领域独领风骚?为何德国和美国在化学工业中占尽优势?从国家资源角度论述国际经济贸易的 Heckscher–Ohlin 理论无法圆满地回答这些问题,比较优势理论也只能给出部分的解释。按照比较优势理论,瑞士在精密仪器设备、化学药品生产和出口领域独领风骚,是由于它在这些行业中最有效地运用了它所拥有的资源。这固然正确,但却依然无法解释为何瑞士能够在该行业比英国、德国和西班牙有更高的竞争力,波特等人的研究试图揭开这个谜。

7.3.1　四省区资源密集型产业比较优势分析

农业在我国四省区和东盟合作产业中扮演着不可缺少的角色,东盟各国与我国四省区的农业发展都有很多相似的地方,比如机械化程度都不高,自然条件也比较接近,因此在农业发展方面,双方有很好的合作基础。在 CAFTA 背景下,通过钻石模型来分析四省区各自的比较优势,制定出相应的产业政策,使得四省区的产业能够在政策的引导及协调下,发挥各自的产业比较优势,从整体上提高我国四省区的出口竞争力。

一、四省区在要素禀赋方面的分析

通过比较2009年四省区各类农产品和矿产品的出口额,广东在可用于直接消费的水海产品方面有优势,广西、海南在农产品方面有比较优势,云南在园艺产品和硅产品方面有比较优势。

广东省位于我国大陆的南部,是祖国的南大门,与港澳毗邻,面向东南亚,南邻南海,是西北太平洋至印度洋的交通要道。地理条件优越,对外贸易基础条件好,既是我国联系世界经济的桥梁和纽带,又是我国南北航线的必经之地,具有发展水海产品出口的有利条件。广东水海产品在农产品出口比重中逐年上升,动植物的油脂及蜡出口比重呈现下降趋势,矿产品的比重也是逐年下降,其中矿产品中矿砂、矿灰及矿渣是需要大量进口的。水海产品是广东省出口比重中最大的产品,在水海产品方面有很大的优势,大陆海岸线达3368km,淡水养殖面积达42.96万 hm^2,位居我国首位,岛屿海岸线长达1649km,位于等深线 $-10m$ 以内的浅海和滩涂面积达126.7万 hm^2,2005年已开发的养殖面积有22.44万 hm^2,占全国的13.2%[①],仅次于山东、辽宁。广东的海洋生物资源十分丰富,其中鱼、虾、贝和藻类品种繁多,鱼类的增长特点是生长快、生命周期短、性成熟早、产卵期长、生殖能力强、杂食,没有明显的洄游现象,经得住较高的捕捞强度。此外,广东也具有很好的人缘优势,广东是全国著名的侨乡,祖籍广东的东南亚同胞众多,海外较有影响力的广东华侨组织有"世界客家恳亲大会"、"国际超人联谊会"等,华侨为广东的经济、文化建设、慈善事业以及对外交往都做出了重大贡献。

广西是全国重要的农业省区,资源丰富,其许多农产品在东盟国家很受欢迎,比如木耳、香菇、竹笋、芋头、大蒜、板栗等。此外,制糖业是广西的传统产业,广西90个县中,有53个种植甘蔗,甘蔗的种植面积有1026万亩。种植甘蔗的农民达1200万之多。目前甘蔗的生产力为39.43万吨,年产糖量500多万吨。广西的糖类品种众多,除了白砂糖、赤糖外,还

---

① 数据来源:广东省人民政府网。

有原糖、精制糖等,这在一定程度上提高了广西糖业出口的竞争力。其次广西每年粮食种植面积达 3067.5 千公顷,其中油料种植面积 181.2 千公顷,甘蔗种植面积 1060.1 千公顷,蔬菜种植面积 978.0 千公顷,烤烟种植面积 16.3 千公顷,木薯种植面积 230.9 千公顷,果园面积 917.7 千公顷,桑园面积 145.3 千公顷,全年粮食产量 1463.20 万吨。[①]

云南有"植物王国"、"天然花国"的美称,野生花卉种类达到 2500 多种,云南的气候条件也非常适宜种植花卉产业,全年有充足的降水量,年有效积温达到 4000~8000 摄氏度,这些气候条件都有利于园艺作物的生长。另外在海拔很高的地区,紫外线光照很强,因此有大量的珍稀野生植物资源,仅兰科植物就有 100 多属、500 多种,蔬菜有 31 科、71 属、142 种、1800 多个品种,位居我国第三位。近年来,由于与东盟贸易的快速接轨,加上云南园艺产业的快速发展,目前,全省的鲜花和绿化苗种植面积超过 1300hm^2,居全国第一位,总产值达 1.5 亿多元,另外果树种植面积达 19 万 hm^2,产量 55.7 万吨,外销蔬菜占全国总产量的 40%。此外,云南的矿产资源也十分丰富,我国已探明的硅灰石有 4600 万吨以上,而云南一个省就达 1600 万吨以上,其中 90% 用于出口。云南的电力资源也十分丰富,水量资源理论蕴藏量达 1 亿多瓦,年发电量可达 4700 多亿千瓦时,居全国第二位。云南除了有丰富的电力资源外,还有丰富的煤炭资源、风能资源、太阳能资源、地热能资源和生物资源等。这些优势使得云南电力产业的发展前景十分广阔。[②]

海南作为全国最大的天然温室,降雨充沛,土地肥沃,蔬菜和瓜果可常年供应,适合发展热带高效农业。相比其他省份,海南的空气清新,土壤污染少,非常有利于发展无公害的农业。在地理位置上,海南四面环海,具有天然的防疫屏障功能,对发展无公害的畜牧产业有天然的保护作用。

二、四省区在政府和机遇方面的分析

2006 年,中国与文莱、印度尼西亚、马来西亚、菲律宾、新加坡和泰国的进出口农产品免收关税,这就为四省区农产品的发展提供了很大的机

[①]　数据来源:广西壮族自治区人民政府网。
[②]　数据来源:云南省人民政府网。

遇。2007 年中央"一号文件"明确指出,加快实施农业"走出去'战略,此战略为四省区优势农产品的出口提供了强有力的政策保证。

改革开放以来,广东省政府相继出台了《珠江三角洲地区改革发展规划纲要(2008—2020 年)》、《关于加快建设现代产业体系的决定》和《广东省现代产业体系建设总体规划》等一系列促进产业发展的红头文件。广东省凭借先行一步的政策优势和毗邻港澳的区位优势,抓住国际产业转移和要素重组的重大历史机遇,三大产业结构从 1978 年的 29.8：46.6：23.6 调整为 2009 年的 5.1：49.3：45.6。广东省政府通过加大财税支持力度来保障省内产业的发展,并且它还制定了完善的激励型财政机制和投融资政策,统筹安排省级财政性专项资金、国家预算内资金和省现有产业专项资金,重点支持现代产业 500 强项目建设。2009 年广东省为了大力支持农村发展,拨付社会主义新农村建设专项资金 1.85 亿元,为了支持扶贫开发和支持农业补贴资金拨付工作,拨付"大禹杯"专项资金 0.3 亿元、水库移民各项补助 12.43 亿元、农资综合、种粮、母猪保险补贴各 16.23 亿元、1.33 亿元、0.45 亿元等。另外为了加快发展省内的海洋经济和现代渔业,也拨付了大量的人工鱼礁建设议案资金和城乡水利防灾减灾工程及重点水利建设项目等水利基础设施补助资金。①

近年来,广西制糖业大量吸收民营企业资金和外资,为广西经济总量的提升作出了重大贡献。广西壮族自治区政府指出糖厂资产结构进行调整的同时,要切实依照公司法建立产权清晰、责权明确、政企分开、管理科学的现代企业制度,另外还要切实解决政府对辖区内企业干预过多的问题,使企业真正成为自主经营、自负盈亏、自我发展、自我约束的法人实体和市场竞争主体,加快广西区制糖业的发展步伐,使之与世界经济顺利接轨。良好的市场前景,政府的积极引导,这无疑为广西的优势产业发展提供了大好的历史机遇。

云南政府在园艺产业方面,及时落实规模为 5000 亩的花卉示范园区的基础设施建设资金,对该产业的水、电、路等基础设施建设给予一定的资金补偿。对于花卉市场拍卖会的建设,政府也给予了适当的资金扶持,

---

① 数据来源:广东省人民政府网。

对花卉实行了运费补贴,取消了花卉生产的农特产税,为花农和企业及时提供有关产业方面的信息,并指导其进行生产和销售,鼓励有实力的企业开拓国内外市场,对开拓市场、出口创汇贡献大的企业和个人给予奖励。此外,政府还建设花卉绿色出口通道,简化报关手续,降低海关、质检收费标准,实行一地一票制通关,放宽外汇账户开设,延长外汇核消时间,为花卉出口提供高效便捷的服务。在电力方面,2007 年,云南省第十届人民代表大会常务委员会第31 次审议会议通过的《云南省电力设施设施保护案例》,使云南的电力由"人治"时代走向"法治"时代,为云南的电力发展提供了有力的法律保障,确保了社会的和谐稳定。[①]

海南则在今年建立了覆盖全省的植物医院体系,该体系的建立保证了海南能够以高质量的服务,来保障农产品的安全。另外还制定了《海南省无公害瓜果菜保护管理规定》、《海南省无公害农产品检验检测标准》、《海南无规定动物疫病区管理办法》等法规,以立法的形式保证无公害产品的生产。由于省内的市场有限,还得靠国外的市场来消化吸收,因此省政府建立了公路、水路和空运为一体的绿色联合通道。陆上方面,建立了省、市县、乡镇三级综合性产地批发市场,农产品运销的组织化程度大大提高。水运方面,开通了海口至大连、天津、青岛、上海等海上运输航线。空运方面,开通了海口至北京、上海、天津等大城市的运输途径。此外,绿色联合通道对海南本省的农产品也起到了积极的作用。目前,海南的绿色联合通道已经联网全国的"五纵二横"。

三、四省区在产业需求状况方面的分析

随着我国人民生活水平的提高,人们对健康程度的关注在逐步提升,因此对水产品的需求也呈现上升的趋势。水产品是农户家庭食物支出中的第五大消费品,从 2000 年到 2008 年,农户对水产品的需求逐年递增。从全国平均水平来看,东部地区水产品在家庭消费中的比重更大,东部地区是水产主产区,是传统的消费水平层次较高的地区,因此东部地区对水产品的需求的增长速度变化相对比较缓慢,而中西部地区,随着经济的发展,对水产品需求的增长速度是较快的。因此可以判断,水产品在中西部

---

① 数据来源:云南省人民政府网。

地区呈现较好的发展态势。我国人均收入水平虽然偏低,但是消费规模却很大,又由于食品消费是消费开支中最大的一部分,水产品在国内还有很大的潜在需求,因此这对广东来说是难得的一大优势。

近年来,人们对园林绿化苗木的需求日益增多。苗木品种的不断优化,品质的逐年提升,使花卉业已成为地方经济发展的新亮点。尤其在云南地区,以花富农已成为当地花卉产业的核心动力。太阳能电池的迅速发展导致硅材料需求量猛增。云南硅灰石储量极其巨大,这为太阳能产业的发展提供了天然的资源供给,这是得天独厚的。我国广大的农村地区以及一些边远山区或高寒地区,由于架线的成本高、难度大,最理想的解决方法是利用太阳能发电。国家已启动了"中国光明工程",这个工程的实施将需要大量的高纯度硅材料,云南应当抓住这个机遇。

近十年来,我国食糖消费量年均增长 44 万吨。另据中国糖协的预测,2015 年我国食糖需求量将达到 1800 万吨。总的来看,综合衡量人口增长、工业用糖和农村食糖消费加速增长等因素,预计到 2015 年,我国食糖需求量约为 1700 万吨左右,如此大的需求为广西糖业的发展带来了巨大的机遇。①

四、四省区在产业相关组织方面的分析

2002 年 4 月,海南省成立了芒果协会,该协会成立的目的是为了适应全球经济一体化的发展,便于会员与经营者、消费者的沟通。另外还有海南省香蕉协会、海南省五指山野菜协会等。

在渔业方面,广东省成立了工商联水产业商会,通过组织各种展览、展销以及水产品的推销等活动,便于商会成员之间的交流、参观、联谊和出访,使会员能够及时地了解整个产业的发展状况。

云南省为了发展园艺产业,成立了云南省兰花协会,该协会的成立有利于促进和加快发展云南省农村产业结构调整的步伐,为广大农民脱贫致富又增加了一条新途径。

广西壮族自治区的农产品协会有农产品商协会、广西农产品产销协会,它们的建立有利于广西农业经济的良性发展,并且能够根据市场的需

---

① 数据来源:http://www.dayoo.com/roll/201008/25/10000307_103365081.htm

求,不断引进新品种,带动组织会员按市场需求标准生产适销对路的产品。

五、四省区在产业战略方面的分析

广东实施编制了《广东省主体功能区规划》,并落实与之相配套的财政、投资、产业、土地和人口等方面的基础设施扶持政策,并不断完善绩效考评办法,探索生态补偿机制。

对于制糖业,广西计划通过与蔗农签订生产订单来加强甘蔗基地的建设,并且广西壮族自治区坚持市场与政府相结合的手段,以市场为导向,企业为主体,推进企业联合重组,综合发展糖业循环经济模式,从而提高市场总体竞争力。

海南省则是以市场为导向,以农产品出岛出口、直接进宾馆进超市为目标,该省本着"两出两进"的原则,通过实施品牌战略,以此来推动农业发展、实现农业增效、农民增收、农村发展的战略目标。

云南为了更好的发展本省的花卉产业,提升花卉产业的整体竞争力及激发花农的创新欲望,该省计划实施花卉产业知识产权战略,此战略的颁布,对于花卉市场的发展将有很大的促进作用。

7.3.2 四省区资本密集型产业比较优势分析①

一、四省区在要素禀赋方面的分析

2010年1～7月份,广东省的进出口贸易总值为4139.3亿美元,同比增长了32.3%,但是低于全国的增长幅度,其中出口总值达到2360.5亿美元,进口总值为1778.8亿美元,增长幅度分别为27.8%、39.3%。全球经济复苏以来,广东的外贸进出口也持续恢复,在出口方面,广东机电产品出口1535.6亿美元,高新技术产品出口892.4亿美元。

从广东出口产品结构上看,在工业类中,机电产品及高新技术产品所占比重很大,且由于产业结构的不断升级,出口比重呈逐年上升趋势,出口地主要集中在香港、美国、欧盟、日本和东南亚。广东的电子、电气、机械设备、化工等产品对东盟的出口具有很大的潜力。从东盟国家总体发

---

① 数据来源:广东省人民政府网。

展情况来看,基础工业相对薄弱,制造业不很发达,机电产品以及基础设施建设设备的进口量需求较大,仅机电产品每年的进口金额就达到500亿美元左右。广东目前拥有一批具有核心竞争力的 IT 主导产业,如 TCL、美的、科龙、格力和家电类核心企业群。因此,广东可以抓住这个机遇,逐步地走向东盟市场。

关于汽车产业,北美、西欧和日本,重点发展高档轿车、跑车,对于新兴的汽车生产国,中低档轿车仍有很广阔的市场,并且广东是沿海开放型的城市,经济又属于外向型,吸收国外先进技术的速度也相应地很快。广东的四大整车基地为广州标致汽车基地,车型以轿车为主;广东三星汽车,它与海南汽车制造厂组建汽车集团股份公司,生产面包车和轻型货车;顺德微型汽车,它与第一汽车制造厂合作建设,以发展微型汽车为主;惠州东风汽车生产基地,是二汽、广东与国外合资建设,生产轻型车。四大汽车整车基地的建立,使得广东的汽车产业有了自己的拳头产品。

二、四省区在政府与机遇方面的分析

由于中国廉价的劳动力可以节省大量的成本,发达国家开始在一定程度上实行转移产业,这极大地促进了广东的贸易增长并且优化了广东的贸易结构。汽车方面,广东把汽车作为经济支柱之一,从财力到物力、人力都给予了大力支持。广东作为中国最大的汽车销售市场,有良好的市场环境,这都非常有利于广东的汽车生产基地的发展。并且我国在加入 WTO 以后,国内的汽车产业由封闭走向开放,国外在使用我国廉价劳动力的同时,也为我们带来了先进的管理理念。今年,广东省政府常务会议决定实施广东省现代产业 500 强,其中就包括 100 个先进制造业项目。500 强项目的实施具有开创性、开放性的重大意义。该项目突出高端电子产品、新能源汽车、半导体照明等高科技产品,电动汽车等也将重点扶持。

广西位于我国的西部,可以享受国家西部大开发的优惠政策,尤为值得一提的是,广西北部湾经济区发展规划正式获得批准,这表明北部湾经济区已经被正式纳入国家发展战略层面,国家会在有关规划、重大项目布局及审批、保税区设立等方面给予政策性的倾斜,因此,这对广西优势产业的发展提供了有利的内外部条件。

海南今年也出台了扶持汽车产业发展的相关扶持政策,政府制定了

《关于支持汽车产业发展的若干意见》,该意见的出台对于帮助一汽海马集团有限公司及其地产化零部件配套企业克服各种困难,积极开拓市场,有着积极深刻的作用。意见分为四部分:积极创造条件、为企业发展提供优质服务、积极支持企业开拓市场、扩大海马品牌汽车国内外的市场份额等。同时,将海马品牌系列汽车列入政府采购范围,同类车型优先采购海马品牌汽车,对于省内各市县需要新购买或更新的,鼓励使用海马品牌汽车。再者,还可利用中央补助的中小企业国际市场专项开拓基金,优先考虑发展海马并帮其开拓国际市场。此外,海南人事劳动保障部积极帮助海马集团引进人才,教育部门也在积极帮助解决该集团内高级人才的子女上学等问题。海口海关也积极落实《海南省人民政府关于支持汽车产业发展的若干意见》,多次深入海马集团进行调研,提出了要利用海关特殊监管区政策优势支持"一汽海马"的发展,设立"官企协调员"为企业提供一对一的的服务,运用海南虚拟统一海关现场和属地申报、口岸验放区域通关模式,主动帮助企业解决异地口岸出口通关疑难问题,提高出口竞争力。

三、四省区在市场需求方面的分析

全国整体市场的消费在逐渐提高,增长幅度也非常的明显,国内的经济回暖,促使汽车需求急剧上升,加之国家 GDP 的稳定增长,使得消费者的购买力欲望表现出强劲的势头。现在我国的汽车产业正处在蓬勃发展的时期,人民的生活水平不断地提高,私人汽车消费的比重也在不断地增加,汽车在我国日益发展成为一种大众消费品,这将直接推动我国汽车市场的发展,毫无疑问,广东和海南应当抓住这个千载难逢的机会。

在世界经济逐渐好转的推动下,国际市场对机电产品需求回升,美国、日本国家的机械工业在我国的订单量逐年增加,并且近年来东盟对机电产品的需求也在增加,像菲律宾这种经济发展水平还不高的国家,其国内的市场需求是很可观的,且我国近年来与菲律宾的频繁交往,也为我国机电产品的出口提供了有利的外部条件。因此,广东、广西应当抓住这个机遇,重点发展机电产业,满足社会需求。

四、四省区在相关、支持产业方面的分析

广东汽车工业的成功,也拉动了汽车零部件产业的发展。2000 年 8月,广州汽车工业集团成立了广州汽车集团零部件有限公司,该公司的成立带动了一批与之配套的零部件产业的发展。该省的零部件企业在不断地发展壮大,并且出口也在逐年加大,这对广东的汽车产业发展很有促进作用,海南在这方面就需要加强。

机电产业相关、支持产业:作为机电产业主要推动力的信息技术产业,自 2004 年以来也逐渐好转。冷、热轧硅钢均是机电生产厂家的主要原材料,但是冷轧硅钢比热硅钢更能节省资源,因此现在大部分国家都淘汰了热轧硅钢片。近几年来家电产品的迅速发展,其质量和耗能成为人们关心的问题,因此不可避免的刺激了对冷轧硅钢的需求,与此同时我国的大型发电设备生产企业太钢集团,已成功涉足核电行业。由于以往我国的核电站使用的主要材料大部分要靠进口,因此太钢冷硅成功进入核电领域,标志着我国的冷硅产业已步入了世界先进行列。这对广东、广西来说都是好消息,两省都应当抓住这个机遇,努力发展本省的优势产业。

五、四省区在产业战略方面的分析

广东要形成以本田、日产和丰田为主的汽车工业集群,《广东省汽车工业 2005—2010 年发展规划》中制定的技术发展目标为"至 2010 年,我省汽车工业研究与开发费占汽车工业销售收入的比例达 3% 以上,加快对国外汽车技术的消化吸收,力争在 2010 年轿车企业开发出有自主知识产权、与国际水平接轨的产品,形成若干驰名的汽车、摩托车和零部件产品品牌"。

广西凭借中国—东盟自由贸易区的区位优势,进一步扩大了与东盟进行交易贸易的规模。在"十二五"规划扶持范围内,也将大力发展高端电子信息技术产业。

海南省政府制定了《汽车品牌销售管理实施办法》,它还大力推广新能源汽车,并逐步建设区域性的功能完备的电动汽车检测中心、电动汽车培训中心、电动汽车城市道路工况试验中心。

7.3.3 四省区劳动密集型产业比较优势分析①

一、四省区在要素禀赋方面的分析

与其他省区相比,广东劳动密集型产业具有较大的优势,这是由于广

---

① 数据来源:http://news.qq.com/a/20090118/000178.htm.

东的劳动力资源十分充裕,其发达的经济不断地吸引外来劳动力,这无疑加强了广东的劳动力资源禀赋,使得广东的劳动力成本相比其他各省便宜很多,广东的几种劳动密集型出口产品有:纺织、服装、鞋、玩具、家具、皮革制品,其中纺织品、玩具、鞋具有极强的出口竞争力,服装、家具的出口竞争力稍微弱一些。

截止到 2008 年底,海南的森林覆盖率达 58.48%,森林面积达 2969 万亩,比 2007 年增加了 1.38 个百分点。海南虽然经济条件不如广东发达,但是由于有很高的森林覆盖率,使得海南在木及木制品方面也有很强的比较优势。

二、四省区在政府和机遇方面的分析

劳动密集型产业近年来有了长足的发展,从行业上看,20 世纪七、八十年代,由于发展中国家劳动力资源十分廉价,发达国家为了节省成本,便将纺织等产业向发展中国家转移,然后是家用电器、化工等产业也相应地进行历史性转移。这个时期,发达国家的产业转移现象明显增加,而广东正是这个时期最早的承接地。在广东的很多城市都形成了产业规模,如东莞、深圳等。随着日、韩加入到了中国—东盟自由贸易区当中,且在 CAFTA 背景下,商品的关税逐步削减,加上广东劳动力成本的优势,这对出口日、韩将是一个很大的机遇。另外港澳金融、贸易、货运、物流及高增值服务水平的提升,为广东劳动密集型产业的发展提供了很大的空间。

2009 年广东服装、纺织出口的快速增长,主要归因于有利的外部条件:对东盟出口的大部分商品实行零关税。此外,广东出台了《珠江三角洲产业布局一体化规划(2009—2020 年)》,家具行业被纳入珠三角产业布局一体化中,此举充分体现了政府层面对家具产业发展的高度重视。《规划》要求,对于珠三角地区家具产业,坚持名牌带动、质量取胜,加强技术改造,要打造一批知名品牌龙头企业,以高档化、品牌化的形象面向世界。广东省制定了《广东省森林保护管理条例》、《广东省野生动物保护管理条例》、《广东省林地保护管理条例》、《广东省湿地保护条例》等为主的比较完备的地方性林业法规体系,为林业、家具业的稳定协调发展提供了强有力的法律保障。

海南政府为了提高森林覆盖率,保护自然生态环境,做了以下几个方面的工作:

一是把海防林的建设作为保护海南生态环境安全的重要工程。在2009年，退塘还林工作取得了丰硕的成果，填塘4290亩，超过年度任务的21.6%。二是实行林改，此措施极大地调动了全省人民积极参与林业建设的热情。海南省的四个林改试点县（昌江黎族自治县、澄迈县、白沙黎族自治县、屯昌县）都对林改工作做了大量的工作。昌江黎族自治县从财政、场地等方面都给予了大量的支持，如财政拨款144万元，提供了40台GPS及电脑等一批设备，另外还有200多平方米的办公场地。澄迈县重点解决"均地均利"和"三过"问题，即农村林地承包中承包地面积过大、承包期限过长、承包金额过低。该县采取返包的形式化解矛盾。白沙黎族自治县，从县直机关抽调200名基层工作经验丰富、熟悉农村政策的同志进驻农村开展工作。屯昌县根据该县实际情况，林改工作通过摸底、外业勘界测量、林改方案公示等环节进行，并还抽调10名熟悉业务的同志补充到林改工作队中。

海南省的森林覆盖率达到全国之最，岛上有著名的5大原始森林：五指山森林区、霸王岭森林区、尖峰岭森林区、吊罗山森林区及梨母山森林区。能够取得这么大的成绩，主要是因为该省有历来重视林业改革的传统。从1989年以来，海南省先后三次做出造林绿化的重大部署，1992年提出了"提前灭荒"的目标，2004年又提出到2010年森林覆盖率达到60%的目标。

富集的野生动植物资源既是海南省生态建设和保护的重点又是难点，也是发展特色林产业和促进林农增收致富的优势所在。对此，海南省各级政府在转变发展方式和调整产业结构中，着力作好"保护"与"开发"两篇文章，积极探索生态建设产业化、产业发展生态化的有效实现形式。另外围绕建立发达的林产业体系，加快林浆纸原料林、竹材等基地的建设，为林产业的发展打下了坚实的基础。此外省政府还出台了鼓励政策，助推林产业发展。"公司+农户"、"公司+基地+农户"、"公司+协会+农户"的投资主体多元化、经营形式多样化的林产业发展新格局，为林产业的迅猛发展注入了生机与活力。

三、四省区在产业组织方面的分析

2009年，为了强化对广东省家具产业的专门研究和指导以及对未来发展战略的合理预测，广东省科技厅、广东省家具商会共同成立了广东省家具产业研究院,经过仔细认真的调查研究,该研究院总结出家具产业要想提高生存能力就必须要坚持走品牌化道路,以高新技术为支撑,只有这样才能更好的增强整个产业链的竞争力。此外,它还与广东家具商会合作,通过整合历来的家具产业相关政策、管理技术和金融资源等,研究并深化改革产业理论,认为应当把家具产业培育成具有国际竞争力的优势产业。

广东纺织服装产业集群化的发展趋势很明显,集群的内部规模效应和外部规模效应协同效果好,这从整体上提高了产业发展的活力。

四、四省区在相关、相持产业方面的分析

广东省是一个"七山一水二分田"的林业大省,全省的林业用地面积达到1101.6万公顷,森林覆盖率达到56.7%,活立木蓄积量达4.18亿立方米,林业总产值达到2200亿元,森林生态效益总值达8000亿元。截止到2009年底,全省的林业主管部门主管的自然保护区达到265个,建成各类森林公园360处,国家级别20处,省级46处,市县级294处,全省已基本形成了造林营林、木材生产、林业工业和多种经营四位一体的林业产业化新格局,另外全省还建成商业林基地267万公顷,其中速生丰产林750万亩,工业原料林980万亩、竹林660万亩、经济林1460万亩。全省的非公有制投资造林总面积达1650万亩,全省从事林产品加工经营的单位2.13万家,从业人员达到300多万人,目前有17家省级林业龙头企业。林业的招商引资政策不断开放,对外开发力度都在迅速地加大,林业利用外资的成效也很显著。"十五"期间,全省的木材总产量达到152.28万立方米,竹材产量3.97亿根,人造板产量1136.71万立方米。[①]

由于生皮及皮革羊毛,动物毛,毛纱线及制品,棉花、化学纤维长短丝等原材料进口关税下降,进而导致原材料成本下降,也使得广东劳动密集型产业的优势更加突显出来。

五、四省区在企业战略方面的分析

2008年7月,广东省委、省政府联合下发了《关于加快建设现代产业体系的决定》,该决定明确提出了到2012年,把家具产业作为广东的传统

---

① 数据来源:http://www.gdf.gov.cn/index.php? controller=front&action=view&id=10084.

优势产业,其国际竞争力要比以前明显提高,并且把高新技术作为现代产业提高竞争力的基础,充分体现了广东对高新技术在家具产业发展中重要性的认识程度。

海南率先提出建设生态省,将林业作为生态建设的重点,历届省委、省政府每年都带头参加植树活动,海南以集体林权制度改革为契机,积极推进林业体制改革,积极探索适合海南模式的林业发展体制,并推进传统林业向现代林业发展。另外 2010—2015 年期间,海南将全面实施"绿满琼州"造林绿化工程,并且坚持"山上造林"和"身边增绿"相结合,发动全省全民参与到种绿、爱绿及护绿活动中,开展宝岛全民义务植树大行动,以新的理念推进全民义务植树活动的开展,使全民义务植树形成多层次、多主体、多形式的造林绿化格局。各市县不断地把义务植树活动引向深入,力争在今年首先实现 1000 万株的目标。① 此外,海南省在 2004 年制定出了《关于加快林业发展推进生态省建设的决定》,《决定》中规定,政府要加大林业建设的投入,建立森林生态效益补偿基金制度,补偿基金要纳入各级财政预算。

7.3.4 四省区技术密集型产业比较优势分析

据前面贸易专业化指数得出,广东在药品、航天器、航空器及零件、光学、照相电影、计量检验、医疗仪器设备方面,贸易专业化指数为负数,在核反应堆、锅炉、机械设备及零部件相比,有比较优势,广西和云南在药品方面有极强的竞争力。但从总体上看,广东和云南两省在技术密集型方面更具有比较优势,广西稍微处在劣势的地位,海南省处于最劣势的地位。

一、四省区在要素禀赋方面的分析

我国核电装备制造工业主要分布在上海、哈尔滨和广州,其中广东一个省所生产的核电核岛主设备份额大约就占国内市场的 50% 以上。② 在机械零部件方面,据广东海关统计,2010 年 1~4 月份,广东汽车出口零部件 6.3 亿美元,比去年同期增长了 35.9%。其中,对美国出口汽车零部

---

① 数据来源:http://guanghe.com.cn/a/yejiedongtai/2010/0220/710.html.
② 数据来源:http://news.qq.com/a/20090616/000163.htm.

件1.3亿美元,增长32%,对日本出口9035万美元,增长90.1%,对东盟出口4966万美元,增长了44.4%,对印度出口995万美元,增长1.3倍。[①]此外广东本省也有一批优质企业,比如肇庆市的汽车零部件产业等,都是国家级或省级的高新技术产业,在汽车零部件产业链中都有很强的竞争力,是世界知名整车企业配套基地和汽车零部件产品的重要出口基地。

云南是我国重要的药品生产基地,在我国药品行业中占据着举足轻重的地位,目前我国整个社会经济水平地快速提高,人们的用药观念也发生了翻天覆地的变化,开始趋向使用天然的副作用小的药物,这就为云南药业提供了一个发展的大好机会。云南在发展药品方面具有得天独厚的条件:丰富的动植物资源、独有的地理位置和气候条件、灿烂的医药文化、闻名天下的三七、血竭、天麻、云木香等药材。除了拥有先天的资源优势外,云南省还创立了一批享誉国内外的知名品牌,品牌企业为推动云南医药产业的发展起到了领头人的作用。

地处亚热带的广西也具有丰富的中医药资源,被誉为中国的"药材宝库",其中淮山、田七、半夏、金银花等产量位居全国前列,医药产业已日渐发展成为广西的支柱产业,为广西经济的腾飞做出了不可磨灭的贡献。

二、四省区在政府与机遇方面的分析

2003年,广东省政府提出要加快电力建设,积极发展核电产业。阳江核电站、大亚湾核电站和岭澳核电站以及考虑中的台山核电站,四个核动力将积极推动广东电力经济的发展。2010年1月,中国—东盟自由贸易区建立,双边贸易的关税下降,加上东盟各国的汽车市场正在蓬勃发展中,这给广东的机械零部件产业的发展带来了千载难逢的机遇,为此广东省政府通过税收减免、纳税扣除、税收豁免等税收优惠措施以此来促进本省高新技术产业的发展。另外,该省还重视与港澳地区的技术合作,采取灵活多样的资金合作和技术交流等方式,从整体上推进广东技术密集型产业的发展。

广西壮族自治区对本地区的医药产业也制定了相应的政策和激励措施,如加大对民族医药的投入,努力推进中草药现代化产业发展。广西还

---

① 数据来源:http://www.gjjgjmy.cn/news/18505.html.

计划在 2015 年使全区医药工业实力实现销售收入 320 亿元。[1] 此外，在广西壮族自治区党委的直接领导下，经自治区科技管理部门授权，广西卫生科教管理学会设立了广西医药卫生适宜技术推广奖，该奖积极表彰那些为广西卫生科技产业做出突出贡献的集体或个人，此举也最大限度地调动了全区的科研热情。

云南医药产业面临着两大机遇，第一是《中国—东盟自由贸易区框架协议》的签署，标志着中国—东盟自由贸易区的正式成立，因自身特殊的地理位置使得云南置身于自由贸易区的前沿，这是一个难得的机遇。第二是云南省政府计划在"十二五"规划期间，投入 800 多亿元[2]，以此打造一批具有核心竞争力的优势产业。规划还提出：到 2015 年，中药、民族药、天然药物产业集群产值达 200 亿元，化学原料药及制剂产业集群 80 亿元，健康产品产业集群和中药材种植产业集群 60 亿元，植物提取物产业集群达 40 亿元，生物制品产业集群达 30 亿元以上[3]。另外云南省政府针对云南药行的不足，也采取了一系列的措施，如重点强调新药的开发，着重强调科技在药行中的作用，同时规范中药材种植基地，并通过合并、合资、联合等方式与国外有实力的营销公司合作，建立完善的物流配送方式以及国内外为一体的营销网络。这些措施的出台，充分展现了云南省政府对医药产业的高度重视和发展决心，对医药产业来讲，更应该抓住这个难得的机遇，充分展现自己的实力。

三、四省区在产业需求方面的分析

我国发改委规划，预计到 2020 年，国内核电装机容量将达到至少3200 万千瓦以上，而我国目前已建成的核电站装机容量仅为 870 万千瓦，这意味着在未来的 17 年来，我国对核电产业的需求将一路狂奔。[4] 广东应当抓住这个机会，努力发展核电产业。

改革开放以来，我国人民生活水平快速提高，对生命健康方面的要求也越来越高，具体表现在药品方面，我国消费者从数量和质量上都对其提

---

① 数据来源：http://www. chinadaily. com. cn/hqcj/zgjj/2010-08-06/content_671003. html.

② 数据来源：http://www. emed. cc/homeadmin/zcfg_detail. asp? subjectid = dfc0000dfcaqmnglsop&namec =% D0% D0% D2% B5% B6% AF% CC% AC.

③ 数据来源：http://stock. jrj. com. cn/invest/2010/10/2804138429057-3. shtml.

④ 数据来源：http://news. dayoo. com/china/gb/content/2003-08/29/content_1202530. htm.

出了更高层次的要求。医药市场总的趋势是从低级向高级发展,由被动消费向主动消费发展,过去许多潜在的需求,在今天不断地演变成现实的购买行为。这对于广西和云南来说,是不可多得的机会。

四、四省区在产业协会、组织方面的分析

广东省肇庆市携手清华大学、浙江大学、华南理工大学、广东工业大学等著名国内高校成立"肇庆汽车零部件产学研战略联盟",欲借助高校的科研设施条件及创新团队,开发具有自主知识产权的核心技术。广东有许多技术开发区,分别为:广州天河高新技术产业开发区、中山火炬高新技术产业开发区、深圳科技工业园,高新技术园区的发展将带动广东相关的传统产业。这些战略联盟和高新技术开发区的存在对于广东核电产业和零部件产业的发展有不可替代的作用。

五、四省区在相关、相持产业方面的分析

随着经济的快速发展,人们对公共服务质量和资源利用效率也越来越关心,另外医药、能源及机械产业的发展,对机械零部件的生产质量也提出了更高的要求。基于此,我国目前十分重视零部件产业的发展,并且也取得了很好的成绩。

广西是中国中草药产量大省,中草药物种类达 4623 种,位居全国前列,目前我国 400 多种常用的重要原料中,70 多种来源于广西,广西人工种植药材面积达 86.95 万亩,占全国种植面积的 1/5。[①]

六、四省区在产业战略方面的分析

广东《汽车产业政策》提出零部件要积极参与主机厂的产品开发工作,这就需要零部件产业有很好的自身素质和产品开发能力。还提出本省的零部件产业要坚定不移地夯实基础、重视现代信息化工作、提高工作的效率、加强国际合作,不断地发挥企业的比较优势,只有这样才能与国外企业相竞争。

广西壮族自治区推出了《广西壮族自治区医药制造工业调整和振兴规划》,将加大中草药业的科技方面的投入,重点发展中成药、中药提取物,适当发展中药饮片。此外还明确强调要加大对药材资源的保护力度,

---

① 数据来源:http://www.chinadaily.com.cn/hqcj/zgjj/2010-08-06/content_671003.html.

并积极开展中药材生产质量规范研究与基地建设。

云南省预计到 2015 年完成 50 个原研新药申报并获得新药批准,其中 I 类新药不少于 3 个,II 至 III 类化学药 8 至 10 个、生物制品 10 个①。为了确保目标的完成,云南计划走大生物医药产业的发展道路,重点打造六大生物医药产业集群:中药、民族药、天然药物产业集群、化学原料及制剂产业集群、生物制品产业集群、健康产品产业集群、植物提取物产业集群、中药材种植产业集群。

本章小结

首先,本章根据年鉴中的进出口数据,对广东、广西、海南、云南四省区各种产业的贸易专业化指数进行比较分析,进而确定各省区各产业的出口竞争力的强弱和发展趋势,为出口产业政策协调和制定提供一定的依据。其次,通过比较四省区和东盟在资源密集型产品和劳动密集型产品上的显示比较优势指数,得出中国四省区在相对于东盟在该产业上是否具有出口竞争力,为四省区在中国—东盟自由贸易区框架下协调出口产业政策提供依据。但由于统计口径存在差异,中国与东盟的产业比较无法进一步细分,这是本部分分析的最大缺陷。

其次,本章根据波特区域产业竞争力模型详细分析了广东、广西、海南、云南四省区在资源密集型、资本密集型、劳动密集型以及技术密集型出口产业各方面的情况,分别分析了四省区在这四大产业类型上的要素禀赋的比较、产业组织的比较、相关及支持性产业的比较、产业需求状况的比较以及政府及机遇方面的不同。通过分析,明确了四省区出口产业的优势及不足,为四省区在中国—东盟自由贸易区框架下协调出口产业政策提供依据。

---

① 数据来源:http://guba.eastmoney.com/look,000538,7008396372.html.

本部分采用结构方程模型对广东、广西、海南、云南四省区的出口产业竞争力进行比较分析，通过结构方程模型拟合出来的潜变量对观测变量的负载（即路径系数）测算出潜变量的因子得分以及各省出口产业竞争力的综合得分，从而得出四省区的出口产业竞争力的排序，为四省区出口产业政策协调提供实证基础，从最后结果的分析中我们可以发现：广东无论是在资源密集型、资本密集型、劳动密集型还是技术密集型出口产业竞争力上都具有绝对的优势；而广西则除了资源密集型之外，其他排名都在第二名，竞争优势较明显；云南相对于海南来说，各出口产业类型竞争优势较强，但比起广东来说差距甚远，相比广西则略逊一筹；海南除了资源密集型竞争优势高于广西之外，其他三大类型出口产业均处于绝对劣势。

第 8 章
出口产业竞争力
的结构方程模型

8.1 结构方程模型的基本理论

结构方程模型(SEM,Structure Equation Model)是社会科学研究中的一个非常好的方法,该方法在 20 世纪 80 年代就已经成熟,但在国内的社会科学领域实证研究中的应用则刚刚兴起,伴随着中国学术研究的国际化发展趋势,结构方程模型方法将在更广的领域得到应用。

结构方程模型是应用变量的协方差矩阵来分析变量之间关系的一种统计方法,也称协方差结构分析,它综合了方差分析、回归分析、路径分析、因子分析等传统统计技术的优点,弥补了传统回归分析和因子分析的不足,可同时处理多个变量并允许自变量存在测量误差。

8.1.1 结构方程模型的基本原理

结构方程模型的拟合思想是尽量缩小样本协方差矩阵与由模型估计出的协方差矩阵之间的差异。对结构方程模型的评价,要综合通过卡方值、卡方值自由度比、均方根残差(RMSEA)以及绝对拟合指数、相对拟合指数等来综合评判。在结构方程模型中,不能直接观测的变量称为隐变量,也叫潜变量;能直接观测的变量称为显变量,也叫观测变量。结构方程在形式上是反映潜变量和观测变量关系的一组方程,通过对观测变量的测量可以推断潜变量,并对该结构方程模型的正确性进行检验。结构方程模型通常包括三个矩阵方程式:

$$y = \lambda Y \eta + \varepsilon \quad \cdots\cdots\cdots\cdots\cdots\cdots\cdots\cdots\cdots\cdots (8\text{-}1)$$

$$x = \lambda X \xi + \delta \quad \cdots\cdots\cdots\cdots\cdots\cdots\cdots\cdots\cdots\cdots (8\text{-}2)$$

$$\eta = \beta \eta + \Gamma \xi + \zeta \quad \cdots\cdots\cdots\cdots\cdots\cdots\cdots\cdots (8\text{-}3)$$

其中,方程(8-3)为结构模型,描述潜变量之间的线性关系;方程(8-1)和方程(8-2)为测量模型,描述潜变量和观测变量之间的关系。式中,x 和 y 是外源指标和内源指标;ξ、η 是外源变量和内源变量;λX 是外源指标和外源变量之间的关系,是外源指标在外源变量上的因子负荷矩阵;λY 是内源指标和内源变量之间的关系,是内源指标在内源变量上的因子负荷矩阵；δ 和 ε 是测量模型的残差项，ζ 是结构模型的残差项，描述模型中不能被解释的部分。

8.1.2 结构方程模型的基本特征

从我们对结构方程模型的介绍及其基本原理可以看出，结构方程模型与传统的回归分析和因子分析相比较而言具有以下几个优点：

一是结构方程模型允许自变量存在测量误差。在传统的统计分析方法中，自变量都是可直接观测的，不存在观测误差。但是在社会学科领域研究中，很多概念或者变量不能被准确而直接地测量，结构方程模型可在一定程度上解决这一问题。它通过为难以直接测量的潜变量设定观测变量，进而用这些可以观测、可以统计操作的观测变量之间的关系间接地体现潜变量之间的关系。

二是结构方程模型可以同时处理多个因变量。在传统的统计分析方法中，方程右边的因变量一般只有一个。但是在社会学科领域研究中，常常会出现多个因变量的情况，这时传统的统计分析方法就没法分析，而结构方程模型允许多个因变量的存在，使模型在拟合的过程中能充分考虑所有变量的信息，增强了模型的有效性。

三是结构方程模型可以在一个模型中同时处理因素的测量关系和因素之间的结构关系。在传统的统计分析方法中，这二者通常是分开测量的，往往是先对因素进行测量，只有评估标准通过之后，才将测量资料用于下一步的分析；而结构方程模型可以同时进行因素的测量关系和因素之间的结构关系的拟合。

四是结构方程模型允许更具弹性的模型设定。在传统的统计分析方法中，通常对模型设定的限制较多，如单一指标只能从属于一个因子，且模型自变量之间不能有多重共线性等；而结构方程模型则可以处理单一指标从属于多个因子的因子分析，也允许自变量之间存在共变方程关系，且结构方程模型还可以处理多阶的因子分析模型，因此，结构方程模型对模型设定的限制较少。[1]

---

① 林嵩：《结构方程模型原理及 AMOS 应用》，华中师范大学出版社 2008 年版。

8.1.3 结构方程模型的建模步骤

不同类型的结构方程模型的基本分析步骤类似,在执行结构方程模型分析的过程中有两大部分:模型准备和模型拟合。具体的结构方程模型的建模步骤如图8-1所示:

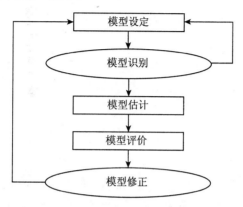

图8-1 结构方程模型的建模步骤

基于上面所说的结构方程模型的优势可以看出它在分析区域产业竞争力中既能处理测量误差,又可分析潜在变量之间的结构关系,因此,课题将采用这一统计分析方法来分析广东、广西、海南、云南四省区出口产业的竞争力。

8.2 出口产业竞争力结构方程模型构建

出口产业竞争力结构方程模型的构建包括了结构方程模型构建的模型准备以及模型拟合。模型准备阶段涵盖了模型构建的理论基础、出口产业类型的划分、潜变量和观测变量的设计、样本选取和数据的处理以及对数据的信度和效度进行检验。模型拟合部分包括了四大出口产业类型三潜变量和二潜变量的拟合以及对模型拟合情况的细分评价和综合评价。

8.2.1 出口产业竞争力结构方程模型构建的模型准备

结构方程模型的模型准备阶段是结构方程模型分析的真正核心所在,对于出口产业竞争力结构方程模型而言,模型准备涵盖了模型构建的理论基础、出口产业类型的划分、潜变量和观测变量的设计、样本选取和数据的处理以及对数据的信度和效度进行检验。

一、模型构建的理论基础

出口产业竞争力结构方程模型的构建是建立在著名的波特区域产业竞争力理论之上的,该理论认为一国产业发展的要素条件包括了需求状况,要素禀赋,相关、支持性产业,产业组织,政府及机遇六个方面的因素。在该理论基础之上,我们提出了一个新的模型,将对出口产业竞争力影响较大的因素综合成基础条件、支持因素及需求状况三类,并以此作为出口产业竞争力结构方程模型的三个潜变量,通过对三个潜变量所设定的观测变量数据的收集,得到模型拟合的实际数据,然后利用无量纲化处理后的数据进行分析,并对提出的模型进行拟合、修正和解释,最后使用拟合效果较好的模型测算广东、广西、海南、云南四省区在资源密集型、资本密集型、劳动密集型以及技术密集型四大产业类型的出口产品的优势。

二、出口产业类型的划分

对于资源密集型、资本密集型、劳动密集型以及技术密集型四大产业类型出口产品的划分,我们是基于国际贸易标准分类(SITC)的要素密集分类方法来划分。① 国际贸易标准分类(Standard International Trade Classification,简称 SITC)是用于国际贸易商民的统计和对比的标准分类方法。目前实行的"国际贸易标准分类"是在 1950 年 7 月 12 日,由联合国经济社会理事会商议通过并发布的,是目前被世界各国政府广泛采纳的商品贸易分类体系。截止到 2006 年为止,SITC 分类经历了四次修订补充,最近的一次修改为第四次修订,于 2006 年 3 月获得了联合国统计委员会第三十七届会议的通过。这种分类法将商品分为 10 部门、67 章、

---

① 课题组考虑了生产要素分类法、农轻重工业分类法、三次产业分类法、国际贸易标准分类等方法,每种方法都有各自的优缺点,最后基于本课题研究的需要将出口产业按照要素密集分类方法划分出口产业类型。

223 组、786 个分组以及 1924 个子项目。

　　本课题组按照国际贸易标准分类中的三位数分类标准,将其中的 67 种商品重新分为资源密集型产业、劳动密集型产业、资本密集型产业和技术密集型产业四种产业类型。本课题所提到的所有关于这四种产业类型都是基于这种划分方法。其中,资源密集型产业也称为"土地密集型产品",是在生产要素的投入中需要投入数量较多的类似土地等自然资源才能进行生产的产品。土地资源作为生产要素,是泛指包括土地、原始森林、江河湖海和矿产等资源的各种自然资源的总称。与土地资源关系最为密切的是包括种植业、林牧渔业、采掘业等的农业与矿业。资本密集型产业又称资金密集型产业,是指包括冶金工业、石油工业、机械制造业等重工业在内的产业。该产业的特点是:投资量大、技术装备多、资金周转较慢、投资效果也慢、容纳劳动力较少,与其他要素密集型产品相比,资本密集型产品的产量与投资量有正向相关的关系,而与其所需要的劳动力数量则成反向相关关系。劳动密集型产业是指为生产一定数量的产品所必须投入的生产要素中,劳动力要素投入的比例高于其他生产要素比例的产品。如轻纺工业、手工业等轻工业的产品都属于劳动密集型产品。该产业的特点是:容纳劳动力较多、占用资金少、设备的技术程度低。技术密集型产业又称知识密集型产业,是指需要用复杂先进而且尖端的科学技术才能进行生产的产业。生产这类产品所需要的技术密集程度,往往同相关行业、部门或企业的机械化、自动化程度成正向相关关系,而同相关行业、部门或企业所用手工操作人数成反向相关关系。该产业的特点是:劳动生产率高,科技人员在职工中所占比重较大,资源消耗低;设备、生产工艺建立在先进的科学技术基础上;产品技术性能复杂,更新换代迅速。生产技术密集型产品的行业状况可以反映一个国家的科学技术发展水平,它为国民经济各部门提供各种新型材料以及先进的劳动手段。目前在中国,电子计算机产品,飞机和宇宙航天产品,原子能工业产品,大规模和超大规模集成电路产品,精密机床、数控机床、防止污染设施制造等高级组装产品,高级医疗器械,电子乐器等高级别产品均属于技术密集型产品。

　　依照上述四种要素密集型产业的定义,本课题组将国际贸易标准分类中所列示各种产品重新调整分类,分类结果如表 8-1 所示,表 8-2 所示,为国际贸易标准分类(第四版)所列示的分类内容。

表 8-1 SITC 产品划分为资源、资本、劳动、技术密集型出口产业的归集方法

出口产业类型	部门	类别
资源密集型产品	第 0 部门	第 00 类:001 第 01 类:011、012、016、017 第 02 类:022、023、024、025 第 03 类:034、035、036、037 第 04 类:041、042、043、044、045、046、047、048 第 05 类:054、056、057、058、059 第 06 类:061、062) 第 07 类:071、072、073、074、075 第 08 类:081 第 09 类:091、098
	第 1 部门	第 11 类:111、112 第 12 类:121
	第 2 部门	第 21 类:211、212 第 22 类:222、223 第 23 类:231、232 第 24 类:244、245、246、247、248 第 25 类:251 第 26 类:261、263、264、265、266、267、268 第 27 类:272、273、274、277、278 第 28 类:281、282、283、284、285、286、287、288、289 第 29 类:291、292
	第 3 部门	第 32 类:321、322、325、333、334、335 第 33 类:333、334、335 第 34 类:342、343、344、345、351 第 35 类:351
	第 4 部门	第 41 类:411 第 42 类:421、422 第 43 类:431
	第 5 部门	第 55 类:551
	第 6 部门	第 66 类:661、662、663、664、667
劳动密集型产品	第 2 部门	第 26 类:269
	第 5 部门	第 57 类:579
	第 6 部门	第 61 类:611、612、613 第 62 类:621、625、629 第 63 类:633、634、635 第 64 类:641、642 第 65 类:651、652、653、654、655、656、657、658、659 第 66 类:665、666

出口产业 类型	部门	类别
劳动 密集型 产品	第8部门	第82类:821 第83类:831 第84类:841、842、843、844、845、846、848 第85类:851 第87类:873 第88类:885 第89类:892、893、894、895、898、899
	第9部门	第91类:911
资本 密集型 产品	第5部门	第51类:511、512、513、514、515、516 第52类:522、523、524、525 第53类:531、532、533 第54类:541、542 第55类:553、554 第56类:562 第57类:571、572、573、574、575 第58类:581、582、583 第59类:591、592、593、594、598、599
	第6部门	第67类:671、672、673、674、675、676、677、678、679 第68类:681、682、683、684、685、686、687、689 第69类:691、692、693、694、695、696、697、699
	第7部门	第71类:711、712、713、714、716、718 第72类:721、722、723、724、725、726、727、728 第73类:731、733、735、737 第74类:741、742、743、744、745、746、747、748、749 第75类:751、759 第76类:762 第77类:771、772、773、775、776、778 第78类:781、782、783、784、785、786 第79类:791、793
资本 密集型 产品	第8部门	第81类:811、812、813 第88类:881、882、883、884 第89类:891、896、897
	第9部门	第93类:931 第96类:961 第97类:971
技术 密集型 产品	第7部门	第75类:752 第76类:761、763、764 第77类:774 第79类:792
	第8部门	第87类:871、872、874

表8-2 《国际贸易标准分类》(第四版)的分类计划

第0部门—食品和活动物
活动物,第03类动物除外
肉及肉制品
乳制品和禽蛋
鱼(非海洋哺乳动物)、甲壳动物、软体动物和水生无脊椎动物及其制品
谷物及谷物制品
蔬菜及水果
糖、糖制品及蜂蜜
咖啡、茶、可可、香料及其制品
牲畜饲料(不包括未碾磨谷物)
杂项食用品及其制品
第1部门——饮料及烟草
饮料
烟草及烟草制品
第2部门——非食用原料(不包括燃料)
生皮及生毛皮
油籽及含油果实
生胶(包括合成胶及再生胶)
软木及木材
纸浆及废纸
纺织纤维(不包括毛条及其他精梳毛条)及其废料(未加工成纱或织物的)
粗肥料,第56类所列的除外,及原矿物(煤、石油及宝石除外)
金属矿及金属屑
未另列明的动物及植物原料
第3部门——矿物燃料、润滑油及有关原料
煤、焦炭及煤砖
石油、石油产品及有关原料
天然气及人造气
电流
第4部门——动植物油、脂和蜡
动物油脂
未加工的、已提炼的或精制的非挥发性植物油脂
已加工的动植物油脂,未另列明的不适宜食用的动植物蜡及动植物油脂的混合物或产品
第5部门——未另列明的化学品和有关产品
有机化学品
无机化学品

染色原料、鞣料及色料
医药品
香精油和香膏及香料；盥洗用品及光洁用品
肥料（第272组所列除外）
初级形状的塑料
非初级形状的塑料
未另列明的化学原料及其产品
第6部门——主要按原料分类的制成品
未另列明的皮革和皮革制品，以及裘皮
未另列明的橡胶制品
软木及木材制品（家具除外）
纸、纸板以及纸浆、纸和纸板的制品
纺织纱（丝）、织物、未另列明的成品及有关产品
未另列明的非金属矿产品
钢铁
有色金属
未另列明的金属制品
第7部门——机械及运输设备
动力机械及设备
特种工业专用机械
金属加工机械
未另列明的通用工业机械和设备及其未另列明的机器零件
办公用机器及自动数据处理设备
电信、录音及重放装置和设备
未另列明的电力机械、装置和器械及其电器零件（包括家用电气设备的未另列明的非电动部件）
陆用车辆（包括气垫式车辆）
其他运输设备
第8部门——杂项制品
预制建筑物；未另列明的卫生、水道、供暖和照明设备及配件

家具及其零件;床上用品、床垫、床垫支架、软垫及类似填制的家具
旅行用具、手提包及类似容器
各种服装和服饰用品
鞋类
未另列明的专业、科学及控制用仪器和装置
未另列明的摄影仪器、设备和材料以及光学产品
未另列明的杂项制品
第9部门——《国际贸易标准分类未另分类》的其他商品和交易
未按品种分类的邮包
未按品种分类的特种交易和商品
非合法货币的铸币(金币除外)
非货币用黄金(金矿砂及精矿除外)

三、潜变量和观测变量的设计

出口产业竞争力结构方程模型中共包含三个潜变量:基础条件、支持因素、需求状况。这三个潜变量是无法直接观测的假设性概念,在统计学上将这种变量称为"潜在变量",通过为每个潜变量设定观测变量,可以为潜变量提供一个可测量的工具。下面对潜变量和观测变量的设计作详细解释:

潜变量——基础条件,假定它可以用四个观测变量来评价,这四个观测变量分别是 $m1$、$m2$、$m3$、$m4$。$m1$ 是对分行业单位从业人员与全社会就业人数比例进行描述和度量的变量;$m2$ 是对行业固定资产投资额进行描述和度量的变量;$m3$ 是对各省货运总量描述和度量的变量;$m4$ 是对各省工业用电描述和度量的变量。

潜变量——支持因素,假定它可以用三个观测变量来评价,这三个观测变量分别是 $m5$、$m6$、$m7$。$m5$ 是对各省财政一般预算内支出进行描述和度量的变量;$m6$ 是对年末金融机构贷款余额进行描述和度量的变量;$m7$ 是对年末金融机构存款余额进行描述和度量的变量。

潜变量——需求状况,假定它可以用三个观测变量来评价,这三个观测变量分别是 $m8$、$m9$、$m10$。$m8$ 是对行业出口额进行描述和度量的变量;$m9$ 是对行业出口总额占全国行业总出口额的比例进行描述和度量的变量;m10 是对行业出口产值占省 GDP 的比例进行描述和度量的变量。

具体的潜变量的内涵以及观测变量的设计见表 8-3：

表 8-3　出口产业竞争力结构方程模型变量设计

潜变量	内涵	观测变量
基础条件	波特认为，一国的生产要素包括基本要素和高级要素。潜变量基础条件主要描述的是基本要素，包括产业发展过程中的劳动力人数、基础设施、运输条件以及电力供给等情况。	分行业单位从业人员与全社会就业人数比例(m1) 行业固定资产投资额(万元)(m2) 货运总量(万吨)(m3) 工业用电(万千瓦时)(m4)
支持因素	波特认为，产业竞争力的支持因素有相关支持性产业的支持以及政府的政策、法律支持。潜变量支持因素主要描述的是金融行业以及政府财政支出对产业发展的支持。	地方财政一般预算内支出(万元)(m5) 年末金融机构贷款余额(万元)(m6) 年末金融机构存款余额(万元)(m7)
需求状况	波特认为，产业竞争力的需求条件是指国内的需求状况，包括国内市场的结构、特点、市场大小及市场的成长速度。由于课题测度的是出口产业竞争力，因此，潜变量需求状况描述的是出口行业的需求条件。	行业出口额(万美元)(m8) 行业出口总额占全国行业总出口额的比例(%)(m9) 行业出口产值占省 GDP 的比例(%)(m10)

四、样本选取和数据处理

模型中的数据来源于我国各省、自治区、直辖市 2005—2009 年统计年鉴、中国 2005—2009 年统计年鉴以及 2005—2009 年中国城市统计年鉴，具体的数据指标来源见表 8-4。由于辽宁省、湖北省、西藏自治区及宁夏回族自治区 2005—2009 年统计年鉴中出口数据没有出口商品分类金额的数值，不宜作为样本量。因此，出口产业竞争力结构方程模型的拟合数据为中国 23 省中的 19 省①及 4 个直辖市② 2004—2008 年的 10 个观测变量的实际数据，其中河北省 2004—2006 年的出口数据缺失，所以仅为 2007—2008 年的数据(原始数据见附录的附表一、附表二、附表三与附

----

① 19 省为河北省、山西省、内蒙古自治区、吉林省、黑龙江省、江苏省、浙江省、安徽省、福建省、江西省、山东省、河南省、湖南省、广东省、广西壮族自治区、海南省、四川省、贵州省、云南省、陕西省、甘肃省、青海省、新疆维吾尔族自治区。

② 4 个直辖市为北京市、天津市、上海市、重庆市。

表四）。模型拟将一个省或直辖市每一年的数据作为一个样本,因此,模型最后的样本量为 132 个,符合结构方程模型样本量的要求,可以进行拟合。

表 8-4　出口产业竞争力结构方程模型数据来源表

观测变量	数据来源情况说明
分行业单位从业人员与全社会就业人数比例($m1$)	"分行业单位从业人员"①的数据来源于中国城市统计年鉴②,为年鉴中"单位从业人员"全市的统计数据;"全社会就业人数"数据来源于各省统计年鉴,为年鉴中"全社会劳动力年末人数"的统计数据。
行业固定资产投资额(万元)($m2$)	"行业固定资产投资额"③的数据来源于各省统计年鉴,由于各省统计年鉴中该统计指标的口径不一致,在统计时作了处理,具体情况如下:新疆(2004－2008)、云南(2004－2008)、四川(2004－2008)、重庆(2004－2008)、海南(2004)、广西(2004－2008)、湖南((2005－2008))、湖北(2004－2008)、河南(2004－2008)、山东(2004－2008)、江西((2006－2008))、福建(2004－2008)、安徽(2005－2008)、吉林(2005、2004)、山西(2004－2008)、天津(2004－2008)、北京(2004－2008)为分行业全社会固定资产投资额的统计数据;甘肃(2004)、陕西(2004)、贵州(2004－2007)、广东(2004－2008)、湖南(2004)、辽宁(2004)为分行业基本建设投资与分行业更新改造投资统计数据之和,宁夏(2004－2008)、甘肃(2004－2008),西藏(2005－2008)、贵州(2008)、江西(2005)、内蒙古(2004－2008)为分行业城镇固定资产投资与分行业农村固定资产投资统计数据之和,青海(2004－2008)、陕西(2005－2008)、海南(2005－2008)、江西(2004)、安徽(2004)、江苏(2004－2008)、黑龙江(2004－2008)、吉林(2006－2008)、辽宁(2005－2008)为分行业的城镇固定资产投资统计数据(无农村的数据);浙江(2004－2008)为限额以上分行业固定资产投资数据;上海(2004－2008)数据为分行业建设改造投资数据。

　　①　"分行业单位从业人员"行业的分类方法为:资源密集型产业的数据包括农林牧渔业、电力燃气及水的生产供应业以及采矿业;劳动密集型的数据为制造业数据;资本密集型产业包括建筑业、交通运输仓储及邮政业的数据;技术密集型产业的数据为信息传输计算机服务和软件业的数据。

　　②　"行业从业人员"原本统计各省统计年鉴中分行业年末从业人员数的数据,但由于各省统计口径不一致,一部分省份为分行业年末从业人员数据,一部分省份只有分行业城镇从业人员数据,数据差异比较大,因此最后决定采用《城市统计年鉴》中的按行业分组的单位从业人员的数据,数据统计口径一致,可以用于各省之间的比较。

　　③　"行业固定资产投资额"行业的分类方法为:资源密集型产业的数据包括农林牧渔业、电力燃气及水的生产供应业以及采矿业;劳动密集型的数据为制造业数据;资本密集型产业包括建筑业、交通运输仓储及邮政业的数据;技术密集型产业的数据为信息传输计算机服务和软件业的数据。

观测变量	数据来源情况说明
货运总量(万吨)(m3)	"货运总量"的数据来源于中国城市统计年鉴,为年鉴中"货运总量"的统计数据。
工业用电(万千瓦时)(m4)	"工业用电"的数据来源于中国城市统计年鉴,为年鉴中"工业用电"的统计数据。
地方财政一般预算内支出(万元)(m5)	"地方财政一般预算内支出"的数据来源于中国城市统计年鉴,为年鉴中"地方财政一般预算内支出"全市的统计数据。
年末金融机构贷款余额(万元)(m6)	"年末金融机构贷款余额"的数据来源于中国城市统计年鉴,为年鉴中"年末金融机构贷款余额"全市的统计数据。
年末金融机构存款余额(万元)(m7)	"年末金融机构存款余额"的数据来源于中国城市统计年鉴,为年鉴中"年末金融机构存款余额"全市的统计数据。
行业出口额(万美元)(m8)	"行业出口额"①的数据来源于各省统计年鉴,为年鉴中"出口商品分类金额"的统计数据。
行业出口总额占全国行业总出口额的比例(m9)	"行业出口额"的数据来源于各省统计年鉴,为年鉴中"出口商品分类金额"的统计数据;"全国行业总出口额"的数据来源于中国统计年鉴"出口商品分类金额"的统计数据。
行业出口产值占省GDP的比例(m10)	"行业出口产值"的数据来源于各省统计年鉴,为年鉴中"出口商品分类金额"的统计数据;"GDP"的数据来源各省统计年鉴,为年鉴中"地区生产总值"的统计数据。

由于各观测变量的量纲不一致,因此要对各观测变量的指标值进行无量纲化处理。无量纲化处理的方法有极值化方法、标准化方法、均值化方法和标准差化方法四大类,下面对这四类方法作简单介绍,并从中选取适合我们模型的无量纲化处理方法。

1. 极值化方法,即每一变量除以该变量取值的最大值,标准化后使各变量的最大取值为1。采用极值化方法对变量数据无量纲化是通过利用变量取值的最大值和最小值将原始数据转换为界于某一特定范围的数据,从而消除量纲额数量级影响,改变变量在分析中的权重来解决不同度量的问题。

---

① "行业出口额"中行业的分类方法为进出口数据按 SITC 标准分类归集以后的四大类型数据,具体分类方法见表 8-1。

2. 标准化方法,即每一变量值与其平均值之差除以该变量的标准差。无量纲化后各变量的平均值为0,标准差为1,从而消除量纲和数量级的影响。虽然该方法在无量纲化过程中利用了所有的数据信息,但是该方法在无量纲化后不仅使得转换后的各变量均值相同,且标准差也相同,即无量纲化的同时还消除了各变量在变异程度上的差异,从而转换后的各变量在聚类分析中的重要性程度是同等看待的。而在实际分析中,经常根据各变量在不同单位间取值的差异程度大小来决定其在分析中的重要性程度,差异程度大的其分析权重也相对较大。

3. 均值化方法,即每一变量值除以该变量的平均值。标准化后各变量的平均值为1,标准差为原始变量的变异系数。该方法在消除量纲和数量级影响的同时,保留了各变量取值差异程度上的信息,差异程度越大的变量对综合分析的影响也越大。该无量纲化方法在保留原始变量变异程度信息时,并不是仅取决于原始变量标准差,而是原始变量的变异系数,这就保证了保留变量变异程度信息的同时数据的可比性问题。

4. 标准差化方法,即每一变量值除以该变量的标准差,无量纲化后各变量的标准差都为1。该方法是在标准化方法的基础上的一种变形。它与标准化方法相同的是,无量纲化处理后各变量标准差相同,从而转换后的各变量在聚类分析中是同等重要的,两者的差别仅在无量纲化后各变量的均值上,标准化方法处理后各变量均值为0,而标准化方法处理后各变量均值为原始变量均值与标准差的比值,即变异系数的倒数。

综合以上四种无量纲化处理的方法,我们选择均值化方法,因为出口产业竞争力结构方程模型试图在消除量纲和数量级影响的同时,仍然可以保留各变量取值差异程度上的信息,使数据具有可比性。

五、数据的信度和效度检验

结构方程模型数据的检验包括了数据的信度检验和效度检验。对于出口产业竞争力结构方程模型数据的信度检验,我们既对模型总体的数据信度进行分析,同时还对每个潜变量的信度分别进行检验。

1. 数据的信度检验

信度(Reliability)是指测量结果(数据)一致性或稳定性的程度。一致性主要反映内部题目之间的关系,考察测量的各个题目是否测量了相同的内容或特质。稳定性是指用一种测量工具对同一群受试者进行不同时间上的重复测量结果间的可靠性。由于该结构方程模型采用的是实际数据,所以主要采用反映内部一致性的指标测量数据的信度。本章采用 SPSS17.0 中的 α 模型来研究出口产业竞争力结构方程模型数据的内部一致性,结果(见表 8-5—表 8-8)显示资源密集型数据的克朗巴哈 α 系数为 0.821,资本密集型数据的克朗巴哈 α 系数为 0.907,劳动密集型数据的克朗巴哈 α 系数为 0.915,技术密集型数据的克朗巴哈 α 系数为 0.865。用信度系数来表示信度的大小,信度系数越大,表明测量的可信程度越大,学者 Devellis(1991)认为,信度系数在 0.60 ~ 0.65 的范围为 "最好不要";信度系数在 0.65 ~ 0.70 的范围为"最小可接受值";信度系数在 0.70 ~ 0.80 的范围为"相当好";信度系数在 0.80 ~ 0.90 为"非常好"。基于此,我们设定的资源、资本、劳动、技术出口产业竞争力模型使用 Alpha 模型进行信度分析的克朗巴哈 α 系数均大于 0.80,资本密集型和技术密集型的克朗巴哈 α 系数甚至超过了 0.90,说明模型所使用的数据具有非常好的信度。

表 8-5 资源密集型数据的信度分析结果

可靠性统计量	
克朗巴哈 α 值	项数
0.821	10

表 8-6 资本密集型数据的信度分析结果

可靠性统计量	
克朗巴哈 α 值	项数
0.907	10

表 8-7 劳动密集型数据的信度分析结果

可靠性统计量	
克朗巴哈 α 值	项数
0.915	10

表 8-8　技术密集型数据的信度分析结果

可靠性统计量	
克朗巴哈 α 值	项数
0.865	10

　　此外,我们对模型中每个潜变量的信度分别进行检验,结果如表 8-9 所示。我们可以看到,除了资源密集型、资本密集型、技术密集型的潜变量"基础条件"的克朗巴哈 α 值系数分别为 0.494、0.560、0.310,小于最小接受值外,其他的潜变量的克朗巴哈 α 值系数都满足条件。其中劳动密集型的潜变量"基础条件"的克朗巴哈 α 值系数为 0.754,说明该产业类型的"基础条件"的数据具有相当好的信度,而四大类型出口产业潜变量"支持因素"与潜变量"需求状况"的克朗巴哈 α 值系数都大于 0.90,说明这些数据具有非常好的信度。

　　综上所述,模型使用的数据总体的信度非常好,表明出口产业竞争力结构方程模型的可靠性较高。由各潜变量的信度检验结果可知,潜变量"基础条件"除劳动密集型产业的信度系数具有可靠性之外,其他三大产业类型该潜变量的数据信度系数低于 0.7,检验未通过。因此,在后面的模型中我们将进行三潜变量的出口产业竞争力结构方程模型(包括潜变量"基础条件"、"支持因素"、"需求状况")、二潜变量的出口产业竞争力结构方程模型(包括潜变量"支持因素"、"需求状况"),并从中选择总体拟合效果最好的模型进行各省出口产业竞争力的分析。

表 8-9　四种产业类型下各潜变量的信度系数

产业类型 ＼ 潜变量	基础条件 克朗巴哈 α 值	支持因素 克朗巴哈 α 值	需求状况 克朗巴哈 α 值
资源密集型	0.494	0.977	0.927
资本密集型	0.560	0.977	0.951
劳动密集型	0.754	0.977	0.967
技术密集型	0.310	0.977	0.988

2. 数据的效度检验

效度(Validity)是指测量工具能够正确测量出所要测量的特质的程

度,分为内容效度(Content Validity)、效标效度(Criterion Validity)和结构效度(Construct Validity)三个主要类型。在实际的操作中,前面两种效度往往通过专家定性研究或具有公认的效标测量加以判定,而结构效度则可以采用以下三种方法得到:

第一种方法是通过模型系数评价结构效度。如果模型假设的潜变量之间的关系以及潜变量与观测变量之间的关系合理,非标准化系数,包括载荷系数和路径系数,应当具有显著的统计意义。特别是通过标准化系数可以比较不同指标间的效度。在出口产业竞争力结构方程模型中,我们将选择最后各个系数统计检验显著的模型,因此,最后的模型结构效度较好。

第二种方法是通过相关系数评价结构效度。如果在理论模型中潜变量之间存在相关关系,可以通过潜变量的相关系数来评价结构效度:显著的相关系数说明理论模型假设成立,具有较好的结构效度。对于出口产业竞争力结构方程模型,我们将选择最后潜变量之间相关系数显著的模型,因此,最后的模型结构效度较好。

第三种方法是先构建理论模型,通过验证性因子分析的模型拟合情况对结构效度进行考评,这就是利用模型的拟合指数对数据的结构效度进行检验。对于出口产业竞争力结构方程模型,我们将选择最后模型整体拟合效果最好的模型,因此,最后的模型结构效度较好。

六、结构方程模型的构建

在对样本数据进行无量纲化处理以及数据的信度分析为可靠之后,我们开始模型的构建。

根据潜变量和观测变量的设计,我们可以画出出口产业竞争力的初始结构方程模型路径图(见图8-2、图8-3),具体的潜变量和观测变量的符号说明见表8-10、表8-11。需要指出的是,由于潜变量"基础条件"数据的信度系数低于0.7,所以在二潜变量出口产业竞争力结构方程模型中我们将这一潜变量剔除,留下潜变量"支持因素"和"需求状况",而这二者也是最能说明出口产业竞争力的指标,因此,剔除"基础条件"潜变量后的结构方程模型仍然是建立在我们之前所论述的波特区域产业竞争力的理论基础之上的。根据两个初始结构路径图,我们用统计得到的各观测变量的实际数据对两种结构路径图进行拟合,并用拟合最好的结构

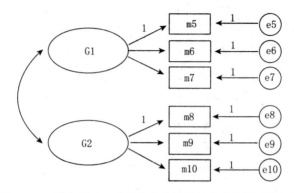

图8-2　三潜变量出口产业竞争力初始结构方程模型路径图

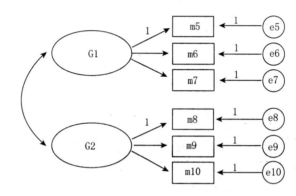

图8-3　二潜变量出口产业竞争力初始结构方程模型路径图

路径图所拟合出的各潜变量对观测变量的载荷系数测算广东、广西、海南、云南四省区资源密集型出口产业、资本密集型出口产业、劳动密集型出口产业以及技术密集型出口产业的竞争力,得出四省区在这些出口产业各潜变量的得分、排名以及竞争力的得分、排名。

表8-10　三潜变量出口产业竞争力结构方程模型潜变量及观测变量表

潜变量	观测变量
基础条件,结构方程模型中用 F1 表示	分行业单位从业人员与全社会就业人数比例,用 $m1$ 表示
	行业固定资产投资额,用 $m2$ 表示
	货运总量,用 $m3$ 表示
	工业用电,用 $m4$ 表示

潜变量	观测变量
支持因素，结构方程模型中用 F2 表示	地方财政一般预算内支出，用 $m5$ 表示
	年末金融机构贷款余额，用 $m6$ 表示
	年末金融机构存款余额，用 $m7$ 表示
需求状况，结构方程模型中用 F3 表示	行业出口额，用 $m8$ 表示
	行业出口总额占全国行业总出口额的比例，用 $m9$ 表示
	行业出口产值占省 GDP 的比例，用 $m10$ 表示

表 8-11　二潜变量出口产业竞争力结构方程模型潜变量及观测变量表

潜变量	观测变量
支持因素，结构方程模型中用 G1 表示	地方财政一般预算内支出，用 $m5$ 表示
	年末金融机构贷款余额，用 $m6$ 表示
	年末金融机构存款余额，用 $m7$ 表示
需求状况，结构方程模型中用 G2 表示	行业出口额，用 $m8$ 表示
	行业出口总额占全国行业总出口额的比例，用 $m9$ 表示
	行业出口产值占省 GDP 的比例，用 $m10$ 表示

8.2.2　出口产业竞争力结构方程模型的模型拟合

我们使用结构方程模型统计分析软件 Amos18 将构建好的二种出口产业竞争力结构方程模型路径图与经可靠性分析后的数据进行拟合，可以得出资源密集型、资本密集型、劳动密集型、技术密集型二种路径图的拟合结果，下面我们用拟合结果对每个模型进行系统性评价。

一、资源密集型结构方程模型

我们构造了三潜变量以及二潜变量的资源密集型出口产业竞争力结构方程模型，通过二者拟合结果的分析，为后文选择模型奠定基础。

1. 资源密集型三潜变量结构方程模型

结构方程模型的拟合结果包括了参数的估计结果和模型评价，通过对二者的分析，可以综合判断一个模型的拟合效果。从后面的结果中我们可以看出，资源密集型三潜变量结构方程模型的拟合效果很差，拒绝接受该模型。

（1）参数估计结果

资源密集型结构方程模型三潜变量的参数估计结果见图8-4、表8-12—表8-15。由拟合结果可知，模型的卡方值为253.493，自由度为32，p值=0.000，小于0.05，可见模型总的拟合效果不是很理想，下面根据各系数的拟合效果和常用的结构方程模型拟合指标综合判断模型是否可接受。

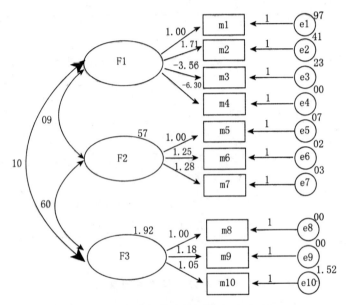

图8-4 资源密集型三潜变量参数估计结果图

表8-12列出了模型参数拟合结果，其中未标准化路径系数估计和标准化系数估计是潜变量对观测变量的负载拟合结果，C. R. 值是一个Z统计量，使用参数估计值与其标准差之比构成，当C. R. 值大于2或p值小于0.05时，则可以说明路径系数的统计检验是显著的。由表8-16列出的C. R. 值和p值可以看出，F1对m2、F1对m3、F1对m4的载荷系数的p值大于0.05，未通过显著性检验，其他的负载都在0.05水平上显著不等于0，因此，模型的参数检验有部分未通过。特别需要指出的是m2、m3、m4的未标准化路径系数估计和标准化系数估计为负值，可能的原因

有两点:一是潜变量"支持因素"(F1)在资源密集型产业类型下的数据信度系数小于0.7,可靠性不高,说明这些数据的一致性或稳定性程度不高,在资源密集型二潜变量结构方程模型中,我们将潜变量数据可靠性不高的"支持因素"(F1)剔除,拟合结果较为理想。二是由于货运总量(m3)采用的数据是各省未分行业的货运数据,这就使得该指标解释资源密集型出口产业竞争力的可靠性下降,导致载荷系数为负值;工业用电(m4)的数据作为描述工业产品的竞争力的时候是正向指标,而作为描述资源密集型产业的竞争力的时候是逆向指标,因此,其载荷系数为负值。

表8-12　资源密集型三潜变量模型参数拟合结果

			未标准化路径系数估计	S. E.	C. R.	P	Label	标准化路径系数估计
m1	←	F1	1.000					0.145
m2	←	F1	−1.712	1.093	−1.566	0.117	par_1	−0.358
m3	←	F1	−3.561	2.144	−1.661	0.097	par_2	−0.732
m4	←	F1	−6.298	3.767	−1.672	0.095	par_3	−0.999
m5	←	F2	1.000					0.942
m6	←	F2	1.252	0.044	28.763	*	par_4	0.987
m7	←	F2	1.279	0.045	28.602	*	par_5	0.986
m8	←	F3	1.000					1.000
m9	←	F3	1.176	0.003	409.859	*	par_6	1.000
m10	←	F3	1.050	0.078	13.496	*	par_7	0.763

注:"*"表示0.01水平上显著,括号中是相应的C. R值,即t值。

表8-13列出了模型协方差关系的拟合结果,从p值一栏可以看出,只有F2↔F3的协方差关系达到了显著,而F1↔F2、F1↔F3的协方差关系均不显著,这说明潜变量之间的部分相关关系未得到实际数据的支持。

表 8-13　资源密集型三潜变量协方差估计结果

			协方差估计	S. E.	C. R.	P	Label	相关性估计
F2	↔	F3	0.602	0.107	5.613	*	par_8	0.577
F1	↔	F2	−0.093	0.057	−1.629	0.103	par_9	−0.857
F1	↔	F3	−0.096	0.060	−1.584	0.113	par_10	−0.479

注:"*"表示 0.01 水平上显著,括号中是相应的 C. R 值,即 t 值。

表 8-14 列出了各潜变量方差拟合结果,从 p 值一栏可以看出,F1、
e4、e8、e9 未达到显著,其余大部分方差的拟合结果在 0.05 的水平下是有
效的。

表 8-14　资源密集型三潜变量方差估计结果

	方差估计	S. E.	C. R.	P	Label
F1	0.021	0.025	0.833	0.405	par_11
F2	0.567	0.079	7.215	*	par_12
F3	1.919	0.237	8.091	*	par_13
e1	0.965	0.119	8.092	*	par_14
e2	0.415	0.051	8.078	*	par_15
e3	0.229	0.031	7.439	*	par_16
e4	0.002	0.038	0.062	0.950	par_17
e5	0.072	0.010	7.285	*	par_18
e6	0.024	0.007	3.655	*	par_19
e7	0.027	0.007	3.853	*	par_20
e8	0.000	0.003	0.107	0.915	par_21
e9	0.001	0.004	0.247	0.805	par_22
e10	1.521	0.188	8.092	*	par_23

注:"*"表示 0.01 水平上显著,括号中是相应的 C. R 值,即 t 值。

表 8-15 列出了模型的多元平方系数,可以看出,除了 $m1$、$m2$、$m3$ 和

$m10$ 之外,其他观测变量的多元平方系数都达到了 0.60 以上,这说明除了 $m1$、$m2$、$m3$ 和 $m10$ 以外用模型所设定的观测变量来代表各个维度的潜变量都达到了较高的信度水平。

表 8-15 资源密集型三潜变量多元平方系数

	$m10$	$m9$	$m8$	$m7$	$m6$	$m5$	$m4$	$m3$	$m2$	$m1$
估计值	0.582	1.000	1.000	0.972	0.973	0.887	0.997	0.535	0.128	0.021

（2）模型评价

下面我们利用 Amos 提供的模型拟合指标(表 8-16),选择其中常用的拟合指数对模型的拟合效果进行评价,并结合上面模型参数、方差及多元平方系数的检验对模型的拟合效果进行综合评价,以此判断模型是否拟合效果良好。

表 8-16 资源密集型三潜变量模型拟合指标

拟合指数	默认模式	饱和模式	独立模式	评价标准
卡方统计量(χ^2)	253.493 (P=0.000)	0.000	2355.559 (P=0.000)	P>0.05
调整卡方(χ^2/df)	7.922		52.346	一般要求介于 1-2 之间
均方根残差(RMSEA)	0.230		0.626	<0.05
标准拟合指数(NFI)	0.892	1.000	0.000	>0.90
非标准化拟合指数(TLI)	0.865		0.000	>0.90
比较拟合指数(CFI)	0.904	1.000	0.000	>0.90

从模型拟合效果来看,卡方值没有达到可接受的显著性水平,调整卡方和 RMSEA 也未达到要求,NFI、TLI 的值小于 0.9,仅 CFI 的值大于 0.9。再结合前面的参数估计结果的检验,各类参数估计均存在部分检验未通过。综合各类评价指标,我们认为该模型的拟合效果很差,拒绝接受该模型。

2. 资源密集型二潜变量结构方程模型

结构方程模型的拟合结果包括了参数的估计结果和模型评价,通过对二者的分析,可以综合判断一个模型的拟合效果。从后面的结果中我们可以看出,资源密集型二潜变量结构方程模型的拟合效果一般,可以接受。

(1)参数估计结果

资源密集型结构方程模型二潜变量的参数估计结果见图 8-5、表 8-17—表 8-20。由拟合结果可知,模型的卡方值为 120.716,自由度为 8,p 值 =0.000,小于 0.05,可见模型总的拟合效果不是很理想,下面根据各系数的拟合效果和常用的结构方程模型拟合指标综合判断模型是否可接受。

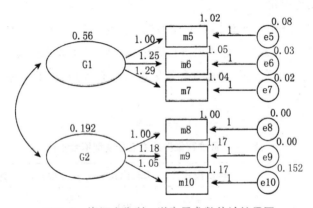

图 8-5　资源密集型二潜变量参数估计结果图

表 8-17　资源密集型二潜变量模型参数拟合结果

			未标准化路径系数估计	S. E.	C. R.	P	Label	标准化路径系数估计
m5	←	G1	1.000					0.939
m6	←	G1	1.253	0.045	27.870	*	par_1	0.984
m7	←	G1	1.287	0.045	28.577	*	par_2	0.989
m8	←	G2	1.000					1.000
m9	←	G2	1.176	0.003	410.739	*	par_3	1.000
m10	←	G2	1.050	0.078	13.525	*	par_4	0.763

注:"*"表示 0.01 水平上显著,括号中是相应的 C. R 值,即 t 值。

表 8-17 列出了模型参数拟合结果,由 C. R. 值和 p 值可以看出,所有的负载都在 0.05 水平上显著不等于 0,因此,模型的参数检验通过。

表 8-18 列出了模型协方差关系的拟合结果,从 p 值一栏可以看出,G2↔G1 的协方差关系达到了显著,这说明潜变量之间的相关关系得到了实际数据的支持。

表 8-18 资源密集型二潜变量协方差估计结果

			协方差估计	S. E.	C. R.	P	Label	相关性估计
G2	↔	G1	0.601	0.107	5.625	*	par_5	0.578

注:"*"表示 0.01 水平上显著,括号中是相应的 C. R 值,即 t 值。

表 8-19 列出了各潜变量方差拟合结果,从 p 值一栏可以看出,除了 e7、e8、e9 未达到显著之外,大部分方差的拟合结果是有效的。

表 8-19 资源密集型二潜变量方差估计结果

	方差估计	S. E.	C. R.	P	Label
G1	0.564	0.078	7.192	*	par_12
G2	1.919	0.237	8.107	*	par_13
e5	0.075	0.010	7.334	*	par_14
e6	0.028	0.008	3.745	*	par_15
e7	0.021	0.008	2.798	0.005	par_16
e8	0.000	0.003	0.143	0.887	par_17
e9	0.001	0.004	0.212	0.832	par_18
e10	1.521	0.188	8.107	*	par_19

注:"*"表示 0.01 水平上显著,括号中是相应的 C. R 值,即 t 值。

表 8-20 列出了模型的多元平方系数,可以看出,除了 m10 略低于 0.6 之外,其他观测变量的多元平方系数都达到了 0.60 以上,这说明用模型所设定的观测变量来代表各个维度的潜变量都达到了较高的信度水平。

表 8-20 资源密集型二潜变量多元平方系数

	$m10$	$m9$	$m8$	$m7$	$m6$	$m5$
估计值	0.582	1.000	1.000	0.978	0.969	0.882

（2）模型评价

下面我们利用 Amos 提供的模型拟合指标（表 8-21），选择其中常用的拟合指数对模型的拟合效果进行评价，并结合上面模型参数、方差及多元平方系数的检验对模型的拟合效果进行综合评价，以此判断模型是否拟合效果良好。

表 8-21 资源密集型二潜变量模型拟合指标

拟合指数	默认模式	饱和模式	独立模式	评价标准
卡方统计量（χ^2）	120.716（P=0.000）	0.000	1941.804（P=0.000）	P>0.05
调整卡方（χ^2/df）	15.089		92.467	一般要求介于1-2之间
均方根残差（RMSEA）	0.230		0.586	<0.05
标准拟合指数（NFI）	0.938	1.000	0.000	>0.90
非标准化拟合指数（TLI）	0.846		0.000	>0.90
比较拟合指数（CFI）	0.941	1.000	0.000	>0.90

从模型拟合效果来看，卡方值没有达到可接受的显著性水平，调整卡方和 RMSEA 也未达到要求，而 NFI、CFI 则取得了很好的结果，其值均大于0.9，TLI 略低于0.9。再结合前面的参数估计结果的检验，各类参数估计都取得了较好的检验效果。综合各类评价指标，我们认为该模型的拟合效果一般，可以接受。

二、资本密集型结构方程模型

我们构造了三潜变量以及二潜变量的资本密集型出口产业竞争力结构方程模型，通过二者拟合结果的分析，为后文选择模型奠定基础。

1. 资本密集型三潜变量结构方程模型

结构方程模型的拟合结果包括了参数的估计结果和模型评价，通过对二者的分析,可以综合判断一个模型的拟合效果。从后面的结果中我们可以看出,资本密集型三潜变量结构方程模型的拟合效果一般,可以接受。

(1)参数估计结果

资本密集型结构方程模型三潜变量的参数估计结果见图8-6、表8-22—表8-25。由拟合结果可知,模型的卡方值为199.056,自由度为32,p 值=0.000,小于0.05,可见模型总的拟合效果不理想,下面根据各系数的拟合效果和常用的结构方程模型拟合指标综合判断模型是否可接受。

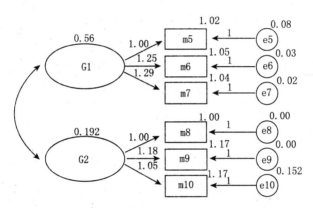

图8-6　资本密集型三潜变量参数估计结果图

表8-22 列出了模型参数拟合结果,可以看出,所有的负载都在0.05水平上显著不等于0,因此,模型的参数检验全部通过。

表8-22　资本密集型三潜变量模型参数拟合结果

			未标准化路径系数估计	S. E.	C. R.	P	Label	标准化路径系数估计
m1	←	F1	1.000					0.293
m2	←	F1	0.887	0.266	3.337	*		0.848
m3	←	F1	0.934	0.285	3.283	0.001		0.754
m4	←	F1	1.519	0.450	3.374	*		0.942
m5	←	F2	1.000					0.942

			未标准化路径系数估计	S. E.	C. R.	P	Label	标准化路径系数估计
m6	←	F2	1. 242	0. 042	29. 277	*		0. 990
m7	←	F2	1. 275	0. 046	27. 994	*		0. 293
m8	←	F3	1. 000					0. 848
m9	←	F3	1. 174	0. 002	486. 711	*		0. 754
m10	←	F3	0. 705	0. 044	16. 011	*		0. 942

注:"＊"表示 0.01 水平上显著,括号中是相应的 C. R 值,即 t 值。

表 8-23 列出了模型协方差关系的拟合结果,从 p 值一栏可以看出,所有的协方差关系都达到了显著,这说明所有潜变量之间的相关关系都得到了实际数据的支持。

表 8-23 资本密集型三潜变量协方差估计结果

			协方差估计	S. E.	C. R.	P	Label	相关性估计
F2	↔	F3	1. 115	0. 156	7. 138	*		0. 834
F1	↔	F2	0. 386	0. 125	3. 091	0. 002		0. 907
F1	↔	F3	0. 777	0. 255	3. 051	0. 002		0. 774

注:"＊"表示 0.01 水平上显著,括号中是相应的 C. R 值,即 t 值。

表 8-24 列出了各潜变量方差拟合结果,从拟合结果来看,大部分方差的拟合结果是有效的,但是也出现了负值方差,$e8$ 的方差估计为 −0. 002,同时,从 p 值一栏也可以看出,F1、$e8$、$e9$ 未达到显著。

表 8-24 资本密集型三潜变量方差估计结果

	方差估计	S. E.	C. R.	P	Label
F1	0. 320	0. 192	1. 663	0. 096	
F2	0. 567	0. 079	7. 213	*	

	方差估计	S. E.	C. R.	P	Label
F3	3.150	0.389	8.097	*	
$e1$	3.412	0.424	8.046	*	
$e2$	0.098	0.015	6.704	*	
$e3$	0.212	0.029	7.410	*	
$e4$	0.094	0.024	3.858	*	
$e5$	0.072	0.010	7.320	*	
$e6$	0.018	0.006	3.128	0.002	
$e7$	0.034	0.007	4.702	*	
$e8$	−0.002	0.003	−0.600	0.549	
$e9$	0.004	0.004	1.089	0.276	
$e10$	0.801	0.099	8.102	*	

注:"*"表示0.01水平上显著,括号中是相应的 C. R 值,即 t 值。

表8-25列出了模型的多元平方系数,可以看出,除了 $m1$ 和 $m3$ 之外,其他观测变量的多元平方系数都达到了0.60以上,这说明除了 $m1$ 和 $m3$ 以外用模型所设定的观测变量来代表各个维度的潜变量都达到了较高的信度水平。

表8-25 资本密集型三潜变量多元平方系数

	$m10$	$m9$	$m8$	$m7$	$m6$	$m5$	$m4$	$m3$	$m2$	$m1$
估计值	0.662	0.999	1.001	0.965	0.979	0.887	0.887	0.568	0.719	0.086

(2)模型评价

下面我们利用 Amos 提供的模型拟合指标(表8-26),选择其中常用的拟合指数对模型的拟合效果进行评价,并结合上面模型参数、方差及多元平方系数的检验对模型的拟合效果进行综合评价,以此判断模型是否拟合效果良好。

表 8-26 资本密集型三潜变量模型拟合指标

拟合指数	默认模式	饱和模式	独立模式	评价标准
卡方统计量(χ^2)	199.056 (P=0.000)	0.000	2578.229 (P=0.000)	P>0.05
调整卡方(χ^2/df)	6.221		57.294	一般要求介于 1-2 之间
均方根残差(RMSEA)	0.200		0.656	<0.05
标准拟合指数(NFI)	0.923	1.000	0.000	>0.90
非标准化拟合指数(TLI)	0.907		0.000	>0.90
比较拟合指数(CFI)	0.934	1.000	0.000	>0.90

从模型拟合效果来看,卡方值没有达到可接受的显著性水平,调整卡方和 RMSEA 也未达到要求,NFI、TLI、CFI 则取得了较好的结果,其值均大于 0.9。再结合前面的参数估计结果的检验,各类参数估计都取得了较好的检验效果。综合各类评价指标,我们认为该模型的拟合效果一般,可以接受。

2. 资本密集型二潜变量结构方程模型

结构方程模型的拟合结果包括了参数的估计结果和模型评价,通过对二者的分析,可以综合判断一个模型的拟合效果。从后面的结果中我们可以看出,资本密集型二潜变量结构方程模型的拟合效果非常好,可以接受。

(1)参数估计结果

资本密集型结构方程模型二潜变量的参数估计结果见图 8-7、表 8-27—表 8-30。由拟合结果可知,模型的卡方值为 8.015,自由度为 8,p 值=0.432,远远大于 0.05,可见模型总的拟合效果非常理想,下面根据各系数的拟合效果和常用的结构方程模型拟合指标来综合判断模型是否可接受。

表 8-27 列出了模型参数拟合结果,由 C.R. 值和 p 值可以看出,所有的负载都在 0.05 水平上显著不等于 0,因此,模型的参数检验全部通过。

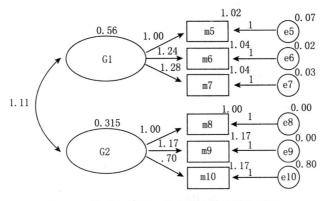

图8-7 资本密集型二潜变量参数估计结果图

表8-27 资本密集型二潜变量模型参数拟合结果

			未标准化路径系数估计	S. E.	C. R.	P	Label	标准化路径系数估计
m5	←	G1	1.000					0.940
m6	←	G1	1.241	0.044	28.516	*	par_1	0.988
m7	←	G1	1.281	0.046	28.137	*	par_2	0.985
m8	←	G2	1.000					1.000
m9	←	G2	1.174	0.002	486.165	*	par_3	0.999
m10	←	G2	0.705	0.044	16.004	*	par_4	0.813

注:"*"表示0.01水平上显著,括号中是相应的C. R值,即t值。

表8-28列出了模型协方差关系的拟合结果,从p值一栏可以看出,G2↔G1协方差关系达到了显著,这说明潜变量之间的相关关系得到了实际数据的支持。

表8-28 资本密集型二潜变量协方差估计结果

			协方差估计	S. E.	C. R.	P	Label	相关性估计
G2	↔	G1	1.111	0.156	7.127	*	par_5	0.833

注:"*"表示0.01水平上显著,括号中是相应的C. R值,即t值。

表8-29列出了各潜变量方差拟合结果,从 p 值一栏可以看出,除了 e8、e9 未达到显著之外,其余大部分方差的拟合结果是有效的。

表8-29　资本密集型二潜变量方差估计结果

	方差估计	S. E.	C. R.	P	Label
G1	0.565	0.079	7.189	*	par_12
G2	3.150	0.389	8.098	*	par_13
e5	0.074	0.010	7.319	*	par_14
e6	0.022	0.007	3.311	*	par_15
e7	0.028	0.007	3.807	*	par_16
e8	−0.002	0.003	−0.638	0.523	par_17
e9	0.004	0.004	1.124	0.261	par_18
e10	0.802	0.099	8.103	*	par_19

注:"＊"表示0.01水平上显著,括号中是相应的 C. R 值,即 t 值。

表8-30列出了模型的多元平方系数,可以看出,所有的观测变量的多元平方系数都达到了0.60以上,这说明用模型所设定的观测变量来代表各个维度的潜变量都达到了较高的信度水平。

表8-30　资本密集型二潜变量多元平方系数

	m10	m9	m8	m7	m6	m5
估计值	0.661	0.999	1.001	0.971	0.975	0.884

(2)模型评价

下面我们利用 Amos 提供的模型拟合指标(表8-31),选择其中常用的拟合指数对模型的拟合效果进行评价,并结合上面模型参数、方差及多元平方系数的检验对模型的拟合效果进行综合评价,以此判断模型是否拟合效果良好。

表 8-31　资本密集型二潜变量模型拟合指标

拟合指数	默认模式	饱和模式	独立模式	评价标准
卡方统计量(χ^2)	8.015 (P=0.432)	0.000	1966.323 (P=0.000)	P>0.05
调整卡方(χ^2/df)	1.002		131.088	一般要求介于1-2之间
均方根残差(RMSEA)	0.004		0.997	<0.05
标准拟合指数(NFI)	0.996	1.000	0.000	>0.90
非标准化拟合指数(TLI)	1.000		0.000	>0.90
比较拟合指数(CFI)	1.000	1.000	0.000	>0.90

　　从模型拟合效果来看,卡方值和调整卡方都达到了可接受的显著性水平,RMSEA 低于 0.05,表明模型与数据拟合很好,NFI、TLI、CFI 也取得了很好的拟合效果,其值均大于 0.9。再结合前面的参数估计结果的检验,各类参数估计都取得了较好的检验效果。综合各类评价指标,我们认为该模型的拟合效果非常好,可以接受。

　　三、劳动密集型结构方程模型

　　我们构造了三潜变量以及二潜变量的劳动密集型出口产业竞争力结构方程模型,通过二者拟合结果的分析,为后文选择模型奠定基础。

　　1. 劳动密集型三潜变量结构方程模型

　　结构方程模型的拟合结果包括了参数的估计结果和模型评价,通过对二者的分析,可以综合判断一个模型的拟合效果。从后面的结果中我们可以看出,劳动密集型三潜变量结构方程模型的拟合效果差,拒绝接受该模型。

　　(1)参数估计结果

　　劳动密集型结构方程模型三潜变量的参数估计结果见图 8-8、表 8-32—表 8-35。由拟合结果可知,模型的卡方值为 319.252,自由度为 32, p 值=0.000,小于 0.05,可见模型总的拟合效果不是很理想,下面根据各系数的拟合效果和常用的结构方程模型拟合指标来综合判断模型是否可接受。

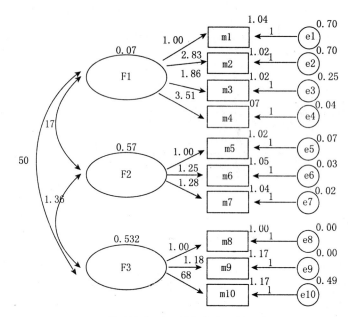

图8-8 劳动密集型三潜变量参数估计结果图

表8-32 劳动密集型三潜变量模型参数拟合结果

			未标准化路径系数估计	S. E.	C. R.	P	Label	标准化路径系数估计
m1	←	F1	1.000					0.302
m2	←	F1	2.825	0.802	3.523	*	par_1	0.666
m3	←	F1	1.861	0.523	3.560	*	par_2	0.703
m4	←	F1	3.512	0.946	3.711	*	par_3	1.024
m5	←	F2	1.000					0.942
m6	←	F2	1.250	0.044	28.569	*	par_4	0.985
m7	←	F2	1.280	0.044	28.869	*	par_5	0.987
m8	←	F3	1.000					1.000
m9	←	F3	1.175	0.002	538.274	*	par_6	1.000
m10	←	F3	0.685	0.026	25.930	*	par_7	0.915

注:"*"表示0.01水平上显著,括号中是相应的C. R值,即t值。

表8-32列出了模型参数拟合结果,由 C. R. 值和 p 值可以看出,所有的负载都在 0.05 水平上显著不等于 0,因此,模型的参数检验全部通过。

表8-33列出了模型协方差关系的拟合结果,从 p 值一栏可以看出,所有的协方差关系都达到了显著,这说明所有潜变量之间的相关关系都得到了实际数据的支持。

表8-33 劳动密集型三潜变量协方差估计结果

			协方差估计	S. E.	C. R.	P	Label	相关性估计
F3	↔	F2	1. 360	0. 198	6. 882	*	par_8	0. 783
F1	↔	F2	0. 165	0. 050	3. 283	0. 001	par_9	0. 829
F3	↔	F1	0. 497	0. 151	3. 294	*	par_10	0. 813

注:"*"表示 0.01 水平上显著,括号中是相应的 C. R 值,即 t 值。

表8-34列出了各潜变量方差拟合结果,从拟合结果来看,大部分方差的拟合结果是有效的,但是也出现了负值方差,$e4$ 的方差估计为 -0.04,同时,从 p 值一栏也可以看出,F1、$e4$、$e8$、$e9$ 未达到显著。

表8-34 劳动密集型三潜变量方差估计结果

	方差估计	S. E.	C. R.	P	Label
F1	0. 070	0. 039	1. 815	0. 070	par_21
F2	0. 567	0. 079	7. 218	*	par_22
F3	5. 317	0. 657	8. 091	*	par_23
e1	0. 700	0. 086	8. 136	*	par_24
e2	0. 702	0. 086	8. 140	*	par_25
e3	0. 248	0. 031	8. 075	*	par_26
e4	−0. 040	0. 025	−1. 595	0. 111	par_27
e5	0. 072	0. 010	7. 277	*	par_28
e6	0. 027	0. 007	3. 888	*	par_29
e7	0. 025	0. 007	3. 519	*	par_30
e8	0. 001	0. 003	0. 378	0. 706	par_31

	方差估计	S. E.	C. R.	P	Label
e9	0.001	0.005	0.255	0.799	par_32
e10	0.485	0.060	8.089	*	par_33

注:"*"表示 0.01 水平上显著,括号中是相应的 C. R 值,即 t 值。

表 8-35 列出了模型的多元平方系数,可以看出,除了 m1、m2 和 m3 之外,其他观测变量的多元平方系数都达到了 0.60 以上,这说明除了 m1、m2 和 m3 以外模型设定的观测变量来代表各个维度的潜变量都达到了较高的信度水平。

表 8-35 劳动密集型三潜变量多元平方系数

	m10	m9	m8	m7	m6	m5	m4	m3	m2	m1
估计值	0.837	1.000	1.000	0.974	0.971	0.888	1.049	0.495	0.444	0.091

(2)模型评价

下面我们利用 Amos 提供的模型拟合指标(表 8-36),选择其中常用的拟合指数对模型的拟合效果进行评价,并结合上面模型参数、方差及多元平方系数的检验对模型的拟合效果进行综合评价,以此判断模型是否拟合效果良好。

表 8-36 劳动密集型三潜变量模型拟合指标

拟合指数	默认模式	饱和模式	独立模式	评价标准
卡方统计量(χ^2)	319.252 (P=0.000)	0.000	2755.836 (P=0.000)	P>0.05
调整卡方(χ^2/df)	9.977		50.106	一般要求介于 1-2 之间
均方根残差(RMSEA)	0.261		0.610	<0.05
标准拟合指数(NFI)	0.884	1.000	0.000	>0.90
非标准化拟合指数(TLI)	0.817		0.000	>0.90
比较拟合指数(CFI)	0.894	1.000	0.000	>0.90

从模型拟合效果来看,卡方值没有达到可接受的显著性水平,调整卡方和 RMSEA 也未达到要求,NFI、TLI、CFI 的值均小于 0.9。再结合前面的参数估计结果的检验,各类参数估计都取得了较好的检验效果。综合各类评价指标,我们认为该模型的拟合效果差,拒绝接受该模型。

2. 劳动密集型二潜变量结构方程模型

结构方程模型的拟合结果包括了参数的估计结果和模型评价,通过对二者的分析,可以综合判断一个模型的拟合效果。从后面的结果中我们可以看出,劳动密集型二潜变量结构方程模型的拟合效果良好,可以接受。

(1)参数估计结果

劳动密集型结构方程模型二潜变量的参数估计结果见图 8-9、表 8-37—表 8-40。由拟合结果可知,模型的卡方值为 16.658,自由度为 8,p 值=0.034,略低于 0.05,可见模型总的拟合效果较好,下面根据各系数的拟合效果和常用的结构方程模型拟合指标来综合判断模型是否可接受。

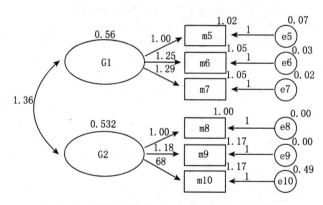

图 8-9　劳动密集型二潜变量参数估计结果图

表 8-37 列出了模型参数拟合结果,由 C. R. 值和 p 值可以看出,所有的负载都在 0.05 水平上显著不等于 0,因此,模型的参数检验全部通过。

表 8-37 劳动密集型二潜变量模型参数拟合结果

			未标准化路径系数估计	S. E.	C. R.	P	Label	标准化路径系数估计
m5	←	G1	1.000					0.940
m6	←	G1	1.252	0.045	27.915	*	par_1	0.984
m7	←	G1	1.286	0.045	28.621	*	par_2	0.989
m8	←	G2	1.000					1.000
m9	←	G2	1.175	0.002	533.766	*	par_3	1.000
m10	←	G2	0.685	0.026	25.930	*	par_4	0.915

注:"*"表示 0.01 水平上显著,括号中是相应的 C. R 值,即 t 值。

表 8-38 列出了模型协方差关系的拟合结果,从 p 值一栏可以看出,G2↔G1 协方差关系达到了显著,这说明潜变量之间的相关关系得到了实际数据的支持。

表 8-38 劳动密集型二潜变量协方差估计结果

			协方差估计	S. E.	C. R.	P	Label	相关性估计
G2	↔	G1	1.357	0.197	6.876	*	par_5	0.784

注:"*"表示 0.01 水平上显著,括号中是相应的 C. R 值,即 t 值。

表 8-39 劳动密集型二潜变量方差估计结果

	方差估计	S. E.	C. R.	P	Label
G1	0.564	0.079	7.184	*	par_12
G2	5.317	0.657	8.092	*	par_13
e5	0.075	0.010	7.324	*	par_14
e6	0.028	0.007	3.908	*	par_15
e7	0.021	0.007	2.974	0.003	par_16
e8	0.001	0.004	0.213	0.831	par_17
e9	0.002	0.005	0.378	0.705	par_18
e10	0.485	0.060	8.089	*	par_19

注:"*"表示 0.01 水平上显著,括号中是相应的 C. R 值,即 t 值。

表 8-39 列出了各潜变量方差拟合结果,从 p 值一栏可以看出,除了 e8、e9 未达到显著之外,其余大部分方差的拟合结果是有效的。

表 8-40 列出了模型的多元平方系数,可以看出,所有的观测变量的多元平方系数都达到了 0.60 以上,这说明用模型设定的观测变量来代表各个维度的潜变量都达到了较高的信度水平。

表 8-40 劳动密集型二潜变量多元平方系数

	m10	m9	m8	m7	m6	m5
估计值	0.837	1.000	1.000	0.978	0.969	0.883

(2)模型评价

下面我们利用 Amos 提供的模型拟合指标(表 8-41),选择其中常用的拟合指数对模型的拟合效果进行评价,并结合上面模型参数、方差及多元平方系数的检验对模型的拟合效果进行综合评价,以此判断模型是否拟合效果良好。

表 8-41 劳动密集型二潜变量模型拟合指标

拟合指数	默认模式	饱和模式	独立模式	评价标准
卡方统计量(χ^2)	16.658 (P=0.034)	0.000	2055.764 (P=0.000)	P>0.05
调整卡方(χ^2/df)	2.082		97.894	一般要求介于 1-2 之间
均方根残差(RMSEA)	0.091		0.857	<0.05
标准拟合指数(NFI)	0.992	1.000	0.000	>0.90
非标准化拟合指数(TLI)	0.989		0.000	>0.90
比较拟合指数(CFI)	0.996	1.000	0.000	>0.90

从模型拟合效果来看,卡方值的 p 值略低于 0.05,调整卡方略高于 2,RMSEA 略高于 0.05,表明模型与数据拟合一般,NFI、TLI、CFI 取得了很好的拟合效果,其值均远远大于 0.9。再结合前面的参数估计结果的

检验,各类参数估计都取得了较好的检验效果。综合各类评价指标,我们认为该模型的拟合效果良好,可以接受。

四、技术密集型结构方程模型

我们构造了三潜变量以及二潜变量的技术密集型出口产业竞争力结构方程模型,通过二者拟合结果的分析,为后文选择模型奠定基础。

1. 技术密集型三潜变量结构方程模型

结构方程模型的拟合结果包括了参数的估计结果和模型评价,通过对二者的分析,可以综合判断一个模型的拟合效果。从后面的结果中我们可以看出,技术密集型三潜变量结构方程模型的拟合效果较差,拒绝接受该模型。

(1)参数估计结果

技术密集型结构方程模型三潜变量的参数估计结果见图8-10、表8-42—表8-45。由拟合结果可知,模型的卡方值为420.054,自由度为32,p 值=0.000,小于0.05,可见模型总的拟合效果不是很理想,下面根据各系数的拟合效果和常用的结构方程模型拟合指标来综合判断模型是否可接受。

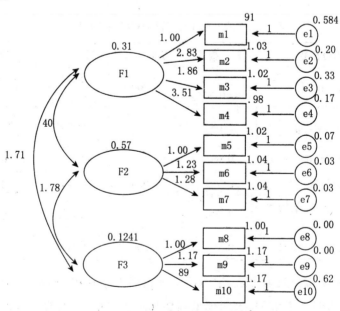

图8-10 技术密集型三潜变量参数估计结果图

表 8-42 列出了模型参数拟合结果,由 C. R. 值和 p 值可以看出,所有的负载都在 0.05 水平上显著不等于 0,因此,模型的参数全部检验通过。

表 8-42　技术密集型三潜变量模型参数拟合结果

			未标准化路径系数估计	S. E.	C. R.	P	Label	标准化路径系数估计
m1	←	F1	1. 000					0. 223
m2	←	F1	1. 257	0. 486	2. 588	0. 010	par_1	0. 843
m3	←	F1	0. 732	0. 294	2. 489	0. 013	par_2	0. 577
m4	←	F1	1. 472	0. 567	2. 599	0. 009	par_3	0. 893
m5	←	F2	1. 000					0. 943
m6	←	F2	1. 234	0. 043	28. 901	*	par_4	0. 985
m7	←	F2	1. 277	0. 044	29. 050	*	par_5	0. 986
m8	←	F3	1. 000					1. 000
m9	←	F3	1. 174	0. 002	578. 501	*	par_6	1. 000
m10	←	F3	0. 888	0. 020	45. 416	*	par_7	0. 970

注:"＊"表示 0.01 水平上显著,括号中是相应的 C. R 值,即 t 值。

表 8-43 列出了模型协方差关系的拟合结果,从 p 值一栏可以看出,所有的协方差关系都达到了显著,这说明所有潜变量之间的相关关系都得到了实际数据的支持。

表 8-43　技术密集型三潜变量协方差估计结果

			协方差估计	S. E.	C. R.	P	Label	相关性估计
F2	↔	F3	1. 779	0. 285	6. 233	*	par_8	0. 67
F1	↔	F2	0. 395	0. 16	2. 474	0. 013	par_9	0. 947
F1	↔	F3	1. 706	0. 691	2. 469	0. 014	par_10	0. 875

注:"＊"表示 0.01 水平上显著,括号中是相应的 C. R 值,即 t 值。

表 8-44 列出了各潜变量方差拟合结果,从 p 值一栏可以看出,除了 F1、e8、e9 未达到显著之外,大部分方差的拟合结果是有效的。

表 8-44　技术密集型三潜变量方差估计结果

	方差估计	S. E.	C. R.	P	Label
F1	0.306	0.237	1.291	0.197	par_21
F2	0.569	0.079	7.237	*	par_22
F3	12.413	1.534	8.090	*	par_23
e1	5.842	0.722	8.092	*	par_24
e2	0.197	0.027	7.274	*	par_25
e3	0.328	0.041	8.044	*	par_26
e4	0.168	0.026	6.388	*	par_27
e5	0.070	0.010	7.251	*	par_28
e6	0.026	0.007	3.953	*	par_29
e7	0.026	0.007	3.779	*	par_30
e8	0.005	0.005	0.999	0.318	par_31
e9	0.000	0.007	−0.071	0.943	par_32
e10	0.617	0.076	8.083	*	par_33

注:"*"表示 0.01 水平上显著,括号中是相应的 C. R 值,即 t 值。

表 8-45 列出了模型的多元平方系数,可以看出,除了 m1 和 m3 之外,其他观测变量的多元平方系数都达到了 0.60 以上,这说明除了 m1 和 m3 以外,用模型设定的观测变量来代表各个维度的潜变量都达到了较高的信度水平。

表 8-45　技术密集型三潜变量多元平方系数

	m10	m9	m8	m7	m6	m5	m4	m3	m2	m1
估计值	0.941	1.000	1.000	0.973	0.971	0.890	0.798	0.333	0.711	0.050

(2)模型评价

下面我们利用 Amos 提供的模型拟合指标（表 8-46），选择其中常用的拟合指数对模型的拟合效果进行评价，并结合上面模型参数、方差及多元平方系数的检验对模型的拟合效果进行综合评价，以此判断模型是否拟合效果良好。

表 8-46　技术密集型三潜变量模型拟合指标

拟合指数	默认模式	饱和模式	独立模式	评价标准
卡方统计量（χ^2）	420.054（P=0.000）	0.000	2984.056（P=0.000）	P>0.05
调整卡方（χ^2/df）	13.127		54.256	一般要求介于 1-2 之间
均方根残差（RMSEA）	0.303		0.635	<0.05
标准拟合指数（NFI）	0.859	1.000	0.000	>0.90
非标准化拟合指数（TLI）	0.772		0.000	>0.90
比较拟合指数（CFI）	0.868	1.000	0.000	>0.90

从模型拟合效果来看，卡方值没有达到可接受的显著性水平，调整卡方和 RMSEA 也未达到要求，NFI、TLI、CFI 的值均小于 0.9。再结合前面的参数估计结果的检验，各类参数估计都取得了较好的检验效果。综合各类评价指标，我们认为该模型的拟合效果较差，拒绝接受该模型。

2. 技术密集型二潜变量结构方程模型

结构方程模型的拟合结果包括了参数的估计结果和模型评价，通过对二者的分析，可以综合判断一个模型的拟合效果。从后面的结果中我们可以看出，技术密集型二潜变量结构方程模型的拟合效果一般，可以接受。

（1）参数估计结果

技术密集型结构方程模型二潜变量的参数估计结果见图 8-11、表 8-47、表 8-50。由拟合结果可知，模型的卡方值为 121.400，自由度为 8，p 值=0.000，小于 0.05，可见模型总的拟合效果不是很理想，下面根据各系数的拟合效果和常用的结构方程模型拟合指标来综合判断模型是否可接受。

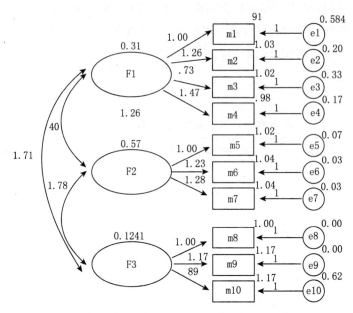

图 8-11　技术密集型二潜变量参数估计结果图

表 8-47 列出了模型参数拟合结果,由 C. R. 值和 p 值可以看出,所有的负载都在 0.05 水平上显著不等于 0,因此,模型的参数检验全部通过。

表 8-47　技术密集型二潜变量模型参数拟合结果

			未标准化路径系数估计	S. E.	C. R.	P	Label	标准化路径系数估计
m5	←	G1	1.000					0.937
m6	←	G1	1.235	0.046	26.652	*	par_1	0.979
m7	←	G1	1.297	0.045	28.851	*	par_2	0.994
m8	←	G2	1.000					1.000
m9	←	G2	1.174	0.002	577.362	*	par_3	1.000
m10	←	G2	0.888	0.019	45.630	*	par_4	0.970

注:"＊"表示 0.01 水平上显著,括号中是相应的 C. R 值,即 t 值。

表 8-48　列出了模型协方差关系的拟合结果,从 p 值一栏可以看

出,G2↔G1协方差关系达到了显著,这说明潜变量之间的相关关系得到了实际数据的支持。

表8-48　技术密集型二潜变量协方差估计结果

			协方差估计	S. E.	C. R.	P	Label	相关性估计
G2	↔	G1	1.805	0.286	6.310	*	par_5	0.684

注:"*"表示0.01水平上显著,括号中是相应的C.R值,即t值。

表8-49列出了各潜变量方差拟合结果,从p值一栏可以看出,除了e7、e8、e9未达到显著之外,其余大部分方差的拟合结果是有效的。

表8-49　技术密集型二潜变量方差估计结果

	方差估计	S. E.	C. R.	P	Label
G1	0.561	0.078	7.147	*	par_12
G2	12.417	1.534	8.092	*	par_13
e5	0.078	0.011	7.386	*	par_14
e6	0.037	0.008	4.687	*	par_15
e7	0.012	0.007	1.609	0.108	par_16
e8	0.002	0.005	0.345	0.730	par_17
e9	0.004	0.007	0.556	0.578	par_18
e10	0.614	0.076	8.082	*	par_19

注:"*"表示0.01水平上显著,括号中是相应的C.R值,即t值。

表8-50列出了模型的多元平方系数,可以看出,所有的观测变量的多元平方系数都达到了0.60以上,这说明用模型所设定的观测变量来代表各个维度的潜变量都达到了较高的信度水平。

表8-50　技术密集型二潜变量多元平方系数

	m10	m9	m8	m7	m6	m5
估计值	0.941	1.000	1.000	0.988	0.959	0.878

（2）模型评价

下面我们利用 Amos 提供的模型拟合指标（表 8-51），选择其中常用的拟合指数对模型的拟合效果进行评价，并结合上面模型参数、方差及多元平方系数的检验对模型的拟合效果进行综合评价，以此判断模型是否拟合效果良好。

表 8-51　技术密集型二潜变量模型拟合指标

拟合指数	默认模式	饱和模式	独立模式	评价标准
卡方统计量（χ^2）	121.400（P-0.000）	0.000	2260.619（P-0.000）	P>0.05
调整卡方（χ^2/df）	15.175		107.649	一般要求介于 1-2 之间
均方根残差（RMSEA）	0.328		0.899	<0.05
标准拟合指数（NFI）	0.946	1.000	0.000	>0.90
非标准化拟合指数（TLI）	0.867		0.000	>0.90
比较拟合指数（CFI）	0.949	1.000	0.000	>0.90

从模型拟合效果来看，卡方值没有达到可接受的显著性水平，调整卡方和 RMSEA 也未达到要求，而 NFI、CFI 则取得了很好的结果，其值均大于 0.9，TLI 略低于 0.9。再结合前面的参数估计结果的检验，各类参数估计都取得了较好的检验效果。综合各类评价指标，我们认为该模型的拟合效果一般，可以接受。

8.3　中国四省区出口产业竞争力测算

通过对四大出口产业类型三潜变量及二潜变量结构方程模型的拟合，通过模型的选择及权重的确定，我们可以测算出四省区在这四大出口产业类型产业竞争力的排名，并对结果进行详细的分析。

8.3.1 出口产业竞争力测算——模型的选择

根据以上四大类型产业的三潜变量及二潜变量出口产业竞争力结构方程模型的拟合结果,我们可以知道,三潜变量的结构方程模型中除了资本密集型的拟合效果一般,为可接受模型之外,其他三大产业类型的三潜变量的结构方程模型拟合效果均不佳,我们拒绝接受这三个模型。而四大类型产业的二潜变量出口产业竞争力结构方程模型中资本密集型的拟合效果非常好,劳动密集型的拟合效果良好,其他两大类型的拟合效果一般,都为可以接受的模型。因此,在做最后的四省区出口产业竞争力的测算时,基于选择拟合效果最好的模型的原则,我们选择资源密集型二潜变量结构方程模型、资本密集型二潜变量结构方程模型、劳动密集型二潜变量结构方程模型、技术密集型二潜变量结构方程模型所拟合出来的各潜变量对观测变量的载荷系数来计算四省区各潜变量的得分及排名。对于三潜变量出口产业竞争力结构方程模型拟合效果不佳的原因大部分是由于潜变量"支持因素"的检验通不过造成。我们认为可能的原因有如下几点:一是潜变量"支持因素"(F1)在潜变量数据信度检验时,其信度系数除劳动密集型之外均小于0.7,可靠性不高,说明这些数据的一致性或稳定性程度不够,导致拟合效果不好;二是潜变量"支持因素"(F1)的四个观测指标对"支持因素"的解释力度不够,也是拟合效果不好的重要原因之一。

8.3.2 出口产业竞争力测算——权重的确定

由于我们既要测算各潜变量的得分,也要测算出口产业竞争力的综合得分。因此,在计算潜变量的得分时,我们要确定各观测变量的权重,在计算出口产业竞争力的综合得分时,我们要确定各潜变量的权重。

一、观测变量权重的确定

测算潜变量"支持因素"和"需求状况"的得分时各观测变量的权重可以使用模型得到的各潜变量对其观测变量的载荷系数来计算,经过归一化处理后的载荷系数即为各观测变量的权重(表8-52)。

表 8-52　潜变量的评价指标观测变量的权重

出口产业类型	m5 的权重 u_5	m6 的权重 u_6	m7 的权重 u_7	m8 的权重 u_8	m9 的权重 u_9	m10 的权重 u_{10}
资源密集型	0.28	0.35	0.37	0.31	0.37	0.32
资本密集型	0.29	0.35	0.36	0.35	0.40	0.25
劳动密集型	0.28	0.35	0.37	0.35	0.41	0.24
技术密集型	0.28	0.35	0.37	0.33	0.38	0.29

从观测指标权重发现,潜变量"支持因素"的三个观测变量在评价四大出口产业类型的支持因素时,年末金融机构存款余额 m7 对"支持因素"的贡献最大;年末金融机构贷款余额 m6 对"支持因素"的贡献次之;而地方财政一般预算内支出 m5 对"支持因素"的贡献相对较小。这也可以体现出金融对现代经济支持作用的重要性,即"金融是现代经济的核心",同时也可以体现出政府财政支出在经济发展过程中的推动作用。潜变量"需求状况"的三个观测变量在评价四大出口产业类型需求状况时,行业出口总额占全国行业总出口额的比例 m9 对"需求状况"的贡献最大;除了资源密集型之外,其他三大类型的行业出口额 m8 对"需求状况"的贡献次之;而行业出口产值占省 GDP 的比例 m10 的贡献相对较小。这说明行业的市场占有率对企业的发展来说是很关键的,市场占有率高,表明市场对企业产品的需求量大,反之则表明市场对企业产品的需求量小。市场需求量大的企业竞争力也强,能在竞争日益激烈的现代经济社会中生存并发展壮大。

二、潜变量权重的确定

测算出口产业竞争力的综合得分时各潜变量的权重,我们采用变异系数法来确定。变异系数法是直接利用各项指标所包含的信息,通过计算得到指标的权重,是一种客观赋权的方法。此方法的基本做法是:在评价指标体系中,指标取值差异越大的指标,也就是越难以实现的指标,这样的指标更能反映被评价单位的差距。例如,在评价出口产业竞争力时,选择行业出口额作为评价的指标之一,就是因为行业的出口额的大小能反映一个产业的需求状况的大小,需求大的产业竞争力肯定强,需求小的产业竞争力就相对比较弱。如果各省的行业出口额没有多大的差别,则这个指标用来衡量出口产业的竞争力就失去了意义。

由于各观测指标的量纲不同，不宜直接比较其差别程度。为了消除各项观测指标的量纲不同的影响，需要用各项指标的变异系数来衡量各项指标取值的差异程度。各项指标的变异系数公式如下：

$$V_i = \frac{\sigma_i}{\bar{x}_i} \quad (i = 1, 2, \cdots, n) \quad \cdots\cdots\cdots\cdots\cdots\cdots\cdots\cdots \text{（8-4）}$$

式中，V_i 是第 i 项观测指标的变异系数、也称为标准差系数；σ_i 是第 i 项观测指标的标准差；$\overset{0}{\bar{x}}_i$ 是第 i 项指标的平均数。

各项观测指标的权重为：

$$W_i = \frac{V_i}{\sum\limits_{i=1}^{n} V_i} \quad \cdots\cdots\cdots\cdots\cdots\cdots\cdots\cdots\cdots\cdots \text{（8-5）}$$

根据公式（8-4）和公式（8-5），我们使用各省 2008 年的观测指标数据来计算各观测指标占出口产业竞争力的权重，每个潜变量的观测变量的权重之和即为该潜变量在测算出口产业竞争力时的权重。计算结果如表 8-53、表 8-54 所示：

表 8-53　各行业观测指标权重计算

观测指标	地方财政一般预算支出（亿元）	年末金融机构贷款余额（亿元）	年末金融机构存款余额（亿元）	资源密集型行业			资本密集型行业			劳动密集型产业			技术密集型产业		
				出口额（亿美元）	占全国口比例（%）	占省GDP的比例（%）	出口额（亿美元）	占全国口比例（%）	占省GDP的比例（%）	出口额（亿美元）	占全国口比例（%）	占省GDP的比例（%）	出口额（亿美元）	占全国口比例（%）	占省GDP的比例（%）
平均数	1285.51	9704.78	5106.69	35..96	0.04	2.18	334.77	0.05	14.36	112.68	0.03	4.00	49.19	0.02	1.25
标准差	838.90	8905.45	3856.36	46.39	0.05	2.85	570.96	0.09	19.16	244.37	0.06	5.59	173.01	0.05	3.37
变异系数	0.65	0.92	0.92	1.29	1.29	1.31	1.71	1.71	1.33	2.17	2.17	1.40	3.52	3.52	2.69
权重	0.09	0.13	0.13	0.20	0.20	0.21	0.24	0.24	0.18	0.26	0.26	0.17	0.29	0.29	0.22

从出口产业竞争力的评价指标潜变量的权重发现，潜变量"支持因素"在评价四大出口产业类型的产业竞争力时，其贡献只占到三成左右，特别是对技术密集型出口产业的贡献只有 20%；而潜变量"需求状况"在评价四大出口产业类型的产业竞争力时，其贡献占到七成左右，特别是对

技术密集型出口产业的贡献占到了80%。由此可见,评价出口产业竞争力时,"需求状况"最能说明产业竞争力的大小。

表8-54　出口产业竞争力的评价指标潜变量的权重

出口产业类型	潜变量"支持因素"（G1）权重 a_1	潜变量"需求状况"（G2）权重 a_2
资源密集型	0.39	0.61
资本密集型	0.34	0.66
劳动密集型	0.30	0.70
技术密集型	0.20	0.80

8.3.3　出口产业竞争力测算——排名的确定

根据测算出来的观测指标权重以及四省观测变量2008年的指标值,我们可以算出四省潜变量G1和G2的得分,然后根据四省潜变量的得分及潜变量的权重算出四省出口产业竞争力(这里我们用$C_{产业竞争力}$来表示)的得分。据此,我们可以写出出口产业竞争力结构方程模型的数学表达式,即出口产业竞争力评价的数学模型:

$$G_1 = \sum_{i=5}^{7} m_i \cdot u_i, u_i \geqslant 0 (i=5,6,7) \text{ 且 } \sum_{i=5}^{7} u_i = 1 \cdots\cdots\cdots (8-6)$$

$$G_2 = \sum_{i=8}^{10} m_i \cdot u_i, u_i \geqslant 0 (i=8,9,10) \text{ 且 } \sum_{i=8}^{10} u_i = 1 \cdots\cdots\cdots (8-7)$$

$$C_{产业竞争力} = G_1 \cdot a_1 + G_2 \cdot a_2 \cdots\cdots\cdots\cdots\cdots\cdots (8-8)$$

$a_1 \geqslant 0, a_2 \geqslant 0,$ 且 $a_1 + a_2 = 1$

根据数学模型公式(8-6)、(8-7)、(8-8),我们可以测算出广东、广西、海南、云南四省区出口产业竞争力在支持因素和需求状况的得分以及各省出口产业竞争力的综合得分,其结果如图8-12—图8-15所示:

8.3.4　出口产业竞争力测算——结果的分析

从图8-12、图8-13、图8-14和图8-15可以看出,不同的省区对应的潜变量因子的排名与最后的出口产业竞争力的综合排名并不是很一致。下面我们对模型结果进行如下分析:

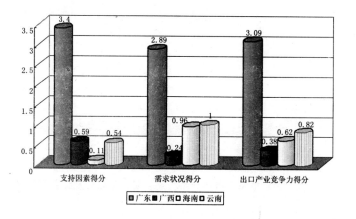

图 8-12　资源密集型出口产业竞争力潜变量因子得分及综合评价得分

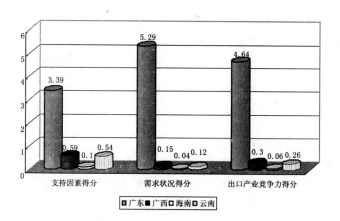

图 8-13　资本密集型出口产业竞争力潜变量因子得分及综合评价得分

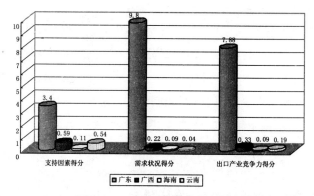

图 8-14　劳动密集型出口产业竞争力潜变量因子得分及综合评价得分

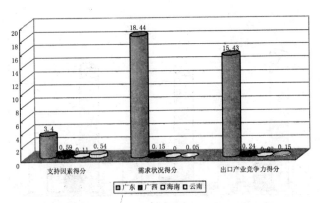

图 8-15　技术密集型出口产业竞争力潜变量因子得分及综合评价得分

一、资源密集型出口产业竞争力排名的分析

从资源密集型出口产业竞争力的综合排名可以发现,广东(得分3.09)排名第一,云南(得分0.82)排名第二,海南(得分0.62)排名第三,广西(得分0.38)排名第四。说明广东在资源密集型出口产业竞争力方面高于其他三个省份,而广西的竞争力则比较弱,云南和海南居中,二者的差距较小,但和广东相比较仍然存在一定差距。

从资源密集型出口产业竞争力潜变量"支持因素"的排名可以发现,广东(得分3.40)排名第一,广西(得分0.59)排名第二,云南(得分0.54)排名第三,海南(得分0.11)排名第四。说明广东的金融支持与政府支持对广东资源密集型产业的发展起到了很大的促进作用,而海南在这两方面的支持则较差,拖累了海南资源密集型出口产业的发展。广西和云南居中,但和广东的差距比较大,需要进一步加强金融支持和政府支持对出口产业的促进作用。

从资源密集型出口产业竞争力潜变量"需求状况"的排名可以发现,广东(得分2.89)排名第一,云南(得分1.00)排名第二,海南(得分0.96)排名第三,广西(得分0.24)排名第四。说明广东资源密集型产品的市场占有率高,市场需求大,而广西资源密集型产品的出口占全国出口的比例小,市场需求少,拖累了广西资源密集型产业竞争力的综合排名。因此,广西在今后要提高其资源密集型产业的竞争力,必须扩大出口,增加市场的需求。

二、资本密集型出口产业竞争力排名的分析

从资本密集型出口产业竞争力的综合排名可以发现,广东(得分4.64)排名第一,广西(得分0.30)排名第二,云南(得分0.26)排名第三,海南(得分0.06)排名第四。说明广东在资本密集型出口产业竞争力方面远高于其他三个省份,而海南的竞争力则比较弱,广西和云南居中,二者差距不大。

从资本密集型出口产业竞争力潜变量"支持因素"的排名可以发现,广东(得分3.39)排名第一,广西(得分0.59)排名第二,云南(得分0.54)排名第三,海南(得分0.10)排名第四。说明广东的金融支持与政府支持对广东资本密集型产业的发展起到了很大的促进作用,而海南在这两方面的支持则较差,拖累了海南资本密集型出口产业的发展。广西和云南居中,但和广东的差距比较大,需要进一步加强金融支持和政府支持对出口产业的促进作用。

从资本密集型出口产业竞争力潜变量"需求状况"的排名可以发现,广东(得分5.29)排名第一,广西(得分0.15)排名第二,云南(得分0.12)排名第三,海南(得分0.04)排名第四。说明广东资本密集型产品的市场占有率高,市场需求大,而海南资本密集型产品的出口占全国出口的比例小,市场需求少,拖累了海南资本密集型产业竞争力的综合排名。因此,海南在今后要提高其资本密集型产业的竞争力,必须扩大出口,增加市场的需求。广西和云南资本密集型出口产品的市场占有率差距不大,广西略胜一筹,而相对海南来说二者都较高,与广东仍存在一定的差距。

三、劳动密集型出口产业竞争力排名的分析

从劳动密集型出口产业竞争力的综合排名可以发现,广东(得分7.88)排名第一,广西(得分0.33)排名第二,云南(得分0.19)排名第三,海南(得分0.09)排名第四。说明广东在劳动密集型出口产业竞争力方面远高于其他三个省份,而海南的竞争力则很弱,广西和云南居中,广西的劳动密集型产业出口的竞争力比云南的竞争力高0.7倍,在四省中的竞争力比较强,但和广东比较,差距比较明显。

从劳动密集型出口产业竞争力潜变量"支持因素"的排名可以发现,广东(得分3.40)排名第一,广西(得分0.59)排名第二,云南(得分0.54)排名第三,海南(得分0.11)排名第四。说明广东的金融支持与政府支持对广东劳动密集型产业的发展起到了很大的促进作用,而海南在这两方面的支持则较差,拖累了海南劳动密集型出口产业的发展。广西和云南居中,但和广东的差距比较大,需要进一步加强金融支持和政府支持对出口产业的促进作用。

从劳动密集型出口产业竞争力潜变量"需求状况"的排名可以发现,广东(得分9.80)排名第一,广西(得分0.22)排名第二,海南(得分0.09)排名第三,云南(得分0.04)排名第四。说明广东劳动密集型产品的市场占有率高,市场需求大,而海南、云南劳动密集型产品的出口占全国出口的比例很小,市场需求少,拖累了海南、云南劳动密集型产业竞争力的综合排名。因此,海南、云南在今后要提高其劳动密集型产业的竞争力,必须扩大出口,增加市场的需求。从表8-64可以看出,广西劳动密集型出口产品的市场占有率相对海南和云南来说,要高出好几倍,而相对广东来说,差距仍然很明显。

四、技术密集型出口产业竞争力排名的分析

从技术密集型出口产业竞争力的综合排名可以发现,广东(得分15.43)排名第一,广西(得分0.24)排名第二,云南(得分0.15)排名第三,海南(得分0.02)排名第四。说明广东在技术密集型出口产业竞争力方面远远高于其他三个省份,竞争力优势明显,而海南的竞争力则很弱,广西和云南居中,且广西的技术密集型产业出口的竞争力比云南略高一筹,在四省中的竞争力比较强,但和广东比较,差距很明显。

从技术密集型出口产业竞争力潜变量"支持因素"的排名可以发现,广东(得分3.40)排名第一,广西(得分0.59)排名第二,云南(得分0.54)排名第三,海南(得分0.11)排名第四。说明广东的金融支持与政府支持对广东技术密集型产业的发展起到了很大的促进作用,而海南在这两方面的支持则很差,拖累了海南技术密集型出口产业的发展。广西和云南居中,但和广东的差距很大,需要进一步加强金融支持和政府支持对出口产业的促进作用。

从技术密集型出口产业竞争力潜变量"需求状况"的排名可以发现,广东(得分18.44)排名第一,广西(得分0.15)排名第二,云南(得分0.05)排名第三,海南(得分0.00)排名第四。说明广东技术密集型产品的市场占有率高,市场需求大,而云南、海南技术密集型产品的出口占全国出口的比例很小,市场需求少,拖累了云南、海南技术密集型产业竞争力的综合排名。因此,云南、海南在今后要提高其技术密集型产业的竞争力,必须扩大出口,增加市场的需求。从表8-65可以看出,广西技术密集型出口产品的市场占有率相对云南和海南来说,要高出好几倍,而相对广东来说,差距仍然很明显。

五、四省区出口产业竞争力综合评析

基于以上的分析,我们可以发现,广东无论是在资源密集型、资本密集型、劳动密集型还是技术密集型出口产业竞争力上都具有绝对的优势。而广西则除了资源密集型之外,其他排名都在第二名,竞争优势较明显。云南相对于海南来说,各出口产业类型竞争优势较强,但比起广东来说差距甚远,相比广西则略逊一筹。海南除了资源密集型竞争优势高于广西之外,其他三大类型出口产业均处于绝对劣势。

基于专业化分工和比较优势的原理,虽然广东在各出口产业类型上都具有绝对优势,但应选择比较优势最大的技术密集型出口产业,优先发展技术密集型出口产品。在鼓励广东出口产业发展的时候,政府支持和金融支持应往技术密集型产业倾斜,这样也可以加快广东产业结构的转移与优化升级,提升广东在中国—东盟出口产业分工中的地位。基于比较优势的原理,广西应优先发展比较优势最大的劳动密集型产业,更多的政策支持应往劳动密集型产业倾斜;云南应优先发展比较优势最大的资本密集型产业,更多的政策支持应往资本密集型产业倾斜;而海南虽然在除了资源密集型产业之外的其他出口产业类型上都处于绝对劣势,但是海南应优先发展比较优势最大的资源密集型,更多的政策支持应往资源密集型产业倾斜。

本章小结

本章采用结构方程模型对广东、广西、海南、云南四省区的出口产业竞争力进行比较分析,通过结构方程模型拟合出来的潜变量对观测变量的负载(即路径系数)测算出潜变量的因子得分以及各省出口产业竞争力的综合得分,从而得出四省区的出口产业竞争力的排序,为四省区出口产业政策协调提供实证基础。

第一部分阐述了结构方程模型的基本理论,包括了结构方程模型的基本原理、基本特征以及建模步骤。其中,结构方程模型的基本特征有四点:一是结构方程模型允许自变量存在测量误差,而在传统的统计分析方法中,自变量都是可直接观测的,不存在观测误差;二是结构方程模型可以同时处理多个因变量,而在传统的统计分析方法中,方程右边的因变量一般只有一个;三是结构方程模型可以在一个模型中同时处理因素的测量关系和因素之间的结构关系;四是结构方程模型允许更具弹性的模型设定。结构方程模型的建模步骤为模型设定→模型修正→模型估计→模型评价→模型修正。

第二部分是出口产业结构方程模型的构建,分为模型准备和模型拟合两大部分。结构方程模型的模型准备阶段是结构方程模型分析的真正核心所在,对于出口产业竞争力结构方程模型而言,模型准备涵盖了模型构建的理论基础、出口产业类型的划分、潜变量和观测变量的设计、样本选取和数据的处理以及对数据的信度和效度进行检验。模型拟合阶段使用了结构方程模型统计分析软件 Amos18 将构建好的二种出口产业竞争力结构方程模型路径图与经可靠性分析后的数据进行拟合,得出了资源密集型、资本密集型、劳动密集型、技术密集型出口产业竞争力二种路径图的拟合结果,并用拟合结果对每个模型进行了系统性评价。

第三部分是中国四省区出口产业竞争力的测算,包括了模型的选择,权重的确定,排名的确定以及最后结果的分析。从最后结果的分析中我们可以发现:广东无论是在资源密集型、资本密集型、劳动密集型还是技术密集型出口产业竞争力上都具有绝对的优势;而广西则除了资源密集型之外,其他排名都在第二名,竞争优势较明显;云南相对于海南来说,各出口产业类型竞争优势较强,但比起广东来说差距甚远,相比广西则略逊一筹;海南除了资源密集型竞争优势高于广西之外,其他三大类型出口产业均处于绝对劣势。

在理论分析与现实考察之后，根据实证检验的结果，提出在区域分工条件下中国四省区出口产业的发展战略是区域产业政策协调的核心。如何充分考虑到四省区出口产业的竞争力与重要性，权衡各省之间的利益竞争，在整体上提出符合四省区发展的出口产业战略。据此，我们提出了中国—东盟出口产业决策协调总的指导原则，以及中国四省区出口产业发展的战略。在总原则的指导下，在考虑到东盟的利益及我国的长远利益的前提下，提出中国整体的出口产业发展对策以及基于产业重要性及竞争力的中国四省区出口产业的发展战略，并研究了在此区域分工条件下产业政策协调的制度框架，以保证出口产业协调政策的有效性。

第 *9* 章
区域分工条件下出口产业发展战略研究

9.1　中国与东盟出口产业决策协调研究

在研究中国与东盟出口产业决策协调的时候,我们既考虑了协调过程中的利弊因素,也分析了二者进行出口产业决策协调的重要性,最后提出了二者出口产业协调发展的指导原则和对策。

9.1.1　中国与东盟出口产业决策协调过程中的利弊分析

我们需要充分意识到,中国与东盟出口产业决策的协调,不仅在中国与东盟建设战略伙伴关系中居先导地位,直接影响到中国与东盟之间关系的发展,而且它还关系到中国外交、对外开放和对外经贸的大局。对此,有必要在 CAFTA 框架下从整体上分析影响中国与东盟出口产业决策制定的主要因素。

一、中国与东盟出口产业决策制定的有利因素

由于东盟国家之间已经建立了 AFTA,因此,考察东盟与中国的双边出口产业决策制定,作为影响 CAFTA 进程的基础因素就是非常必要的 。特别是从 2003 年中国—东盟自由贸易区建立以来,双边的贸易迅速发展。随着 2010 年自贸区的建成,我们相信多方面的市场扩展效应会逐步产生,特别是中国的庞大的市场会使得市场规模不断扩大,出口量也会相应的提高,而且各国产业结构的差异和互补都给中国与东盟出口产业决策的制定带来了积极作用。

1. 中国拥有庞大的市场

中国拥有庞大的市场,正好可以弥补新加坡等东盟国家较先进,但市场规模狭小、无法适应巨大生产能力的弱点。这样就为中国与东盟二者在生产贸易链条件下,充分发挥各国的生产优势和贸易优势奠定了基础。中国是一个大国,按照库兹涅茨的考察,大国产业结构变动较小国平稳,产业结构在某一时点上具有多样化的特点,容易同时找到像新加坡这样较先进的国家以及以越南为代表的后进国家产业结构互补的情况。中国和东盟都可以利用这种产业结构阶梯性差异制定出口产业决策,积累比

2. 中国在高新技术开发方面具有优势

虽然中国的教育普及程度不如东盟某些国家,但在科技人员的绝对数量上,中国却居世界的前列,在某些高科技领域如航天、生物技术、超导技术和激光等高新技术领域已接近或达到世界先进水平。中国可以向东盟国家提供不同层次的自立技术,尤其是其中的实用技术。加上中国的低成本优势,充分的科学与技术支持必将推动自由贸易区伙伴国将贸易积累转化为产业高度化的动力。其他的优势还包括地理位置的接近和交通费用的节省,以及中国和东盟国家相似的文化背景和生活习惯等等。总之,只要中国和东盟诸国充分利用静态比较优势获取增值利益,使比较优势转化为现实的资本和技术,就有可能促进本国出口产业向高加工度化、高技术集约化升级。中国与东盟之间的这种不同的优势以及双方进行的跨国企业合作都能为出口产业决策的制定带来积极影响。

3. 中国与东盟产业结构具有梯度差异和互补性

中国和东盟国家的产业结构具有梯度差异性。新加坡的工业化水平较高,印尼、马来西亚、泰国、菲律宾等国水平次之,与中国的工业化水平相当。它们的共同特点是工业在国民经济中占有重要地位,产业结构正处于升级的阶段。缅甸、越南、老挝、柬埔寨等国水平较低,第二产业薄弱,有很大的发展空间。这样就形成了梯度差异,大致分为三级。

中国与印尼、马来西亚、泰国、菲律宾的经济结构相似,很多人担心其出口产业决策的协调,但如果对出口产品进行细分,就会发现上述各国之间的出口产品结构的互补性也很明显,也存在一定的比较优势。如马来西亚,在机械与交通设备等技术密集型产品方面具有优势,仅次于新加坡,高于其他国家;此外马来西亚的机械电子产品占出口产品的五成以上,而中国在机电产品、家电产品和一些信息产品方面具有优势,可以替代日本、韩国等国家向东盟出口;中国、东盟在农业、服务业、自然资源等方面的互补性也很强,如泰国的大米和中国的大米是不同的品种,只有越南生产的大米与中国相似,虽然近年越南成为非常有竞争力的大米出口国,但中国并不大宗出口大米;就自然资源而言,中国经济发展形成的巨大的资源缺口对东盟的丰富自然资源的需求会使双方产生更加紧密的合作。中国与东盟之间的这种产业结构的梯度差异为双方出口产业决策协调提供了有利的条件。

二、中国与东盟出口产业决策制定的制约因素

制约中国与东盟出口产业决策协调的因素包括二者产业结构的相似性和竞争性，以及我国不合理的产业组织结构制约了双方的产业内贸易的发展，这些因素都在一定程度上加大了二者出口产业决策协调的难度。

1. 产业结构的相似性和竞争性

从国际贸易的实践和理论发展来看，产业内贸易理论、规模经济理论等国际贸易新理论的出现，解决了长期以来国际贸易现象中令人困惑的问题，即为什么全球 3/4 以上的国际贸易额发生在经济发展水平接近、生产要素比例相似的发达国家之间，而不是在要素资源禀赋差异最大的发达国家和发展中国家之间的现实。但是，一个不容忽视的问题是，产业内贸易理论并没有否认比较优势理论的存在，相反，它是在承认比较优势的前提下产生的。就贸易而言，产业结构的相似性仍然是制约国际贸易的重要因素，尤其是建立在低水平上的相似性。

从中国和东盟各国的国情来看，无论是从资源存量和经济结构，还是从经济发展水平来看，双方非常相似。就经济结构而言，在中国和东盟各国的国民经济中，劳动密集型产业都占有相当大的比重，彼此重合度较高。从东盟和中国近年来出口商品的构成来看，农、矿、水产品以及服装玩具之类的劳动密集型加工品都占有相当大的比重，而且出口市场都集中在美国，这就不可避免地造成了双方在国际市场上的竞争。在"蛋糕"一定大的情况下，中国占有的市场份额大了，就意味着东盟市场份额的变小。当然经济发展水平和出口结构的相似性本身并不必然构成合作的障碍，问题是中国与东盟这种相似性是一种低水平的相似性，这限制了经济合作的进一步发展，而这又会使得双方出口产业的决策变得难以协调，也成为组建中国—东盟自由贸易区的一个挑战。

2. 不合理的产业组织结构制约了中国与东盟产业内贸易的发展

长期以来，条块分割、行政分级的管理体制和僵化的要素组织方式造成我国产业部门集中度偏低、企业大量的重复建设、地区间工业结构相似率极高。全能企业过多和专业化协作水平低下必然降低我国企业从大批量生产中获得规模经济效应的能力，弱化了产业内贸易赖以形成和发展的基础——规模经济。而我国封闭、落后的产业结构致使我国出口商品

结构长期在低层次徘徊,这也在很大程度上制约了我国与东盟的产业内贸易的发展,从而对出口产业决策协调造成一定不利影响。①

9.1.2 中国与东盟出口产业决策协调的重要性

在 CAFTA 框架下,进行中国与东盟出口产业决策协调有其现实意义。首先,出口产业决策的协调是解决中国与东盟出口产品结构相同的有效途径;其次,出口产业决策的制定是中国与东盟制定出口产业政策的前提;再次,出口产业决策协调是进一步深化 CAFTA 的关键。

一、出口产业决策协调是解决出口产品同构性的有效途径

从现实情况来看,我国四省区经济发展水平参差不齐,与大多数东盟国家接近,工业产业结构非常相似。而从前面中国四省区的出口产业现状以及东盟出口产业现状的分析可以看出,双方出口产品结构趋同,导致二者贸易的竞争性大于互补性。且中国与东盟对出口的依赖性都较大,对外贸易依存度非常高,由于中国四省区与东盟相关国家的经济资源有较大的相似性,而且双方在推进工业化进程中均是以劳动密集型产品以及低技术密集型产品出口为主,都是世界中低档制成品的重要生产基地,电子、家电和机电类产品的出口比重也都逐渐提高,决定了双方出口产品结构和出口市场结构的趋同与竞争。当前,双方在出口产品上的竞争主要表现在纺织品和服装、皮革制品、机电设备等部门,尤其是在纺织品和服装方面。由于中国与东盟的出口市场主要集中在美国、日本、欧盟,占八成以上,使得二者的竞争性主要存在于同一发展层次的地区经济之间和第三方市场,比如在化工产品、机械和电子设备、汽车以及光学设备与精密仪器方面,双方之间各有优势,存在竞争关系。

在中国—东盟自由贸易区一体化背景下,如果放任这种竞争关系演变成恶性竞争,就会对自由贸易区的发展产生不利影响。因此,我们应根据各国出口产业的比较优势来制定出口产业发展决策。只有建立在比较优势基础上的出口产业决策才是符合 CAFTA 进一步发展需要的决策,才能促进中国与东盟双边贸易的健康快速发展。

---

① 杨克斯课题组:《中国—东盟自由贸易区进程与中国方略》。

二、出口产业决策协调有利于出口产业政策的制定

在中国—东盟自由贸易区框架下,经济开放性的日益增强使贸易区内一国的出口产业政策会对其他国家产生深刻的影响,这就需要进行出口产业政策的区域协调。中国与东盟出口产业政策协调的必要性如下:

首先,按照支出法计算国内生产总值,可以把我国的 GNP 表示为:

$$Y = C + I + \overline{NX} + NX \quad\cdots\cdots\cdots\cdots\cdots\cdots\cdots\cdots\cdots\cdots\quad (9\text{-}1)$$

式中,Y 是 GNP,C 是最终消费,I 是资本形成总额,$\overline{NX}$ 为中国对东盟以外的国家的净出口,NX 为中国对东盟的净出口。中国用支出法计算 GNP 时,消费与投资两项指标的口径与西方国家不一样,其中政府支出包括政府消费和政府投资,分别包含在最终消费和资本形成总额中。但是这种表示方法并不影响后文与东盟经济指标的比较。

在长期过程中,(9-1)式中各项的值是变化的,而且统计单位、统计基期对其都有影响,为了消除这些影响,将等式(9-1)两边同除以 Y:

$$1 = \frac{C}{Y} + \frac{I}{Y} + \frac{\overline{NX}}{Y} + \frac{NX}{Y} \quad\cdots\cdots\cdots\cdots\cdots\cdots\cdots\quad (9\text{-}2)$$

也即支出的不同份额之和等于1。

定义政府盈余为税收减去总支出:

$$政府盈余 = T - G \quad\cdots\cdots\cdots\cdots\cdots\cdots\cdots\cdots\cdots\cdots\quad (9\text{-}3)$$

其中,G 为政府支出,包含在 C 与 I 中,T 为税收。

很明显,政府支出的改变会引起 GDP 并进而引起 GNP 构成的消费和投资的变化,而消费、投资的变化会引起净出口的变化。因而中国政府盈余(或赤字)的变化会引起中国净出口的变化,这其中很大部分就是中国对东盟净出口的变化。同样按照支出法计算东盟的国民生产总值,可以把东盟的 GNP 表示为:

$$Y^* = C^* + I^* + G^* + \overline{NX^*} + NX^* \quad\cdots\cdots\cdots\cdots\cdots\quad (9\text{-}4)$$

带"$*$"的表示东盟变量,下同。(9-4)式中,Y^*、C^*、I^*、G^* 分别表示东盟的 GNP、消费、投资、政府购买。NX^* 表示东盟对中国以外的国家的净出口,$\overline{NX^*}$ 表示东盟对中国的净出口,所以有 $NX + NX^* = 0$。

(9-4)式两边除以 Y^*,得:

$$1 = \frac{C^*}{Y^*} + \frac{I^*}{Y^*} + \frac{G^*}{Y^*} + \frac{\overline{NX^*}}{Y^*} + \frac{NX^*}{Y^*} \quad \cdots\cdots\cdots\cdots\cdots\cdots \quad (9\text{--}5)$$

定义东盟的财政赤字为政府支出减去政府收入：

东盟的财政赤字 $= G^* + F^* + N^* - T^*$

F^*、N^*、T^* 分别为东盟的转移支付、政府利息支付、税收。

东盟的财政赤字发生变化，必然会影响到东盟的外贸赤字，当东盟的预算赤字占 GNP 的比例下降时，若假定没有其他因素抵消这种变动，则东盟的贸易赤字占 GNP 的比例也会下降，东盟对中国的贸易赤字占 GNP 的比例也会下降。[①]

以前中国与东盟的贸易量很小，中国的出口产业政策对东盟影响较小，而随着中国—东盟自由贸易区的顺利建成，双边的贸易往来的迅速扩大，中国财政赤字占 GNP 的份额就对东盟的贸易赤字产生较大的影响。由此可以看出，在 CAFTA 框架下，中国与东盟进行出口产业政策协调是非常有必要的。

而中国与东盟出口产业政策的协调有赖于出口产业决策的协调，只有中国与东盟基于比较优势的原则制定好了各自的出口产业决策，发挥各自的竞争优势，避免出口产品的同质、同构化，才能确定各国应该发展的重点出口产业并利用财政政策、货币政策等进行相应的扶持，制定使自由贸易区成员国福利最大化的出口产业政策。在这种情况下制定的出口产业政策就不会对其他的成员国产生较大的不利影响，并且是符合各国出口产业发展的。

三、出口产业决策协调是促进 CAFTA 深化的关键

为了促进经济的快速发展，各国在争夺外资和出口市场上矛盾深刻，不仅中国与东盟之间争夺外资和市场激烈，东盟成员国在需求市场以及外来的援助资源方面竞争也很激烈，多数东盟国家在吸引外资和出口商品方面存在竞争。由于中国与东盟各国间产业结构类同，出口商品相近，这种出口产业结构的相似性容易造成中国与东盟各国间的竞争。从目前的形势来看，各国越来越重视战略性贸易政策的运用，纷纷采用各种手段

---

① 唐文琳、范祚军、马进：《中国—东盟自由贸易区成员国经济政策协调研究》，广西人民出版社 2006 年版。

进行贸易保护,并促进战略性出口产业的发展,而这种战略性贸易政策虽然能在短期内直接增进一国经济的福利,但是这种福利的获得是以损害其他竞争对手的利益为代价的,因此,竞争对手的厂商就会向它的政府寻求保护,最为可能的便是采取反倾销措施,由此国际贸易冲突产生。而这种贸易冲突的频繁发生将是 CAFTA 进一步深化的最不稳定因素。但是,如果双方制定了相关的出口产业决策协调,并有针对性的出台相应的吸引外资政策和贸易政策,就可以在很大程度上解决争夺外资和出口市场的矛盾。由于中国与东盟都在劳动密集型产品的出口上优势较强,那么双方可以在同类产品的差别化上下功夫,并找准市场定位,发挥各自的优势,就不会失去自己的市场,同时也不会出现恶性竞争的局面,而且这样的良性竞争还有利于促进技术进步和经济增长,从而促进 CAFTA 的进一步深化。

9.1.3 中国与东盟出口产业决策协调的政策建议

中国与东盟出口产业决策的协调要在总的指导原则下,在考虑到东盟的利益及我国的长远利益的前提下,提出符合我国出口产业发展的策略。

一、中国与东盟出口产业决策协调的指导原则

中国与东盟出口产业实现协调发展无论从政策上还是从经济上看都具有很重要的意义,在制定双方出口产业决策时必须基于以下的指导原则:

1. 比较优势原则

中国—东盟自由贸易区可根据自身资源和比较优势对出口产业进行空间上的错位发展。自贸区成员国在准确分析出口产业比较优势的基础上,能够比较清晰的确定东盟及中国四省区出口产业发展的重点,在出口产业的发展上选择错位发展,重点出口双方具有比较优势的商品,从而可以有效的降低出口产品同构的现象,避免了因争夺资源而造成的恶性竞争。同时,应扶持和引导一批新兴主导出口产业、战略性出口产业,合理淘汰衰退出口产业,或者不具备发展该出口产业的地区要甘当该产业发展的配角,为该产业的发展提供协助与支持,从而使整个区域通过主角带配角的产业发展模式,形成一种开放型的出口产业结构优化格局,最终实

现带动整个自贸区发展的目标。

2. 差异与互补性原则

充分发挥中国—东盟自由贸易区出口产业结构的差异与互补性的有利条件。广东经过改革开放 20 余年的发展,形成了较为合理的产业结构体系,其资本密集型、技术密集型出口产业在四省区当中占据绝对优势,但是也面临着产业结构调整与产业升级的压力,而广西、海南、云南等省份,以劳动力资源、自然资源密集型产业为主,面临着加快工业化发展和传统产业改造的步伐。中国与东盟之间由于经济水平发展的不一致,出口产业结构虽然类似,但也存在着一定的差异与互补。因此,从产业链层次看,中国四省区之间以及与东盟之间在总体上处于不同的产业层次,具有纵向整合的基础。从全球区域经济整合的历史发展看,欧盟、北美自由贸易区等的经济一体化都得益于这种产业结构的差异性与互补性。因此,我们应借鉴欧盟与北美的成功经验,在制定中国四省区与东盟出口产业决策的时候,充分考虑双方之间的差异性与互补性,将这种差异与互补的作用发挥到极致。

3. 出口产业结构优化原则

制定中国与东盟出口产业决策的时候,还要考虑到各国出口产业结构优化的现实情况。出口产业决策的制定应符合各国承接发达地区产业转移,推动出口产业结构的优化升级以及区域出口产业结构的协调发展。特别是发达国家的产业转移,发达国家土地严重匮乏、环境问题日益严重以及人力资源和自然资源昂贵的弱点,使得它们不得不把一些"瓶颈"工业向欠发达地区转移,而发达国家对欠发达地区的产业转移,将带来先进的生产技术和管理经验。相对而言,中国—东盟自由贸易区高新技术产业基础薄弱,产业的升级和协调发展急需资金和技术的投入,自贸区可以在发达国家把成熟产业向欠发达地区转移的过程中,充分发挥后发优势,吸收先进的技术和经验来提升出口产业结构,最终实现自贸区出口产业的协调发展。

4. 以企业为主导原则

出口产业的协调机制应该以市场的作用为基础,结合政府的协调政策,充分发挥企业组织作为市场主体的角色。制定中国与东盟出口产业决策的时候,应充分考虑企业的因素。在中国与东盟跨国企业合作的章节中,我们已经阐述了企业对区域分工以及延伸生产贸易链的重要性。因此,出口产业决策的协调应建立在以企业为主导的原则上。自贸区可建立以企业为主体的区域经济合作组织,从企业的层面考虑如何制定符合各国实际情况的出口产业政策,促进自贸区出口产业的协调发展。中国—东盟自贸区可以通过兼并、联合、重组等形式,培育一批主业突出、实力雄厚、竞争力强的大公司和企业集团,集中力量开发新产品、开拓新市场、建立生产供应链,形成一种良好的协作机制,重点发展优势工业与高新技术工业相结合的企业集团,使之成为该区域出口产业发展的重点,带动整个生产贸易链的发展,提高自贸区的影响力,进而在亚洲形成一个新增长圈。

二、中国与东盟出口产业决策协调的对策

中国与东盟出口产业决策的协调既要考虑到动态比较优势的培育,也要发挥产业集群的出口竞争优势效应,带动我国出口产品向高技术含量、高附加值方向迈进,在这个过程中,提升我国出口产业的形象,提升我国出口产品在国际上的地位。

1. 培育中国出口产业的动态比较优势

根据前文的中国与东盟出口产业比较优势的分析结果,将理论分析与我国的宏观环境、中观产业以及微观企业相结合,从培育我国出口产业的动态比较优势出发,提出以下建议。

(1)比较优势理论及其含义。经过不断地演变,李嘉图的比较优势理论已从最初的静态比较优势发展到现在的动态比较优势,其至今仍然是指导国际贸易分工的重要法则。在中国—东盟自由贸易区一体化下,我国要动态地选择出口产业的发展。在维持现有比较优势产业的基础上,有选择性地培育未来具有国际竞争力且处于生产贸易链顶端的产业环节作为我国出口产业的主导产业。在出口产业的选择上,要具有长远的眼光,使出口产业发展的利益得以长期化。对于现在的比较优势出口产业,要加强政策扶持的力度,强化其优势;对于潜在的比较优势出口产业,要加大培育的力度,使其竞争力不断增强,逐渐在国际市场上存有一席之地;对于当前比较劣势的出口产业,应具体情况具体分析,那些能够发挥本地特色的传统产业可予以适当支持;而对于即将淘汰的落后产业,要将其列入限制发展类,相关的政策支持应予以取消。

（2）完善政策的支持，培育极具竞争力的出口主导产业。资金和技术对一国出口产业的发展尤其重要。加强对主导产业的资金和技术支持是推动我国经济社会快速发展的重要手段和有效途径。通过政策支持及税收优惠等向主导出口产业的倾斜，中国与东盟可以培育出各自比较优势的主导产业，发挥各自的动态比较优势。从大的产业类型来讲，根据第四章计算出来的中国与东盟的比较优势指数，我们可以看出中国在资源密集型出口产业上对于东盟具有比较劣势；对于资本密集型出口产业来说中国对东盟保持着微弱的竞争优势；对于劳动密集型出口产业来说，中国在东盟市场具有较大的贸易竞争力；对于技术密集型产业来说，中国对东盟的比较优势稍强。据此来看，对于我国具有比较劣势的资源密集型产业，我国不应将太多的政策支持向这类出口产业倾斜，而只扶持资源密集型中我国具有特色的出口产业即可；我国现阶段应维持劳动密集型出口产业发展的比较优势，同时，将更多的资金向稍具竞争力的资本密集型和技术密集型转移，重点培育这两大出口产业类型中比较优势大的作为我国的主导出口产业。因为这两类出口产业的发展水平才是反映一国出口产业水平的指标。在今后的国际贸易中，中国只有加强资本密集型和技术密集型产业的出口才能改变我国只是"制造业大国"，在生产环节上处于价值链低端的这样一种状况，全面提升我国出口产品的技术含量和改变我国仅是"制造业大国"的形象。

（3）优化出口商品结构，促进比较优势的动态转换。前述讲到，我国在劳动密集型出口产业上在东盟市场具有较大的贸易竞争力，在我国的资本密集型和技术密集型出口产品还未完全"站稳脚跟"之前，我们不能放弃劳动密集型产业的发展，特别是对于其中比较优势很强的"纺织原料及纺织制品"、"鞋、帽、伞、杖、鞭及其零件；已加工的羽毛及其制品；人造花；人发制品"和"杂项制品"我们应重点发展劳动密集型中的这几类产品，而对于劳动密集型中的比较劣势产品"塑料及其制品；橡胶及其制品"及"木及木制品；木炭；软木及软木制品；稻草、秸秆、针茅或其他编结材料制品；篮筐及柳条编结品"等应减少投产，避免过多的重复生产。在支持劳动密集型中重点产品的发展的同时，我国要将重点向资本密集型和技术密集型出口产业中的比较优势产品转移。对于资本密集型出口产品来说，"天然或养殖珍珠、宝石或半宝石、贵金属、包贵金属及其制品；仿首饰;硬币"、"车辆、航空器、船舶及有关运输设备"、"武器、弹药及其零件、附件"以及"艺术品、收藏品及古物"这些出口产品在东盟市场中是极具竞争力的,可以继续扶持这类出口产业的发展。对于技术密集型出口产品来说,相对东盟我国虽然具有稍强的比较优势,但我国在技术密集型的出口产品上,出口的产品品种很少。我国应大力扶持和培育新的技术密集型产品的出口,优化我国的出口商品结构,促进比较优势从劳动密集型出口产品向技术密集型出口产品转换。

2. 发挥产业集群的出口竞争优势效应

产业集群是强化一国出口产品竞争优势的重要因素,特别是在当今社会,一个地区的出口产品优势往往有着强烈的产业集群色彩。作为一种产业集聚效应,产业集群可以为出口产业的竞争优势带来各种促进效应。第一是成本降低效应,我们都知道规模经济是由于生产专业化水平的提高使得企业的单位成本下降,从而形成企业的长期平均成本随着产量的增加而递减的经济。而产业集群能带来规模经济,因为在集群经济中,中间产品的交易费用很低。第二是利益扩大效应,产业集群中各厂商为了共同的利益目标有意识的进行分工合作,而这种分工合作能够提高厂商的技术能力、生产能力和市场能力,从而使企业以较少的投入就能获取较高的利益。第三是资源共享效应,产业集群内部企业由于关联性强,信息能够快速及时的传递到各企业当中,包括生产信息、供求信息、价格信息等等,有利于消除信息的不对称,提高竞争效率。第四是科技创新效应,产业集群内部企业由于信息传递速度快,人员流动频繁,这样有助于集群内企业相互学习,有利于技术的突破和产品的创新。第五是产业升级效应,产业集群优势有助于强化出口产品结构的优化升级,因为产业集群可以在劳动力比较优势基础上发挥竞争优势,从而帮助传统的产业实现改造升级。第六,制度创新效应,产业集群作为一种组织形态,总是处在一定的制度背景之中。在产业集群中社会资本逐步形成与积累,它们可以统一市场、规范产品标准、推行共同商标和专项技术,各厂商之间的合约签定与执行的交易费用较小。此外,作为制度的重要供给者,政府在产业集群中作为一个重要的行动主体,它通过政策制定,选择合适的厂商进驻集群,维护集群秩序,并通过特定的产业集群政策等来促进集群的发展。

鉴于产业集群对出口产品竞争优势的促进作用,在中国—东盟自由贸易区一体化下,我国应重视产业集群的发展,充分发挥其成本降低效应、利益扩大效应、资源共享效应、科技创新效应、产业升级效应以及制度创新效应。

(1)优化产业组织形式,大力发展产业集群

产业集群通过人力、资本、制度上的相对优势和创新潜力使其在促进出口产品比较优势形成过程中具有很大的促进效应。通过产业集群,可以将这些促进经济增长的要素的作用得以充分的发挥。产业集群使一个国家或地区集群内相关产业采取主动方式,提升自身在全球制造业产业价值链中的地位。在 CAFTA 框架下,我国应重视主导出口产业的产业集群的建设,通过发挥产业的前后关联作用,使主导产业的发展带动其他关联产业的发展,以此优化我国产业的组织形式。现阶段,我国以机电工业尤其是其中的汽车和电子等行业作为出口的主导产业,而机电产业的发展将形成一个增长极,带动其他产业的发展。同时我国在中国—东盟自由贸易区内还应根据各国的优势进行水平性分工,进行区内产业集群间的产业链整合,加大产业集中度,达到规模经济。在这种情况下,中国与东盟都能够专注于优势出口产品的技术创新和新产品开发,拉开出口产品的差异,增加各国之间的产业关联度,从而促进水平型产业内贸易的发展。

(2)优化集群产业结构,加强专业化分工协作

发挥集群产业优势,走产业升级道路,在发展的过程中适当的对原有的出口产业和产品结构进行调整和升级。在 CAFTA 进程中,我国应积极引导产业集聚的发展,从我国自然生态资源、社会经济条件、产业发展格局以及基本的区位条件出发,充分发挥各地区的比较优势,合理布局产业集聚地区。在产业集群内部,要积极引导企业走专业化分工的道路,尽量避免重复投资,重视联合合作的效应,加强企业之间的互利互补,提升我国出口产品的质量和技术含量,凸显我国出口产品的差异性特征,提高我国出口产品在国际上的竞争力。

(3)加强国际营销,打造国际化的集群产业品牌

集群产业的品牌化对于其发展是非常重要的。我国的集群产业要尽快融入世界通行的"游戏规则",不断提高自身的法律意识、全球意识和

市场抗风险能力。在具体措施上,外贸企业应着重在扩大出口范围、更新出口品种、优化调整出口产品结构这三个方面寻找突破口。打造国际品牌化可以使得集群产业在世界范围内树立一定的影响力,有利于引进各国先进的技术和资金,这是让集群产业"请进来"的重要方式。高效的引进技术和资金可以让集群产业在一个时期内快速发展。同时树立国际化品牌也可以让集群产业产品能更好的"走出去"。这种采取"走出去"和"请进来"相结合的方法,与国际同行开展各种交流活动,可以加快我国开拓国际市场的进程,扩大我国企业集群产业在世界的影响力。

9.2 基于产业重要性及竞争力的中国四省区出口产业发展战略研究

本节重点分析基于产业重要性及竞争力下的中国四省区出口产业发展的战略,首先构建了中国四省区出口产业 GE 衍生矩阵模型并分析了四省区出口产业 GE 衍生矩阵的结果,然后提出了中国四省区出口产业发展的政策建议。

9.2.1 中国四省区出口产业 GE 衍生矩阵模型

在介绍了 GE 衍生矩阵模型的基本理论后,我们构建了中国四省区的出口产业发展 GE 衍生矩阵,将四省出口产业的现状及发展趋势结合起来分析。最后,解读 GE 衍生矩阵模型结果,并指出了四省区应重点发展的出口产业类型。

一、GE 衍生矩阵模型基本理论

GE 衍生矩阵原是用来分析指导企业的各个业务单元的强弱并以此为依据制定企业各业务未来发展战略的工具[1]。从本质上说,区域进行产业发展战略的核心思想和判断标准,与企业内部的各个业务单元发展战略是

---

① 尹红炜、孟宪忠:《GE 衍生矩阵在区域产业政策制定中的实际应用》,《昆明理工大学学报(理工版)》2006 年 2 月。

非常接近的。首先,在区域经济中,每个产业之间既有资源竞争关系,也有分工协作的关系,这与企业内部各经营单位之间的关系非常类似。其次,在区域内部制定产业战略时,一方面要考察行业整体的发展趋势与空间,同时也要立足自身的发展基础和条件,要将两者结合起来才能选择适合本区域的产业,加大投入力度,使有限的配置资源变得更加具有效率。

由此看来,对 GE 衍生矩阵模型做适当地修改,就可以应用于区域的出口产业政策的分析,可以为出口产业政策以及发展战略打下定性和定量分析的框架。以区域内产业的发展潜力或趋势作为模型的横轴,再以区域内产业的竞争力作为模型的纵轴,分别以三个区间将产业平面分为九个子区域,即可根据各个产业所处位置从而判断其合适的发展方向,GE 衍生矩阵如图 9-1 所示。

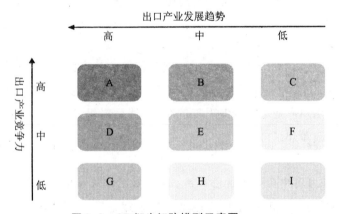

图 9-1　GE 衍生矩阵模型示意图

图 9-1 中的九个子区间模块可以大致分为三类产业组合:(1)发展产业组合类:位于 ABD 区间模块的产业组合;(2)选择性投资产业组合类:位于 CEG 区间模块的产业组合;(3)逐渐退出产业组合类:位于 FHI 区间模块的产业组合。其中第一组和第三组的发展方向相对比较明确,但在现实中符合该区域条件的产业并不多,而第二组中的产业组合通常是分析的重点,须结合国家政策与产业布局、区域资源禀赋、资本及人才储备等作进一步分析。

二、模型的建立

通过对中国四省区的出口产业依据其产业竞争力及产业发展趋势测度,从而应用 GE 衍生矩阵将出口产业进行分类,据此制定区域内各四省的出口产业发展战略。在这种条件下制定的区域出口产业政策协调,必将有效地促进区域经济一体化的和谐发展。

本课题组通过建立基于广东、广西、海南、云南四省区的出口产业 GE 衍生矩阵模型,将四省区出口产业现状与未来趋势结合,以备为四省区出口产业政策分析提供实证支持。

1. 定义测量维度

本课题分别以广东、广西、海南、云南四省区的出口产业的发展趋势以及四省的出口产业的产业竞争力作为 GE 衍生矩阵的测量维度。其中,出口产业发展趋势是考虑了各级政府产业政策的一致性,政府在制定五年经济发展规划时,对各个出口产业的发展趋势、出口产业现有的发展水平、出口产业的技术进步程度、出口产业与主体经济的相关程度都做了非常细致深入的分析,因此根据国家以及各省的"十一五"、"十二五"规划中的出口产业支持程度进行测度计量;此外,出口产业竞争力是根据前述的四省区出口产业的贸易专业化指数、显示比较优势指数以及结构方程模型产业竞争力测量结果进行测度计量。

2. 测量维度的衡量

依照前述出口产业发展趋势的定义,结合国家以及广东、广西、海南、云南四省区的"十一五"、"十二五"规划,将出口产业划分为高速增长、中速增长、低速增长或负增长四类,这样的分类对区域出口产业发展前景的分析具有普遍的、权威的指导意义。因此,在本课题中将这种分类方法作为坐标轴的纵轴。具体样表如表 9-1 所示,对广东、广西、海南、云南四省区的出口产业发展趋势的分析如表 9-2—表 9-5 所示:

表 9-1 四省区出口产业发展趋势样表

分类	出口产业组合
高速增长产业组合	甲类出口产业
平衡增长产业组合	乙类出口产业
低速增长与衰退产业组合	丙类出口产业

表9-2 广东出口产业发展趋势表

分类	出口产业组合
高速增长产业组合	医药品制造业、自动数据处理设备制造业、捕捞业和养殖业、能源技术装备制造业、医疗影像设备制造业、电子器件生产设备制造业、数控系统制造业、精密测试仪器装备制造业、汽车产业
平衡增长产业组合	装备制造业、钢铁制造业、石油化工业、电子信息产业、服装业、初级加工食品业、建材制造业
低速增长与衰退产业组合	烟草行业、木材采运业、有色冶金及金属制品业、初级劳务品加工业、初级资源加工制造业

资料来源:《广东省国民经济和社会发展十一五规划纲要》,2006 年 2 月 27 日广东省十届人大四次会议审议批准。

表9-3 广西出口产业发展趋势表

分类	出口产业组合
高速增长产业组合	汽车产业、铝制品加工业、钢铁制造业、石油化工业、锰制品加工业、糖制品加工业、服装加工业、林浆纸业、医药品制造业、茧丝绸加工业、工程机械制造业
平衡增长产业组合	建材制造业、机电产品制造业、造船业、塑料制品制造业
低速增长与衰退产业组合	水泥制造业、重晶石采矿业、树脂酸制造业

资料来源:《广西壮族自治区国民经济和社会发展十一五规划纲要》,2006 年 1 月 16 日广西壮族自治区第十届人民代表大会第四次会议通过。

表9-4 海南出口产业发展趋势表

分类	出口产业组合
高速增长产业组合	天然气与天然气化工业、石油加工与石油化工业、林浆纸一体化制造业、汽车制造业、医药品制造业
平衡增长产业组合	农业、发电出口业、机械制造业、冶金业、建材制造业、化纤纺织制造业、食品饮料制造业
低速增长与衰退产业组合	服装加工业、木制品制造业

资料来源:《海南省国民经济和社会发展十一五规划纲要》,2006 年 1 月 20 日海南省第三届人民代表大会第四次会议审议通过。

表9-5 云南出口产业发展趋势表

分类	出口产业组合
高速增长产业组合	发电出口业、磷化工制造业、有色金属制造业、烟草产业、生物资源加工产业、
平衡增长产业组合	高新材料制造业、电子信息产品制造业、茶制品制造业
低速增长与衰退产业组合	

资料来源:《云南省国民经济和社会发展十一五规划纲要》,2006年1月16日云南省十届人大四次会议审议批准。

3. 产业定位

依照上述两个维度的聚类结果,将各个出口产业填列入 GE 衍生矩阵,以此来完成出口产业生产分析矩阵。四省 GE 衍生矩阵输出结果分别如图9-2、图9-3、图9-4、图9-5 所示。

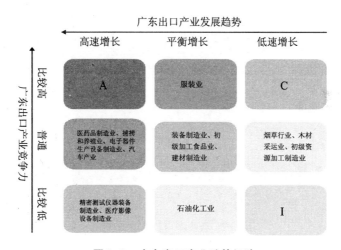

图9-2 广东出口产业政策矩阵

三、结合中国四省区出口产业发展实际,解读 GE 衍生矩阵模型结果

在形成了 GE 产业政策分析矩阵后,依照各产业在各自省区矩阵中的位置选择其发展的趋向,同时结合四省区的出口产业发展实际中的区域资源结构、区域发展定位等因素做出综合分析。

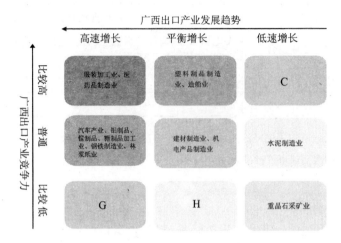

图9-3　广西出口产业政策矩阵

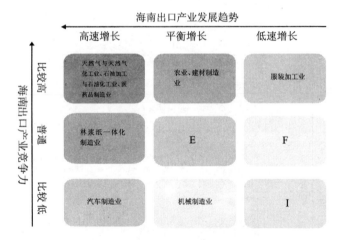

图9-4　海南出口产业政策矩阵

1. 广东出口产业政策

广东的三类产业组合:(1)位于 ABD 区间模块的发展产业组合类为服装业、医药品制造业、捕捞业和养殖业、电子器件生产设备制造业以及汽车产业;(2)位于 CEG 区间模块的选择性投资产业组合类为装备制造业、初级加工食品业、建材制造业、精密测试仪器装备制造业以及医疗影像设备制造业;(3)位于 FHI 区间模块的逐渐退出产业组合类为烟草行

云南出口产业发展趋势

高速增长　　　平衡增长　　　低速增长

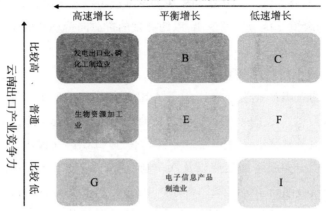

图9-5　云南出口产业政策矩阵

业、木材采运业、初级资源加工制造业以及石油化工业。由此可见,大部分的资本密集型产业和技术密集型产业位于 ABD 区间模块的发展产业类组合和位于 CEG 区间模块的选择性投资产业组合,说明广东在这两大出口产业类型上发展趋势和竞争力相对较好。因此,广东应更多地发展资本密集型出口产业以及技术密集型出口产业,相应的政策应往这两类产业倾斜。而对于资源密集型出口产业而言,大部分为位于 FHI 区间模块的逐渐退出产业类组合,对于这类产业,相应的政策支持应逐渐退出,以使更多的资源向资本和技术密集型产业流动。

2. 广西出口产业政策

广西的三类产业组合:(1)位于 ABD 区间模块的发展产业组合类为服装加工业、医药品制造业、塑料制品制造业、造船业、汽车产业、铝制品加工业、猛制品加工业、糖制品加工业、钢铁制造业以及林浆纸业;(2)位于 CEG 区间模块的选择性投资产业组合类为建材制造业以及机电产品制造业;(3)位于 FHI 区间模块的逐渐退出产业组合类为水泥制造业以及重晶石采矿业。由此可见,大部分的劳动密集型产业和资本密集型产业位于 ABD 区间模块的发展产业类组合和位于 CEG 区间模块的选择性投资产业组合,说明广西在这两大出口产业类型上发展趋势和竞争力相对较好。因此,广西应更多地发展劳动密集型出口产业以及资本密集型出口产业,相应的政策应往这两类产业倾斜。而对于资源密集型出口产业而言,大部分为位于 FHI 区间模块的逐渐退出产业类组合,对于这类产业,相应的政策支持应逐渐退出,以使更多的资源向劳动和资本密集型产业流动。

3. 海南出口产业政策

海南的三类产业组合:(1)位于 ABD 区间模块的发展产业组合类为天然气与天然气化工业、石油加工与石油化工业、医药品制造业、农业、建材制造业以及林浆纸一体化制造业;(2)位于 CEG 区间模块的选择性投资产业组合类为服装加工业以及汽车制造业;(3)位于 FHI 区间模块的逐渐退出产业组合类为机械制造业。由此可见,大部分的资源密集型产业和劳动密集型产业位于 ABD 区间模块的发展产业类组合和位于 CEG 区间模块的选择性投资产业组合,说明海南在这两大出口产业类型上发展趋势和竞争力相对较好。因此,海南应更多地发展资源密集型出口产业以及劳动密集型出口产业,相应的政策应往这两类产业倾斜。

4. 云南出口产业政策

云南的三类产业组合:(1)位于 ABD 区间模块的发展产业组合类为发电出口业、磷化工制造业以及生物资源加工业;(2)没有位于 CEG 区间模块的选择性投资产业组合类;(3)位于 FHI 区间模块的逐渐退出产业组合类为电子信息产品制造业。一方面,云南产业发展趋势比较明确的产业类型较少;另一方面,云南的出口产品相对也较少,所以能填列入 GE 衍生矩阵的产业不多。从云南出口产业 GE 衍生矩阵可以看出,资源密集型产业和资本密集型产业位于 ABD 区间模块的发展产业类组合和位于 CEG 区间模块的选择性投资产业组合较多,说明云南在这两大出口产业类型上发展趋势和竞争力相对较好。因此,云南应更多地发展资源密集型出口产业以及资本密集型出口产业,相应的政策应往这两类产业倾斜。

综上所述,四省区应结合自身的优势出口产业以及产业的发展趋势综合制定产业发展政策。积极鼓励资源向优势产业流动,对于落后的产能,应加快淘汰的速度,使出口产业布局得以合理优化。

9.2.2　中国四省出口产业发展政策建议

在出口产业发展的进程中，如果仅仅单纯依靠市场作用，而舍弃没有政府的适度干预侧重，就难以避免产生资源浪费、重复竞争的现象。因此通过政府干预侧重的方法修正各省区内出口产业发展方向，加大对有竞争力、有发展前途的出口产业投资力度，改变暂时落后、但具备发展潜力出口产业的竞争地位。

CAFTA 进程中我国周边省区的出口产业分工属于区域分工，根据要素禀赋理论，生产要素的差异决定分工和生产格局，这一点在这些地区之间的现有分工状况之中已有明显的表现。广西、云南、海南相比广东更具有自然资源禀赋和劳动力资源，因此形成的优势产业多为资源和劳动密集型产业，而广东的资本和技术管理等生产要素较为丰富，因此产业优势在这方面有很大的体现。虽然广西及周边地区具有专业化分工的条件，但分工格局仍不明朗，特别是与一些发达国家的国内区域分工相比就相形见绌了。

各省未来的区域分工和合作方向大体如下：①各区域在依靠区域比较优势进行生产的同时，要积极开展区域之间的分工协作，按照平等交换、合理分工、发挥优势的原则，逐步建立地带间、省区间、城市间等多级区际分工体系，使区域经济有机耦合成一个统一、协调的经济体系。在此基础上，以整体优势积极参与国际分工协作，逐步建立开放的双循环的多级分工体系。②由于国内区域问题随着区域经济发展阶段性变化而多样化与复杂化，区域分工合作的发展需要统筹考虑各类型问题，解决复杂的利益矛盾。因此，未来区域分工合作发展必须以完善区域管理制度基础与程序为核心，引导企业区域布局调整，鼓励区域间企业主导型经济技术合作。

一、区域垂直型分工应逐步转向水平型分工

各地区的分工类型仍以垂直型分工为主，为实现地区间产业的协调发展，须有计划、有步骤地大力发展地区间的水平分工，并促使现有的垂直分工向更高层次推进。这就要求各区域依据自身条件和优势，实现出口产业结构优化升级：经济发达区域，比如广东，重点发展高新技术产业，积极开拓海外市场，同时要逐步转移和扩散一些档次较低的一般加工工业,特别是高耗能的加工工业,不断提升产业结构层次;广西等其他地区应立足于资源优势和地区特色,在重点发展能源、原材料工业的同时,大力发展和接收经济发达地区转移的一般加工工业,特别是具有资源优势的重化工业和轻纺工业,适当延伸产业链,提高加工深度和技术水平。在新的区际产业分工格局中,经济发达地区以其具有优势的技术要素,而其他则以其相对充裕的劳动力要素参与区际出口产业分工,从而形成技术—劳动力型的区际水平分工格局。

二、加快产业区际转移,深化区域出口产业分工

各地区的资源禀赋、优势产业的差异为产业的区际转移提供了客观的基础。在面向 CAFTA 的前提下,产业转移以及产业集群的产生发展务必要更具有前瞻性,既要满足地区的利益,也要协调地区之间的发展,更要符合产业面向国际化发展的方向,这不是一个简单的问题。四省区在协调出口产业发展时,产业的转移及集群打的应该是持久战,企业间的竞争务必从低成本的恶性竞争转移到技术、管理的创新上,否则很难在国内尤其是国际市场上立于不败之地。

三、先进地区在区域出口产业分工中以提高国际分工地位为使命

CAFTA 进程中我国周边省区的产业梯度最为明显的当为广东,其他三个省区与广东的产业结构的相似性也是最低的,因此存在的分工空间相对宽阔。在区域经济一体化的格局下,我国周边省区的分工要体现出资源配置的最优化原则。广东的工业发展在国内虽然处于领先地位,但是在国际分工地位中处于产业链的低端,其电子信息、新材料、生物技术、光机电一体化等四个高新技术支柱产业的综合竞争力在全球仍处于较低水平,为提升国际产业竞争力,广东应加大力度发展高新技术产业,加快产业结构的升级,在其确定的九大产业中,很多产业都是属于资源-劳动密集型产业,比如石油化工、森工造纸、食品和纺织业,在这些产业中,其实广西、云南以及海南都更具有发展潜力,广东应按照比较优势的原则,将这些产业转移到周边的地区,腾出更多空间去承接国际新兴产业,形成区域产业的新布局,创造新的增长极。在区域制定产业发展的目标中,应与东盟的产业发展衔接起来,在与东盟分工中具有优势和潜力的产业应重点发展。

四、实现产业转移与产业集群的转换

走好产业转移这步棋将有利于实现产业集群化、专业化，这是提高区域出口产业竞争力的关键，也是实现区域经济整合的重点。我国周边四省区在进行产业转移的同时要考虑到产业的集群化。目前，广西的产业集群初露端倪，但要发展就得解决这些问题，工业园区（集中区）要很好的起到产业集群的主要承载平台作用。虽然广西国家级开发区、省级开发区、高新技术产业开发区园区数目不少，但工业总产值还不够多，特色不突出，对产业集群的承载力不够，集聚能力弱。由大型企业带动产业集群，中小企业跟上并达到应有的市场规模。上下游之间的紧密合作要达到较高的市场化和产业化水平，具有较强的配套能力。针对广西的情况，强化产业集群的重点举措就是加大承接产业转移的力度，学习广东省建立产业转移工业园的方法，延长完善产业链条，与其他地区的企业或产业分工互助。重点提升汽车集群和钢铁集群，壮大工程机械集群，发展生物、医药、精细化工、铝业、烟草、糖业、农产品加工、电子信息、建材集群。在梧州—贺州—玉林—贵港—河池—百色工业经济带，重点发展以铝为主的有色金属、建材、机械、医药、茧丝绸等产业集群。

五、大力发展工业园区，强化出口产业优势

目前，工业园区是承接产业转移的主要载体，也是产业集群形成的温床。据国外的经验，园区经济是世界许多国家和国内一些发达地区经济发展的重要增长极，比如硅谷的出现使美国得以继续领跑知识经济；班加洛尔园区使印度信息软件业异军突起，并成为其主要的出口产业。国内的江苏苏州工业园、连云港工业园、湖南湘潭天易工业园的成绩也相当不俗。工业园区作为发展园区经济的一种类型和途径，在全国各地的发展之势相当蓬勃。因此我国四省区应选择工业园区作为承接产业转移的平台。但是，就现在四省区工业园区来说，最大的弊病就是产业的关联度低、缺乏协同和交流机制，很多就是有企业无产业，只是企业的简单相加，更谈不上向产业集群的发展。因此，打造工业园区的时候，特别是承接产业转移的时候，务必注重工业园区的规划与定位，有选择地安排企业进入。为了实现比较优势的发挥，对工业园区的建设首先是要根据比较优势选择一个主导产业，然后根据产业链环节，有选择地吸引各环节的企业加入，形成一个完整的生产体系，例如，汽车工业势必要求钢铁工业、橡胶工业和石油工业的原材料投入，完整产业链的形成和延伸是产业集群的重要表现。因此,四省区需致力于打造集群型的工业园区。值得注意的是,在规划产业园区的产业链条时,如果是把整个产业链条的上下游聚集起来,那么这样的模式是比较有竞争力的;但如果是在产业链中处于同一位置的企业过度聚集,则有可能导致恶性竞争。同样,不同的工业园区之间有可能存在着更大的竞争,如果不在园区的产业选择和招商引资的机制上下功夫就难免问题的出现。①

9.3　区域分工条件下产业政策协调的制度框架研究

通过前文的比较分析,在 CAFTA 这个具有划时代意义的国际合作战略背景下,加上西部大开发、泛珠江三角和环北部湾等战略思想的提出,广东、广西、海南、云南四省区不但要加大相互间双向开放的力度,同时也必须充分利用自己的比较优势,发挥本地区的优势产业,加强东西部地区之间优势要素的互补性,促成整个系统产生某种整体效应或形成一种新型结构。

云南、广西是我国西部地区最具有特色的少数民族省区,广东是我国数一数二的经济强省,海南则是我国最大的经济特区,四省毗邻并有着各自显著的产业比较优势。因此,加强四省区产业结构之间的协调合作必将极大地促进四省区及其整体区域经济的发展。实现四省区之间的产业合作主要有三条路径,那就是政府合作(包括中央政府和地方政府)、市场合作、企业合作,四省区必须完善市场机制,把企业从被动转向主动,改变现有合作状态,才能真正促成四省区的产业结构合作。

从四省区的经济发展状况来看,面临的主要问题就是区域产业政策的不协调,具体表现在:

(1)四省区的产业政策效果不明显。虽然我们一直强调要发挥各自的比较优势,实现四省区产业结构的合理布局,但一直以来,四省区并未

---

① 唐文琳课题组:《CAFTA 进程中北部湾(中国)经济区产业政策协调与区域分工》。

真正把具有比较优势的产业集中在某一省份来发展,地区非专业化的现象严重,使得有效的资源被分散,使用效率低。其次尽管我们强调加强四省区的经济合作,开展专业化的分工,提高规模经济产生的效益,但是地方政府往往为了追求政绩,鼓励一些没有达到要求的企业发展,因此不断衍生出规模不经济的产业。最后虽然我们一直强调技术进步与技术调整,但它对四省区产业结构调整的作用并没有完全发挥出来,即使像广东这样经济发达的省份,对高新技术的吸收程度还有待改进。

(2)四省区经济发展程度不均衡。改革开放以后,东部沿海地区与中西部地区的人均 GDP 差距进一步拉大,尤其是 21 世纪以来,这种差距有进一步扩大的趋势。因此,从这个角度讲,提高四省区经济总体均衡发展,制定区域产业政策协调发展机制就显得尤为重要。不仅如此,在党的十六届五中全会通过的《建议》中也明确提出了推进产业结构化升级,协调区域经济的发展,建设资源节约型、环境友好型社会,推进社会主义和谐社会建设等新的发展思路。因此,四省区要以科学发展观为指导,根据各个省份经济发展的实际情况,探索并制定出区域产业政策协调发展机制,真正把区域产业协调发展纳入到四省区的可持续发展轨道上来。

中国—东盟自由贸易区的建立,为四省区区域经济一体化发展提供了一个良好的契机,四省区要想实现协同发展,就必须建立一个对四省区区域发展有指导、协调、约束作用的组织机构及运行机制,以促进和加强四省区内的联系和合作,实现资源的优势互补和各区域的合理分工,减缓相互间的矛盾和冲突,对外用联合的力量提高整体竞争力。要促进四省区的产业政策协调发展,最主要就是做到按照科学发展观的要求,构建区域协调发展的政策互动机制,根据四省区经济结构和各自的区位优势来选择区域主导产业,从整体上提高四省区对东盟出口的竞争优势,才能很好的落实发展区域产业政策协调机制。产业政策是由政府制定的,是政府对经济的一种干预,政府对产业政策投入了大量的精力,但是许多产业政策在具体的实施过程中并没有达到预期的效果,因此建立产业政策信息传导机制显得尤为重要。

本节从组织机构建设、法律运行保障、争端解决机制、政府间合作四个方面入手,通过建立相应的组织,从而为四省区产业政策协调提供机构保障机制。

9.3.1　建立四省区产业政策统一指挥部

为了使四省区的产业有效的运转,就必须有一个高效的强有力的组织指挥体系。很显然,应当建立一个超越四省区边界的政府机构,使得四省区的产业运行建立在四省区整体发展基础之上,这样既可以使得整个区域的资源得到最有效的利用,也可以使得本省最具发展潜力的产业得到最大限度的发挥。运转这样一个产业政策统一指挥部的成本对于四省区来说是有些过高了,但却是很有必要的。因为我国四省区的发展相对来说缺乏统一的、独立的、具有权威性的决策管理组织机构,而且组织模式过于松散,因而未来向紧密型组织模式的发展也是必然的选择。本义建议设立产业政策统一指挥部,下设政策法规部、执行监督部、经济社会委员会。在执行监督部下另设省区绩效考核部,政策法规部下设经济顾问委员会(图9-6)。

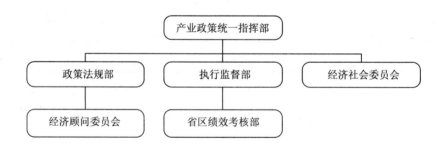

图9-6　四省区组织结构图

产业政策统一指挥部由四省区各选出一名代表组成,然后再选出一名代表作为指挥部的最高领导,负责监督四省区产业政策的执行情况,另外三名代表作辅助工作。由于四省区的要素禀赋条件不尽相同,在我国新的环境下,经济发展成为考核地方官员业绩的最主要指标之一,各省的经济绩效与地方官员的晋升之间呈现出高度的相关性,因此某些地方官员为了追求经济效益,可能采取保护措施,而地方贸易保护战略具有较大的负外部效益,并且会使资源得不到最有效的配置,区域经济也就不能和谐发展。产业政策统一指挥部的制定,为消除四省区产业政策的不合理,保障资源的有效配置,统一区域政策提供了强大的组织支持。

产业政策统一指挥部是最高的政策制定机构,它是在整个区域的基础上建立的,是一个超政府机构,四省区的政府机关统一受它指挥,底下设立的政策法规部是负责搜集各省近期的政策法规,判别其对区域经济发展的影响,它的成员由各省政府的负责相关政策的人员组成,由于这些人员对本省的产业发展情况以及政策的变迁有比较连贯深刻的认识,所以他们的参与可以更好的为区域产业协调规划献计献策,并提出合理的意见,政策法规部的设立对四省区产业政策协调机制的建立和完善起了不可估量的作用。

产业政策执行监督部主要是针对四省区产业政策执行情况的监督,政策制定出来,必须要有一个可靠的监督机构来保障其实施,产业政策执行监督部正好扮演了这样一个监督者的角色,由于它是针对四省区的监管机构,因此它的成员组成应该由四省区联合组成,这样才能公平、公正的对待每一个省份。此外单一的监管也是不够的,重要的还要有考核机制,因此其下又设立了省区绩效考核部,用于对工作质量的考核。四省区经济发展的最终目标还是在 CAFTA 的开放背景下,提高整体区域竞争力,考核目的在于给予地方政府一个施压器,另外绩效考核部还有一个很重要的功能就是通过实际调查,对产业政策制定的合理与否做出判断,这与产业政策统一指挥部是相辅相成的。

经济社会委员会主要是由一些具有影响力的经济学家和在产业政策方面有独特见解的成员组成,他们对经济和产业发展有比较前沿的认识,并且可以为四省区的发展提供一些可以参考的意见。他们的存在,为产业政策内部注入了新的活力,并且时刻提醒着其他部门,要根据四省区的实际经济状况,灵活地改变产业政策方案。经济顾问委员会是一个临时的组织,其成员由经济社会委员会的成员与各省区绩效考核部的人员组成,各省区政府对产业政策必然有自己的看法,省区之间难免会出现一些摩擦,因此当出现这一种情况时,经济顾问委员会针对某一政策有权召开临时讨论会,参加者可以各抒己见,在参加人员和委员的磋商、讨论下,制定出符合整体发展规划的产业政策。经济顾问委员会为四省区能够合理地制定符合各省区自身条件发展的产业政策提供了一个交流的平台,带有"软"组织的性质。

组织机构的建设,可以起到规范四省区政府的行为,并且帮助它们制定出相应的建立在四省区整体区域发展基础上的决策,其下设立的三个部门也都分工明确,这样一个组织周密的机构,为未来四省区提升自己的核心竞争力提供了一个很好的组织平台。

9.3.2 制定产业政策,签署合作协议,保证四省区产业政策协调有法可依

制定和实施产业政策保障机制,是国家进行宏观经济管理的重要手段。产业政策作为一种政府行为,在此领域实施法治就直接表现为政府要依照法律来制定和执行产业政策,如果政府的行为不受法治条件的制约,产业政策的执行也就变成了一种任意的专政行为,因此政府行为法制化已经成为当前法治国家的必然要求。由于产业政策制定的合理与否关系到整个经济的中长期发展和各产业间合理的发展比例,它所涉及的关系具有长期性、广泛性和深入性的特点,因此在强调依法治国的条件下,如果仅有"纯粹的"政策支持,这往往是不够的,还需要有相应的法律调整,以对产业政策的制定和实施进行规范。对产业政策进行法律调整就是要将产业政策的制定和实施法制化。而产业政策一旦上升为法律,就不再是政府意志、,而是全民意志、国家意志,如果政府的行为与法律相抵触,就必须以法律为准,服从法律的要求。由于四省区经济发展悬殊比较大,像广东的经济发展程度远远高于广西、云南和海南。制定统一具有约束力的法规,从法律上规定各省区应该做什么和不应该做什么,显得尤其紧迫。

四省区应当通过签署具有法律约束力的条约或协定,对区域内的产业政策做出某些制度安排。从总体上说,某一特定区域经济的根本利益具有较强的一致性,但这绝不是说各省区之间没有矛盾与冲突。恰恰相反,这类矛盾与冲突不仅存在,有时还会非常激烈,如处理不当甚至会葬送整个区域产业的发展。因此四省区产业发展存在的矛盾与摩擦,不应采取回避的态度,而是要正视现实,本着"求同存异,共谋发展,互敬互让"的原则,通过特定的机制,以此来解决整个区域内产业的稳定性和协调性的问题。

（1）法制机制

首先是建立起一个立法、司法、行政、议会等超政府性质的机构—区域最高法院,这个机构应拥有强制四省区必须服从的法定职权。其次是四省区法规的制定是一个严密的过程,已超越省区地理位置边界,并且可直接适用于四省区范围。再次是四省区的司法制度,区域最高法院具有独立审查四省区法律的权力,以保证四省区区域法规的一致性,从而成为四省区产业政策发展不可缺少的法制机构。

（2）建立相关的"冲突法"

为避免不同机制裁决结果的不一致,从而影响到相关机制的公正性和权威性,就必须建立有关的"冲突法",建议由争端当事人自主协商选择一种争端解决机制,协商不成则可考虑优先适用起诉方所选择的争端解决机制,同时排除其他争端解决机制的适用。①

（3）建立积极的立法工作机制

第一,四省立法工作应明确立法目标,编制科学的立法规划。在立法的选项上,要积极主动,充分发扬民主,广泛征集立法建议项目,建立立法项目信息库,并遵循实事求是的原则。重视、加强调研论证工作,依据重要程度、成熟程度和缓急程度选定项目,使编制的立法计划具有较强的指导性、可操作性和约束力,以便有效地保证立法规划工作的完成。这里需要着重强调的是,一定要在全面了解掌握四省区实际情况的基础上进行立法,并注意区分轻重缓急。

第二,加大"开门立法"的力度,拓宽立法工作的公众参与渠道。特别注意应当吸收与法规有利害关系的有关单位、组织的代表参加立法,实行立法工作者、实际工作者和专家学者相结合,并吸取执法司法机关的意见与公众反馈的信息。建立、健全专家论证咨询制度和有关政府立法项目的成本效益分析制度。同时建立立法人才库和咨询联络网。另外,继续注重提高立法质量,改进立法技术,使立法能在一定程度上既立足于现实,又反映将来发展趋势。提倡在立法的同时,能够积极借鉴外省市的宝贵经验,最后还应该全面了解社会各界反映强烈的热点和难点问题,通过完善立法参与制度、立法听证制度,完善立法程序,提高人们的参与意识

---

①　杨克斯课题组:《中国—东盟自由贸易区进程与中国方略》。

和人们关心法律的积极性。

第三,在立法工作方面,还需完善立法评价制度。

按照特定的标准对立法实施效果进行检查和调研,在此基础上做出对立法质量的综合评价,形成报告,并提出修改完善的建议。同时,建立、健全立法听证程序,增强立法的民主性。

(4)在权力运行环节上,提高权力行使主体的素质,对权力的运用过程进行监督。

第一,坚持依法行政,努力建设法治政府,这是一项复杂的系统工程,应当突出提高公务员的依法行政意识,积极促进依法行政行为,同时合理划分上下级行政机关以及政府部门之间的权限,加强行政监督,努力形成行为规范、公正透明、廉洁高效的行政管理体制。

第二,坚持司法公正,来保障各种程序符合正当性,所有处理结果体现公平、正义和效率,让公众不仅体会到实体公正,而且感受到程序上的公正。

第三,完善执法、司法队伍管理,提高队伍素质。法治国家的建设核心在于"限制国家权力,保障人民权利",因此,主张通过公开考试、择优录用的办法吸收社会优秀人才,创造一个公平竞争的用人环境,并不断加强对工作人员的培训,以锻炼和提高他们的自身素质和能力。培养大量合格的司法和执法干部,尤其是少数民族干部,不断改善司法和执法条件势在必行。①

9.3.3 构建四省区高度协同的争端解决机制

从长远来看,四省区区域经济发展的前景在很大程度上取决于它的争端解决机制的有效性。一个组织争端解决机制的有效性,关键在于该机制是否适合于组织的需要。从组织管理学的角度讲,一个组织机构的设置,在很大程度上取决于该组织的目标和宗旨;反过来,该组织目标的宗旨能否实现又有赖于该组织的机构设置是否合理,其组织功能能否发挥。四省区应当设立一个常设争端解决机构来管理四省区中产业政策实

---

① 杨克斯课题组:《中国—东盟自由贸易区进程与中国方略》。

施过程中的各种争端解决机制,这会使争端解决变得可控制且富有实效。相反地,如果因机构设置的缺失而导致建议和裁决执行保障的制度性缺陷,裁决的权威性就会受到挑战,这势必会减弱整个机制的运作功效。

四省区在如今这个开放的经济体制下,尤其在CAFTA下,联系越来越紧密,产业发展过程中难免会碰到各式各样的问题,其争端机制也必须在实践中接受检验,不断发现自身的不足,同时也不断完善自己,最终发展成为具有符合自身环境特点的有效的争端解决机制。四省区争端解决机制包括正常解决机制和附属争端解决机制(图9-7)。

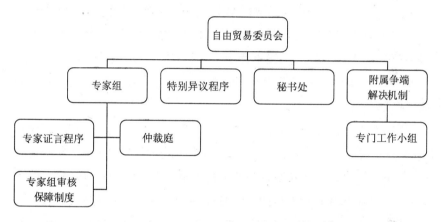

图9-7　四省区争端解决机制组织结构图

四省区产业政策的争端最高解决单位是自由贸易委员会,并且下设有各省组成的专家组。自由贸易委员会解决争端的范围十分广泛。一个省区所制定的产业政策不一定能顾及到其他省份,一个省份的产业政策也可能对其他省份的产业带来不利的因素,这些争端主要通过专家组的磋商来解决,由专家组根据四省区区域整体发展,在顾全大局的情况下,权衡各方长短期利益,制定出区域产业政策。在这个争端解决机制中,首先要经过争端双方的谈判和磋商。如果协商在30—45天内仍不能解决问题,任何一个省份都可以要求自由贸易委员会召开全体会议,自由贸易委员会将力求通过斡旋、调解、调停或其他调解手段迅速找到解决办法。四省区争端解决机制的基本目的在于通过相互合作与磋商,寻求一个圆满的解决办法。

如果在自由贸易委员会干预后，仍不能找到互相满意的解决办法，任何磋商方都可以书面的形式请求成立临时专家组。临时专家组由 5 位成员组成，采取"反向选择"（Reverse Selection）的方式，即每一争端方要选择另一争端方的两名公民为临时专家组成员。该程序将保障争端解决的公正性，并促进最终结果的达成。临时专家组审查的事项应是已协商而没有解决的事项。对于争端解决的各个阶段都确定了具体的工作时限：

①接到磋商的请求后，应于 10 日内做出响应，并于 30 日内开始磋商。

②若有关成员在 10 日内对磋商要求置之不理，或在 60 日后磋商未果，则申诉方可要求成立临时专家组。被诉方可对临时专家组成立表示不同意见，但申诉方第二次提出要求，临时专家组的成立即为自动程序。临时专家组的职责范围应在 20 日内确定。临时专家组人员组成应在 30 日内完成。

③临时专家组的审案时间一般不超过 2 个月；遇有紧急情况，则应在 1 个月内完成。但无论遇到何种情况，审案时间不得超过 3 个月。

④争端解决机构应在临时专家组提出报告 20 日内通过该报告，除非当事一方已通知其有意上诉的决定或有"一致意见"反对该报告。

⑤若有上诉，其程序一般不应超过 60 日，最多不超过 90 日。争端解决机构应在上诉机构提出报告后 30 日内通过该报告，除非有反对该报告的"一致意见"。

此外，对于临时专家小组的工作程序和时间表也提出了具体的框架。

为了保证临时专家组裁决的客观性和公正性，四省区还可以设定临时专家证言程序。临时专家组可以（不是必须）在环境保护、健康安全或其他科学领域中使用技术专家，要求他们就有关事实提供书面报告。这一规定不仅为解决技术性纠纷提供了法律规则和程序，而且也体现了协定争端解决机制人性化关怀的一面。

另外还设立了仲裁庭，它由 3 名仲裁员组成，就争议的问题做出裁决。① 仲裁裁决为最终裁决，具有法律效力。该仲裁机构应该是一个常

---

① 杨克斯课题组：《中国—东盟自由贸易区进程与中国方略》。

设的机构,因为东盟自贸区的正常运作开始后,纠纷的数量越来越多,所涉及到的很多专业领域的纠纷,都需要一个权威的仲裁机构和一批具有经济、贸易、投资和法律等方面的专家队伍为之服务,并且能够在一段时间内,对各种纠纷进行分析和研究,不断总结出自贸区内纠纷的特点,从而为各省区提出参考的意见。

对于仲裁员选拔应制定严格的标准和条件,保证其专业性和业务的熟练性,同时应考虑兼顾四省区的名额分配。应该由一个专门机构统一编列出一系列符合资格的仲裁员名册,当然要求名册里的仲裁员有过硬的专业素质和知识,以供争端方从中选择适合的仲裁员人选。最终经过长期的实践形成一个专业、敬业、高效的仲裁队伍,为四省区不断深化的合作提供强有力的法律保障。

另外还要建立特别异议程序,实际上是对专家组裁决的上诉程序。如果一方认为专家组存在偏见或超过了它的职权,它可以就专家组的裁决向特别异议委员会提起上诉。特别异议委员会由 3 人组成,特别异议委员会应在成立后 90 日内做出决定,包括拒绝异议审查的请求,将专家组决定发回由其重新审理等。特别异议委员会的决定有最终的法律效力,争端方不得寻求上诉。此外还要建立专家组审查保障制度,给专家审查提供一个制度保障。

个人、组织和非政府团体可以就某一方未能实施规定向秘书处申诉。只要起诉符合本协定的规定,秘书处就可以向违规的省份提出通告说明,并要求违规省份就这一问题准备一个专门的报告。秘书处应该协调双方的争执,各方应在 60 天内商量一个互相都满意的行动计划。如果各方不能达成一项行动计划或被告不能执行该计划,专家组也可以对被告一方处以罚款。

附属争端解决机制。为了建立产业纠纷预防机制,即设立专门的工作小组,并通过各种途径收集和分析相关信息,从而可以得到一些极为可能发生或即将发生的争端的信息,作为对各省区的产业纠纷及其解决进行评价的常设性机构,其工作成员将由各省区选派经济和法律方面的专家组成,对省区纠纷提出预防性方案和警告。因为争端解决机制的最终目的是要不断地减少纷争,拆除由于产业政策在区域内的分歧,从而真正实现区域经济一体化,实现各省区的共同发展,以实现四省区的社会竞争力的提高和社会福利的最大化。[①]

9.3.4 发挥政府间的合作、支持和引导作用

四省区区域间的合作,尤其是在经济差距较大的情况下,政府政策的支持和引导就显得十分重要。四省区政府之间可以通过协调,来制定出一些既有利于本省发展,并且还可以促进整个区域竞争力提高的产业政策。因此,政府的主要任务应是培育区域经济协调发展的市场机制和为市场机制的发挥创造良好的环境,并在市场出现失灵或缺陷时,弥补市场机制的不足。例如为区域产业活动提供完善发达的基础设施环境,为产业分工过程建立制度性市场规划,规范经济运行的秩序等都需要政府一定的支持和引导作用。

一、政府引导主导产业选择

四省区经济的发展,要靠整体,也要靠各个省区,而各个省区经济的发展,往往又是本省优势产业带动起来的。政府要有大局发展的眼光,大力挖掘四省区各自的比较优势,在各自省份优势资源的带动下,着力培育和发展一批符合国家产业政策、产业关联度高、带动作用强、动态比较优势明显、市场前景广阔的新的优势产业,努力通过本省的发展,来带动其他三省的发展。

二、政府引导实现地区间产业协调

四省区的自然条件和物质条件的不同,给四省区的产业分工带来了一定的可能性。在此过程中,就要发挥政府政策的积极引导作用,选准互补性强的产业,大力推进四省区的产业转移和产业对接,从根本上增强四省区产业的整体竞争力。

三、政府引导实现基础设施建设

可以通过政策引导措施加强基础设施建设,进一步推进交通领域的交流与合作。共同努力建设现代交通网络建设,尽快全面打通各省区省际间高速公路、铁路通道,推动道路运输一体化市场体系建设,逐步形成统一的物流运输、维修救援、信息服务三大网络。

---

① 杨克斯课题组:《中国—东盟自由贸易区进程与中国方略》。

各地政府还应促进省内产业集聚,建立有利于承接产业转移的区位条件,重点做好产业服务环境、交通和信息环境、信用环境、市场制度环境,营造公平、开放和富有吸引力的投资环境,建立透明、便利、规范的投资促进机制。支持区域内企业间开展技术、生产、投资合作,形成优势互补、协作配套、共同发展的产业布局,提高整个区域的产业水平。

四、改进政绩评价指标

不合理的政绩评价指标是区域间产业协调的重要障碍,直接导致了部分官员为了所谓的政绩而只顾区域发展的眼前利益。以 GDP 和招商引资作为考核指标的考核体系存在明显的缺陷。在短期内,实施产业协调政策或许不能带来经济发展,甚至可能会使某些产业面临被整合的危险,但在长期看来,却可以促进经济发展。因此,在政绩考核上,除了一些反映现实的指标外,还应有反映潜在发展能力的指标,做到产业发展速度、质量、效益并重;对于那些能促进经济、社会、人口、资源、环境相协调的可持续发展的指标也应成为衡量政绩的指标。此外,充分考虑不同地区、不同层次的干部的差异性,区别对待不同地区、不同岗位、不同经济发展水平和客观条件下干部的业绩。本着以促进区域间产业协调、提升整体产业竞争力的原则来看待政绩评价的考核。①

综上所述,在区域经济合作中,政府部门的作用是不可或缺的,在我国的政治制度和经济制度下,政府的在经济社会发展中的作用是不可忽视的。因此,四省区产业政策的顺利实施,都离不开政府的支持和引导。

本章小结

本章分为三个部分,第一部分为中国与东盟出口产业决策协调研究,第二部分为基于产业重要性及竞争力的中国四省区出口产业发展战略研究,第三部分为区域分工条件下产业政策协调的制度框架研究。

---

① 唐文琳课题组:《CAFTA 进程中北部湾(中国)经济区产业政策协调与区域分工》。

在研究中国与东盟出口产业决策协调的时候,我们既考虑了协调过程中的利弊因素,也分析了二者进行出口产业决策协调的重要性,最后提出了二者出口产业协调发展的指导原则和对策。中国与东盟出口产业实现协调发展无论从政策上还是从经济上看都具有很重要的意义,在制定双方出口产业决策的时候必须基于比较优势原则、差异与互补性原则、出口产业结构优化原则以及以企业为主导原则等指导原则。在指导原则下,中国与东盟出口产业决策的协调既要考虑到动态比较优势的培育,也要发挥产业集群的出口竞争优势效应,带动我国出口产品向高技术含量、高附加值方向迈进,在这个过程中,提升我国出口产业的形象,提升我国出口产品在国际上的地位。

第二部分重点分析基于产业重要性及竞争力下的中国四省区出口产业发展的战略,首先构建了中国四省区出口产业 GE 衍生矩阵模型,包括定义测量维度、测量维度的衡量和产业定位;然后分析了四省区出口产业 GE 衍生矩阵的结果,包括广东的出口产业政策、广西的出口产业政策、海南的出口产业政策以及云南的出口产业政策;最后提出了中国四省区出口产业发展的政策建议,一是区域垂直型分工应逐步转向水平型分工,二是加快产业区际转移,深化区域出口产业分工,三是先进地区在区域出口产业分工中以提高国际分工地位为使命,四是实现产业转移与产业集群的转换,五是大力发展工业园区,强化出口产业优势。

第三部分分析区域分工条件下产业政策协调的制度框架研究,针对四省区经济发展的差异性和产业政策制定中存在的不协调性,本部分从四个方面来保障和协调四省区产业政策的协调性。首先是建立四省区产业政策统一指挥部,下设立政策法规部、执行监督部及经济社会委员会,通过组织机构的建设,可以起到规范四省区政府行为的作用,为未来四省区提升自己的核心竞争力提供了一个很好的组织平台。第二是制定产业政策,签署合作协议,保证四省区产业政策协调有法可依。第三个是建立四省区高度协同的争端解决机制,其下又分为正常解决机制和附属解决机制。最后是强调政府在产业政策协调框架中的地位和作用,通过政府对经济支持的引导,来真正实现区域经济的协调发展。

参考文献

1. 詹姆斯·多尔蒂、小罗伯特·普法尔茨格拉夫:《争论中的国际关系理论(第5版)》,世界知识出版社2003年版。

2. 罗布森:《国际一体化经济学》,上海译文出版社2001年版。

3. 余明江:《产业集聚的创新力和竞争力研究》,《安徽农业大学学报》2005年第5期。

4. 周兵、蒲勇健:《产业群企业中商誉价值的经济学分析》,《改革与理论》2003年第5期。

5. 苗瑞卿、王新雨:《集聚与区域经济发展》,《哈尔滨工业大学学报》2003年第3期。

6. 刘凤英:《产业集群与区域经济增长机制》,《山东省农业管理干部学院学报》2004年第6期。

7. 洪文:《基于内生型的产业集群增长效应研究》,《经济问题探索》2008年第9期。

8. 李大凯、陆亚琴:《中国--东盟自由贸易区环境贸易与产业合作探析》,云南财经大学学报,2008年。

9. 郑一省、陈思慧:《中国与东盟国家"新经济"产业合作展望》,《广西民族大学学报》2008年第5期。

10. 车勇、夏祥国:《中国与东盟国家产业内分工的现状和趋势》,《中国水运》2006年第4期。

11. 杨宏恩:《东盟与中国经济合作的动机及其现实收益》,《当代经济研究》2009年第7期。

12. 吕洪良:《中国与东盟国家间的产业合作研究》,2005年。

13. 广东省社会科学院国际经济课题组:《泛珠与东盟的产业合作现状和互补性分析》2005年第11期。

14. 关伟、任伟:《CAFTA进程中我国西南地区出口产业结构调整对策分析》,《广西大学学报》2009 年第 4 期。

15. 袁波:《中国—东盟自贸区的合作现状与前景展望》,《国际经济合作》2010 年第 1 期。

16. 邹朋成:《广西外贸竞争力分析》,《中山大学学报论丛》2006 年第 1 期。

17. 官锡强、罗永乐:《广西出口产业优势分析及动态比较优势的培育》,《改革与战略》2008 年第 9 期。

18. 陈雪梅:《广东产业的国际竞争力分析》,《特区经济》2001 年第 3 期。

19. 傅江景:《广东出口贸易比较与竞争优势分析》,《学术研究》2002 年第 4 期。

20. 邓路:《珠三角出口产业竞争力分析》,《特区经济》2010 年第 9 期。

21. 史智宇:《出口相似度与贸易竞争——中国与东盟的比较研究》,《财贸经济》2003 年第 9 期。

22. 张亚斌、许苹:《中国与东盟贸易竞争力及贸易相似度的实证分析》,《财经理论与实践》2003 年第 6 期。

23. 蒋瑛、郭砚灵:《中国—东盟自由贸易区下双边贸易关系分析》,《广东社会科学》2005 年第 5 期。

24. 深尾京司、细谷佑二:《国际产业政策与跨国公司》,《经济研究》(日本)1999 年第 50 期,P54-67。

25. OECD. *Policies for industrial Development and Competitiveness*, Overview. Parlis,1997.

26. OECD. *Resent development in Industry Policies in OECD countries*, Background Paper 1998.

27. McDonald,Frank and Stephen Dearden. *European Economic Integration*, Pearson Education,Harlow,1999.

28. Johan Lindegue, Daniel Roskas. *European Inderstrial policy*, An Overview and comparision. WHV,1999.

29. Georg Erber,Harald hagemann,Stephan Seiter. *Industrial Policy in Europe*,European Trade Union Instieute,Working Paper,1996,P17.

30. 深尾京司、细谷佑二:《国际产业政策与跨国公司》,《经济研究》(日本)1999 年第 50 期,P54-67。

31. 汪斌:《国际区域产业结构分析导论——一个一般理论及其对中国的应用分析》,上海三联书店 2001 年版。

32. 付彩霞:《国家战略利益的凸现与产业组织政策的新变化》,《学术研究》2001 年第 4 期。

33. 黄兆银:《论战略性贸易和产业政策的理论及其意义》,《经济评论》2001 年第 1 期。

34. Flockton & Heidi. *European Industrial Policy with Respect to the Steel Industry*, The ECSC Pust. Present and Future, 2001, P72.

35. Patrizio Bianchi, M. I*ndustrial Policies and Economic Integration*, Routledge, London, 1998.

36. 齐东平:《我国制定国际产业政策的初步设想》,《中国工业经济》2000 年第 5 期。

37. 李世泽:《一轴两翼:泛珠——东盟产业对接的新平台》,《视野》2007 年第 5 期。

38. 李杰,郑瑶:《我国出口产业结构优化问题探讨》,《经济特区》2006 年第 1 期。

39. 李博、左月华:《我国出口产业结构演变模式研究(1996—2006年)》,《国际贸易问题》2008 年第 7 期。

40. 巫才林:Technology and Market, Vol. 17, No. 8, 2010.

41. 王娟:《云南与周边国家战略矿产资源互补性研究》,2008 年 12月。

42. 杨帆:《天津市出口产品国际竞争力研究》,天津商业大学硕士学位论文 2010 年。

43. 南宁市社会科学院课题组:《南宁与越南产业合作对策研究》,《中国与东盟》2009 年第 5 期。

44. 章辉:《中国与东盟出口商品比较优势变化分析》,2009 年。

45. 范爱军:《中国各类出口产业比较优势实证分析》,《中国工业经济》2002 年第 2 期。

46. 王娟,曾普胜:《中国与东盟贸易互补性研究》,《国际经济》2008

年第 9 期。

47. 薛芳:《中国与东盟国家的贸易互补性研究》,《商场现代化》2007年 3 月。

48. 王娟:《云南与周边国家战略矿产资源互补性研究》,2008 年第12 期。

49. 张娜、李立民:《基于产业内贸易视角的中国与东盟产业结构调整探讨》,《东南亚纵横》2008 年第 4 期。

50. 陈卉娟、谢巧燕:《浅析 CAFTA 进程中广西—东盟产业的国际分工与合作》,《当代经济》2009 年第 8 期。

51. 石峡、李小红、马慧琼:《构建中国—东盟产业链协同合作模式》,《集团经济研究》2007 年第 27 期。

52. 下河边淳、管家茂:《现代日本经济事典(中译本)》,中国社会科学出版社 1982 年版。。

53. 小宫隆太郎、奥野正宽、铃村兴太郎:《日本的产业政策》,国际文化出版公司 1988 年版。

54. 查莫斯．约翰逊:《产业政策争论》,美国当代研究所 1984 年版。

55. 周叔莲、裴叔平,陈树勋:《中国产业政策研究》,经济管理出版社1990 年版。

56. 谢立中、孙立平:《二十世纪西方现代化理论文选》,上海三联书店 2002 年版。

57. M·列维:《现代化的后来者与幸存者》,知识出版社 1988 年版。

58. 刘继光:《中国区域产业政策的效力分析》,《中国经济评论》2003年第 7 期。

59. 刘吉发、龙蕾:《产业政策学》,经济管理出版社 2004 年版。

60. 杨静文:《产业政策与地区政策的融合:理论与经验》,《经济管理研究》1997 年第 1 期。

61. 陈璟、牛慧恩:区域产业政策实施机制及其应用探讨》,《地域研究与开发》1999 年第 4 期。

62. 陈文晖、华珊:《论产业政策与地区经济发展》,《学术论坛》2004年第 2 期。

63. 唐明义、杨波:《德国区域经济政策的启示》,《民族经济与社会发展》1998 年第 2 期。

64. 江世银:《论区域产业政策》,《天津行政学院学报》2002 年第 3 期。

65. 李涛:《劳动分工与经济增长——杨小凯的增长模型评价》,《数量经济技术经济研究》1996 年第 8 期。

66. 张苏:《国际分工理论流派及其综合》,《中央财经大学学报》2008 年第 8 期。

67. 唐文琳课题组:《CAFTA 进程中北部湾(中国)经济区产业政策协调与区域分工》。

68. 杨小凯:《经济学——新兴古典与新古典框架》,社会科学文献出版社 2004 年版。

69. 曹家和、葛和平:《杨小凯消费者——生产者模型的扩展分析》,《山西财经大学学报》2008 年第 6 期。

70. 朱炎亮、林源:《分工演进与经济增长的理论模型分析研究》,《开发研究》2010 年第 2 期。

71. 陈秀山、张可云:《区域经济理论》,商务印书馆 2004 年版。

72. 杨小凯、黄有光:《专业化与经济组织——一种新型古典微观经济学框架》,经济科学出版社 1999 年版。

73. 冯邦彦、李红锦:《区域经济增长理论演变及其最新进展》,《经济论坛》2006 年第 6 期。

74. 陈宁化:《分工同区域经济增长和空间结构的关系》,西南交通大学硕士学位论文,2008 年。

75. 汤浒:《交通与市场规模的关系研究》,北京交通大学硕士学位论文,2009 年。

76. 谢富胜、李安:《分工动态与市场规模扩展》,《马克思主义研究》2009 年第 9 期。

77. 赫连志巍、方淑芬:《产业集群发展的问题与对策》,《经济问题》2006 年第 11 期。

78. 叶耀明:《中国出口商品比较优势动态转换分析》,同济大学硕士学位论文,2008 年。

79. 杨小凯:《内生与外生比较利益说》 http. //wenku. baidu. com/

view/b9b2596648d7c1c708a145d2. html.

80. 杨小凯:《经济学原理》,中国社会科学出版社 1998 年版。

81. 严婧:《我国出口产品比较优势和结构变动的实证分析》,《市场经纬》2007 年第 1 期。

82. 桑百川:《我国对外开放进入全面转型期的政策选择》,《国际贸易》2008 年第 1 期。

83. 马建全、宋文玲:《中国出口产品比较优势动态变化实证分析(1998—2008 年)》,《经济与管理》2010 年第 8 期。

84. 刘贵富:《产业链基本理论研究》,吉林大学博士学位论文,2007年。

85. 刘尔思:《关于产业链理论的再探索》,《云南财经大学学报》2006年 6 月。

86. 刘贵富、赵英才:《产业链:内涵、特性及其表现形式》,《财经理论与实践》2006 年第 3 期。

87. 迟晓英、宣国良:《价值链研究与发展综述》,《外国经济与管理》2001 年第 1 期。

88. 陶雄华:《生产贸易链条件下企业信用评价体系构建》,中南财经政法大学博士学位论文,2008 年 3 月。

89. 周林洋:《供应链管理基础理论介绍》,《金山企业管理》2004 年第 1 期。

90. 夏平:《中国中间产品贸易分析》,对外经济贸易大学博士学位论文,2007 年。

91. 贾若祥、刘毅、马丽:《企业合作与区域发展》,科学出版社 2006年版。

92. 周松兰:《提升广东出口商品结构竞争力的路径选择——给予产业链系统的视角》,《国际经济合作》2010 年第 1 期。

93. 陈再齐、刘品安:《广东区域经济发展趋势与对策研究》,*GUANG DNG ECONOMY*,2010 年第 4 期。

94. 李堃:《浅析我国广东省出口商品结构问题》,*China Business Update*,2010 年第 8 期。

95. 张振江:《广东—东盟贸易:成就,挑战与对策》,《东南亚研究》

2009 年第 2 期。

96. 梁耀文:《东盟各国与广东合作意愿强烈》,《大经贸》2009 年第 12 期。

97. 冷莎:《广东外贸竞争力研究——基于粤、沪、浙、苏、鲁比较》,广东外语外贸大学硕士学位论文,2008 年 6 月。

98. 樊兢:《广西出口贸易现状、问题和对策探讨》,《企业科技与发展》2009 年第 16 期。

99. 刘哲、时雷、李守亭:《在竞争优势理论框架下分析广西出口》,《改革与战略》2006 年第 4 期。

100. 刘波、雷志强等:《广西出口产业竞争优势现状分析及对策》,《桂海论丛》2005 年第 3 期。

101. 施锦:《CAFTA 条件下广西参与国际:国内分工关系研究》,广西大学硕士学位论文,2008 年 6 月。

102. 吴张:《区域经济一体化背景下广西边境贸易问题研究》,中南民族大学硕士学位论文,2009 年 4 月。

103. 田柯:《提升云南省五大支柱产业竞争力——站在中国—东盟自由贸易区视角下的思考》,对外经济贸易大学硕士学位论文,2006 年 10 月。

104. 李正平:《边界效应视角下云南——GMS 经济合作研究》,云南师范大学硕士学位论文,2008 年 5 月。

105. 张惠:《云南省对外贸易出口商品结构分析》,中南民族大学硕士学位论文,2008 年 5 月。

106. 屠年松,洪文:《云南与东盟商品贸易互补性研究》,《经济问题探索》2010 年第 5 期。

107. 郑晓玲:《海南对外贸易现状分析及对策》,《经济研究导刊》2010 年第 18 期。

108. 陈为毅:《海南与东盟贸易合作的 SWOT 分析》,《今日海南》2010 年第 1 期。

109. 汪浩:《海南省进出口贸易与经济增长关系的实证研究》,《海南金融》2008 年第 4 期。

110. 陈晶晶:《中国—东盟贸易发展现状分析》,《商业经济》2007 年第 2 期。

111. 陶媛媛、蔡茂森：《中国与东盟出口商品比较优势变化的实证分析》，《北京航空航天大学学报》第 19 卷第 1 期。

112. 巫才林：《中国与东盟的贸易互补和竞争研究》，*Technology and Market*，2010 年第 8 期。

113. 何奇频、王小进、张海燕：《中国与东盟贸易互补和贸易竞争分析》，《国际贸易：现代商业》。

114. 刘树森：《中国—东盟自由贸易区丛书》：广西师范大学出版社 2009 年版。

115. 吴先明、杜丽虹：《跨国公司在中国沿海地区投资区位变化的实证分析》，《经济管理》2007 年第 23 期。

116. 李纪珍：《研究开发合作的原因与组织》，《科研管理》2000 年第 1 期。

117. 沈群红：《国际研发合作对我国的影响》，《国际经济合作》1999 年第 11 期。

118. 贾若祥等：《企业合作与区域发展》，科学出版社 2006 年版。

119. 何斌：《日本转包制对我国中小企业的启示》，《中小企业信息》2000 年第 3 期。

120. 徐源：《OEM 是馅饼还是陷阱》，《新企业》2002 年第 1 期。

121. 方家平：《合作营销．营销观念的革命》，《经济师》2001 年第 2 期。

122. 何振：《我国企业开展合作营销的思路》，《企业经济》2002 年第 4 期。

123. 姚莉：《中小商业企业快速发展的经营新形势——特许经营制》，《商业研究》2003 年第 2 期。

124. 赵鹰：《中外合资经营企业的现状与发展空间》，《上海企业》2003 年第 3 期。

125. 张锐：《延伸中国企业加工贸易产业链的思考》，《重庆社会科学》2006 年第 6 期。

126. 翁乾麟，覃海珊：《现代农业理论与广西农业的发展》，《学术论坛》2009 年第 12 期。

127. 杜远阳:《广西积极参与中国东盟港口合作的实践与思考》,《消费导刊(理论版)》2008 年第 4 期。

128. 刘稚:《云南与东盟国家农业合作的前景与思路》,《东南亚》2004 年第 1 期。

129. 程大中:《中国服务贸易显性比较优势与"入世"承诺减让的实证研究》,《管理世界》2003 年第 7 期。

130. 高敬峰:《中日贸易中的比较优势特性分析》,《世界经济研究》2004 年第 1 期。

131. 马丹、许少强:《中国贸易收支,贸易结构与人民币实际有效汇率》,《数量经济技术经济研究》2005 年和第 6 期。

132. 马丹、许少强:《中国国际竞争力的历史变迁与冲击来源》,《国际金融研究》2006 年第 1 期。

133. 于津平:《中国与东亚主要国家和地区间的比较优势与贸易互补性》,《世界经济》2003 年第 5 期。

134. 张金昌:《国际竞争力评价的理论和方法》,经济科学出版社 2002 年版。

135. 王勤:《东盟国际竞争力研究》,中国经济出版社 2004 年版。

136. 汪斌,邓艳梅:《中日贸易中工业制成品比较优势及国际分工类型》,《世界经济》2003 年。

137. 魏浩:《中国制成品出口比较优势及贸易结构分析》,《世界经济》2005 年。

138. 徐璐:《对我国出口产品国际竞争力的实证研究》,《生产力研究》2007 年第 22 期。

139. 申琳、马丹:《中国出口产品的比较优势分析及国际比较》,《北方经济》2007 年第 2 期。

140. 李显戈、马仁秒:《江浙鲁粤闽出口产品国际竞争力分析》,《山西农业大学学报》2008 年第 6 期。

141. 卢向南、吴倩、李慧巍:《浙江省高新技术产品出口竞争力分析》,《科技进步与对策》2004 年第 10 期。

142. 林勇、陈琳、沈振中:《广东产业出口竞争力研究》,《华南师范大学学报》2006 年第 5 期。

143. 周松兰：《提升广东出口商品结构竞争力的路径选择——基于产业链系统的视角》，《地方商务》，2010 年第 1 期。

144. 刘波、雷志强、莫小莎、蒙莜逸：《广西出口产业竞争优势现状分析及对策》，《桂海论丛》2005 年 6 月第 3 期。

145. 刘波：《广西外贸在西部地区的态势分析》，《计划与市场探索》2003 年第 8 期。

146. 李玉萍、方佳：《海南热带农产品出口技术壁垒分析与对策研究》，《研究与探讨》2008 年第 4 期。

147. 蒲文彬：《云南与东盟国家农业合作的互补性和竞争性研究》，《东南亚纵横》2005 年第 5 期。

148. 张邠：《云南对外贸易发展与前景分析》，《云南民族大学学报》2007 年第 5 期。

149. 林芳兰：《促进海南绿色农业的发展》，《新东方》2006 年第 7 期。

150. 林嵩：《结构方程模型原理及 AMOS 应用》，华中师范大学出版社 2008 年版。

151. 李志、蒋惠园、高健健：《结构方程模型在区域物流中心规划中的应用》，《水运工程》2010 年第 1 期。

152. 牛丽红、陈兵、师冬凌：《结构方程模型在管理研究中的应用》，《大众科技》2010 年第 1 期。

153. 岳云康：《我国商业银行绩效评价研究——基于结构方程模型的分析》，《科技和产业》2010 年第 6 期。

154. 易丽蓉：《基于结构方程模型的区域旅游产业竞争力评价》，《重庆大学学报（自然科学版）》2006 年第 10 期。

155. 杨克斯课题组：《中国—东盟自由贸易区进程与中国方略》。

156. 唐文琳、范祚军、马进：《中国—东盟自由贸易区成员国经济政策协调研究》，广西人民出版社 2006 年版。

157. 官锡强、罗永乐：《广西出口产业优势分析及动态比较优势的培育》，《改革与战略》2008 年第 9 期。

158. 姬顺玉：《扩大出口与西部产业集群发展战略——以甘肃省出口产业发展为例》，《甘肃科技》2008 年第 24 期。

159. 郭远生:《中国—东盟自由贸易区矿产资源合作》,《中国国土资源经济》2004 年第 3 期。

160. 李健伟:《中国对东盟贸易逆差问题探析》,《中国经贸》2007 年第 8 期。

161. 刘纯彬、胡媛媛:《中国—东盟自由贸易区与广西经济的发展机遇》,《广西民族研究》2005 年第 2 期。

162. 刘付斌:《中国—东盟自由贸易区争端解决机制构建初探》,《东南亚研究》2004 年第 4 期。

163. 隆国强、张丽平:《中国—东盟自由贸易区影响因素及难点分析》,《国际贸易》2003 年第 8 期。

164. 沈安妮:《浅谈中国—东盟自由贸易区的货物贸易发展》,泸江电子商务网,2005 年 6 月 24 日。

165. 石士钧、吴继兵:《中国—东盟经济一体化初探》,《亚太经济》2002 年第 4 期。

166. 唐朱昌、龚斌恩:《浅析中国—东盟自由贸易区的前景和挑战》,《当代财经》2003 年第 8 期。

167. 王梦奎:《中国经济发展的回顾与前瞻》,中国财经经济出版社1999 年版。

168. 王一鸣:《广西应对建立中国—东盟自由贸易区的策略》,《计划与市场探索》2003 年第 4 期。

169. 谢震:《中国—东盟自由贸易区的组织结构分析》,《江苏社会科学》2003 年第 2 期。

170. 岳昌君:《比较优势与亚洲区域经济》,北京大学中国经济研究中心讨论稿,2001 年版。

171. 张继林:《中国—东盟自由贸易区的区域比较优势及投资策略分析》,《东岳论丛》2007 年第 5 期。

后记

　　随着中国—东盟自由贸易区的深入发展,前沿周边省区如广东、广西、云南及海南四省区面对共同的东盟市场,如何协调其产业发展迫在眉睫。基于对区域内生产贸易链和出口产业决策协调的重要性的分析,使得对我国周边四省区出口产业决策协调的研究具有重要的现实意义。特别是目前,我国上述四省区仍处于"单打"状态,如果构建出一个能将生产和贸易紧密相连的区域生产—贸易链,并对生产—贸易链的紧密结合关系做出制度上和法律上的规定,使其具有约束性和稳定性,就能使整个链条上的生产贸易活动自然成链,浑然一体,大大提高区域经济运行的效率。通过理论的分析、现实的考察以及实证的测度,课题组提出了在区域分工条件下,中国出口产业的发展战略。希望能够加强中国与东盟国家的出口产业合作,并在 CAFTA 进程中发挥中国四省区出口产业的比较优势,以获取最大效应而不损害国家整体经济运行效率。为此,在总课题"CAFTA 进程中我国周边省区产业政策协调与区域分工研究"中必须有"区域分工条件下出口产品区域生产贸易链决策协调模型与实证研究"这个子课题。在 CAFTA 框架下,本研究拟通过分析区域产业分工理论,考察广东、广西、云南及海南的出口产业发展状况,为四省区出口产业决策协调提供了理论与现实依据。因此,课题组基于假设抽取法的投入产出模型测度了四省与其经济发展密切相关的重点产业和主导产业,用贸易专业化指数、显示比较优势指数、波特区域产业竞争力模型及结构方程模型测度了四省区出口产业的竞争力,筛选出四省各具竞争力的优势产业,据此为四省区出口产业决策协调提供实证基础。

　　课题组在研究过程中,从研究方案论证、提纲构思、研究框架的确定到整个内容的写作等,整个课题研究过程凝聚了研究团队的集体智慧。在课题研究期间,范祚军教授也为本课题的完成付出了大量宝贵的时间和精力,提出了很多让课题组成员受益匪浅的建议。此外,张永成副教授、杨克斯教授、吕玲丽教授、陆建人教授以及王春雷副教授，以及硕士研究生黄立群、秦欣然、乔博、赵霞、史志娟、张楠、陈琳，以及本科生黎耀川直接参与了课题研究、撰写相关研究报告，功不可没。课题的最终完成与整个课题组成员的分工协作与合作精神是分不开的，这个课题凝聚了整个课题组成员的智慧，是大家共同努力的结果。

　　本课题在研究过程中，虽然遇到了很多困难，但是经过课题组成员的共同努力，终有所成。课题在研究过程中，由于采取实证分析方法来研究四省区出口产业竞争力的状况，而这需要搜集中国各省关于产业竞争力测量指标的数据，由于中国各省区部分指标统计口径的不一致，数据的搜集变得很困难。课题组最后通过分析每个省区每个数据指标的释义，并对数据指标进行一定的处理才得以保证数据的可得性与有效性，而对于一些不能进行处理的指标我们只好予以剔除。此外，对于出口产业类型的划分、查找东盟国家的数据等等都成为了课题研究的难点。最后，通过课题组成员的共同努力，我们终于克服了所有的困难完成了本课题的写作。这让所有成员都欣喜不已，因为这证明了大家的努力并没有白费。虽然，课题组成员在写作过程中倾注了大量心血，并尽自己的最大努力完成课题研究工作，但是也难免有疏忽和不足之处，敬请各位专家与读者批评指正。

唐文琳

2010 年 12 月于广西南宁

图书在版编目(CIP)数据

区域生产贸易链与出口产业发展研究/唐文琳 著.
-北京:人民出版社,2011.10
ISBN 978-7-01-010284-9

Ⅰ.①区… Ⅱ.①唐… Ⅲ.①地方外贸-出口贸易-对外贸易政策
-研究-中国 Ⅳ.①F752.8

中国版本图书馆 CIP 数据核字(2011)第 194775 号

区域生产贸易链与出口产业发展研究
QUYU SHENGCHANMAOYILIAN YU CHUKOUCHANYEFAZHANYANJIU

唐文琳 著

人民出版社 出版发行
(100706 北京朝阳门内大街 166 号)

北京龙之冉印务有限公司印刷 新华书店经销

2011 年 10 月第 1 版 2011 年 10 月北京第 1 次印刷
开本:700 毫米×1000 毫米 1/16 印张:25.75
字数:398 千字

ISBN 978-7-01-010284-9 定价:48.80 元

邮购地址 100706 北京朝阳门内大街 166 号
人民东方图书销售中心 电话 (010)65250042 65289539